야·고·보·서·강·해

지혜를 얻는 열쇠

지용수 지음

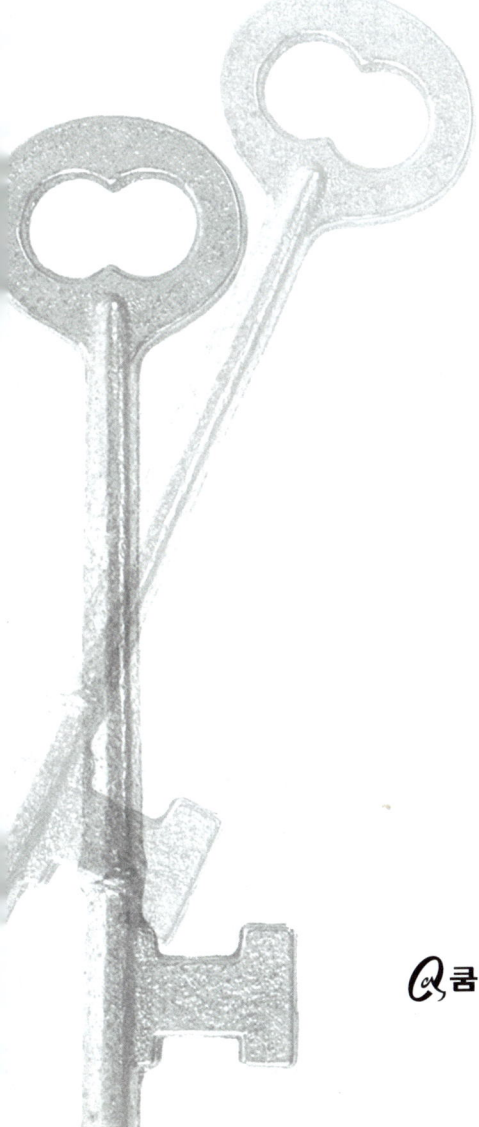

쿰란출판사

머리말

　필자가 섬기고 있는 양곡교회에서 선포된 야고보서 말씀이 세상을 달음질하게 되어 한 영혼이라도 더 은혜 안으로 들어오게 된 것을 하나님께 감사드립니다.
　하나님의 말씀에는 신비로운 능력이 항상 흘러나오기에 언제 어디서나 말씀을 접하는 자는 믿음을 얻게 됨으로 구원에 이르게 되고, 은혜의 생수를 마시게 될 것임을 확신합니다. 야고보서 강해도 비록 부족한 제가 전하는 것이지만 저를 긍휼히 여기시고 종으로 쓰시는 하나님께서 성령의 감동으로 주신 말씀들이요, 또한 제가 섬기는 양곡교회 가족들과 저를 위해 기도해 주시는 어머님과 아내를 비롯한 많은 분들의 기도 응답으로 주신 말씀이기에, 이 책의 말씀을 접하는 분들마다 하나님을 만나게 될 것이며, 위로부터 내려주시는 구원의 교훈과 은혜와 새 힘을 얻게 될 것을 의심하지 않습니다.

　저는 때때로 저의 방송 설교를 듣습니다. 그 때마다 하나님 앞에서 고넬료의 자세를 지니고 하나님의 음성을 겸손히 들으려고 마음을 쏟습니다. 비록 제가 한 설교일지라도 자신의 말이 아닌 하나님의 말씀으로 믿기 때문입니다. 그리고 그 때마다 저는 넘치는 은혜를 받고 하나님께 감사와 감격의 박수를 올려드리곤 합니다.

데살로니가전서 2장 13절에는 우리 모든 그리스도인이 항상 마음에 새겨야 할 귀한 말씀이 있습니다.

"이러므로 우리가 하나님께 쉬지 않고 감사함은 너희가 우리에게 들은 바 하나님의 말씀을 받을 때에 사람의 말로 아니하고 하나님의 말씀으로 받음이니 진실로 그러하다 이 말씀이 또한 너희 믿는 자 속에서 역사하느니라."

아무쪼록 이 책의 말씀을 접하는 분들마다 데살로니가 교회 성도들의 자세로 말씀을 받아 위대한 하나님의 역사하심을 경험하게 되기를 간절히 기도드립니다.

제가 증거한 말씀들이 세상을 달음질하는 책으로 나오기까지 온갖 정성을 다 쏟아 수고하신 쿰란출판사 이형규 장로님을 비롯한 모든 분들과 원고 정리를 위해 항상 수고하시는 본 교회 문서선교회 회원들께 깊이 감사드립니다.

2008년 5월 1일
지 용 수

머리말 • 2

제1부 지혜를 얻는 열쇠

- 그리스도의 종 야고보(야고보서 1장 1절) • 8
- 야고보의 삶의 자세(야고보서 1장 1절) • 26
- 시련의 유익(야고보서 1장 2-4절) • 40
- 지혜를 얻는 열쇠(야고보서 1장 5절) • 54
- 복된 기도(야고보서 1장 6-8절) • 73
- 그리스도인의 자랑(야고보서 1장 9-11절) • 88
- 두 종류의 시험(야고보서 1장 12-15절) • 103
- 내 사랑하는 형제들아!(야고보서 1장 16-18절) • 118
- 듣기와 말하기 그리고 성내기(야고보서 1장 19-20절) • 131
- 마음의 방(야고보서 1장 21-25절) • 148
- 참된 경건(야고보서 1장 26-27절) • 164
- 사람을 대하는 법(야고보서 2장 1-9절) • 179
- 율법과 구원(야고보서 2장 10-12절) • 196
- 긍휼의 개가(야고보서 2장 13절) • 213
- 살아 있는 믿음(야고보서 2장 14-26절) • 228

제2부 위로부터 오는 지혜	
	샘과 입의 비유(야고보서 3장 1-12절) • 246
	위로부터 오는 지혜(야고보서 3장 13-18절) • 259
	만족한 삶의 길(야고보서 4장 1-3절) • 274
	누구의 친구인가?(야고보서 4장 4-5절) • 292
	더욱 큰 은혜(야고보서 4장 6-10절) • 313
	비방과 축원(야고보서 4장 11-12절) • 336
	지혜로운 계획(야고보서 4장 13-17절) • 352
	복된 부자(야고보서 5장 1-6절) • 367
	인내와 축복(야고보서 5장 7-11절) • 383
	맹세하지 말라(야고보서 5장 12절) • 401
	상황과 말씀(야고보서 5장 13절) • 422
	위대한 의사의 처방(야고보서 5장 14-16절) • 442
	기도의 대가, 엘리야(야고보서 5장 17-18절) • 457
	내 형제들아(야고보서 5장 19-20절) • 473
	전도자의 축복(야고보서 5장 19-20절) • 489

제 1 부
지혜를 얻는 열쇠

그리스도의 종 야고보 | 야고보의 삶의 자세 | 시련의 유익 | 지혜를 얻는 열쇠 | 복된 기도 | 그리스도인의 자랑 | 두 종류의 시험 | 내 사랑하는 형제들아! | 듣기와 말하기 그리고 성내기 | 마음의 방 | 참된 경건 | 사람을 대하는 법 | 율법과 구원 | 긍휼의 개가 | 살아 있는 믿음

야고보서 1장 1절 　야고보서 강해

그리스도의 종 야고보

　　　미국의 저명한 실업가요, 체신부 장관을 지낸 바 있는 워너메이커, 그는 탁월한 예지와 명확한 판단력을 지닌 사람이라 어느 부분에 투자를 해도 실패 없이 엄청난 수입을 올리는 투자의 명수였습니다. 그에게 한 신문 기자가 와서 "선생님은 일생 동안 수많은 투자를 하셨는데, 언제 하셨던 투자가 가장 값지고 귀한 투자였습니까?" 하고 물었을 때, 그는 이렇게 대답했습니다.
　"예, 제가 가장 값지고 귀한 투자를 한 것은 열두 살 때입니다. 제 나이 열두 살 때 2달러 50센트를 투자하여 하나님의 말씀인 성경을 샀습니다. 그것이 가장 값진 투자였습니다. 그 성경 말씀이 오늘의 저를 있게 했습니다."
　그의 특징은 성경을 읽으면 성경 그대로 살고, 성경을 배우면 성경 그대로 실천하는 것이었습니다. 오늘날 한국교회는 제자훈련이나 성경 공부는 많이 하는데 제자답게, 배운 대로 사는 생활

면에서는 부족하다는 비판을 많이 듣습니다.

야고보서는 생활을 강조해서 삶을 일으키는 성경입니다.

음식을 먹으면 이 사이에 음식 찌꺼기가 낄 수 있지만 부드럽게 양치질함으로 이가 깨끗하게 되듯이, 조금 더러운 부분이 있는 사람도 이 야고보서를 통과하면 깨끗하게 됩니다. 야고보서에는 주의 능력이 흐릅니다. 구겨지고 더럽혀진 옷을 세탁소에 맡기면 새 옷처럼 깨끗하고 단정하게 되듯이, 생활이 구겨지고 더러운 사람도 야고보서를 통과하면 깨끗하게 되고 다림질한 옷처럼 단정하게 될 줄 믿습니다. 하나님의 말씀에는 능력이 있습니다.

우리 양곡교회 성도들은 생활이 매우 아름다워 참 감사합니다. 우리 양곡교회 성도 중에서 제가 걱정하는 사람은 한두 사람뿐이고, 모두가 면류관같이 귀하게 살고 계셔서 저의 기쁨입니다. 혹 마음속으로 '목사님이 우리를 몰라서 그렇지, 우리는 문제가 많아요' 하시는 분들이 계실 텐데, 여러분 스스로는 그렇게 생각하셔야 합니다. 그러나 제가 볼 때는 너무나 아름답고 향기로운 믿음생활을 하고 계십니다.

여러분의 삶이 귀한 보석 같지만, 갈고 닦은 진주가 더 빛이 나는 것처럼 야고보서를 통해 여러분의 삶을 갈고 닦을 때 더 빛나는 하나님의 사람들로 변화될 줄 믿습니다. 특별히 이 말씀이 방송과 문서를 통해 달음질할 때 한국의 1,200만 성도가 변하고 세계 크리스천의 생활이 바뀌는 능력이 있기를 원합니다.

오늘은 야고보서 1장 1절 한 절 말씀을 나누겠습니다.

"하나님과 주 예수 그리스도의 종 야고보는 흩어져 있는 열두 지파에게 문안하노라."

이 말씀은 편지의 서두에 쓴 인사말입니다. 하지만 인사말도 하나님 말씀이기 때문에 그 안에 보석같이 숨어 있는 진리가 얼마나 많은지요. 저는 이 말씀을 한 주간 묵상하면서 이 한 절 말씀으로 한 달간 설교를 해야겠다고 생각했습니다. 그러나 생각을 바꾸었습니다. 한 절 말씀으로 한 달씩 설교를 하면 야고보서를 다 끝내기도 전에 주님께서 오실지도 모른다는 생각이 들어 줄여서 설교를 하지만 정말 귀한 말씀입니다. 어제 서울에서 비행기를 타고 오면서도 야고보서를 1장부터 끝 장까지 다 살펴보았는데 한 절 한 절이 얼마나 귀한지, 감격하며 하나님께 감사드렸습니다. 야고보서 강해를 통해 하나님께서 큰 은혜와 축복을 내려 주실 줄 믿습니다.

그러면 "하나님과 주 예수 그리스도의 종 야고보"라는 말씀에 어떤 교훈이 있습니까?

이 야고보는 예수님의 열두 제자 중 한 제자인 사도 야고보가 아닙니다. 사도 야고보는 헤롯 왕의 칼에 일찍 순교당했습니다. 오늘 본문의 야고보는 예수님의 친동생 야고보입니다. 물론 아버지는 다릅니다. 예수님께서는 성령으로 잉태되셨고 예수님의 아버지는 하나님이십니다. 야고보는 요셉의 피를 받아 마리아에게서 태어났습니다. 예수님과 야고보는 어머니는 같지만 아버지는 다릅니다. 하지만 세상 사람들이 보기에는 예수님의 형제가 틀림없습니다.

마태복음 13장 54절 이하를 보면, 예수님께서 고향에 가셔서 설교하고 가르치실 때 고향 사람들이 충격을 받고 깜짝 놀랍니다. "어디에서 저런 지혜와 능력의 말씀이 나오느냐? 아니, 그의 어머니 마리아와 그의 동생 야고보, 요셉, 시몬, 유다와 누이동생들이 우리 마을에 같이 살고 있고, 그는 우리 집을 고쳐 준 목수였지 않느냐? 언제 저런 지혜를 배워서 이렇게 가르치느냐?" 하고 모두 놀라면서도 배척합니다. 고향 사람들이 보기에 예수님께서는 큰 형이고 야고보, 요셉, 시몬, 유다는 동생들이었습니다.

야고보는 예수님께서 십자가에 달리시기 전까지는 예수님을 믿지 않았습니다. 그러다가 예수님께서 십자가에 달려 돌아가시고 부활하신 다음에 비로소 자기 형님이 메시아이심을 알았습니다. 고린도전서 15장 7절을 보면, 부활하신 예수님께서 동생 야고보를 찾아가 만나 주셔서 사도로 세우신 것 같습니다. 갈라디아서 2장 9절을 보면, 사도 바울이 야고보를 교회의 기둥이라 부릅니다. 그리고 사도행전 15장을 보면, 예루살렘 교회에서 총회를 할 때 총회장은 베드로가 아니라 야고보입니다. 베드로가 한 말은 의견이고 야고보가 한 말이 결론이 됩니다. 예수님의 친동생이기 때문에 사람들이 그만큼 야고보를 정중히 대하고 존경하며 그의 말을 따랐던 것입니다. 사도행전 12장을 보면, 감옥에 갇혀 있던 베드로는 천사를 통해 옥에서 구원받은 후 교회에 가서 자기를 위해 기도하던 사람들을 만납니다. 그리고 자기가 감옥에서 나온 사실을 야고보에게 보고하라고 합니다. 이처럼 초대교회에 최고의 영향력을 행사한 사람은 베드로가 아니라 예수님의 친동생 야고보였습니다.

그런데 그러한 야고보, 예수님의 친동생인 야고보가 자기를 칭하여 이야기할 때 예수님의 친동생이라고 하지 않고 "예수 그리스도의 종"이라고 합니다. 헬라어로 '둘로스(노예)'라고 했습니다. 둘로스는 하인(servant)이라고도 해석되지만, 완전한 노예

(slave)라는 의미가 더 강합니다. 야고보는 "하나님과 주 예수 그리스도의 종 야고보"라고 자기를 소개합니다. 유다서의 저자 유다도 예수님의 친동생입니다. 그런데 유다서 1장 1절을 보면 그도 "예수 그리스도의 종이요 야고보의 형제인 유다"라고 자신을 소개합니다.

신기하지 않습니까? 야고보는 왜 자신을 예수님의 동생이라고 하지 않고 예수님의 종이라고 했을까요?

이는 그가 성령을 받고 깨달았기 때문입니다. 이전에는 "형님, 형님" 하면서 따라다녔는데 성령을 받고 은혜를 받고 영안이 밝아지니 예수님께서는 단순한 사람이 아니시라는 것을 알았습니다. 예수님께서는 하나님이십니다. 창조주이십니다. 구세주, 메시아이십니다. 야고보는 이것을 깨달았습니다. 야고보 자신은 초라한 피조물로서 예수님의 십자가로 구원받은 사람이고, 예수님께서는 창조주시요 우주의 주인이시요 위대하신 하나님의 아들이심을 알았기 때문에 육신의 혈연관계를 초월한 영적인 관계로 들어가서 자기를 예수님의 노예라고 부른 것입니다.

그가 자기를 '예수님의 아우 야고보'라고 해도 욕할 사람은 없을 것입니다. 맞는 말이기 때문입니다. 그러나 '예수님의 친형제 야고보'라고 한 것보다 '예수님의 종 야고보'라고 한 것이 얼마나 더 은혜가 되는지 모릅니다. 예수님의 종이라 말했다고 야고보가 낮아집니까? 아닙니다. 더 높아지고, 교회의 기둥 같은 인물이 되었습니다. 할렐루야!

오늘 여기에서 우리가 깨닫게 되는 교훈이 있습니다.

혈연관계, 인간관계도 중요하지만, 그보다 더 중요한 것은 영적인 관계이기 때문에 영적인 관계에 들어가서 살아야 한다는 것입니다. 따라 합시다. "영적인 관계 속에 들어가자."

민수기 12장을 보십시오. 미리암은 모세의 누나입니다. 모세가 이스라엘 여자와 결혼하지 않고 구스(에티오피아) 여자, 이방인과 결혼을 하자 미리암이 누나로서 모세를 꾸중합니다.

여러분, 그러면 안 됩니다. 모세가 누나에게 꾸중 들을 정도가 되면 리더십이 깨어져 200만 명의 이스라엘 백성을 인도하기가 어렵습니다. 지도자가 이런저런 비방을 받으면 백성들이 손해를 보게 되어 있습니다. 그래서 하나님께서는 미리암을 문둥병에 걸리게 하십니다.

제가 귀한 목사가 되고 싶어서, 하나님께 시원함을 드리고 여러분에게 은혜만 끼치는 목사가 되고 싶어서 살얼음판을 걷듯이 살고 있지만 저도 사람이기 때문에 여러분이 보시기에 단점이 있을 것입니다. 여러분의 사랑하는 가족이 돌아가셔도 장례식에도 가지 못하고, 여러분이 작은 집에서 살다가 큰 집을 사서 이사를 가셔도 가 보지 못합니다. 그래서 섭섭할 때가 있을 것입니다. 그러나 제 몸이 둘 셋이 아니니 모두 다 갈 수가 없습니다. 그것을 알면서도 "우리 목사님은 냉정해"라는 말을 하고 다닌다면 제 리더십이 약해져 교회가 손해를 보게 됩니다. 혹 제게 섭섭함이 있거나 제 약점이 보여도 말하지 말고 기도해 주시기를 바랍니다. 그리고 좋은 점은 자꾸 자랑하고 전해야 합니다. 그럴 때 리더십이 강해져 교회를 잘 이끌게 됩니다.

모세가 누나에게 꾸중이나 듣고 구박이나 받으면 권위 있는 지도자가 되겠습니까? 집에서 구박받는 사람이 밖에서 민족의 대지도자로 행세할 수 있겠습니까? 그래서 하나님께서는 미리암을 나병환자가 되게 하셨습니다. 나병은 모르게 3년, 알게 3년, 퍼져서

3년인데, 하나님께서 발끈 화를 내시자 그 순간에 미리암이 나병환자가 되었습니다.

아론은 모세의 형이지만, 하나님께서 모세를 쓰시니 자기는 모세의 아래에 있다는 것을 알았기 때문에 그때 모세에게 '내 주' 라고 말했습니다. "내 주여, 우리가 미련하여 죄를 지었습니다. 우리의 미련한 죄를 우리에게 당케 하지 마시고 우리를 용서해 주세요"라고 동생인 모세에게 용서를 빌었습니다. 그래서 모세가 기도하니 곧 미리암이 나았습니다. 만일 그때 아론이 "아니, 모세 동생, 누나가 그런 말을 한다고 저주하면 어떻게 해!"라고 인간관계로 말했다면, 제가 믿기로는 아론도 문둥병자가 되었을 것입니다. 그러나 아론은 육신의 관계, 혈연관계를 벗어나 지혜롭게 영적인 관계에 들어가서 자기 동생이라 할지라도 '내 주' 라 불렀기 때문에 미리암도 치료받고 자기도 보호받은 줄 믿습니다.

그러나 고라는 그렇지 않았습니다. 고라는 모세보다 말도 더 잘하고 인물도 잘생겼고 재산도 많고 그를 따르는 장로만 250명이나 되니 어떤 면으로는 모세보다 더 영향력이 있었습니다. 더구나 그는 모세의 사촌 형입니다. 고라는 사촌 동생인 모세가 나라를 이끌어 가면서 '이래라저래라, 가라오라' 하니 동생 주제에 그런다고 모세의 말을 듣지 않았습니다. 그럴 때 모세의 리더십이 무너지니 하나님께서 모세의 리더십을 세우시기 위해 땅의 입을 벌려 고라를 삼켜 버리게 하셨습니다. 이것은 중요한 것입니다.

사울 왕도 제사장들을 영적인 관계로 보지 않고 육적인 관계로만 보았습니다. 자기는 존귀한 왕이니 계급이 없는 제사장들을 쉽게 생각하여 모조리 죽여 버렸습니다. 이때 하나님께서 진노하셔서 사울과 그 자녀들을 한자리에서 죽이시고 그 시체가 벽에 달리게 하셨습니다.

하지만 다윗은 자신은 왕이고 나단 선지자는 아무런 계급이 없는 평민이었지만 나단을 영적인 관계로 보았습니다. 하루는 나단 선지자가 다윗 왕을 찾아와서 말합니다.

"다윗 왕이여, 내 말을 들으십시오. 한 동네에 부자와 가난한 사람이 있었습니다. 부자는 소와 양이 많고 가난한 사람은 어린 암양 새끼 하나뿐이었습니다. 가난한 사람은 그 암양 새끼를 안고 자고 같이 먹으며 자기 딸처럼 사랑하며 길렀는데 부잣집에 손님이 왔을 때 그 부자가 자기 집의 소나 양을 잡지 않고 그 암양 새끼를 끌어다가 잡아서 대접했답니다."

그러자 다윗 왕이 화를 내며 말합니다.

"그런 짓을 한 사람은 죽어 마땅하다. 그리고 암양 새끼를 사 배나 갚아야 한다."

"당신이 바로 그 사람입니다. 당신 품에 많은 여인들을 주셨는데 어찌하여 하나뿐인 우리아의 아내를 끌어다가 강간해서 취했습니까?"

그때 다윗은 엎드려 회개합니다.

"내가 잘못했습니다."

왜입니까? 인간적인 관계로는 나단은 서민이고 다윗은 왕이지만, 영적인 관계로는 나단은 하나님의 사자이고 다윗 자신은 죄를 지은 자라는 것을 깨달았기 때문입니다.

또 한 번은 갓이라는 이름도 잘 모르는 선지가가 와서 다윗 왕에게 말합니다.

"다윗 왕이여, 인구조사를 한 것은 잘못입니다. 하나님께서 화를 내셔서 한 가지를 택하라고 하셨습니다. 7년 흉년을 택하겠습니까, 3개월 전쟁을 택하겠습니까, 3일 전염병을 택하겠습니까?"

그때 다윗 왕이 인간관계로만 생각했다면 "재수 없는 소리 하지 마라"라고 했을 텐데, 영적인 관계로 들어가서 "하나님의 사람이여, 내가 심히 곤경에 빠졌어요. 사람의 손에는 빠지지 않기를 원하오. 하나님의 손에 빠지기를 원하오"라고 말합니다. 또 갓이 "여부스 사람 아라우나 타작 마당에 가서 예배를 드리시오"라고 말할 때도 "예"하며 그 말씀에 순종하여 모든 것을 뒤로하고 예배를 드립니다. 갓은 아무런 계급도 없고 자기는 왕이지만 영적인 관계로 들어가니 그는 하나님의 사람이요, 자기는 그 앞에 있는 초라한 사람인 것을 알았기 때문에 복종한 줄로 믿습니다.

여러분도 언제나 영적인 관계로 생각하며 사시기를 바랍니다.

비엔나의 한 박물관에 암브로시우스 감독과 그 앞에 무릎을 꿇은 채 엎드려 있는 로마의 테오도시우스 황제의 모습을 그린 그림이 있다고 합니다.

주후 390년 테오도시우스 황제가 데살로니가 시민 1,500명을 학살했습니다. 그런 죄를 저지른 사람이 밀라노 교회에 예배를 드리러 오니 암브로시우스 목사님이 "들어오지 못합니다. 황제는 교회에 와서 하나님께 예배드릴 수 없습니다"하고 막았습니다.

여러분, 교회는 누구나 와서 예배를 드릴 수 있고 실수한 사람을 용서하고 그 어떤 죄를 지어도 용서하는 곳입니다. 그러나 의도적으로 죄를 짓는 자는 치리를 받아야 마땅합니다. 장로님이나 안수집사님이나 권사님이 의도적으로 큰 죄를 지으면 교회에서 치리를 해야 합니다. 그래서 황제이지만 들어오지 못하게 목사님이 막으니 황제가 말했습니다.

"아니, 목사님, 다윗 왕도 죄를 지었지만 하나님의 성전에 나갔잖아요?"

"다윗 왕을 빙자하십니까? 그러면 다윗 왕의 회개를 본받으십시오. 다윗 왕은 회개했습니다."

그때 황제가 고꾸라져서 "내가 잘못했습니다" 하고 회개했는데, 그 모습을 그린 그림입니다.

로마 황제는 당시 세계 최고의 왕이요, 암브로시우스는 그저 한 교회의 목사님이었지만, 영적인 관계로 볼 때에 목사님은 위대한 하나님의 종이고 왕은 죄인에 불과했던 것입니다.

우리도 언제나 이런 영적인 관계에 들어가 살 수 있기를 바랍니다.

오래전 일입니다. 제가 휴가 중에 김천을 지나가다가 수요예배를 드리는 시간이 되어서 황금동교회에 갔습니다. 주보를 보니 수요예배 설교를 전도사님이 하시기로 되어 있었습니다. '목사님이 설교를 하시면 좋을 텐데……' 하며 앉아서 예배를 드렸는데, 전도사님의 설교가 왔다갔다했습니다. '설교를 왜 저렇게 하시나?' 하며 고개를 숙이려 하는데 하나님께서 감동을 주셨습니다.

"너 지금 무엇을 하느냐? 네 자세가 뭐냐? 지금 전도사가 자기 말을 하느냐? 내 말을 하지 않느냐? 네가 어찌 내 앞에서 그러느냐?"

아찔했습니다. "오, 주여!" 하고 그때부터 전도사님을 보면서 "하나님, 저 전도사님을 통해서 말씀을 주세요" 하고 진지하게 말씀을 받는데, 전도사님이 이런 설교를 하셨습니다.

"우리 주님께서 예루살렘을 보시고 탄식하셨습니다. '예루살렘아, 예루살렘아. 암탉이 날개 아래 병아리를 모음같이 내가 너희를 모으려 한 적이 몇 번이냐? 그러나 너희가 원치 아니하였도다' 하며 우시고 탄식하셨습니다. 주님께서 여러분을 보시고 탄식하지 않으시기를 바랍니다. 오늘 우리 주님께서 여러분을 보시고 흐뭇해하시고 즐거워하시기를 바랍니다."

그 말씀이 얼마나 은혜가 되었는지 모릅니다.

'이 지용수 목사를 보시고 주님께서 탄식하실까, 흐뭇해하실까?'

저는 그날 밤에 한 주간 집회에 참석한 것보다 더 큰 은혜를 받았습니다. 제가 전도사와 목사의 관계로 생각했으면 은혜를 받지 못했을 텐데, 전도사님을 하나님 앞에서 생각하니 은혜를 받은 것입니다. 할렐루야!

사도행전 10장 25절을 보면 백부장 고넬료가 베드로 앞에 무릎을 꿇고 엎드립니다. 베드로는 어부이고 아무런 계급도 없습니다. 고넬료는 로마의 백부장입니다. 일제 시대 때 일본사람이 우리 한국사람을 얼마나 업신여겼습니까? "조센징, 조센징" 하며 얼마나 업신여겼습니까? 그처럼 로마 군인들도 이스라엘 사람들을 업신여겼습니다. 그런데 로마 백부장이, 더구나 지위도 없는 어부 베드로 앞에 엎드려 절합니다. 그리고 33절을 보면, "우리가 하나님 앞에 있습니다. 말씀하십시오"라고 합니다.

그 설교가 끝나기 전에 성령의 불이 임합니다. 방언의 은사가 임합니다. 그 집안이 구원을 받습니다. 할렐루야!

여러분, 교회에서 말씀을 잘 들으시기 바랍니다. 장관이든, 참모총장이든, 대통령이든 '나는 죄인이다' 하고 하나님 앞에서, 강단 앞에서 겸손할 때 은혜를 받는 것입니다.

교회생활뿐 아니라 가정에서도 영적인 관계에 들어가야 합니다.

남편을 인간적 관계로 보면 '내 남편은 지지리도 못나고 능력도 없는 지겨운 남편'일 수 있지만 영적인 관계에 들어가면 '하나님께서 내게 세워 주신, 하나님께서 내게 붙여 주신 남편'입니다. 또 성경은 남편을 경외하라고 말씀하십니다. 이것을 아는 아브라함의 부인은 자기 남편에게 "나의 주인이여" 하고 불렀습니다.

지금 이 자리에 부부가 함께 앉았으면 부인들은 남편에게 "내 주인이시여" 하고 불러 보시기 바랍니다. 오늘 집에 가서 정식으로 남편에게 "내 주여"라고 하십시오. 웃을 일이 아닙니다. 이것이 영적인 관계로 남편을 대하는 아내의 자세입니다. 남편에게 어떻게 그리 함부로 말하고, 그렇게 함부로 대할 수 있습니까? 이 세대를 본받으면 망합니다. 우리는 하나님의 가르침을 따라야 합니다. 아무리 세상이 변해도 우리는 성경대로 살아가야 합니다. 그러기 위해서 남편을 경외해야 합니다. 하나님께서 세워 주신 남편을 깔보면 하나님을 깔보는 것이 됩니다.

남편도 마찬가지입니다. 아내를 내 아내로 보면 함부로 말할 수 있지만, 하나님께서 내게 붙여 주신 아내라고 생각하면 그 아내의 아버지는 하나님이십니다. 아내를 영적인 관계로 보면 하나님의 공주인 것입니다. 그런데 같이 산다고 하나님의 공주에게 말을 함부로 할 수 있겠습니까? 남편들이여, 정말 아내를 하나님의 공주라고 생각하면 "여보, 가정부를 두지 못해서 미안해요"라고 하지 않겠습니까? 하나님의 공주이니 그 마음을 아프게 하지 않으려고 애쓰지 않겠습니까?

우리 교회에 아주 깔끔하고 까다로운 한 분이 계십니다. 하루는 그분의 아내가 밥을 비벼 주어서 먹는데 채소에서 벌레 한 마리가 나왔답니다. 그분은 아주 까다로워서 파리 한 마리가 밥에

그리스도의 종 야고보 19

앉아도 먹지 못하는 분입니다. 그러나 아내가 그것을 보면 채소를 씻을 때마다 평생 벌레 생각이 나서 마음이 아플까 봐 빨리 밥으로 벌레를 덮고 계속 밥을 먹었답니다. 그런데 벌레가 또 기어 나왔습니다. 또 덮고, 또 나오면 또 덮고, 그러다 나중에는 감당할 수가 없어서 아내에게 이렇게 말했답니다.

"여보, 물 한 컵 주세요."

아내가 물을 가지러 간 사이에 그 벌레를 티슈에 싸서 호주머니에 넣고 그 밥을 다 먹었답니다. 그런데 아직도 그것을 아내에게 말하지 않았고, 앞으로도 평생 말하지 않을 것이랍니다. 왜입니까? 아내가 마음 아파할까 봐입니다. 그것이 영적인 관계에 들어간 남편의 자세입니다.

밥을 먹다가 돌이 있으면 "아이고! 또 돌이야!" 하는 남편은 영적인 관계의 남편이 아니라 육적인 관계의 남편입니다. 영적인 관계에 들어간 남편은 밥을 먹다가 돌이 있으면 아내가 알까 봐 조용히 혼자 처리할 것입니다. 혹 아내가 알고 "여보, 돌이지요?" 하면 "괜찮아요. 돌보다 밥이 많아요"라고 하는 남편이 영적인 관계에 들어간 남편입니다.

아이들을 기를 때도 내 아들, 내 딸이라고 생각하면 욕도 하고 함부로 대하게 되지만, 영적인 관계에 들어가면 내 아들딸이기 전에 하나님께서 주신 기업이요, 하나님의 아들딸이니 함부로 말하지 못합니다. 내 아들딸이지만 함부로 대하지 못합니다. 그리고 내 마음대로 기르지 못합니다. 하나님 말씀대로 기르게 됩니다.

부모님도 마찬가지입니다. 육신의 관계라면 '재산도 없고 능력도 없으신 부모'라고 생각하면서 뒷방 늙은이 취급을 할 수 있습니다. 자기들은 아들딸 데리고 놀러 다니면서 아버지 어머니는 집을 지키게 할 수도 있습니다. 원래 집 지키는 일은 개가 하는 일인데 자기 부모님을 개처럼 집을 지키게 하고 자기들은 놀러 다니면서도 미안한 줄도 모르는 그런 자식들이 많습니다.

인간관계로 보면 '능력도 없는 아버지, 어머니'라고 할 수 있을지 모릅니다. 그러니 아버지, 어머니들이여, 절대로 절대로 자식들에게 재산을 넘겨주면 안 됩니다. 제 어머니는 땅을 많이 갖고 계십니다. 그런데 2년 전에 "얘야, 땅을 어떻게 할까?"라고 하시기에 제가 "어머니, 아무 말씀 마세요. 천당 가실 때까지 어머니 이름으로 갖고 계십시오"라고 했습니다. 여러분, 자식들에게 재산을 절대로 주면 안 됩니다. 셋방살이 하는 자식이 딱하다고 집을 팔아 자식에게 집을 사 주는 사람은 바보입니다.

따라 합시다. "공부나 시켜 주고, 자식이 셋방에 살아도 나는 내 집에서 살자."

이것이 질서입니다. 어른들은 기회가 적습니다. 아이들은 앞으로 얼마든지 큰 집에서 살 수 있지만 어른들은 얼마 남지 않았습니다.

따라 합시다. "맛있는 것은 우리가 먹고, 맛없는 것은 자식에게 주자."

제 아내가 아이들에게는 좋은 도시락 반찬을 싸 주고 저에게는 남은 것을 주었는데, 그것은 잘못입니다.

부산의 한 할머니에게 두 아들이 있는데, 하루는 큰아들이 와서 말했습니다.

"어머니, 이 집을 팔아서 큰 집을 사 주세요. 아주 큰 집을 보고 왔는데 그 집을 사 주시면 잘 모실게요."

어머니가 집을 팔아 아들에게 큰 집을 사 주고 그 집에 가서 함께 살았습니다. 그런데 6개월쯤 되니 며느리의 눈치가 좋지 않았습니다.

어머니들이여, 며느리 눈치를 보지 마시기 바랍니다. 며느리가 어머니 눈치를 보아야지, 왜 어머니가 며느리 눈치를 봅니까? 그럴 필요 없습니다. 자기들은 10만 원짜리, 5만 원짜리 구두를 사 신으면서 어머니에게는 6천 원짜리 신발을 신으시게 하는 것은 좋은 일이 아닙니다.

이 할머니는 며느리 눈치가 좋지 않으니 부산의 딸네 집에 가서 한 달간 있었습니다. 그런데 집으로 돌아오니 방이 없어졌습니다. 그 방을 다른 사람에게 세놓아 들어갈 방이 없었습니다. 피눈물 날 일이 아닙니까? 그런데 할머니의 둘째 아들인 우리 교회 집사님이 마침 돈이 있어서 집을 사드렸습니다. 지금도 할머니가 그 집에서 살고 계십니다. 하지만 큰아들을 생각하실 때면 마음이 상하지 않겠습니까? 절대로 집 팔아서 자식에게 줄 일이 아닙니다.

한 부자 노인은 아들 3형제에게 부동산을 다 나누어 주었습니다. 자식들이 "감사합니다. 감사합니다"라고 하더니, 몇 년이 지나자 생일이 되어도 오지 않았습니다.

"아버님, 죄송합니다. 사정이 있어서 못 갑니다."

그리고 나중에는 거들떠보지도 않았습니다. 노인은 가슴을 치다가 지혜를 발휘해서 진귀하게 보이는 무거운 베개 하나를 만들었습니다. 명절에 자식들이 왔을 때 그 베개를 보여 주며 말했습니다.

"내가 부동산은 너희에게 다 나누어 주었지만, 우리 집의 큰 재산인 동산은 아직 내가 갖고 있다. 이것은 조상 대대로 내려오는 큰 동산으로 보석이다. 이것은 내가 죽을 때 너희에게 나누어 줄

건데, 너희가 나에게 하는 대로 나누어 주겠다."

며느리들은 보석이 든 그 베개를 보더니, "아버님, 저희 집에 가세요", "아니에요, 아버님. 저희 집에서 사세요" 하면서 서로 싸웠습니다. 아버지는 세수하러 갈 때도 베개를 갖고 가서 옆에 두고 세수하고, 화장실에 갈 때도 베개를 안고 가고, 동네에 나갈 때도 안고 갔습니다. 왜입니까? 귀한 보석이 들어 있기 때문입니다. 그러니 큰아들, 작은아들, 막내아들이 서로 빼앗듯이 아버지를 모셔 갔습니다. 할아버지는 베개만 들고 다니면 어디를 가도 대접을 받았습니다.

그러다가 그분이 보석을 자식들에게 나누어 주지 않고 돌아가셨습니다. 자식들은 아버지 장례식은 뒷전이고 서로 보석을 차지하려다 보니 싸움판이 벌어졌습니다. 그러다가 "무슨 보석이 들어 있는지 우선 열어 보자" 하고 베개를 열어 보았지만 그 안에는 등겨와 돌멩이만 있었습니다. 못된 자식 놈들, 못된 며느리들입니다. 내일모레면 자기들도 늙은 부모가 될 사람들이 말입니다.

영적인 관계로 들어가면 부모님은 나를 건강하게 하고 성공하게 만들고 내게 복을 주는, 하나님 앞에 있는 분들입니다. 부모님께 잘하면 성공하고 병에 걸리지 않고 장수합니다. 할렐루야!

"자녀들아 너희 부모를 주 안에서 순종하라 이것이 옳으니라 네 아버지와 어머니를 공경하라 이것이 약속 있는 첫 계명이니 이는 네가 잘되고 땅에서 장수하리라(Children, obey your parents in the Lord, for this is right. Honor your father and mother-which is the first commandment with a promise-that it may go well with you and that you may enjoy long life on the earth)"(엡 6:1-3).

아버지 어머니 뒤에 하나님께서 계십니다. 부모님을 섭섭하게 해 드리면 병들고, 사고 나고, 망하는 것입니다. 영적인 관계로 가정생활을 하시기 바랍니다.

회사에 가서도 회장님과 사장님이 밉다고 물건을 잘못 만들면 안 됩니다. 회장님이나 사장님이 미워도 그 위에 하나님께서 계십니다. 물건 하나를 만들어도 하나님 앞에서 잘 만들고 정성을 다해 만드는 것이 바로 주님의 사람의 삶입니다.

제가 첫 목회를 할 때 사례비로 한 달에 10만 원을 받았습니다. 그런데 그때 사택이 무너져 셋방으로 들어갔습니다. 한 달 동안 열심히 심방하고, 코피가 터지고 입술이 터지도록 일을 했는데, 재정부장이 10만 원을 주고 가면 기분이 얼마나 나쁜지, '내가 10만 원을 받으려고 이 일을 했나?' 하고 그것을 집어 던졌습니다. 제 아내도 그것을 챙기지 않았습니다. 그러나 하루가 지나면 그것이 필요하니 아내가 챙겼습니다. 몇 달 동안 제가 그 사례비를 집어 던졌습니다.

어제 이 말씀을 마무리하다가 얼마나 회개를 했는지 모릅니다. 그 사례비는 그 교회의 재정부장이 준 것이 아니라 하나님께서 주신 것입니다. 5만 원을 받든, 10만 원을 받든, 영적인 관계에서 본다면 그것도 하나님께서 주시는 것이니 감사해야 하는데, 집어 던지다니……. 정말 하나님께 죄송합니다.

그리고 노예(둘로스)에게는 월급도 없습니다. 사례비가 적으니 많으니 하는 목사는 목사가 아닙니다. 하나님의 노예가 아닙니다. 삯꾼입니다. 하나님의 교회에서 어떻게 해 주든지, 그것을 가지고 사는 것이 노예입니다. 그것을 가지고 불평한다면 삯꾼이지, 목사가 아닙니다. 그래서 저는 예전에 봉투를 던졌던 것을 어젯밤에 얼마나 회개했는지 모릅니다.

여러분, 우리의 인간관계, 회사의 계급 관계에도 예의를 지키고 신실해야 되지만, 영적인 관계 속에서 사는 것이 최고입니다. 우리가 늘 하나님을 바라보고 영적인 관계 속에서 살면 하나님께서 세워 주십니다. 우리 모두 항상 깨어서 영적인 관계 속에 들어가 사시기를 축원합니다.

≫ 야고보서 1장 1절 | 야고보서 강해

야고보의 삶의 자세

　　<u>지난주에는</u> 야고보서 1장 1절 말씀으로 야고보의 삶의 뜻, 삶의 원칙에 대해 공부했습니다.

　　야고보는 가정 관계, 직장 관계, 사회 관계 등의 여러 가지 육적인 관계를 초월하여 영적인 관계에서 살았습니다. 예수님은 야고보의 친형님이지만 그것은 육적으로 볼 때의 관계이고, 영적으로 보면 예수님께서는 하나님이시요 창조주시요 구속주시요 심판주이시고, 자기는 피조물이며 예수님의 십자가 보배 피로 구원받은 죄인임을 알았습니다. 따라서 그는 예수님을 형님이라고 부르지 않았습니다. 자기 자신을 '주의 종'이라고 불렀고, 그러한 원칙으로 살았습니다. 우리도 가정생활, 교회생활, 사회생활을 할 때 영적인 원칙을 지키며 살면 실패가 없을 줄로 믿습니다.

　　오늘은 같은 본문으로 야고보의 삶의 자세를 배우고자 합니다.

신앙인으로서 우리가 배워야 할 자세를 야고보는 아주 많이 갖고 있습니다. 야고보의 자세는 망하지 않는 자세, 성공할 자세입니다. 야고보의 삶의 자세는 어떤 것입니까?

야고보는 자기의 관심, 취미, 이익, 비전, 삶의 계획을 모두 다 버렸습니다. 어떤 비전이나 어떤 뜻도 자기를 위한 것은 없고 오직 그리스도의 종(둘로스)으로서 주님의 이익, 주님의 관심, 주님의 취미, 주님의 비전, 주님의 계획을 자기의 것으로 받아서 살았습니다.

그도 예수님을 형님으로 알 때는 그렇지 않았습니다. 요한복음 7장을 보면, "형님, 유대로 올라가소서. 드러나기를 원하면서 숨어 있는 자가 어디 있습니까? 그만큼 연설도 잘하고 큰 능력도 행하니 큰 곳에 가서 사람들을 모으고 제자들을 모아서 한 번 이름을 세상에 나타내소서"라고 합니다. 형님을 비꼬면서 형님은 형님대로 살라고, 자기는 나사렛에서 그냥 살겠다고 합니다. 그러나 예수님께서 하나님의 아들이시요 구세주이심을 알고부터는, 자기가 죽어야 할 십자가에서 예수님께서 죽으신 것을 알고부터는, 예수님 때문에 영원히 살게 된 것을 알고부터는, 자기의 모든 것을 뒤로하고 예수님의 비전과 뜻을 다 자기의 것으로 해서 살기로 한 것입니다. 그리고 평생 주의 일꾼으로 살았습니다.

사람들은 그가 어디를 가든지 예수님의 동생이고, 그것도 바로 밑의 첫 동생이라며 그를 총회장으로 세워 주고 기둥으로 존경했습니다. 바울과 베드로도 그의 앞에서 머리를 숙이며 존경하고 온 교회가 그의 앞에 엎드렸습니다. 하지만 야고보는 "나는 둘로스, slave, 노예, 일꾼이다" 하면서 살았습니다.

따라 합시다. "나는 주님 교회의 일꾼이다."

이것이 야고보의 자세입니다.

'나는 양곡교회의 일꾼이야. 나는 양곡교회의 손님이 아니야' 라고 생각하는 사람은 삶의 자세가 바른 사람입니다. 그러나 '나는 일꾼이 아니야. 나는 이 교회의 손님이야' 라고 하는 사람은 그 자세를 바꾸어야 합니다. 손님인 교인도 구원이야 받겠지만 천국에서는 부끄럽게 한 구석에 있게 될 것입니다.

우리 하나님께서는 일꾼에게 상을 내려 주시고 복을 내려 주십니다. 교회에 휴지가 있는데 그냥 지나치는 사람은 일꾼이 아니라 손님입니다. 어른이 떨어뜨렸든 아이가 떨어뜨렸든 누가 떨어뜨렸든 그것을 줍는 자가 일꾼입니다. 저는 교회 청소를 토요일에도 했고 오늘 아침에도 했습니다. 우리 교우들이 들어올 때 휴지가 날리면 마음이 상할까 봐 주웠습니다. 저는 일꾼이기를 원합니다.

야고보는 예수님의 친동생이요 세계가 우러러보는 종인데, '나는 일꾼' 이라고 합니다. '나는 이 교회의 장로다' 하고 목에 힘을 주는 장로님은 일꾼이 아닙니다. 권사님의 목에 힘이 들어가면 그 권사님은 일꾼이 아닙니다. 모두가 일꾼으로 내려와야 되는 것입니다.

그리고 야고보가 "나는 예수님의 종이다" 라고 하는 것은 '나는 자유가 없고 예수님께서 하시는 대로 산다' 라는 뜻입니다.

수년 전 스위스에 가서 40일 동안 있었습니다. 그때 아름다운 알프스 산을 가까이에서 보는 것이 하나의 기쁨이었는데, 두 주간은 유명한 교회와 신학대학과 기관들을 돌아보았고, 두 주간은 지역 교회에서 한 주간씩 그 교회 목사님과 함께 사역을 했습니다. 교육도 하고, 설교도 하고, 통역도 했는데, 지금도 기억되는 것은 스위스의 심방이 아주 특별하다는 것입니다. 저녁 6시에 심방을 가면 11시까지 한 집에서 머물러야 하니 고통이었습니다. 스위스 사람들은 목사님이 11시 이전에 자리를 뜨면 자기 집을 싫어한다고 생각하기 때문에 인내하면서 그 시간까지 있어야 했는데, 그것은 고쳐야 할 점이라고 생각됩니다. 제가 심방했던 어느 집사님의 가정은 큰 부잣집으로, 대학을 졸업한 영양사가 그 집의 가정부로 있었습니다. 그 집에는 진귀한 조각품들이 박물관처럼 진열되어 있어서 그것만 살펴보는 데도 시간이 많이 걸렸습니다. 그중에 제 마음을 끄는 한 조각상이 있었습니다. 은혜로운 예수님의 상인데, 양팔이 잘려 있었습니다. 팔과 손이 없었습니다. 제가 그 집사님에게 물었습니다.

"집사님, 우리 주님의 상에 왜 팔이 없어요?"

"우리가 주님의 팔입니다. 우리가 주님의 손과 팔인 것을 잊지 않으려고 이렇게 조각한 것입니다."

저는 지금도 그 말씀을 잊지 못합니다.

여러분, 손을 다 내어 보세요. 그리고 따라 해 보세요. "이 손은 주님의 손이다. 이 손은 주님께서 쓰시는 손이다."

베드로전서 4장 10-11절에 "각각 은사를 받은 대로 하나님의 각양 은혜를 맡은 선한 청지기같이 서로 봉사하라 만일 누가 말하려면 하나님의 말씀을 하는 것같이 하고 누가 봉사하려면 하나님의 공급하시는 힘으로 하는 것같이 하라"고 말씀하십니다.

제가 어려운 교우들의 가정을 심방할 때 장학금을 많이 드렸는데, 한 번도 제 돈이라고, 제 사례비 중 얼마를 떼어서 드린다고 한 적이 없습니다. 하나님께서 주시는 것이라고 하면서 드렸습니다. 우리가 어떤 일을 할 때는 하나님께서 하시는 것처럼 해야 합니다. 무슨 말을 할 때도 하나님께서 말씀하시는 것 같아야 합니다.

남편이 참 크리스천이라면, 그 아내가 '내 남편이 하는 말은 하나님께서 하시는 말씀 같아' 라고 느껴야 합니다. 아내가 야고보 같은 삶의 자세로 살면 그 남편이 '내 아내가 하는 말은 주님의 말씀 같네' 하는 느낌을 받는 것입니다. 정말 야고보 같은 삶의 자세로 살면, 그의 친구가 '아무개 친구의 말은 하나님 말씀 같네' 라고 느끼게 되는 것입니다.

며칠 전, 사회의 지도자 세 분과 함께 식사를 했습니다. 두 분은 고귀했는데, 한 분은 그 말이 얼마나 지저분하고 쓰레기 같았는지 모릅니다. 그런데 점심 식사가 들어오자 쓰레기 같은 말을 내뱉은 사람이 제일 먼저 기도를 했습니다. 제가 참 난처하고 부끄러웠습니다.

입의 말은 그 사람의 열매입니다. 사과나무는 사과를 맺고, 배나무는 배를 맺는 것처럼 선한 사람은 선한 말을 하고, 깨끗한 사람은 깨끗한 말을 합니다. 음란한 사람은 음란한 말을 하게 되어 있습니다. 그런데 그분의 말은 교인 같지 않았는데 교인같이 기도하니 제가 참 부끄러웠습니다. 우리가 주님의 참된 종의 자세로 살면 우리가 하는 말을 듣고 믿는 사람들은 은혜를 받고, 믿지 않는 사람들은 구원을 받게 됩니다.

이 세상에는 아픈 가정, 아픈 곳이 많습니다.

어제도 한 가정의 아픈 이야기를 읽었습니다. 여고 2학년 아이가 새벽 4시까지 술을 마시고 곤드레만드레가 되어 집으로 돌아오니, 아버지가 너무나 화가 나서 딸의 뺨을 때렸습니다. 그러자 딸이 곧바로 경찰서에 아버지가 폭행한다고 고발을 했습니다. 경찰서에서 아버지를 잡아 가고 딸도 같이 데리고 가서 조서를 꾸몄습니다. 이것은 지옥이 아닙니까?

예수님의 복음이 들어가지 않은 집은 아무리 돈이 많고 좋은 집에서 살고 좋은 자동차를 탄다 해도 지옥입니다. 그러나 예수님의 복음이 들어가면 감옥도 천국처럼 변하는 줄로 믿습니다.

인도의 선다싱이 전도하기 위해 네팔에 갔습니다.

네팔은 지금도 예수를 믿으면 2년간 감옥에 들어갔다 나와야 합니다. 그래도 예수님을 믿는 사람들은 믿습니다. 지옥에 가는 것보다 2년 동안 감옥에 갔다 오고 지옥에 가지 않는 것이 얼마나 좋은 것인가를 알기에 감옥에 들어갔다 와서도 예수를 믿는 사람들이 수천 명이나 됩니다.

선다싱이 전도할 때도 전도를 하면 감옥에 갔습니다. 선다싱도 전도하다 감옥에 갔는데, 그가 들어간 방에는 살인강도와 흉악범들이 있었습니다. 그는 '여기에서 전도하라고 하나님께서 나를 여기로 보내셨구나'라고 믿고 전도했습니다.

우리 교회의 귀한 집사님 한 분도 몸이 좋지 않아 병원에 입원을 했는데, 그 병실에 있던 어떤 분을 보고 '이분을 전도하라고 하나님께서 나를 이렇게 병들게 하셨구나'라고 깨달았습니다. 그래서 그분을 우리 교회로 모시고 왔습니다. 할렐루야!

감옥에서도 전도를 하는 선다싱에게 감동을 받은 살인죄수와 흉악범들이 예수를 믿었습니다. 그 흉악범들이 예수 믿는 것을 보고, 또 누구든지 예수만 믿으면 마음에 평화가 오고 죽어도 천국에 가고 감옥도 천국이 된다는 말을 듣고 그 방에 있던 모든 사람이 예수를 믿었습니다. 그들이 모여 매일 찬송하고 기도하고 성경공부를 하니 늘 싸움과 욕지거리뿐이던 감옥이 천국같이 되었고,

그 놀라운 변화에 간수가 놀랐다고 합니다.

사랑하는 여러분, 여러분의 환경이 감옥처럼 답답하게 생각되십니까? 여러분의 환경에 창살이 보입니까? 여러분을 귀찮게 하는 간수들이 보입니까? 간수가, 창살이, 환경이 문제가 아닙니다. 우리 마음에 참 복음의 기쁨, 천국의 기쁨이 적기 때문에 그렇습니다.

우리 주님께서 말씀하셨습니다.

"또 여기 있다 저기 있다고도 못하리니 하나님의 나라는 너희 안에 있느니라"(눅 17:21).

우리 마음에 천국이 임하면, 높은 산이나 거친 들이나 초막이나 궁궐이나 감옥이나 내 집이나 어느 곳에서나 천국을 맛보게 될 줄로 믿습니다. 이것이 복음의 능력입니다.

어느 집사님이 친구에게 아무리 전도를 해도 믿지 않으니 하루는 그 친구에게 말했습니다.

"내가 자네에게 마지막으로 말하네. 오늘 저녁에 잠잘 때 큰 종이에 '만일 오늘 저녁에 내가 죽으면 나는 지옥에 떨어진다' 라고 써 놓고 몇 번 읽은 후에 자게. 그리고 무사하거든 예수를 믿지 말게. 그러면 나도 다시는 자네에게 전도하지 않겠네."

그 친구는 자기 친구가 자꾸 전도하는 것이 귀찮아서 다시는 전도하지 못하게 하려고 정말 흰 종이에 '만일 오늘 저녁에 내가 죽으면 나는 지옥에 떨어진다' 라고 쓴 다음 몇 번 읽고 누웠습니다. 그런데 갑자기 덜컥 겁이 났습니다.

'아이고! 이러다가 진짜 죽으면 나는 지옥에 떨어진다. 지옥이 없으면 괜찮은데, 만일 지옥이 있으면 어떡하나?'

여러분, 아침에 날씨가 비가 올듯 말듯 하면 어떻게 해야 합니까? 우산을 갖고 나가야 합니까, 안 갖고 나가야 합니까? 갖고 나가야 됩니다. 갖고 나가면 조금 불편해도 비가 오면 용이합니다. 그러나 갖고 나가지 않았는데 비가 오면 낭패를 당할 수 있습니다. 예수님을 믿으면서 겪는 어려움은 설혹 지옥이 없다 하더라도 우리에게는 우산을 쓰는 정도의 불편인 것입니다. 그러나 지옥이 있으면 예수님을 믿지 않는 사람들은 망하는 것입니다. 우산을 쓴 사람, 믿음의 우산이 있는 사람만 천국에 가게 됩니다.

겁이 난 그 친구는 '만일 지옥이 있으면, 내가 지옥에 떨어지면 어떻게 하나? 아이고, 안 되겠다' 하는 마음이 들어서 그날부터 예수님을 믿기로 했답니다. 그러니 마음에 평화가 오더랍니다. 할렐루야!

예수님을 믿으면 그 순간 마음에 평화를 얻게 됩니다.

예수님을 믿는 그 순간 구원을 받습니다.

예수님을 믿는 그 순간 죄 사함을 받습니다.

예수님을 믿는 그 순간 천당에 갈 수 있습니다.

예수님을 믿으면 믿는 그날, 하루를 믿은 사람에게도 기쁨이 옵니다. 그러기에 예수님을 전해야 하는 것입니다.

사실 인생의 진지한 면에 직면하게 되면 예수님을 전하게 되고, 죽음의 자리에 직면하게 되면 예수님을 전하게 됩니다.

우리 교회학교의 한 아이가 예배를 마친 후 자전거를 타고 횡단보도를 건너다 택시에 치었습니다. 아이가 붕 떴다가 떨어졌는데 운동신경이 얼마나 날렵한지 낙법으로 착 내려서 하나도 다치지 않았습니다. 그리고 곧바로 일어서서는 택시 문을 열고 택시 뒤에 앉아 있는 승객에게 말했습니다.

"아주머니, 예수 믿으세요."

승객은 사고 나는 것을 보고 놀라서 정신이 없었는데, 붕 떴다가 떨어진 아이가 일어나서 예수를 믿으라고 하니, "네가 믿는 예수를 나는 잘 모르지만, 네가 믿으라고 하니 한번 믿어 보아야겠다"라고 했답니다. 이런 아이가 진짜 예수의 아이가 아니겠습니까?

우리가 진지한 인생의 면에 직면하면 예수님뿐입니다. 우리가 살아가고 있을 때에는 건강, 애인, 집, 자동차가 눈에 들어와도 마지막에는 예수님뿐입니다. 이런 예수님을 전할 수 있기 바랍니다. 이것이 정말 참다운 주님의 종의 자세로 사는 자의 모습입니다.

그리고 "나는 예수의 종으로 산다"라는 야고보의 이 말에는 단호한 결단의 뜻이 있습니다. 어떤 경우든지, 어디에서든지 제일 겸손하게 살겠다는 그의 작정이 거기에 들어 있습니다.

야고보는 주님의 동생이니 어디를 가도 사람들이 우러러보고 교회의 기둥이라고 하며, 베드로를 제쳐 놓고 그를 총회장으로 세웠습니다. 바울도 베드로에게는 꾸중을 하면서 야고보에게는 보고를 합니다. 그러니 야고보가 '이러다가는 내가 큰일 나겠네. 나는 주 예수님의 동생이 아니라 주 예수님의 종이야' 하고 낮아지려는 것입니다. '나는 주님의 종이다' 하며 언제나 낮은 자리에서 일하기로 작정하고 그렇게 살았습니다. 그럴 때 사람들이 야고보를 더 존경하고 사랑한 줄로 믿습니다.

우리 교회 기관장님들이 90명 정도 되는데, 금요일 밤에 제가 기관장님들을 만날 것이지만, 기관장님들은 잘 들으시기 바랍니다. 여러분이 아무리 신앙이 깊고 똑똑해도 교만하면 기관원들이 떠나갑니다. 찬양대 지휘자들은 잘 들으세요. 여러분이 아무리 유능한 지휘자라도 교만하고 자기를 띠우면 찬양대원들이 협력해 주지 않고 물러갑니다. 기관장이나 찬양대 지휘자는 기관원과 찬양대원을 높여 주고 세워 주어야 됩니다. 그럴 때 기관이 되고 찬양대가 되는 것입니다.

목사님이 아무리 유능해도 교만하면 교인들이 떠나갑니다. 목사님이 부족해도 겸손하면 교인들이 모입니다. 왜입니까? 하나님께서 은혜를 주시기 때문입니다.

야고보서 4장 6절에 "하나님이 교만한 자를 물리치시고 겸손한 자에게 은혜를 주신다 하였느니라"고 말씀하셨습니다.

저는 세계 모든 목사님들 중에서 최고로 겸손하기를 원합니다. 우리 교회 장로님들, 제직원, 찬양대 지휘자, 교사들, 모든 성도들이 어느 교회보다도 더 겸손한 하나님의 사람들이 될 수 있기를 바랍니다. 그래야 하나님께서 우리 교회에 큰 은혜를 주십니다. 제일 깊은 바다에 물이 제일 많이 모이는 것처럼, 이 지구촌에서 양곡교회가 가장 깊고 가장 겸손하면 하나님께서 우리 양곡교회를 이 지구의 중심으로 세워 주실 줄 믿습니다. 겸손해야 됩니다.

오케스트라 단원 여러분, 여러분이 아무리 연주를 잘해도 여러분은 낮아지고 다른 사람들을 자꾸 높여야 하나님께서 여러분을 세워 주십니다. 교만하고 거만하면 그 사람은 교회에서도 넘어집니다. "그 사람, 장로 될 줄 알았더니 망했네. 그 집사님, 안수 받을 줄 알았더니 걸려 넘어졌네" 하게 됩니다. 교만하고 거만하면 사업하다가 넘어집니다. 회사에서도 부장의 눈에, 이사의 눈에 벗어나는 사람은 넘어집니다. 하나님께서 교만한 사람을 물리치시는 것처럼 사람들도 교만한 사람은 싫어합니다.

어쨌든 우리가 겸손하면 집에서도 행복합니다. 겸손한 사람은 교회에서도 누가 알아주면 '나는 아무것도 아닌데 알아주네' 하며 미안해하고, 알아주지 않으면 편안해하고 좋아합니다. 어떤 사람이 "당신은 나빠요"라고 할 때 "나는 나쁜 정도가 아닙니다. 당신이 나에 대해 모르는 부분이 너무 많습니다. 나는 나쁜 점이 너무 많아요"라고 하면 누가 무어라고 하겠습니까? "당신은 죄인이야"라고 할 때 "죄인 정도가 아니라 나는 죄인의 괴수예요. 당신이 아는 죄뿐 아니라 모르는 죄가 얼마나 많은지 몰라요"라고 하면 할 말이 없는 것입니다. 자신이 죄인이라고 하는데, 자신이 나쁘다고 하는데 누가 무슨 말을 하겠습니까?

겸손하면 하나님께서 세워 주신다는 것을 믿으시기 바랍니다.

그리고 "예수 그리스도의 종 야고보"라는 말에는 세계를 품는다는 뜻이 있습니다.

야고보는 세계에 흩어져 있는 열두 지파에게 문안의 편지를 씁니다. 그가 예수님의 종이 되기 전에는 나사렛 동네도 걱정하지 않고, 자기 아내와 자기 자식만 걱정하던 사람이었습니다. 그런데 예수님의 종이 되니 세계를 품고 열두 지파에게 편지를 쓴 것입니다. 야고보서의 수신자에는 이스라엘의 열두 지파뿐 아니라 우리 양곡교회도 포함되어 있습니다. 할렐루야! 온 세계의 크리스천이 포함되어 있습니다. 야고보는 오늘의 우리까지 포함해서 편지를 쓸 만큼 가슴이 넓었습니다.

왜입니까? 시장의 비서는 시만 돌아보지만 대통령의 비서는 나라를 돌아보듯이, 그리스도의 종은 그리스도께서 우주의 주인이시기 때문에 우주를 돌아보게 됩니다. 예수님께서 세계를 품으시기 때문에 그 종도 세계를 품는 것입니다.

아무것도 아닌 이 지용수, 시골에서 다래끼를 메고 꼴 베러 다닐 때 손재주가 없어서 몇 번이나 낫에 손가락이 잘릴 뻔하니 우리 마을의 태재 형님이 몇 번 만에 풀을 척 베어 한 다래끼씩 해 주곤 했습니다. 그런 지용수에게 꿈이 있었습니까? 뭐가 있었습니까? 그러나 예수님의 종이 되니, 지구를 품고 기도합니다.

"하나님, 우리 양곡교회의 말씀이 오대양 육대주에 달음질하게 해 주세요. 우리 양곡교회가 오대양 육대주에 선교사를 파송하게 해 주세요. 하나님, 우리 양곡교회 방송을 통해 세계의 영혼을 모두 구원해 주세요" 하는 기도를 합니다. 이런 기도가 자연스럽게 나옵니다.

왜입니까? 제가 제 주인이고 제 인생만 살면 그저 제 아내와 제 아들딸만 먹이고 살면 됩니다. 그러나 주님의 종이니 주님께서 아끼시는 세상을 저도 아끼고 사랑하는 것입니다. 할렐루야!

이렇게 아끼고 사랑하는 것이 관심입니다. 관심은 중요합니다. 관심을 받으면 행복합니다.

제가 지금 한 사람을 집중해서 보면 그 사람은 기분이 좋을 것입니다. 그러나 어떻게 보느냐에 따라 달라집니다. 심각하게 보면 그 사람은 걱정할 것이고, 웃으면서 보면 그 사람은 행복할 것입니다.

겨울 방학이 끝났을 때, 초등학교 선생님이 아이들의 일기장을 보았습니다. 스키장에도 갔다 오고, 여행도 다녀온 한 아이의 일기장에 이런 글이 있었습니다. "나는 귀에 피고름이 흘러 중이염으로 병원에 갔을 때가 제일 행복했다."

이상하게 여긴 선생님이 그 아이를 불러 물어보았습니다.

"너는 스키도 탔고, 여행도 했는데, 왜 귀가 아플 때가 제일 좋았니?"

"선생님, 제 귀가 아프니 엄마와 온 집안 식구가 저에게 관심을 쏟아 주었어요. 병원에 가도 의사 선생님이 제게 친절히 대해 주었어요. 저는 아플 때가 제일 행복했어요."

관심을 받으니 행복했다는 말입니다.

남편이 아내에게 관심을 쏟으면 아내가 행복해집니다. 아내가 남편에게 관심을 쏟으면 남편이 행복해집니다. 우리가 이 지역에 관심을 쏟아 기도하면 이 지역이 행복해집니다. 할렐루야! 세계에 관심을 쏟으면 세계가 우리 때문에 구원받게 될 줄로 믿습니다.

야고보는 종인데도 세계를 품었습니다.

여러분이 참으로 성령의 사람이면 하루에 몇 번씩 세계의 영혼을 위해 기도하게 될 것입니다.

그리고 야고보가 "예수 그리스도의 종 야고보"라고 할 때 그는 자긍심(프라이드)이 대단했습니다. 야고보서 1장부터 마지막 6장까지를 다 읽어 보아도 비굴함이 없습니다. 예수님의 노예라는 야고보가 얼마나 당당하게 야고보서를 썼는지 모릅니다.

사랑하는 여러분, 아무리 비서라도 대통령의 비서는 시장 앞에서 비굴하지 않습니다. 오히려 시장이나 장관들이 대통령 비서의 눈치를 봅니다. 하물며 하나님의 비서, 우주의 왕이신 주님의 종은 어떻겠습니까? 이 세상의 왕을 세우기도 떨어뜨리기도 하시고, 살리기도 죽이기도 하시고, 사람을 크게도 망하게도 하시는 분이 하나님이십니다. 그분을 수종드는 종(servant)인 우리 앞에서 세상의 대통령과 왕들, 열왕들이 우리의 눈치를 보아야 될 줄로 믿습니다. 그러니 우리는 비굴하면 안 됩니다. 세상에 나가서 예의는 지켜야 되지만 비굴하면 안 됩니다.

보디발의 집이 잘된 것은 요셉 때문이었습니다. 요셉이 그 집을 나가면 그 집은 무너지는 것입니다. 라반의 집이 잘된 것은 야곱 때문이었습니다. 야곱이 그 집을 나가면 라반의 집이 무너지는 것입니다.

이처럼 우리는 복의 줄입니다. 우리나라에는 죄가 많습니다. 다방에, 이발관에, 술집에, 거리에 죄가 너무 많습니다. 그래도 교회와 하나님의 종들이 있기 때문에 하나님께서 우리 한국을 긍휼히 여기시는 줄로 믿습니다. 우리 때문에 대한민국이 사는 것입니다. 전쟁이 없는 것입니다. 우리는 당당해야 됩니다. 우리 크리스천은 언제 어디서나 당당하게 살아야 합니다. 할렐루야!

'내 비전, 내 관심, 내 이익, 내 취미는 이제 끝났다. 주님의 관심을 따라, 주님의 비전과 계획을 따라 나는 살리라. 누가 나를 아무리 추켜세운다 해도 나는 제일 밑바닥에 내려가서 겸손하게 살리라. 내가 비록 부족하고 배운 것이 없고 힘도 없지만 세계를 품고 기도하리라. 나는 비록 계급도 없지만 그 누구 앞에서도 비굴하지 않고 당당하게 살리라.'

이것이 바로 야고보의 자세입니다.

이러한 삶의 자세가 여러분과 저의 자세, 지구촌에 있는 모든 크리스천의 자세가 될 수 있기를 축원합니다.

야고보서 1장 2-4절 · 야고보서 강해

시련의 유익

사람은 본능적으로 편안한 것, 안정된 생활, 순적한 삶을 원합니다. 시련과 고난과 환난을 손짓하며 환영하고 그 환난과 부딪쳐 시련당하기를 원하는 사람은 거의 없습니다.

그런데 오늘 성경은 우리 믿는 사람들에게도 시련은 있다고 가르칩니다. 여기에서 시련이란 'trial'로 간단한 고난이 아니라 겪어내기 어렵고 견디기 어려운, 참으로 힘에 겨운 환난 같은 것을 말합니다. 우리 모두가 편안한 삶을 원하고 환난을 원하지 않는데, 예수님의 친아우요 예수님의 종인 야고보는 성령으로 우리에게 말씀합니다.

"내 형제들아 너희가 여러 가지 시험을 만나거든 온전히 기쁘게 여기라"(약 1:2)

시험은 시련을 뜻합니다. 그런데 그것을 만나거든 온전히 기쁘게 여기라고 말씀하십니다. 우리 가운데 아직까지 큰 환난을 당하지 않은 사람도 있을지 모르고, 환난 없이 순적하게 천당 갈 사람도 있을지 모릅니다. 그러나 우리 중에서 누가 언제 환난을 당할지도 모릅니다.

환난이 오면 힘이 듭니다. 그래서 야베스는 하나님 앞에 부르짖었습니다.

"하나님이여! 환난을 면하여 근심이 없게 하소서."

시련이 너무 힘드니 "하나님이여! 내게 환난을 면케 해 주세요" 하고 부르짖었습니다. 그럴 때 하나님께서 그의 기도를 들어주셔서 환난을 제하여 주셨습니다.

그런데 생각해 보면, 야베스가 환난을 받았기 때문에 기도의 사람이 되었지, 환난을 받지 않았으면 기도의 사람이 되지 못하고 역사에 이름도 없이 사라지는 무명의 사람이 되었을지도 모릅니다. 그래서 하나님께서는 우리에게 유익을 위해 환난을 주신다고 구약에서도 신약에서도 가르쳐 주시는 것입니다.

시련이란 말은 훈련한다는 말과 같은 의미를 갖고 있습니다.

베드로전서 1장 7절에 "너희 믿음의 시련이 불로 연단하여도 없어질 금보다 더 귀하여 예수 그리스도의 나타나실 때에 칭찬과 영광과 존귀를 얻게 하려 함이라"고 말씀하셨습니다.

믿음을 대개 금으로 비유하는데, 금을 불로 연단하듯이 하나님께서는 우리 성도들의 믿음을 시련으로 연단하신다는 것을 기억하시기 바랍니다. 학생들에게 중간고사, 학기말고사, 졸업시험을 치르게 하는 것은 학생들을 망하게 하기 위함이 아닙니다. 학생들의 성적을 향상시키고 발전시키기 위해, 실력 있는 학생들을 만들기 위함입니다. 학생들을 불행에 빠뜨리고 어렵게 만들려고 시험을 치르게 하는 것이 아니라 학생들을 위하여 시험을 치르게 하는 것입니다.

사랑하면 훈련을 시킵니다. 만일 사람이 훈련받지 않으면 개나 돼지 같은 짐승처럼 살게 될지 모릅니다. 어머니와 아버지가 자녀를 사랑하여 훈련하니 바른 사람이 되는 것입니다. 하나님께서는 우리를 사랑하시기 때문에 언제나 훈련시키시는 것을 기억하시기 바랍니다.

출애굽기 19장 4절에 "내가 어떻게 독수리 날개로 너희를 업어 내게로 인도하였음을 너희가 보았느니라"고 말씀하셨습니다.

어미 독수리가 새끼 독수리를 어떻게 훈련시키는지 아십니까? 어미 독수리가 새끼를 업고 창공에 높이 올라가서 떨어뜨립니다. 그러면 날지 못하는 새끼 새가 죽지 않으려고 날개를 퍼덕퍼덕해 보지만 결국은 떨어지게 되는데, 바위에 떨어져 피가 터져 죽게 되나 하는 순간 어미 독수리가 쏜살같이 내려와서 날개로 업고 올라갑니다. 새끼가 '후유, 살았다' 하고 숨을 돌리는데, 어미가 또 떨어뜨립니다. 새끼 독수리는 '아이고! 엄마를 잘못 만났네. 심한 엄마를 만났네'라고 할지 모르지만, 어미 독수리의 그 심한 훈련 때문에 독수리가 새들의 왕이 되는 것입니다. 암탉은 병아리를 훈련시키지 않습니다. "꼬꼬꼬꼬" 하면서 병아리들에게 먹일 것만 계속 먹이고, 한 번도 날개에 얹어서 훈련시키지 않고 '내 새끼, 내 새끼' 하고 품으며 사랑만 합니다. 그러니 병아리는 커서 닭이 되어도 날지 못하고 고양이나 개가 쫓으면 3미터 되는 담에 올라가는 것도 죽을힘을 다해야 가능합니다. 올라가서는 심장마비가 될 것처럼 헉헉거립니다. 왜입니까? 어미 닭이 병아리를 훈련시키지 않아서입니다. 그러나 독수리는 새끼를 훈련시켜 창공을 날게 하고 새들의 왕으로 만드는 것입니다.

하나님께서는 우리를 암탉의 날개로도 사랑하시지만, 독수리의 날개로도 훈련하십니다. 우리 하나님께서는 암탉이 병아리를 품듯이 사랑만 하시는 것이 아닙니다.

욥기를 보십시오. 욥이 감당 못할 시험을 당합니다. 아들 일곱이 죽었습니다. 여러분은 아들이 다 죽으면 어떻게 하시겠습니까? 딸 셋이 죽었습니다. 여러분의 딸이 다 죽으면 어떻게 하시겠습니까? 사업이 다 망했습니다. 여러분은 알거지가 되면 어떻게 하시겠습니까? 아내가 가출했습니다. 그리고 몸에 병이 왔습니다. 여러분은 이런 경우 어떻게 하시겠습니까?

욥기 23장 10절에서 욥은 이렇게 고백합니다.

"나의 가는 길을 오직 그가 아시나니 그가 나를 단련하신 후에는 내가 정금같이 나오리라."

욥은 '아하! 하나님께서 나를 훈련하시는구나' 라고 하면서 훈련을 받았습니다.

여러분이 평안할 때에는 '아, 하나님께서 암탉 날개로 나를 감싸 주시는구나' 하고 감사하시기 바랍니다. 시련이나 원치 않는 일을 만나거든 '하나님께서 나를 독수리 날개로 훈련하시는구나' 라고 깨달으시기 바랍니다.

사실 오늘날 우리가 당하는 시련은 약합니다. 야고보가 이 편지를 쓸 때 당한 시련은 상상하기조차 힘든 엄청난 것이었습니다. 여러분이 잘 아시는 대로 로마의 콘스탄틴 대제가 313년에 기독교를 공인하기 전까지는 네로 황제의 무참한 핍박 같은 대핍박과 환난이 열 차례나 있었습니다. 예수를 믿으면 직장에서 쫓아내고 재산을 몰수하는 등 조직적으로 기독교인을 핍박했습니다. 그래서 기독교인들이 카타콤에서 얼마나 어려운 생활을 했습니까?

본문의 시험은 그런 환난을 말합니다. 그리고 본문에는 "시험을 만나거든" 이라고 되어 있지만, 원래는 환난에 빠진 것을 말합니다. 환난에 빠져 있는 것과 같은 상황에서도 온전히 기쁘게 여기라고 말씀하십니다.

오늘 여러분과 제가 가끔 당하는 시련은 그 당시의 시련에 비하면 시련도 환난도 아닙니다. 오늘날에도 네팔이라든가 인도네시아, 인도, 그리고 회교 지역에서는 예수님을 믿으면 핍박이 많습니다. 그 당시에 버금가는 핍박을 받기도 합니다. 하지만 오늘날 대부분의 자유 진영에서는 예수님을 믿는 것 때문에 핍박을 받는 일이 거의 없습니다.

그러나 각자 나름대로 자기 십자가가 있을 것입니다. 그런 일을 당할 때마다 '아하, 하나님께서 나를 훈련하시는구나' 하고 깨달으시기 바랍니다.

몸에 병이 오든, 가정에 문제가 오든, 아이들이 넘어지든, 사업이 부도가 나든, 그것을 단순히 현상적인 일로 생각하는 것이 아니라 영적으로 깨달아야 합니다. 병아리가 물 한 모금 먹으면 하늘을 쳐다보고, 또 한 모금 먹으면 또 하늘을 쳐다보듯이, 우리는 복된 일을 만나도 하나님께 감사하고, 시련과 환난에 직면해도 '하나님, 어떻게 훈련하실 겁니까?' 하고 하나님을 바라보아야 합니다.

하나님께서는 우리를 어미 독수리 날개로 훈련시키기도 하시고, 어미 닭 날개로 품어 주기도 하시는 것을 믿으시기 바랍니다. 그래서 환난을 만나도 '아하! 하나님께서 나의 유익을 위해서 나를 시험하시는구나' 하고 깨달으면서 그 시험에 합격하시기 바랍니다.

원망하고 불평하면 집니다.

하나님께서 이스라엘 백성들을 물이 없는 곳으로 인도하실 때 '목마르거든 기도해라, 그러면 반석에서 생수를 주겠다' 하시고 이미 여호와 이레로 준비해 두셨습니다. 그러나 그들은 원망했습니다. 기도만 하면 물이 터지는데 원망하고 불평하니 하나님께서 화가 나신 것입니다.

환난이나 시련을 당할 때는 엎드려 부르짖어야 할 때임을 믿으시기 바랍니다.

"너희 중에 고난당하는 자가 있느냐 저는 기도할 것이요"(약 5:13).

"환난 날에 나를 부르라 내가 너를 건지리니 네가 나를 영화롭게 하리로다"(시 50:15).

서울대학교 의대를 나온 한 산부인과 의사가 수술하던 중에 환자가 죽는 일이 일어났습니다. 그래서 환자의 가족들이 그 의사를 괴롭히면서 15억 원을 변상하라고 했습니다. 개원한 지 2년도 안 된 의사에게 15억 원의 돈이 어디에 있겠습니까? 그래서 매일 법원에 불려가고 검찰청에 불려갔습니다. 너무 괴롭고 살길이 없으니 이 의사는 매일 새벽에 교회에 나가서 기도했습니다.

"하나님, 도와주세요. 제가 망하게 되었는데 제발 저를 좀 살려주세요."

재판을 시작한 지 3년이 지나서야 1억 5천만 원을 변상하는 것으로 문제가 해결되었습니다. 그리고 나니 3년간 매일같이 새벽기도한 것이 습관이 되어 지금도 새벽 4시만 되면 일어나서 새벽기도를 합니다. 그 문제가 해결된 지 벌써 5-6년이 지났는데도 새벽기도에 빠지지 않고, 중등부 교사로 봉사하며 그 교회의 일등 집사님으로 충성하고 있습니다. 새벽기도를 하지 않던 그 부인도 지금은 새벽기도의 왕이 되었습니다.

그 의사가 그 일 때문에 얼마나 훌륭한 신앙인이 되었는지 모릅니다. 이제 곧 장로님이 될 것입니다. 얼굴에 선함이 가득해서 저와 같이 있으면 오히려 그 의사 선생님이 목사님 같습니다. 그 의사 선생님을 볼 때마다 '그 사고를 통해 하나님께서 이렇게 만드셨구나' 하고 깨닫게 됩니다.

사랑하는 여러분, 우리가 시련을 당할 때 '아이구! 어렵다' 싶어도 하나님께서는 우리를 위하여 좋은 것을 준비해 두셨다는 것을 믿으시기 바랍니다. 그러므로 어려움을 당하면 '하나님께서 무엇을 주시려고 이런 환난을 주시나? 이 역경의 터널을 지나면 어떤 축복을 준비해 두셨을까?' 하면서 시련의 터널을 잘 통과하시기 바랍니다. 원망하거나 불평하지 말고 감사하며, 기도하면서 승리하게 되시기를 바랍니다.

그런데 오늘 본문에서는 시련의 가장 중요한 이익(benefit)이 무엇이라고 가르쳐 주십니까?

따라 합시다. "인내!"

시련은 인내를, 인내하는 태도를 길러 준다고 말씀하십니다.

인내가 이루어지면 성숙하게 됩니다. 성숙하다, 온전하다는 말은 바로 과일이 잘 익은 것을 말합니다.

풋과실은 맛이 없습니다. 하나님 보시기에 풋과실처럼 덜 익은 교인들이 많습니다. 덜 익은 과일처럼 교회를 시게 하는 교인들이 있습니다. 하지만 잘 익은 과일은 보기에도 탐스러울 정도로 아름답고 먹기에도 좋습니다. 잘 익은 과일처럼 성숙하게 만드는 것이 바로 인내인데, 편안할 때는 인내하기가 어렵습니다.

　물도 1킬로미터 동네 밖에 있는 샘에서 사마리아 여인처럼 길어다 먹어야 물이 귀한 줄 알게 됩니다. 겨울에는 추위를 여름에는 더위를 겪어야 인내심이 생기는데, 요즘에는 인내심을 기르기가 어렵습니다. 예전에는 수박도 시원하게 해서 먹으려면 물에 몇 시간 동안 담가 놓아야 했는데, 요즈음에는 냉장고 때문에 얼마나 급해졌는지 모릅니다. 또 인스턴트 식품 때문에도 세상이 급해졌습니다. 물만 끓여서 부으면 라면을 먹을 수 있습니다. 제가 1년에 두세 번 가 보지만 슈퍼마켓에 가 보니, 세상에! 물만 부으면 해물탕이 되도록 다 준비해 놓았습니다. 마늘도 음식을 조리를 할 때 까 먹어야 제 맛이 나는데, 미리 다 까놓았습니다. 그러니 인내심이 없어지는 것입니다. 참을 수가 없는 것입니다.

　인내하는 사람은 성숙한 사람이고, 인내하지 못하는 사람은 성숙하지 못한 아기입니다. 아기는 아프면 웁니다. 소리치고 싶으면 소리치고, 뛰어다니고 싶으면 뛰어다닙니다. 이렇게 자기 멋대로 하기 때문에 본당에는 아기들을 데리고 오지 못하게 하는 것입니다. 어른은 뛰고 싶어도 참고, 설교가 지겨워도 참고, 더워도 참고, 추위도 참고, 배가 아파도 참습니다. 오늘 2부 예배 시간에 한 학생이 배가 아픈지 자꾸 배를 만지기는 했지만 그래도 참고 있었는데, 아기 같으면 참지 못하고 나갔을 것입니다. 어른이 되면 인내합니다. 인내하면 얼마나 좋은지 모릅니다.

　그런데 오늘날에는 인내하지 못하는 어른 아이가 너무 많습니다. 얼마 전 서울 중구에 사는 한 부부가 새벽 2시까지 싸웠답니다. 여러분, 싸우지 맙시다. 싸우는 사람들은 불행합니다. 바보입니다. 싸우면 두 사람 다 바보가 됩니다. 절대로 부부 싸움을 하지 마시기 바랍니다. 저도 부부 싸움을 해 보았는데, 부부 싸움은 백해무익입니다. 부부 싸움은 칼로 물 베기라고 하지만, 아닙니다. 그 골이 깊어지고 상처가 생기고, 또 아이들이 얼마나 상처를 받는지 모릅니다. 부모가 싸움을 하면 아기가 자면서도 불안해하고 정서적으로 상처를 입게 됩니다.

그런데 서울의 그 부부는 새벽 2시까지 싸우면서 소리를 질렀습니다. 그 소리에 2개월도 채 안 된 아기가 깨어 막 울자 남편이 "시끄럽다!"면서 TV 리모컨을 던졌습니다. 그것이 아기 머리에 맞아 아기가 즉사했습니다. 부부가 그 아기를 도봉산에 몰래 매장했는데, 그것이 알려져 살인죄, 사체 유기죄로 경찰서에 끌려갔습니다. 화가 난다고 두 달 된 아이에게 리모컨을 던지는 아버지는 아버지가 아니라 유치원 아이만도 못합니다.

모 고등학교의 한 교사가 지각을 자주 하니 교감 선생님이 "아무개 선생, 지각 그만해요"라고 했습니다. 그러자 그 선생님이 몽둥이를 갖고 와서 교감 선생님 책상을 두들겨 패며 소리쳤습니다.

"왜 남의 자유를 구속하느냐? 지각을 해도 내가 하는데 왜 상관을 하느냐?"

그 교사는 유치원 아이보다 못합니다.

또 한 교사는 금강산 수련회를 갈 때 제비뽑기를 했는데 뽑기에서 떨어졌다고 가스총을 갖고 와서 "내가 이 학교에서 얼마나 수고하는데 왜 나를 뺐냐?" 하고 야단이었답니다.

자기가 뽑지 못한 것을 누구에게 그러는지 모르겠습니다. 그리고 왜 그것을 참지 못합니까? 그런 선생은 아이보다 못합니다.

인내할 줄 모르는 사람은 아기입니다. 인내할 줄 모르면 만 가지 불행이 다 옵니다.

러시아에 "병사여, 참으라. 내일 장군이 된다"라는 격언이 있습니다. 부부가 인내하지 않으면 모든 부부가 다 이혼해야 할 것입니다. 목사님이 인내할 줄 모르면 1년, 2년 만에 옮겨 다녀야 합니다. 교인도 인내하지 못하면 아무것도 이룰 수 없습니다. 사업하는 사람이 인내할 줄 모르면 성공할 수 없습니다.

쌍용의 김 모 씨가 많은 사람들에게 감동을 주었습니다. 모 대학 건축학과를 나온 사람인데, 입사시험에서 109번이나 떨어졌습니다. 취직시험을 109번이나 치르고 면접도 봤는데 109번이나 떨어졌습니다. 그런데 110번째에 쌍용에 지원했다가, 실력은 별로지만 109번이나 떨어져도 또 지원하는 그것, 그 인내가 높이 평가되어 쌍용에 입사하게 되었습니다. 쌍용은 사람을 볼 줄 압니다. 109번 떨어져도 인내하는 그 사람이 성숙한 사람입니다. 그 사람은 모범 사원이 될 줄로 저는 믿습니다.

인내를 온전히 이루는 사람이 참 성도입니다. 할렐루야!

미국의 큰 교회에서 있었던 일입니다. 젊은 집사님이 예의 없게 행동하니 한 장로님 부인이 "왜 까불어?"라고 했습니다. 남편은 장로님이고 자기는 권사님이고 나이도 많으니 예수를 믿은 지 얼마 되지 않은 젊은 집사님이 까부는 것을 보고 그랬는데, 젊은 집사님이 가만히 있지 않았습니다. "내가 까부는데 당신이 왜 그래요?" 하고 대들었습니다. 그러니 권사님이 참지 못하고 "뭐 이런 게 다 있어?" 하며 뺨을 때렸습니다. 뺨을 맞은 집사님도 참지 못하고 같이 뺨을 때렸습니다. 어른하고 아이가 싸우면 누가 손해를 봅니까? 어른이 손해를 봅니다. 권사님이 되로 주고 말로 받았습니다. 젊은 여자가 더 힘이 세지 않습니까? 또 젊은 여자들은 운동도 합니다. 권사님이 참지 못하고 한 대 때렸다가 오히려 실컷

시련의 유익 49

두들겨 맞고 교회도 수치를 당했습니다. 그 일로 한동안 교회가 술렁거렸습니다. 아픈 일입니다.

사람은 모두 다 다른데, 어떻게 내 마음에 맞겠습니까? 내 아들도 내 마음에 들지 않을 때가 많고, 내 딸도 내 마음에 들지 않을 때가 많습니다. 그런데 어떻게 집사님이 내 마음에 들고, 찬양대 지휘자가 내 마음에 들고, 찬양대 파트장이 내 마음에 들겠습니까? 지휘자가 내 마음에 들지 않아도 그의 뒤에 예수님께서 계십니다. 지휘자가 마음에 들지 않는다고 충성하지 않는 사람은 하나님께 충성하는 사람이 아니라 지휘자에게 충성하는 사람입니다.

누구를 위해 일하는 것입니까? 목사님도 주님을 위해, 성가대 지휘자도 주님을 위해, 성가대원들도 주님을 위해, 모두가 주님을 위해 일하는 것입니다. 그 누가 마음에 들든 들지 않든 '하나님께서 세워 주셨구나' 하고 따르면 되는 것입니다. 모든 것을 인내할 수 있어야 됩니다.

여러분의 아내가 늘 좋기만 합니까? 여러분의 남편이 늘 여러분 마음에 듭니까? 때로는 '어쩌다가 내가 이런 사람에게 걸렸나?'라는 생각이 들 때도 있지만, 또 지나고 나면 '괜찮네' 하며 좋아하게 되는 것입니다. 그렇게 그렇게 한 세상을 사는 것이 아닙니까?

저와 여러분 모두에게 인내의 은혜가 있기를 바랍니다.

그런데 인내는 그냥 생기는 것이 아닙니다. 시련을 통과해야 생깁니다. 우리 모두 살아가면서 평안하고 순적하기를 원하지만 시련을 만나게 될 때면 '아하! 하나님께서 인내하라고 훈련시키시는구나. 할렐루야! 성숙한 크리스천, 잘 익은 크리스천이 되게 하시는구나'라고 깨닫고 승리하시기 바랍니다.

다음으로는 "온전하고 구비하여 조금도 부족함이 없게 하려 함이라"(약 1:4)고 말씀하십니다.

구비하여 부족함이 없게 한다는 이 말씀은 전쟁 용어입니다. 그냥 부족함이 없는 것을 의미하는 것이 아니라 전쟁할 때 모든 것을 구비하여 부족함이 없어서 전쟁에서 이기는 그 완전함을 말하는 것입니다.

시련을 통과한 사람은 삶에 어떤 파도가 와도 이깁니다.

시련을 통과한 사람은 어떤 삶의 전쟁도 이깁니다.

죄송한 이야기지만, 저는 아무리 큰 사건이 터져도 눈도 깜짝하지 않을 때가 많습니다. 왜냐하면 제가 어릴 때 많은 시련을 통과했기 때문입니다. 많은 눈물을 흘리면서 밤을 지새우는 시련을 통과했기 때문에 어떤 큰 문제가 와도 저는 자신 있습니다.

"내게 능력 주시는 자 안에서 내가 모든 것을 할 수 있느니라"
(I can do everything through him who gives me strength, 빌 4:13).

할렐루야!

정말 자살하고 싶을 만큼 힘든 역경도 통과했는데, 차라리 죽었으면 좋겠다는 역경도 통과했는데, 지금 생각해 보니 그 역경이 저의 훈련장이었습니다. 그래서 제게는 어떤 일이 있어도 '괜찮다! 괜찮다! 지나가면 간증거리가 된다' 라는 믿음이 있습니다. 제가 만일에 편안하게 자랐으면 지금 어떤 힘든 일이 터지면 이기지 못할 것입니다.

사울은 편안하게 살다가 왕이 되니 자기 분수를 넘고 왕의 일을 감당하지 못해 망했습니다. 다윗은 10년간 시련을 받으며 눈물로 그 세월을 지나니 왕이 되어도 겸손하고, 주변의 모든 나라를 제패해도 겸손하고, 나이가 늙어 이 세상을 떠날 때도 "이새의 아들 다윗, 목동인 나"라고 하면서 겸손했습니다.

만일 요셉이 17세부터 30세까지 남의 집에서 종 노릇과 감옥살이 하지 않고 30세에 총리가 되었다면 안하무인인 사람이 되었을 것입니다. 13년간 환난의 훈련, 시련의 훈련을 받으니 인내하고 성숙해서 창세기 45장을 보면 놀라운 말을 합니다. 요셉을 죽이려 하다가 팔아 버린 그의 형님들과 만났을 때 그를 알아본 형님들이 바들바들 떨며 "오늘이 우리의 제삿날이구나. 오늘 우리는 죽는구나"라고 하는데, 그는 이렇게 말합니다.

"형님들, 나를 판 것 때문에 근심하지 마소서. 한탄하지 마소서. 자책하지 마소서. 이 땅에 앞으로 5년간 흉년이 더 계속될 것입니다. 형님들이 나를 판 것은 우리 가족을, 형님들의 자녀를 살리기 위하여 우리 하나님께서 나를 보내신 것입니다. 즉 하나님께서 형님들을 쓰신 것입니다. 형님들이 나를 판 것 때문에 절대로 근심하지 마소서."

이렇게 기가 막힌 말을 어떻게 할 수 있습니까? 만일 요셉이 애굽에서 유학하고 총리가 되었으면 이런 말을 하지 못했을 것입니다. 그 역경을 겪어냈기 때문에 '아하! 이 세상에 우연은 없구나. 다 하나님께서 하신 일이구나. 하나님께서 형님들을 시켜 나를 팔게 하셨기 때문에 내가 애굽으로 올 수 있었고, 보디발 장군의 부인에 의해 억울한 누명을 쓰고 감옥에 갔기 때문에 술 맡은 관원장을 만났고, 그 사람을 만났기 때문에 이렇게 총리가 되었으니 모든 것이 하나님께서 계획하신 것이구나. 모든 것을 하나님께서 쓰셨구나'라는 고백을 하게 된 것입니다. 요셉은 멋진 믿음의 사람이 되어 그 역경에서 아름다운 꽃을 피우고 열매를 맺었습니다.

역경과 시련을 통과하지 않고 매력 있는 사람이 되는 일은 없습니다. 역경을 통과한 사람이 다른 사람들의 아픔을 알고, 눈물의 빵을 먹어 본 사람이 가난한 사람의 심정을 알고, 아파 본 사람이 아픈 사람의 심정을 알고, 혼자 되어 본 사람이 혼자 된 사람의 외로움을 압니다. 그러니 하나님께서는 여러분을 인생 백사만사에 승리하는 사람으로 만들어 귀하게 쓰시기 위하여 오늘도 때때로 필요하면 독수리 날개로 훈련시키시는 것입니다.

암탉의 날개 같은 평안하고 포근한 사랑도 중요하지만, 독수리의 날개 같은 혹독한 훈련도 얼마나 귀한지 모릅니다. 그 훈련을 통해 우리는 강해지는 것입니다. 할렐루야!

이렇게 독수리처럼 훈련받고 나면 어떤 문제를 만나도, 동서남북으로부터 공격을 다 받아도 능히 이기게 되는 것입니다.

"사랑하는 자들아, 너희가 여러 가지 시험을 만나거든 온전히 기쁘게 여기라. 그 시련이 유익을, 인내를 만들어 내느니라. 너희를 성숙하게 하고 모든 일에 구비하여 부족함이 없게 하느니라. 하나님의 성숙한 자녀가 되고, 승리하는 자녀가 되게 하느니라."

이 말씀을 붙잡고 시련의 때에 승리하는 여러분과 제가 될 수 있기를 축원합니다.

◄◄ 야고보서 1장 5절

지혜를 얻는 열쇠

캐나다에 서식하고 있는 기러기는 이동할 때 언제나 V자 모양의 대형으로 한 번도 쉬지 않고 천 마일을 날아간다고 합니다. 천 마일이면 1,609킬로미터, 4천 리입니다. 4천 리를 가는 동안 날갯짓을 한 번도 쉬지 않고 날아가는 것입니다. 공기 저항을 적게 받기 위해서 V자 대형을 유지하며 날아가는데, 제일 앞선 기러기가 공기 저항을 많이 받아 가장 먼저 피곤해지기 때문에 피곤해진 기러기가 뒤로 물러가면 다른 기러기가 앞에 서고, 이렇게 서로가 질서 정연하게 교대하면서 4천 리를 날아가는 것입니다. 참 지혜로운 새입니다.

그런데 아프리카에 서식하는 스프링복(springbok)이라는 산양들은 미련하답니다. 넓은 초원의 풀을 뜯으며 즐기다가 풀이 조금 적어지면 모두 긴장하게 됩니다. 앞서 가는 산양들이 좋은 꼴을 먹어서 뒤에는 좋은 것이 없으니 서로 앞질러 좋은 꼴을 먹으려

경쟁하고 다투다가 결국은 마냥 달린답니다. 그러다 절벽을 만나면 앞의 양들은 서는데 뒤의 양들이 밀어붙이는 바람에 결국 모두 낭떠러지에 떨어져 죽고 마는 일이 종종 일어난다고 합니다.

새나 짐승이나 지혜로우면 평화롭고 복되게 삽니다. 그러나 미련하면 복되게 살 수가 없습니다. 하물며 사람이겠습니까? 아무리 많은 재산, 많은 지식, 뛰어난 경륜, 큰 힘과 명예를 가졌다 해도 지혜가 없으면 인생을 복되게 살 수 없습니다.

1977년 미국의 빅뉴스 중 하나가 '석유 왕'이라 불리는 폴 케티와 하워드 휴즈 두 재벌이 죽은 사건입니다. 세계가 아는 재벌 휴즈는 자기 재산을 노리는 사람들을 피해 이 호텔, 저 호텔로 다니며 10년간 은둔 생활을 하면서 고독하게 살다가 죽었는데, 사인을 조사해 보니 영양실조였습니다. 그리고 폴 케티는 사랑하는 막내아들이 폐렴으로, 큰아들이 알코올 중독으로 죽는 것을 보면서 가슴을 치고 괴롭게 살다가 자신도 쓸쓸하게 세상을 떠났습니다. 지식과 명예와 돈을 가졌지만 인생에 깨끗이 실패한 예라고 할 수 있습니다.

잠언 3장 14절에 "이는 지혜를 얻는 것이 은을 얻는 것보다 낫고 그 이익이 정금보다 나음이니라" 고 말씀하셨습니다. 파스칼은 "지혜는 지식을 능가한다" 라고 말했습니다. 영국 격언에도 "많은 금과 보석보다 지혜가 월등히 더 귀한 것이다" 라는 말이 있습니다. 많이 가졌어도 지혜가 없으면 망하지만, 가진 것이 없어도 지혜로우면 훌륭하게 살 수 있는 것입니다.

요셉이 30세까지 죄수로 있다가 대제국 애굽의 총리가 된 것은 귀족 출신이라서, 배경이 좋아서, 지식이 많아서가 아닙니다. 뛰어난 지혜가 있었기 때문입니다. 다니엘과 사드락, 메삭, 아벳느고가 바벨론 제국에서 총리가 되고 도지사들이 된 것은 배경이나 지식이나 돈이 많아서가 아니라 뛰어난 지혜가 있어서입니다.

지혜로운 사람은 부부생활도, 사업 경영도, 직장생활도, 인간관계도 잘 꾸려 나갑니다. 어차피 만나 더불어 살 사람들이기에 원수를 맺지 않고, 골을 파지 않습니다. 원수는 외나무다리에서 만나는 것을 알기 때문에 모든 인간관계도 잘 조절하게 되는 것입니다. 그러나 지혜가 없는 사람은 그렇게 살 수 없습니다.

그런데 오늘 여기에서 야고보가 우리에게 추천하는 지혜는 사람의 지혜가 아닙니다.

보리수나무 아래에서 사색하여 얻는 그런 지혜가 아닙니다. 국회의원들이 국회에서 의논하여 만든 그 정도 수준의 지혜를 말하는 것이 아닙니다. 사람의 지혜는 언제나 약점을 가지고 있습니다. 대통령 주도하에 나라의 두뇌들이 지혜를 짜내어 세운 정책도 국민의 여론에 부딪쳐 일주일도 못 가서 접는 일이 허다합니다. 국회의원들이 아무리 노력해서 지혜를 모은 것이라도 국민의 비판을 받게 되고, 교수들이 지혜를 짜내어 하나의 정책을 내놓아도 학생들이 반대해서 결국 중단하고 마는 경우가 얼마나 많은지 모릅니다.

사람의 지혜는 아무리 짜내어 보아도 부족합니다. 왜입니까? 안목이 짧고, 내다보는 경륜이 부족하기 때문입니다.

서울대학교를 같이 졸업해서 남편은 하버드 대학교에서, 부인은 예일 대학교에서 박사학위를 받은 집사님 부부가 있습니다. 두 분이 다 유명 대학교수인데 큰아들이 서울대학에 들어갈 실력이 안 되어 다른 명문 대학에 들어갔습니다. 합격증을 받아 온 날, 그 부모가 이구동성으로 "서울대학도 못 들어가는 게 사람이냐?" 하고 비꼬았습니다. 그날 밤에 그 아들이 고민하다 자살했습니다. 둘째아들이 자라서 고등학교 3학년이 되었습니다. 그 똑똑한 교수 부부가 또 말했습니다.

"열심히 해라. 열심히 공부해라."

그때 둘째아들이 대답했습니다.

"아버지, 어머니. 걱정 마세요. 시험 쳐보고 안 되면 형님 따라 갈 테니 걱정 마세요."

서울대학에 입학시험을 쳐보고 떨어지면 형처럼 자살할 테니 걱정 말라는 것이었습니다. 그제야 정신이 든 부모가 말했습니다.

"아들아, 잘못했다. 서울대학 못 가도 좋고, 모든 대학에, 3류대학에 못 가도 좋다. 제발 살아다오. 자살하면 안 된다."

"진작 그러셨으면 형이 안 죽었지요. 진작 그러셨으면 형이 안 죽었지요."

서울대학을 나오고 하버드, 예일 대학에서 학위를 받아도 그 두 사람의 지혜는 아들을 죽이는 것이었습니다.

사람은 아는 것 같아도 모릅니다. 멀리 보지 못합니다. 그러므로 잠언 3장 5-6절에 "너는 마음을 다하여 여호와를 의뢰하고 네 명철을 의지하지 말라 너는 범사에 그를 인정하라 그리하면 네 길을 지도하시리라"고 말씀하십니다. 할렐루야!

우리는 하나님께서 주시는 지혜, 높은 지혜를 얻어 살아야 됩니다.

1차선 고속도로에서는 많은 사람들이 죽습니다. 구마고속도로가 2차선이 되기 전 수많은 사람이 도로에서 세상을 떠났습니다. 왜입니까? 앞차를 추월하다가 정면으로 부딪치는 일이 많기 때문입니다. 그런데 그 위험한 고속도로 1차선에서도 쉽게 추월하는 차가 있는데, 그것은 대형 트럭입니다. 대형 트럭은 운전대가 높아서 멀리 내다볼 수 있습니다. 그러니 커브 길을 가면서도 커브 길 너머까지 볼 수 있어서 '차가 안 오네' 하고 시원하게 추월하는 것입니다. 그러나 승용차는 낮아서 보이지 않으니 불안한 상태에서 추월하다가 죽는 것입니다.

산을 오르다가 길을 잃었을 때 내려가면 망합니다. 정상으로 올라가 그곳에서 내려다보아야 '아, 저기 마을이 있네. 이리 가야 사네'라는 판단을 하게 되는 것입니다.

여러분은 지금 여러분 옆 사람들밖에 보지 못하지만, 저는 여러분을 다 볼 수 있습니다. 2부에는 고개를 숙이고 말씀을 듣는 사람이 두 사람 있었는데, 3부에는 한 사람도 없습니다. 제 자리가 높으니 다 보입니다.

하나님께서는 산에서, 강단에서, 높은 트럭에서 보시는 정도가 아니라 하늘에서 내려다보시니 우리의 상황을 다 아십니다.

사람은 1분 뒤에 후회할 말을 합니다. 1분 뒤에 '아이고, 내가 잘못했네' 하고 아찔해할 행동을 합니다. 우리는 그런 행동을 하고 늘 후회하지만 하나님께서는 영원을 내다보시고 인도하여 주십니다. 할렐루야!

하나님께서 예수님을 십자가로 인도하셨을 때 주님께서도 아파하셨습니다. 십자가에 달려 예수님께서 돌아가셨을 때 세상의 여론은 "예수는 끝났다. 이제 마침표를 찍었다. 악의 세력에게 졌다"라고 결론을 내렸습니다. 심지어 주님의 제자들까지도 "우리 선생님은 끝나셨네. 우리는 졌네"라고 했습니다.

그러나 하나님께서는 십자가만 보신 것이 아니라, 3일 뒤 무덤

문을 박차고 부활하실 영광의 예수님을, 승리의 예수님을 내다보셨습니다. 사망 권세, 악의 권세, 모든 것을 깨치고 이기실 승리의 예수님을 보시고 십자가로 인도하신 것을 기억하시기 바랍니다. 3일 뒤를 모르는 사람들은 실망하고 낙심하고 방황하고 도망갔지만, 하나님께서는 멀리 내다보시고 예수님을 인도하신 것입니다.

뒤에서는 애굽 군대가 따라오고 앞에는 홍해가 가로막고 있으니 이스라엘 백성이 절망했습니다. 그러나 하나님께서는 홍해를 여시어 이스라엘 백성을 통과시킨 다음 애굽 군대를 수장시킬 계획으로 이스라엘 백성을 인도하신 것입니다. 할렐루야!

하나님의 지혜를 따르면 망하는 것 같아도 3일 뒤에 승리합니다. 승리한 것도 또 승리합니다. 그러나 사람의 지혜, 마귀의 지혜를 따라가면 이긴 것 같아도, 십자가에서 이긴 것 같아도 3일 뒤에 패배하듯이 이긴 것도 패배한 것이요, 패배하는 것도 패배가 되는 것입니다.

그러므로 우리 모두 사람의 지혜를 포기하고, 나의 명철을 포기하고, 하나님의 지혜를 얻어 살아가시기 바랍니다.

그러면 하나님의 지혜의 방에 들어가는 열쇠는 무엇입니까?

한 영업사원이 그날따라 너무 피곤한 몸으로 퇴근을 했는데, 엘리베이터가 고장이 나서 할 수 없이 15층을 걸어서 올라갔습니다. 15층을 올라가는 것은 쉽지 않은 일입니다.

"후유!" 어서 집에 들어가 샤워하고 따뜻한 음식을 먹은 뒤 쉬고 싶어 문을 열려고 하니 열쇠가 없습니다. 그때서야 아침에 혹 손님이 올까 싶어 수위실에 열쇠를 맡긴 것이 기억났습니다. 하는 수 없이 1층까지 다시 터벅터벅 걸어 내려가서 수위실에서 열쇠를 받아 가지고 다시 15층까지 올라갔습니다. 그리고 집으로 들어갔습니다.

밖에 찬바람이 불고 눈보라가 치고 몸은 피곤한데 열쇠가 없으면 집 안으로 들어갈 수 없습니다. 문 안으로만 들어가면 샤워도 하고 따뜻한 음식도 먹고 따뜻한 방에서 쉴 수가 있어도 열쇠가 없으면 들어가지 못하는 것입니다.

하나님의 방에는 지혜가 무진장 쌓여 있습니다. 광대한 지혜가, 풍성한 지혜가 하나님 방에서 기다리고 있습니다. 하나님의 그 지혜의 방에 들어가는 열쇠, 키가 무엇입니까? 예수님의 친동생 야고보가 여러분과 제게 알려 주십니다.

"너희 중에 누구든지 지혜가 부족하거든 모든 사람에게 후히 주시고 꾸짖지 아니하시는 하나님께 구하라 그리하면 주시리라" (약 1:5).

따라 합시다. "구하라. 주시리라."

즉 하나님의 지혜의 방으로 들어가는 열쇠가 바로 '구하는 기도' 라고 알려 주고 있습니다.

여러분이 잘 아시는 솔로몬은 아버지를 잘 만나서 왕이 됩니다. 그러나 명장이요 지혜로운 아버지가 다스리던 나라를 젊은 사람이 다스리려니 부담이 되었습니다. 왕의 자리가 부담되고, 백성들이 모래같이 많아 보여 너무 힘이 드니 하나님 앞에 일천 번제를 드리며 하나님께 도와 달라고 아룁니다. 일천 번제를 끝냈을 때 하나님께서 솔로몬에게 찾아오십니다.

"솔로몬, 네가 무엇을 구하느냐?"

"하나님, 하나님께서 이 종에게 은혜를 주시사 제 아비 다윗의 뒤를 이어 왕이 되게 하셨고, 티끌같이 많은 사람을 제게 붙여 주셨지만, 제가 어떻게 이 사람들을 재판하고 그들 앞에 출입을 하겠습니까? 하나님, 제게 이 일을 감당할 지혜와 지식을 주세요."

하나님께서 기뻐하십니다.

"솔로몬아, 네가 부나 재물이나 존영이나 원수를 멸하는 것이나 장수를 원치 않고, 내가 네게 맡긴 백성들을 다스리기 위해서 지혜와 지식을 구하니 참 귀한 것을 구했구나. 그래, 네가 구한 지혜와 지식도 주지만 네가 구하지 않은 부와 재물과 존영과 부귀도, 장수도 다 네게 주리라." 할렐루야!

그 시간에 하나님의 지혜가 하늘로부터 솔로몬에게 임했습니다. 그때부터 왕의 자리가 부담되지 않습니다. 티끌같이 많은 백성이 적게 보입니다. 그리고 무슨 일이라도 척척 해결하고 재판하니, 모든 백성이 깜짝깜짝 놀라며 왕에게 복종합니다.

그 결과 나라가 잘되어, 역대하 9장을 보면 솔로몬이 쓰는 그릇은 다 금이고, 레바논 백향목 궁에서 쓰는 그릇도 다 정금이라고 했습니다. 나라에 금이 돌같이 흔합니다. 거기에 더하여 스바의 여왕이 솔로몬의 지혜에 대한 소문을 듣고 찾아와서 솔로몬이 지은 성전과 궁궐을 보고 솔로몬의 지혜를 들은 다음에 놀랍니다.

"당신을 왕으로 세우신 여호와를 찬송합니다. 당신의 소문을 듣고도 믿지 않았었지만 와서 보니 그 소문은 절반밖에 되지 않고 소문보다 더 뛰어나게 당신의 지혜가 지혜롭습니다. 복되도다! 이 사람들이여. 복되도다! 당신의 신하들이여. 날마다 당신 앞에 서서 당신의 지혜를 들으니 얼마나 복이 있습니까?"

그리고 금 120달란트와 엄청난 향품과 보석을 선물합니다. 그 뒷절을 보면 천하 열왕들이 솔로몬의 지혜를 듣고 솔로몬의 얼굴을 보고 싶어서 갖가지 귀한 보석을 가지고 찾아옵니다. 지혜 하나 때문에, 하나님께서 주신 지혜 하나 때문에 그렇게 된 것입니다. 되는 집은 가지에도 수박이 열린다고, 솔로몬의 집과 나라는 안에서도 잘되고 밖에서도 갖다 주니 더 잘되었습니다.

이런 복이 여러분 집에 있기를 바랍니다. 우리나라 대한민국에 있기를 바랍니다.

여러분, 지혜는 놀랍습니다. 그래서 잠언 3장 15-18절에 "지혜는 진주보다 귀하니 너의 사모하는 모든 것으로 이에 비교할 수 없도다 그 우편 손에는 장수가 있고 그 좌편 손에는 부귀가 있나니 그 길은 즐거운 길이요 그 첩경은 다 평강이니라 지혜는 그 얻은 자에게 생명나무라 지혜를 가진 자는 복되도다"라고 말씀하셨습니다. 지혜가 있으면 모든 것이 있게 되는 것입니다.

그런데 이런 놀라운 지혜는 기도하면 받게 됩니다.

솔로몬도 기도해서 지혜를 받았습니다. 다니엘도 마찬가지입니다. 다니엘이 사드락, 메삭, 아벳느고와 함께 남의 땅에서 죽임을 당하게 됩니다. 그는 느부갓네살 왕의 꿈을 풀지 못한 책임으로 바벨론의 박사, 술객과 함께 다 죽을 수밖에 없는 처지에 놓입니다. 그러나 다니엘은 그냥 죽음을 기다리지 않고 세 친구와 합심해서 하나님 앞에 기도합니다. 기도 열쇠로 하나님의 지혜의 방에 들어가니 환하게 다 볼 수 있었습니다. 금으로 된 머리, 은으로 된 가슴과 팔, 놋으로 된 배와 넓적다리, 철로 된 종아리, 얼마는 흙으로 얼마는 철로 된 발을 봅니다. 해석이 뚝뚝뚝뚝 다 떨어집니다.

그것을 느부갓네살 왕에게 말하니 느부갓네살 왕이 다니엘에게 절하면서 그 자리에서 그를 총리로 세우고 세 사람을 도지사로 세우면서 높입니다. 이 모든 것은 그들이 기도의 열쇠로 하나님의 지혜의 방에 들어갔기 때문입니다.

오늘 우리 교회가 평안한 것은 여러분이 기도해 주시고 우리 장로님들이 귀하시고 착한 성도들이 우리 교회에 다 모여서 그렇지만, 또 한 가지는 제가 늘 하나님 앞에 무릎을 꿇어서일 것입니다. 저는 당회 할 때나 직원회의 할 때나 구역장 모임 할 때, 한 번도 '내가 무슨 말로 가르칠까?'라고 한 적이 없습니다. 늘 무릎을 꿇고 기도합니다.

"하나님, 당회 하는데 어떤 말을 해야 되지요? 직원회의 하는데 어떤 말을 해야 하지요?"

그때 하나님께서 제게 떠오르게 하시는 것을 그대로 받아서 말하면 교회가 평안하게 되는 것입니다. 할렐루야!

설교할 때 제 말을 한 적이 한 번도 없는 것으로 기억됩니다. 설교 한 편을 준비할 때마다 적어도 여덟 번, 아홉 번은 무릎을 꿇습니다.

"하나님, 제 머리를 쓰세요. 제 손을 쓰세요. 이 컴퓨터를 쓰세요. 모든 것을 쓰셔서 하나님께서 말씀해 주세요."

그러면 여러분이 한 주간을 어떻게 살았는지 저는 몰라도 하나님께서는 여러분의 상황을 다 아시고, 여러분에게 맞추어 말씀해 주시는 것입니다.

하나님 말씀은 정말 정확합니다. 죄송한 말씀이지만, 만일 하나님께서 우리 양곡교회에 천만 명을 보내 주신다 해도 저는 능히 목회할 수 있다고 확신합니다. 왜입니까? 저는 못해도 하나님께서 지혜를 주시면 능히 할 수 있기 때문입니다.

여러분 회사가 아주 힘듭니까? 지혜가 부족해서 그렇습니다. 하나님께서 지혜를 주시면 그 회사가 작아 보이고 경영이 쉽습니다. 여러분 직원들이 부담됩니까? 여러분의 지혜로 직원들을 다루려고 하니 그렇습니다. 하나님께서 주시는 지혜로 하면 직원들이 5만 명이 되어도 쉽게 다룰 수가 있습니다. 이런 지혜를 얻으시기 바랍니다.

말을 할 때도 하나님 앞에서 지혜를 얻어 말을 하고, 어떤 일을 할 때도 그렇게 해야 합니다.

세상에는 아픈 일이 많습니다. 어제 제가 지면에서 결혼한 지 얼마 되지 않은 한 부부의 이야기를 읽었습니다. 신랑이 회사에서 어려운 일을 당하고 집으로 갔습니다.

오래전, 제가 한 회사에 손님으로 가서 그 회사의 대표와 이야기를 하다가 본 광경입니다. 저와 멀찍이 떨어진 책상 앞에 앉아 있던 그 회사의 한 상사가 자기 부하 직원의 무릎을 발로 찼습니다. 그리고는 주먹으로 배를 쥐어박으며 "왜 이렇게 수금을 적게 했어?"라고 했습니다. 그래도 그 회사를 그만두면 다른 직장을 얻기가 어려우니 그것을 견디어 내는 것을 보고 참 안되었다는 마음이 들었습니다. 세상살이가 참 고달픕니다.

좌우간 신랑이 회사에서 어려운 일을 당하고 집으로 돌아왔으니 기분이 좋지 않았습니다. 지혜로운 사람, 기도하는 사람이라면 회사에서 받은 스트레스를 집으로 가져가지 않고 툭툭 털고 들어갑니다. 그런데 이 미련한 친구는 그 스트레스를 받은 그대로 인상을 쓰면서 들어갔습니다. 아내가 자기를 어떻게 한 것도 아닌데 말입니다.

아내가 밥상을 차려 와서 밥을 먹는데, 첫술에 돌이 씹혔습니다. 그럴 수 있지 않습니까? 일부러 돌을 넣는 것이 아니고 밥을 하다 보면 그럴 수 있습니다. 그런데 신랑이 내뱉은 말이 무언지 아십니까?

"아니! 집에서 하는 일이 뭐야? 밥도 하나 제대로 못하고!"

그러니 신부가 이렇게 대꾸했습니다.

"아니! 돌 하나 가지고 왜 그러세요?"

"돌 하나 가지고? 뭐 이런 여자가 다 있어?"

"당신, 쫀쫀하다. 돌 하나 가지고 왜 그래?"

"뭐? 쫀쫀하다고? 뭐 이런 게 다 있어?" 하고는 신랑이 아내의 뺨을 쳤습니다.

세상에! 요즘 맞고 살 여자가 누가 있겠습니까? 요즘 여자들은 때리고는 살아도 맞고는 못 삽니다. 신부가 "맞고는 못 살아!" 하고는 보따리를 쌌습니다.

"보따리 싸려면 싸라!"

그래서 그 신혼부부는 밥에 있는 돌 하나 때문에 이혼했습니다.

아니, 밥에 돌 하나가 뭐 그리 큰 문제입니까? 길을 가다 보면 돌이 있을 수 있습니다. 먹다 보면 밥에 돌이 있을 수 있습니다. 그런 문제는 잘 해결하면 되는 것 아닙니까?

저는 시간만 나면 산에 올라갑니다. 한 40분 정도 올라갔다가 거기에서 5분쯤 기도하고 찬송하고, 내려올 때는 뛰어서 내려옵니다. 그러면 딱 한 시간이 걸립니다. 다른 사람들이 "왜 뛰세요? 왜 뛰세요?" 하고 묻는데, 시간이 아까우니 뛰는 것입니다.

그렇게 뛰면서도 큰 돌, 작은 돌이 쫙 깔려 있어서 정신을 바짝 차리고 내려오는데, 그것이 참 재미있습니다. 돌에 걸려 넘어지면 큰일 나니 큰 돌은 큰 돌대로, 작은 돌은 작은 돌대로 껑충 뛰기도 하고 살짝 넘기도 하는데, 얼마나 재미있는지 모릅니다. 길이 험해도 이렇게 지나가면 재미가 있고 인생길을 지나가는 방법도 배우게 되니 참 좋습니다. 그러다가 돌멩이가 없는 길을 만나면 편안한데, 그 맛이 또 얼마나 좋은지 모릅니다.

여러분, 길을 가다 보면 큰 돌도 있고 작은 돌도 있는데, 그 돌을 보고 "왜 내 길에 재수없게 돌멩이가 있어?"라고 하면서 발로 찬다고 돌멩이가 깨집니까? 오히려 발이 깨집니다.

부부생활에도, 직장생활에도, 사업에도, 인간관계에도 돌이 있습니다. 그것을 잘 넘어가는 것이 지혜인 줄로 믿습니다. 그것을 발로 차고 부딪치는 사람은 바보입니다. 그것은 복을 차 버리는 일입니다. 그런데 세상 사람들은 그것을 모르고 그대로 막 부딪치다가 상처를 입습니다.

그러니 어떤 일에도 기도의 열쇠로 들어갈 수 있기를 바랍니다. "하나님, 이것을 어떻게 하지요? 이것은 어떻게 하지요?" 하는 것이 최고입니다.

인천에서 있었던 일입니다. 서른두 살 먹은 남자가 스물여섯 살 먹은 아내의 이름으로 보험을 든 다음 2년간 아내를 죽이는 방법을 연구했습니다. 어느 날 아내를 자기 차에 태워 70킬로미터 속도로 달리다가 차문 바깥으로 밀어냈습니다. 졸던 아내가 깜짝 놀라 자동차 문을 잡고 늘어지는데도 기어이 발로 차서 떨어뜨렸습니다. 그리고 그 현장으로 다시 돌아가 아내가 죽었는지 확인을 했습니다. 피투성이가 된 아내가 아직 살아 있는 것을 보고는 아내 머리를 아스팔트에 찧어서 죽이고 6천만 원을 타려다가 구속되었습니다.

그 남자가 2년 동안 계획한 것이 '어떻게 하면 아내를 감쪽같이 죽여서 6천만 원을 타 먹을까?' 하는 것이었습니다. 그것이 자기도 죽는 일인데 말입니다. 아내를 죽이고 자기는 구속된 그 사람의 지혜는 마귀의 꾀입니다. 기도하면 그럴 수 없습니다.

늘 기도로 하나님의 지혜를 누릴 수 있기를 축원합니다.

하나님의 지혜에 방에 들어가는 두 번째 열쇠가 있습니다. 그것은 바로 성경의 열쇠입니다. 할렐루야!

인터넷에 들어갔다가 망하는 사람이 많습니다. 인터넷에 들어갔다가 잘못된 것을 보고 유혹받아 망하는 사람, 잘못된 정보를 보고 그대로 했다가 망하는 사람이 많습니다. 물론 인터넷에서 좋은 정보도 얻을 수 있지만 저는 단점이 더 많다고 생각합니다.

최고로 귀한 정보, 가장 귀한 정보는 성경에 있습니다. 성경은 변함이 없습니다. 세상의 정보는 계절에 따라, 상황에 따라 바뀌지만 성경은 영원히 변함이 없고 영원히 앞서 갑니다.

성경대로 사업하고, 성경대로 부부생활하고, 성경대로 자녀 교육하면 안 될 것이 없습니다. 할렐루야!

언제나 성경의 열쇠로 하나님의 지혜의 방에 들어가 살 수 있기를 축원합니다.

성경의 지혜로 사는 사람은 말 한 마디를 해도 선한 말을 합니다. 잠언 16장 24절에 "선한 말은 꿀송이 같아서 마음에 달고 뼈에 양약이 되느니라"고 말씀하십니다.

성경의 지혜로 사는 사람은 절대로 아내에게 독 품은 말을 하지 않습니다. 남편에게 독이 들어가는 말을 하지 않습니다. 송이꿀 같은 선한 말을 하게 됩니다. 직원들에게도 마찬가지입니다. 직원들이 게으름을 부리면 화가 나서 독을 품고 싶지만 그때도 선한 말로 타일러야 합니다. 이것이 지혜입니다.

"사람은 입에서 나오는 열매로 하여 배가 부르게 되나니 곧 그 입술에서 나는 것으로 하여 만족하게 되느니라"(잠 18:20).

"죽고 사는 것이 혀의 권세에 달렸나니 혀를 쓰기 좋아하는 자는 그 열매를 먹으리라"(잠 18:21).

"사람은 입의 열매로 인하여 복록에 족하며……"(잠 12:14).

선하고 복된 말을 하면 자신이 선과 복의 집에 들어가 살고, 악하고 가시 같은 말을 하면 자신이 악하고 가시 같은 집에 들어가 살게 됩니다. 성경의 지혜를 얻은 사람은 말도 귀하고 삶도 귀하게 되니 이 지혜를 따르시기 바랍니다.

저는 어릴 때 목사님이 되기로 서약하고는 매일 냉수 마찰을 하고 성경을 읽고 유행가도 부르지 않고 경건한 생활을 하려고 애를 썼습니다만, 신학교에 들어가서 목사님들이 너무 가난하게 사는 것을 보고 가난이 싫어 신학교를 뒤로하고 나왔습니다. 훌륭한 목사님들이 너무나 가난하게 사는 것을 보고 돈을 많이 벌어서 목사님들을 도와드리려고 했는데, 미친 개에게 물렸습니다.

그때 '아, 나는 가난해도 목회를 해야 되는구나'라고 깨닫고 다시 신학교에 가서 목사 고시까지 합격했지만, 목회를 하기가 싫었습니다. 훌륭한 목사님들이 교인들에게 시달리며 괴롭힘을 당하고, 피눈물 흘리는 것을 보고 목회하는 것이 죽는 것보다 더 어려운 길이라 생각되어 그냥 있었습니다. '목회는 가시밭길이구나. 내가 이 길을 어떻게 가나?'

그런데 하나님께서 제 막내아들을 내동댕이쳐 죽이려 하실 때, "아이를 죽이지 마세요. 목회할게요" 하며 항복하고 목회를 시작했습니다.

모든 것을 정리하고 짐을 싸는데, 교회 부임을 며칠 앞둔 제 마음이 마치 망한 사람 같았습니다. 아이가 죽게 되어서 목회를 하러 가기는 가는데 죽기보다 싫었습니다.

그날 오후에 쓰러져 있다 잠이 들었는데 잠에서 깨어나는 순간 "성경을 펴라. 성경을 펴서 보아라" 하는 음성이 제 마음에 막 메아리치는 것 같았습니다.

잠결에 성경을 폈는데 불같이 제 눈에 들어오고 귀에 들리는 음성이 이사야 43장 1절 이하의 말씀이었습니다. "야곱아!"라고 하시는 말씀이 "지용수야!"라고 하시는 것 같았습니다.

"야곱아 너를 창조하신 여호와께서 이제 말씀하시느니라 이스라엘아 너를 조성하신 자가 이제 말씀하시느니라 너는 두려워 말라 내가 너를 구속하였고 내가 너를 지명하여 불렀나니 너는 내 것이라 네가 물 가운데로 지날 때에 내가 함께할 것이라 강을 건널 때에 물이 너를 침몰치 못할 것이며 네가 불 가운데로 행할 때에 타지도 아니할 것이요 불꽃이 너를 사르지도 못하리니 대저 나는 여호와 네 하나님이요 이스라엘의 거룩한 자요 네 구원자임이라"(사 43:1-3).

그 말씀이 하늘에서 직접 들려 주시는 음성으로 들려, 너무 감격하여 용수철처럼 자리를 박차고 뛰어나가 아내를 불렀습니다.

"여보! 여보!"

아내가 부엌에 있었습니다.

"여보! 이것을 봐. 하나님께서 말씀을 주셨어. 함께하신대. 불 가운데, 물 가운데로 지나도 하나님께서 보호하신대. 두려움이 없게 하신대. 두려워 말래. 보배롭게 하신대."

그리고 아내와 함께 성경을 읽으면서 울었습니다. 이 말씀을 붙잡고 오늘까지 목회를 하고 있습니다.

지금도 때로는 어려움을 당하고, 때로는 힘든 문제 앞에 설 때가 있지만, 이 말씀을 붙잡으면 염려가 없습니다. 할렐루야! 인생의 곤경에서도 성경의 열쇠로 들어가면 이길 수가 있습니다.

이런 일도 있었습니다. 그 교회에서 처음 목회할 때, 저희 옆집에 사시는 집사님이 아침에도, 점심때도, 한낮에도, 밤에도 계속 저희 집에 왔습니다. 식사 시간에는 오지 않아야 되는데 식사 시간에도 와서 저희들이 밥 먹는 것을 쳐다보았습니다. 같이 먹을 때는 괜찮은데, 저희 가족만 먹고 집사님은 쳐다보고 있을 때는 참 좋지 않았습니다. 3-4개월간 그런 일이 계속되니 스트레스가 되었습니다. 그 집사님은 저희를 사랑하고, 저희 아이들이 귀여워서 오지만, 저희는 얼마나 힘이 들었는지 모릅니다. 아내도 힘들고, 저도 힘들었습니다. 그래도 저는 서재에 들어가면 되는데, 아내는 붙들려서 같이 대화해야지, 시중들어야지, 얼마나 힘이 들었겠습니까? 집에 손님이 오면 아무 일도 할 수가 없지 않습니까?

하루는 제가 '하나님, 저 집사님이 왜 이렇게 자주 오십니까?' 하며 성경을 읽는데 기가 막힌 말씀이 나왔습니다. 잠언 25장 17절 말씀입니다.

"너는 이웃집에 자주 다니지 말라 그가 너를 싫어하며 미워할까 두려우니라."

마침 그 무렵 새벽기도회 때 잠언 말씀을 가르쳤습니다. 2주쯤 뒤에 그 말씀이 나오는 것입니다. 그래서 "감사합니다. 감사합니다" 하면서 2주 전부터 그 말씀을 준비했습니다. 그 집사님에게 상처가 되지 않고 은혜가 되어야 하지 않습니까? 그런데 만일 그날 새벽에 그 집사님이 나오지 않으면 보통 문제가 아닙니다. 그 집사님이 거의 빠지지 않고 새벽기도에 나오지만, 가끔 빠지는 날이 있는데 그날 나오지 않으면 안 되니 기도를 했습니다.

"하나님, 집사님이 그날 새벽에는 절대로 빠지지 않게 해 주세요."

그날이 되었고, 그 집사님께서 새벽기도에 나왔습니다. 제가 설교를 했습니다.

"이웃을 내 몸같이 사랑해야 됩니다. 사랑은 허물을 덮는 것입니다. 그러니 이웃집의 허물을 보면 덮어 주어야 합니다. 그리고 최고의 사랑은 기도하는 것입니다. 그런데 특별히 주의할 것이 있습니다. 이웃을 내 몸같이 사랑해야 되지만, 자주 찾아가는 것이 아닙니다. 오늘 성경에 우리 하나님께서 가르쳐 주시기를 이웃집에 자주 가면 그 이웃이 싫어하고 미워한다고 말씀하셨습니다. 여러분, 이웃이 사랑스럽고 좋거든 기도해 주시고, 허물을 덮어 주시고, 그저 찾아가려면 계절에 한 번씩만 찾아가세요. 사람마다 계획이 있고 생활의 리듬이 있고 스케줄이 있고, 때로는 혼자 있고 싶을 때도 있습니다. 그러니 절대로 자주 가면 안 됩니다."

그 뒤로 그 집사님이 저희 집에 오지 않았습니다.

오늘도 하나님께서 이 말씀을 하시는 것은 여러분 중에 그런 사람이 있기 때문일 것입니다. 이웃집이라고, 구역장님 집이라고 너무 자주 가면, 반갑게 인사하며 맞이해도 속으로는 '아이고! 또 왔네'라고 합니다.

따라 합시다. "계절에 한 번씩."

그렇게 가시기를 바랍니다. 모두 바쁩니다. 그리고 이웃집에 가도 차 한 잔만 마시고 예의 있게 이야기하다가 나와야 합니다. 남의 집에 오래 있는 것은 예의가 아닙니다.

또 한 가지 말씀 드리겠습니다.

우리나라에서 최고로 유명한 돈까스 회사의 사장님이 교인입니다. 잘생겼고 수재인 그 아들이 명문 대학에 들어가서 공부하다

군에 갔는데, 첫 휴가를 나왔다가 교통사고로 식물인간이 되었습니다. 여러분 자녀들이 교통사고를 내거나 당하는 일이 없기를 바랍니다. 여러분 집안에 식물인간이 나오지 않기를 바랍니다.

그 아들이 한 달이 지나고 두 달이 지나도 깨어나지 않았습니다. 의식이 없었습니다. 하루는 그 아버지가 기도하고 성경을 읽는데, 목사님이 요한복음 5장 25절 말씀을 힌트로 주셨습니다.

"진실로 진실로 너희에게 이르노니 죽은 자들이 하나님의 아들의 음성을 들을 때가 오나니 곧 이때라 듣는 자는 살아나리라."

그 이후부터 아버지가 매일 식물인간이 된 아들의 귀에다 대고 "죽은 자들이 하나님의 아들의 음성을 들을 때가 오나니 곧 이때라 듣는 자는 살아나리라"고 들려주었습니다. 아들의 귀에 대고 매일같이 크게 들려주었습니다. 쓰러져서 식물인간이 된 지 87일째가 되는 그날도 아버지가 기도하면서 "듣는 자는 살아나리라" 하는데, 아들이 "아멘" 했습니다. 아들이 회복되었습니다.

죽은 자들도 살아나는데 식물인간이 왜 못 살아나겠습니까? 할렐루야! 하나님 말씀이 아들을 살린 줄로 믿습니다.

인생길을 가다가 막막할 때 기도 열쇠로 들어가고, 성경 열쇠로 들어가면 해답은 반드시 있습니다. 걱정하지 마십시오.

여러분, 인생살이를 두려워하지 마시고 부담스럽게 생각하지 마십시오. 모든 문제의 해답은 하나님께서 갖고 계십니다. 하나님께서 지혜를 주시면 모든 것이 간단합니다. 모든 것이 쉽습니다. 일생 동안 하나님의 지혜로 승리하시기를 축원합니다.

야고보서 1장 6-8절

야고보서 강해

복된 기도

　　　전심으로 부처를 섬기던 한 분이 전도를 받고 예수님을 믿게 되었습니다. 담임 목사님이 새신자 심방을 가셨는데 그분이 달려 나와 반갑게 목사님을 맞으며 "오! 주지 목사님께서 친히 오셨습니까?"라고 하는 바람에 목사님이 배꼽을 잡고 웃었습니다. 그러던 분이 믿음이 자라서 이제는 새벽기도의 사람이 되고, 응답을 많이 받아서 간증하는 사람이 되었다고 합니다.

　이번에 제가 괌의 동서장로교회에 가서 집회를 인도하고 왔습니다. 장로님들이 모두 의사였는데 십일조를 3천 불씩 한답니다. 연세가 74세인 한 장로님은 기타를 배우셔서 청년들과 같이 복음성가를 30분 동안이나 서서 연주하셨는데, 참 멋있었습니다. 그리고 시간시간마다 자리를 지키며 기도하시는 모습이 참 겸손하고 아름답게 보였습니다. 설교가 끝나면 아기처럼 달려와 인사하고 감사의 말씀을 전하셨는데, 그 해맑은 모습에 저도 은혜를 받았습니다.

　또 제 기억에 남는 한 가정이 있습니다. 그 가정은 아직 어린 아이들이 세 명이나 되는데도 그 아이들을 다 데리고 새벽기도에 나와서 재워 놓고 기도를 드렸는데, 그 모습이 참 귀했습니다. 아이가 세 명이나 되어도 마음을 정하니 새벽기도를 하게 되는 것입니다. 아이가 한 명뿐이면서도 "아기 때문에……" 하며 핑계를 대고 나오지 않는 사람이 있는데 말입니다.

　예수님을 믿는 우리의 특징이 무엇입니까? 기도하는 것인 줄로 믿습니다. 장로님이나 집사님이나 새신자나, 과거에 불교를 믿었든 무엇을 믿었든 예수님만 믿으면 모두 기도합니다. 일생 동안 기도하게 됩니다. 할렐루야!

　어떤 분은 기도의 간증거리가 너무 많습니다. 그런데 어떤 분은 30년 동안 예수님을 믿었는데도 간증거리가 별로 없습니다.

　사과든, 배든, 복숭아든, 감이든, 과일나무는 열매를 맺기 마련입니다. 좋은 나무는 굵고 탐스럽고 먹음직스러운 열매를 주렁주렁 맺지만, 좋지 않은 나무는 열매가 좋지 않고 많이 맺히지도 않습니다. 그래서 좋은 나무는 북돋우어 주고 거름을 주지만 나쁜 나무는 뽑아 불태웁니다.

　우리 모두는 기도나무입니다.

　따라 합시다. "나는 기도나무다."

　우리는 기도나무입니다. 예수님을 믿으면 그날부터 기도나무가 되어 기도를 합니다. 어떤 분은 크고 탐스럽고 은혜로운 응답의 열매가 많은데, 어떤 분은 30년이나 예수님을 믿어도 열매가 적습니다. 하나님께서 열매가 적은 나무를 뽑아 불태우지는 않으셔도 답답해하실 것입니다. 여러분과 저는 기도 응답의 열매가 주렁주렁 달리는, 화젯거리가 많은, 간증거리가 많은 기도의 사람들이 될 수 있기를 축원합니다.

물론 우리의 믿음이 응답 위에 서면 안 됩니다. 왜입니까? 응답은 있을 때도 있고 없을 때도 있기 때문입니다. 하나님께서는 사도 바울이 구하는 것마다 응답해 주셨지만 때로는 응답해 주지 않으신 것도 있습니다. 노후에는 감옥 문도 열어 주지 않으셨습니다. 그것은 사도 바울이 감옥에서 성경을 쓰게 하기 위한 하나님의 계획입니다.

심지어 하나님께서는 예수님의 기도도 들어주지 않으실 때가 있었습니다. 주님께서 십자가를 지지 않게 해 달라고 세 번이나 부르짖으며 땀이 핏방울이 되도록 기도하셨는데, 하나님께서는 응답하지 않으셨습니다. 왜입니까? 그 기도대로 응답하시면 여러분과 제가 살길이 없기 때문입니다. 할렐루야!

그러니 응답이 있든 없든 우리 믿음은 말씀 위에 서야 합니다.

"영접하는 자 곧 그 이름을 믿는 자들에게는 하나님의 자녀가 되는 권세를 주셨으니"(요 1:12).

"내 말을 듣고 또 나 보내신 이를 믿는 자는 영생을 얻었고 심판에 이르지 아니하나니 사망에서 생명으로 옮겼느니라"(요 5:24).

"누구든지 주의 이름을 부르는 자는 구원을 얻으리라"(롬 10:13).

우리는 예수 이름을 불러서 구원을 받았습니다. 이 말씀을 믿어야 합니다. 성경 위에 우리의 믿음이 서야 합니다.

물론 우리의 기도나무에 응답이 많으면 본인도 행복하고, 보는 사람도 은혜를 받게 되는 것입니다.

"예수 예수 믿는 것은 받은 증거 많도다"(찬송가 340장).

또 우리가 받은 열매와 증거와 응답이 많으면 누가 우리를 비웃을 때 오히려 우리가 그들을 비웃을 수 있습니다. 그리고 하나님께서 살아 계신 것을 확실하게 증거할 수 있습니다.

"너 가는 길을 누가 비웃거든 확실한 증거를 보여 주어라"(찬송가 401장).

"야! 이래도 하나님께서 안 계셔?"라며 보여 줄 것이 있는 응답이 많기를 바랍니다.

그런데 응답이 많은 기도, 좋은 기도, 복된 기도의 비결이 무엇입니까?

오늘 예수님의 아우인 야고보가 성령으로 우리에게 가르쳐 주십니다. 다른 길이 없다고 했습니다. 오직, 오직 믿음으로 기도하고 의심하지 말라고 했습니다.

"오직 믿음으로 구하고 조금도 의심하지 말라 의심하는 자는 마치 바람에 밀려 요동하는 바다 물결 같으니 이런 사람은 무엇이든지 주께 얻기를 생각하지 말라 두 마음을 품어 모든 일에 정함이 없는 자로다"(약 1:6-8).

예수님의 아우요, 성령의 사람인 야고보가 가르치기를 "오직 믿음으로 구하라"고 했습니다. 할렐루야!

단순해야 됩니다. 아이가 배가 고프면 "엄마, 밥 줘"라고 합니다. 엄마에게 밥을 달라고 해 놓고서는 '엄마가 밥을 줄 것인가, 안 줄 것인가?' 하고 의심하는 아이는 없습니다. "엄마, 밥 줘"라고 하면 엄마가 밥을 줄 것으로 믿습니다. 아이는 배가 고파도 엄마를 찾고, 아파도 엄마를 찾고, 무서워도 엄마를 찾듯이, 우리는 아쉬울 때마다 하나님을 찾습니다.

아이는 자기가 찾는 그 엄마를 믿습니다. 아침 다르고 저녁 다른 그 변화무쌍한 엄마도 믿는데 왜 우리가 주님을 믿지 못하겠습니까? 주님께서는 어제도 오늘도 영원토록 변함이 없으십니다 (Jesus Christ is the same yesterday and today and forever, 히 13:8). 영원히 변함없는 하나님을 왜 못 믿겠습니까? 아기처럼 믿으시기를 바랍니다.

믿는다는 말은 심장을 하나님께 집중한다는 말입니다. 내 심장, 하나뿐인 심장을 하나님께 집중하는 것, 그것이 믿음입니다.

하나님께 집중할 때 능력이 나타납니다.

여러분, 볼록 렌즈로 햇빛을 받아서 한 곳에 집중시키면 거기에 불이 일어납니다. 종이에 집중시키면 종이가 타고, 책상에 집중시키면 책상이 탑니다. 옛날에 제가 공부할 때 렌즈로 책상에 햇빛을 집중시키다가 책상을 태우기도 했습니다. 짓궂은 아이들은 공부 시간에 앞에 앉은 아이 등에다 렌즈로 빛을 집중시켜 옷에 구멍을 내기도 했습니다. 그러나 렌즈를 흔들흔들 움직이면 불이 일어나지 않습니다. 초점이 흔들리면 안 되는 것입니다.

사자나 호랑이는 무섭습니다. 그것들은 토끼 한 마리를 잡을 때도 온 힘을 다해 공격합니다. 그 힘이 얼마나 센지 모릅니다. 그러나 그 힘이 아무리 세어도 집중하지 못하면 아무것도 할 수 없다고 합니다. 그래서 조련사는 무서운 사자나 호랑이를 총이나 칼로 훈련시키는 것이 아니라 의자로 훈련을 시킨답니다. 의자를 옆에 두고 호랑이나 사자를 훈련시키다가 만일 그것들이 대들면 조련사는 의자를 들고 마주 대한답니다. 그러면 사자나 호랑이가 멍하게 쳐다본답니다. 왜입니까? 의자의 다리가 네 개이니 어디에 초점을 맞출지 모르기 때문입니다.

한 곳에 집중해야 힘이 나는 것입니다.

우리 몸도 마찬가지입니다. 배에다 힘을 모으면 작두로 쳐도 그것이 배에 들어가지 않습니다. 팔에 힘을 모으면 자동차가 지나가도 다치지 않습니다.

우리의 믿음도 의심하다가 믿고 또 의심하고, 이렇게 두 마음을 품으면 힘이 없습니다. 오직 믿음으로 나아갈 때 능력이 나타나는 것입니다.

매주 제가 설교를 하는데, 만일 제가 "주일을 잘 지키세요. 그러면 주님께서 여러분을 즐겁게 해 주시고, 높여 주시고, 야곱의 업으로 길러 주십니다" 하면서 속으로는 '아이고, 그런다고 되나?' 하면 말씀에 능력이 나타나지 않습니다. 제가 믿고 전할 때 능력이 나타나는 것입니다.

십일조 설교는 52주 동안 한 번도 빠지지 않고 하는 것이 교인들이 성공하는 비결이라고 합니다. 매주 십일조 설교를 해야 부도나는 집이 없답니다. 할렐루야!

우리 교회에는 부도나는 가정이 없습니다. 할렐루야! 이 많은 교우 중에 구제받을 극빈자가 없습니다. 하나님께 감사하십시다.

그런데 제가 "여러분, 십일조를 드리면 하나님께서 여러분 경제를 책임지십니다"라고 십일조 설교를 하면서 속으로 '에이, 그런다고 되나?' 하면 거기에는 열매가 없습니다. 믿음으로 전할 때 역사가 나타나는 것입니다.

이것이 중요합니다. 따라 합시다. "오직 믿음, 오직 믿음."

"믿음은 바라는 것들의 실상이요"(히 11:1).

밥상에 음식을 차리듯이 하나님께서 믿음의 테이블에, 믿음의 밥상에 우리가 구하는 것을 얹어 주십니다.

마가복음 11장 24절에는 "무엇이든지 기도하고 구하는 것은 받은 줄로 믿으라 그리하면 너희에게 그대로 되리라"고 말씀하십니다.

이 말씀은 영어 성경으로 보아야 참 맛이 납니다.

"네가 구하는 모든 것을(Whatever you ask for in prayer), 네가 받은 줄로 믿으라, 그러면 그것이 네 것이 된다(believe that you have received it, and it will be yours)." 할렐루야!

"그것이 네 것이 된다(It will be yours)."

마태복음 21장 22절에도 "너희가 기도할 때에 무엇이든지 믿고 구하는 것은 다 받으리라"고 말씀하십니다.

히브리서 11장 6절에도 "믿음이 없이는(And without faith) 기쁘시게 못하나니(It is impossible to please God)"라고 말씀하십니다.

하나님께서는 기도하는 사람을 사랑하시지만, 의심하며 기도하는 사람은 덜 사랑하시고, 믿음으로 기도하는 사람을 특히 집중적으로 사랑하시고 응답해 주신다는 이 말씀을 붙잡으시기 바랍니다.

마태복음 8장 1-3절을 보면, 한 나환자가 예수님의 소식을 들었습니다. '그분은 보통 사람이 아니네. 하나님의 아들이시네. 메시아이시네. 전지전능하신 하나님과 같은 분이시네. 그러니 죽은 자를 살리시고, 바다를 꾸짖어 잔잔케 하시고, 떡 다섯 개로 5천 명을 먹이시지. 내가 그분을 만나면, 만일 그분이 원하시면 나는 깨끗하게 되겠네' 라는 믿음이 생겼습니다.

여러분! 하나님의 말씀을 들으면 믿음이 생산됩니다. 믿음이 자랍니다. 지금도 여러분이 예수님의 말씀을 듣고 계시기 때문에 성전에 들어올 때보다 믿음이 커지고 있는 줄로 믿습니다. 정말 믿음이 자라고 있는 것입니다. 콩나물에 물을 주면 물이 다 빠져도 콩나물은 자라듯이, 설교 시간에 듣고 다 흘려버리는 것 같아도 믿음은 자랍니다.

마태복음의 그 나환자가 믿음이 생겨서 주님을 찾아와 말씀드렸습니다.

"주여, 원하시면 나를 깨끗하게 하실 수 있나이다."

이 말은, 설사 주님께서 자기를 고쳐 주지 않으셔도 주님께서 능력이 없어서가 아니라 원치 않으시기 때문이고, 만일 주님께서 원하시면 자기를 치료해 주실 수 있다는 말입니다.

주님께서는 믿음 좋은 그 사람을 보시고 가까이 가셨습니다. 그 모습은 망가지고 몸에는 피고름이 흘렀는지 모르지만, 그리고 나환자는 새 옷은커녕 어떤 옷이든 찢어서 입어야 하니 남루해서 그 외모는 보잘것없고 사랑스럽지 못했겠지만, 예수님께서는 그의 믿음을 보시고 사랑스러워하시며 가까이 가셔서 그 몸에 손을 대고 말씀하셨습니다.

"내가 원하노니 깨끗함을 받으라."

그 순간 나병이 깨끗하게 나았습니다. 할렐루야!

그 나환자는 자기 나병을 고치지 못합니다. 하지만 주님께서는 능히 고쳐 주셨습니다. 오늘 여러분의 문제도 여러분은 해결할 수 없지만 주님께서는 해결하실 수 있습니다. 주님께서는 여러분의 문제를 깨끗이 해결하실 수 있습니다. 그러므로 "주님께서 원하시면 제 문제를 오늘 해결해 주실 줄로 믿어요"라고 구하시기 바랍니다. 이런 사람이 생산적인 믿음을 활용하는, 살아 있는 크리스천입니다.

자기 호주머니에 1억을 두고 영양실조로 죽는 사람은 불행한 사람입니다. 믿음을 활용하지 않고 문제를 그냥 안고 살아가는 사람은 지혜로운 사람이 아닙니다. 믿음을 활용해서, 기도를 활용해서 이겨야 될 줄로 믿습니다.

마태복음 8장 5절 이하를 보면 이방인인 로마 백부장이 예수님의 소문을 듣고 믿음을 가졌습니다.

'예수님은 하나님이시구나!'

그래서 자기의 하인이 중풍으로 쓰러져 고생하는 것을 보고는 예수님께 달려갔습니다.

"주님! 제 하인이 중풍으로 고생하고 있습니다."

"그래, 가자. 내가 네 집에 가서 그 하인을 고쳐 주리라."

"아닙니다. 주님께서 제 집에 오시는 것을 저는 감당치 못합니다. 말씀만 하세요. 말씀만 하시면 제 하인이 나을 줄로 믿습니다. 제 밑에도 사람들이 있는데 이더러 가라 하면 가고 저더러 오라 하면 오고 이것을 하라 하면 합니다."

예수님께서 수많은 천사를 거느리시기 때문에 거기에서 말씀만 하셔도 천사가 그 하인에게 가서 치료할 것을 백부장은 믿었습니다. 할렐루야!

우리 주님께서 기뻐하시며 제자들에게 말씀하셨습니다.

"보아라! 이스라엘 중에서 이만한 믿음을 내가 오늘 처음 본다."

"이만한 믿음"이 얼마나 큰 믿음인지 제가 잘 이해하지 못할 때, 저의 막내아들 성찬이가 그것을 가르쳐 주었습니다. 성찬이가 네 살 때입니다.

"성찬아, 아빠 사랑하냐?"

"응."

"얼마나 사랑하냐?"

"이마아안큼" 하면서 팔을 다 펴 보였습니다.

그때 제가 '아하! 이만한 믿음은 이마~안하구나' 하는 것을 알았습니다.

그런데 오늘 아침에 영어 성경을 다시 확인해 보니 "이만한 믿음"은 "Great faith", 거대한 믿음으로 표현되어 있습니다.

백부장은 이방인입니다. 이방인이지만 거대한 믿음을 가지고 "말씀만 하세요. 제 하인이 나을 줄 믿습니다"라고 하니 주님께서 기뻐하시면서 "이스라엘 중에 이만한 믿음을 내가 오늘 처음 보는구나"라고 말씀하셨습니다. 그리고 "네 믿은 대로 될지어다"(마 8:13)라고 말씀하시니 그 순간에 하인이 나았습니다.

예나 지금이나 하나님께서는 믿는 사람에게 역사하십니다.

프랑스 군함 40척이 영국을 집어삼키러 오고 있었습니다. 영국은 감당할 힘이 없었습니다. 그래서 영국 국민이, 특별히 영국 교회가 일어나 부르짖어 기도하는데, 태풍이 일어나 프랑스의 40척 군함의 공격이 물거품으로 돌아갔습니다.

청교도들이 미국 땅에 온 지 3년째 되는 해에 극심한 가뭄을 만나 모든 농작물이 말라비틀어져 죽어 갔습니다. 농작물은 그들에게 생명이나 다름없지 않습니까? 모든 옥수수와 모든 밀이 타 죽으니 청교도들이 모여서 살려 달라고 하나님 앞에 소리쳐 기도했습니다. 기도를 시작한 지 아홉 시간이 흐른 후 소낙비가 쏟아졌습니다. 그래서 위기를 면했습니다.

1882년에 독일 스프리 호 여객선이 풍랑을 만나 갈팡질팡하다가 암초에 부딪쳐 침몰되기 시작했습니다. 사람들이 다 죽게 되니 아비규환이었습니다. 바다에 뛰어들어 죽는 사람도 있었습니다. 모두 정신이 없었습니다. 그런데 그 배에 D.L. 무디 목사님과 하워드 장군이 타고 있었는데, D.L. 무디 목사님이 말했습니다.

"여러분! 진정하세요. 여러분이 그렇게 떠든다고 침몰하는 배가 침몰하지 않겠습니까? 여기에서 할 일은 하나뿐입니다. 하나님께 기도하는 일밖에 없습니다. 하나님께서 살려 주시면 살 수 있으니 함께 기도합시다."

그때 700명이 함께 기도했습니다. 예수님을 믿지 않는 사람도 다른 길이 없으니 다 같이 기도했습니다. 소리 높여 기도하는데, 신비롭게도 후론토라는 큰 배가 그 쪽으로 와서 700명을 다 구원해 주었습니다.

하나님께서는 정확하십니다.

미국의 한 청년이 월급을 170불 받았습니다. 십일조를 하려고 교회에서 돈을 꺼냈는데 1불짜리 잔돈이 없었습니다. 할 수 없이 헌금함에 20불을 넣으면서 "하나님, 3불은 거슬러 주셔야 됩니다"라고 했습니다. 그 다음 날인 목요일에 식당에 가서 일을 마치고 나니 식당 주인이 불렀습니다. "오늘은 매상이 무척 많이 올랐어. 특별 보너스다" 하면서 1불짜리 세 장을 주는 것이었습니다. 그 3불을 받은 청년은 기가 막혔습니다. 하나님께서 거슬러 주신 것입니다. 그래서 "하나님, 죄송합니다"라고 했답니다.

참 신비롭습니다.

저도 이 설교를 준비하다가 깨닫고 감사한 것이 있습니다. 15-16년 전, 제가 이스라엘에 갔을 때 통곡의 벽을 방문했습니다. 거기에 유대인들과 세계 기독교인들이 와서 통곡하며 기도하는데,

미신인지 사실인지는 모르지만 통곡의 벽에 기도 제목을 써 넣고 기도하면 응답을 받는다는 말이 전해져 오고 있습니다. 그때 제가 목마르게 구하는 것이 세 가지 있어서 그 세 가지 기도 제목을 썼습니다.

"하나님, 교회 부지를 주시고 우리 교회를 짓게 해 주세요. 철거지에 있는 임시 건물에서 벗어나게 해 주세요."

"사랑하는 아내의 건강을 회복시켜 주세요. 혈압이 정상이 되게 해 주세요."

"하나님, 제가 하는 공부를 잘 마치고, 무식한 목사는 되지 않게 해 주세요."

이렇게 세 가지를 써서 누가 그것을 빼 갈까 봐 통곡의 벽에 깊이 밀어 넣고 정말 통곡하며 기도했습니다. 교회를 생각해도 눈물밖에 나지 않고, 아내를 생각해도 눈물밖에 나지 않고, 제 앞길을 생각해도 눈물밖에 나지 않았습니다. 그래서 "하나님, 어떻게 합니까?" 하면서 세 가지 기도를 했습니다.

지금 생각하니 그 세 가지 기도의 응답을 모두 다 받았습니다. 이렇게 좋은 부지, 세계 중심지에 부지를 주시고, 이렇게 아름다운 교회를 세워 주셨습니다. 그리고 제 아내가 얼마나 건강한지, 이제 새장가들 걱정이 전혀 없습니다. 제 아내는 새시집갈 기회가 올지 몰라도 저는 새장가갈 기회가 없을 것입니다. 또 이 부족한 사람이 명문 학교에서 학위를 받도록 하나님께서 인도해 주셨습니다. 할렐루야!

목회하는 목사에게 이야깃거리, 응답의 간증거리가 많을 때 교인들이 행복해합니다. 여러분에게도 간증거리가 많기를 바랍니다. 예수를 40년 믿었는데도 친구를 만나면 간증거리가 없는 교인이 있습니다. '내가 예수를 믿고 이렇게 기도했더니 이런 응답을 주셨다' 라는 간증거리가 있으면 좋은데, 예수를 50년 믿어도 간증거리가 적은 사람은 안타까운 사람입니다.

복된 기도의 사람이 되시기를 바랍니다.

조지 뮬러 목사님은 17세까지 소매치기였습니다. 그러나 예수 믿고 새사람이 되어 목사님이 되었습니다. 하나님께서 고아들의 아버지시라는 말씀에 의지하여 고아 3천 명을 먹이고 입히고 교육시키면서 교회나 사람을 의지하지 않았습니다. 고아의 아버지이신 하나님께만 직접 아뢰었습니다.

매일같이 "우유 주세요. 빵 주세요. 옷 주세요. 돈 주세요"라고 기도했습니다. "나의 하나님이 그리스도 예수 안에서 영광 가운데 그 풍성한 대로 너희 모든 쓸 것을 채우시리라"(빌 4:19)는 말씀을 펴 놓고 "하나님께서 이렇게 약속하셨지요? 약속하신 대로 주세요. 왜 빵을 주지 않으십니까? 왜 우유를 주지 않으십니까? 아이들이 굶고 있으니 약속을 지키세요" 하며 기도했습니다. 이 말씀을 얼마나 손가락으로 문지르면서 기도했던지 그의 성경 빌립보서 4장 19절 말씀에는 구멍이 났답니다.

그런데 그가 94세까지 고아를 양육하면서 간증하기를 "내가 5만 가지를 구했는데 5만 가지를 다 받았다" 라고 했습니다. 그러니 이야깃거리가 얼마나 많겠습니까?

한 번은 이런 일도 있었습니다. 뮬러 목사님과 동시대에 활동하셨던 스펄전 목사님이 자기 고아원 아이들에게 필요한 것이 있어 두 교회에 가서 설교를 하고 고아를 위한 헌금을 부탁했습니다. 사람들이 75불을 헌금했는데, 그 당시 75불은 큰돈이었습니다. 75불을 받고 기뻐하며 잠자리에 들었는데 하나님께서 음성을 들려주셨습니다.

"스펄전, 75불을 어서 뮬러에게 갖다 주어라."

"하나님, 무슨 말씀을 그렇게 하세요? 이것은 우리 아이들을 위해 쓸 거예요."

"아니다. 그래도 먼저 뮬러에게 갖다 주어라."

스펄전 목사님은 '우리 고아원에서 쓰려고 했는데 왜 뮬러 목사님에게 갖다 주라고 하실까?' 하면서도 할 수 없이 다음 날 뮬러 목사님에게 갔습니다. 뮬러 목사님이 교회 기도실에서 성경을 펴 놓은 채 "어서 75불을 주세요"라고 기도하고 있었습니다. 기가 막힌 일입니다. 스펄전 목사님이 "여기 있습니다" 하며 그것을 드렸다고 합니다. 재미있지 않습니까?

그런데 기도하지 않아도 받는 사람이 있습니다. 기도하지 않아도 명예도 받고, 예쁜 여자도 받고, 돈도 벌 수 있습니다. 기도하지 않고도 대통령이 될 수 있는데, 그러면 대통령이 되고 망합니다. 기도하지 않고도 부자가 될 수 있지만, 그 돈 때문에 망합니다. 기도하지 않고도 좋은 애인을 얻을 수 있지만, 그 애인 때문에 망합니다. 기도하지 않고 좋은 것을 얻었다 해도 결국 그것이 자기를 죽이게 됩니다.

그러나 마태복음 7장 8-10절을 보면, 기도하는 자는 좋은 것을 받습니다. 기도하고 받은 것은 땅에서도 좋고 하늘에서도 좋습니다. 할렐루야!

그런데 그 좋은 것을 받는 길은 무엇입니까?

'오직 믿음으로 구하고 의심하지 말라. 의심하는 자는 주께 받을 수 있다고 생각하지 말라.'

여러분의 마음이 아기처럼 단순해지시기 바랍니다. 믿음으로 기도할 때 하나님께서 응답해 주심을 확신하시기 바랍니다. 오늘 뿐 아니라 앞으로 이 세상이 끝날 때까지 이런 기도를 해서 승리하시기 바랍니다.

오직 믿음의 기도로 복된 기도의 사람이 되시기를 축원합니다.

야고보서 1장 9-11절 　야고보서 강해

그리스도인의 자랑

　　　　　사람이 살아가면서 자랑거리가 있다는 것은 얼마나 행복하고 기쁜 일인지 모릅니다. 사람을 만날 때마다 자랑하고 싶어서 입이 간질간질하다면 그것은 참 살맛 나는 일입니다.

한 사람이 정말 귀하고 아주 값비싼 침대를 샀습니다. 그 침대는 가구도 아니요, 과학도 아니요, 예술품이었습니다. 기가 막히게 좋았습니다. 그는 이렇게 보아도 좋고 저렇게 보아도 좋은 침대를 보며 '이렇게 멋진 침대가 어디에 있을까?' 라고 감탄했습니다. 그것을 자랑하고 싶어 입이 간질간질한데 왜 그렇게 이웃 사람들이 놀러 오지를 않는지……. 아무리 기다려도 그 누구도 오지 않았습니다. 침대를 메고 다니면서 자랑할 수도 없지 않습니까? 할 수 없이 아프다고 소문을 냈습니다. 병문안 오는 사람에게 침대를 구경시키기 위해서입니다.

그런데 그 옆집에 사는 사람은 기가 막히게 예쁜 속옷 한 벌을 선물로 받았습니다. 어찌 그리 예쁜지 자랑하고 싶어 입이 간질간질한데, 왜 그렇게 사람들이 자기 집에 오지를 않습니까? 속옷을 입고 마을에 나갈 수도 없는데 말입니다. '이것을 어떻게 자랑할까' 하고 고민하는데, 이웃이 아프다 하니 '잘됐다!' 하고 그 집에 갔습니다.

그 집의 아주머니가 머리에 수건을 얹어 놓고 화려한 침대에 누워 "아야! 아야!" 하고 있었습니다. 이 사람이 실제로는 병문안을 간 것이 아니라 자기 속옷을 자랑하러 갔기 때문에 침대에 발을 얹은 후 옷을 올려서 속옷을 보이며 "어디가 그리 아프세요?"라고 물었습니다.

사람은 눈치가 있지 않습니까? 누워서 눈을 껌뻑껌뻑하던 사람이 "보아하니, 당신 병이나 내 병이나 같은 병인 것 같소"라고 말했답니다.

침대 때문에 자랑하고 싶어 꾀병 부리는 사람도 행복하고, 속옷을 자랑하고 싶어 병문안을 가는 그 사람도 행복합니다.

여러분, 아내를 자랑하고 싶어서 못 견디는 남편은 행복할까요, 불행할까요? 행복합니다. 우리 교우 중 한 분은 저만 만나면 부인 자랑을 합니다. 제가 보기에는 자랑할 만한 부인이 아닌데 그렇게 자랑을 합니다. 그러나 그분은 행복한 사람입니다.

친정에 가서 친정어머니와 친정 식구들에게 자기 남편을 자랑하는 아내는 행복한 아내입니다. 어디에서든 자기 학교를 자랑하고 싶어 하는 학생은 행복한 학생입니다. 어디에 가서든 교인을 자랑하고 싶어서 못 견디는 목사님은 행복한 목사님입니다. 어디를 가도 자기 교회와 목사님을 자랑하고 싶어 하는 교인은 행복한 교인입니다.

저는 어디를 가도 우리 교회와 교인 자랑을 합니다. 자랑할 수 있는 것이 얼마나 좋은지 모릅니다.

우리 모두 자랑거리가 많기를 축원합니다.

그런데 고린도후서 10장 17절에 "자랑하는 자는 주 안에서 자랑할지니라"고 말씀하십니다. 무슨 말씀입니까?

우리는 주님의 것이니, 주님의 자녀이니, 주님의 사람들이니 자랑해도 자신의 뜻으로 자랑하지 말고 'In Christ, In the Lord', 주 안에서 자랑하라는 말씀입니다. 주님께 영광이 되게 자랑하라는 것입니다. 할렐루야!

고린도전서 10장 31절에 "그런즉 너희가 먹든지 마시든지 무엇을 하든지 다 하나님의 영광을 위하여 하라"고 말씀하셨는데, 우리가 자랑을 해도, 남편 자랑, 아내 자랑, 자식 자랑 등 그러한 자랑으로만 끝내면 뒷맛이 씁니다. 뒷맛이 개운치 않고 괜히 자랑했다 싶습니다. 또 그 자랑을 들은 사람도 마음이 편하지 않습니다. 속으로 '아이고, 자기 자랑하고 다니네'라고 합니다. 그러나 우리의 자랑을 승화시켜서 하나님께 영광이 되게 하면, 하나님께서는 기뻐하시고, 우리는 행복하고, 그 자랑을 듣는 사람은 은혜를 받게 됩니다.

그러므로 하나님께서 여러분에게 자랑거리를 주실 때마다 '이것을 어떻게 자랑해야 하나님께 영광이 될까?'를 생각하고 지혜를 발휘해서 자랑할 수 있기를 바랍니다.

오늘 성경 말씀은 그리스도인인 우리가 어떻게 자랑해야 할 것인지를 구체적으로 가르쳐 줍니다.

가난한 자, 갖지 못한 자, 없는 자는 자기의 높음을 자랑하라고 말씀하십니다. 낮고 가난한 자는 경제적으로 부유하지 못하고, 사회적으로 지위가 높지 못하고, 뭐 하나 내놓을 만한 자랑거리가 없는 성도를 말하는데, 그런 성도들에게 자기의 높음을 자랑하라는 것입니다.

이것은 무슨 뜻입니까? 경제적 재산, 사회적 직위는 없어도 영적 직위, 영적 권세, 영적 부유를 자랑하라는 것입니다.

이것은 참 중요한 것입니다.

왕이 특별히 세운, 마패를 갖고 있는 암행어사는 겉은 초라해서 사람들이 거들떠보지도 않지만, 그의 긍지가 대단합니다. 암행어사가 한 마디만 명령하면 산천초목이 떠는 것은 보이지 않는 권세가 있고 마패가 있기 때문입니다.

여러분, 우리에게는 겉으로 내놓을 것이 없습니다. 재산도 없고 직위도 없습니다. 그러나 영적으로 보면 그 권세가 한이 없는 하나님의 자녀입니다. 할렐루야!

요한복음 1장 12절, 로마서 8장 16절, 갈라디아서 4장 6절, 이 말씀에 의하면 모든 크리스천들은 확실한 하나님의 왕자이고, 공주입니다. 베드로전서 2장 9절에도 "오직 너희는 택하신 족속이요 왕 같은 제사장들이요 거룩한 나라요 그의 소유된 백성이니"라고 말씀하십니다.

우리는 모두 왕 같은 하나님의 사람들입니다. 할렐루야!

얼마나 대단합니까? 그러므로 우리는 비굴해서는 안 됩니다. 가난하여 셋방살이를 하고 별것 없어도 참 그리스도인이 당당하게 사는 것, 그것이 하나님께 영광이 되는 줄로 믿습니다.

그리고 영적으로 보면, 우리 그리스도인은 얼마나 부유한지 모릅니다.

요즘 아파트값, 집값이 쌉니다. 그러나 그 아파트와 그 집이 100년을 견디겠습니까, 200년을 견디겠습니까? 새집도 몇 년이 지나면 헌 집이 됩니다. 바퀴벌레가 생기고 거미가 거미줄을 치고, 새집도 헌 집이 됩니다.

그러나 천국에 있는 우리들의 집은 100년만 갑니까? 500년만 갑니까? 억만 년만 갑니까? 하나님께서 우리를 위해 예비하신 천국 집, 그 집은 영원히 새집입니다. 수도 파이프가 고장 나지 않고 녹물이 나오지 않고 보일러도 터지지 않고 전깃불도 나가지 않고, 여름에나 겨울에나 늘 새롭습니다. 거기에는 바퀴벌레도 없고 파리, 벼룩, 빈대도 없고 좋은 것만 있습니다.

천국의 엄청난 그 집을 돈으로 계산하면 얼마나 되겠습니까? 우리나라 예산을 다 써도 천국의 집 한 채를 살 수 있겠습니까? 영원히 새집으로 있는 보석 집인데 말입니다.

그리고 이 은하계만 해도 작고 큰 별 2천억 개로 되어 있다고 하는데, 이 은하계 덩어리가 2천억 개나 더 있다니, 그 별의 숫자를 다 계산하지 못합니다. 그 별들이 다 우리 하나님 아버지의 것이니 우리에게 별을 몇 개씩 주셔서 우리가 천국에 가면 이 별에 갔다가 저 별에 갔다가 할지도 모릅니다. 우리가 "별 하나 나 하나, 별 둘 나 둘, 별 셋 나 셋……" 하고 노래하는 것이 우연한 일이 아닙니다. "내 별은 어느 것인가?"라고 하는데, 그것이 우연이 아닙니다. 때가 되면 우리가 별을 몇십 개씩 받게 될 줄 믿습니다. 그래서 별마다 별장을 두고 이 별에 갔다가 저 별에 갔다가 하게 될 줄 믿습니다. 그때는 비행기도 타지 않고 그냥 날아가면 되는 것입니다. 얼마나 좋습니까? 할렐루야!

우리가 영적으로 하늘에 있는 우리의 집을 생각하면, 지금 이 세상에서 셋방에 살든지 전셋집에 살든지 닭장 같은 집에 살든지 부유함을 얻게 됩니다. 긍지를 갖게 됩니다.

미국 남부에 큰 농장을 갖고 있는 주인집에 수많은 노예가 있었습니다. 그런데 그 주인이 한 노예를 특별히 존경하고 아꼈습니다. 그 노예는 신앙이 너무 좋아서 별명이 모세 목사였는데, 예사 노예가 아니었습니다. 빛이 나는 노예였습니다.

하루는 그 노예의 얼굴이 아주 진지하고 상기되어 있는 것을 보고 주인이 물었습니다.

"이 사람, 모세 목사. 얼굴이 왜 그래? 다른 날과는 다르잖아."
"주인님, 어젯밤 꿈에 하나님께서 제게 말씀하셨습니다."
"뭐라고 말씀하셨는데?"
"이 지방에서 제일 큰 부자가 오늘 죽는답니다."

그 말을 들은 부자는 겁이 덜컥 났습니다. 그 지역에서 제일 큰 부자가 자기이기 때문입니다.

'아이고, 오늘 내가 죽는구나. 내가 죽으면 안 되는데 어떻게 하나?'

주인은 그날 하루 종일 떨면서 살았습니다. 밤이 되어 잠자리에 들 때도 '자다가 죽으면 어떻게 하나?' 하고 두려움에 떨었는데 아침에 일어나 보니 죽지 않았습니다.

'모세 목사가 개꿈을 꾸었나? 내가 죽지 않고 살아 있잖아' 라고 생각하는데, 노예들이 몰려왔습니다.

"주인님! 주인님! 간밤에 모세 목사가 죽었습니다."

주인은 현기증이 났습니다. 제일 큰 부자가 자기인 줄 알았는데, 모세 목사가 제일 큰 부자였던 것입니다. 사람이 보기에는 제일 큰 부자가 자기였지만, 하나님께서 보시기에는 자기의 노예,

모세 목사였던 것입니다.

　오늘 우리 교회에서 제일 큰 부자가 누구인지 아십니까? 사람이 보기에는 누구누구가 부자인 것 같지만, 하나님께서 보시기에는 누구인지 아무도 모릅니다. 아무리 가진 것이 없고 내세울 것이 없어도 믿음이 있는 사람은 높은 사람이고 부자입니다. 할렐루야!

　그러므로 부자 앞에서도 기죽지 않고 높은 사람에게도 예의는 지키지만 비굴하지 않고 '나는 하나님의 자녀다. 나는 천국 백성이다' 하면서 당당하게 살아야 합니다.

　로마서 8장 17절에 우리는 하나님의 후사라고 말씀하십니다. 할렐루야!

　우리는 하나님의 재산을 상속받은 후사입니다. 이것을 자랑하며 살 수 있기를 바랍니다. 그럴 때 하나님께 영광이 되고 우리에게는 기쁨과 행복이 되는 것입니다.

　또한 하나님께서는 부한 자는 자기의 낮아짐을 자랑하라고 말씀하십니다.

　왜입니까? 자기에게 부가 있고 권세가 있어도 그것은 모두 풀의 꽃과 같기 때문입니다. 장미, 민들레, 백합이 다 예쁜 것 같아도 해가 뜨고 뜨거운 바람이 불면 곧 시들고 꽃잎은 떨어져 썩게 됩니다. 세상의 권세, 세상의 부도 그렇게 식는 것입니다.

　우리나라 전직 대통령 중 그 자리에서 내려온 후 감옥에 간 분도 계시고 계란이 날아와 맞은 분도 계십니다. 그래도 정부에서는 제대로 막아 주지 않습니다. 제아무리 큰 권세도 떨어지면 초라하고 쇠잔하게 됩니다.

이웃 도시에 사는 한 부자가 IMF 때 거지가 되어 도망을 갔는데, 빚이 너무 많아 돌아오지 못하고 다른 나라로 피해 다닌다고 합니다. 세상의 부도 쇠잔하게 됩니다.

세상의 권력, 세상의 재산은 임시로 갖고 있는 것입니다. 영적인 것만 영원합니다. 할렐루야!

세상의 집은 임시(temporary)입니다. 세상의 권세는 임시(temporary)입니다. 국회의원이 되어도 몇 년 뒤에는 그만두게 됩니다. 오늘 도지사가 되어도 몇 년 뒤에는 어떻게 될지 모릅니다. 오늘 대통령이라도 몇 년 뒤의 일은 모릅니다. 내가 오늘 천억의 재산을 갖고 있어도 임시로 갖고 있는 것입니다. 내일 어떻게 될지 모릅니다.

세상의 것은 다 임시입니다. 우리 생명까지도 임시입니다.

누가복음 12장 13절 이하에 보면, 한 사람이 와서 주님께 말합니다.

"주여, 내 형에게 명하여 유산을 나누어 쓰게 해 주세요."

그때 우리 주님께서 말씀하십니다.

"이 사람아, 내가 재산이나 나누는 사람인 줄로 아느냐? 삼가 모든 탐심을 물리쳐라. 사람의 생명이 그 소유의 넉넉함에 있지 않다."

그리고 비유로 말씀하십니다.

"한 부자가 농사를 잘 지어 놓고 이렇게 말했다. '야! 대풍작이라 곳간이 부족한데 어떻게 하지? 옳지! 헌 곳간을 부수고 큰 곳간을 새로 지어 거기에 곡식과 쓸 물건을 쌓아 두자. 그리고 내 영혼에게 말하리라. 내 영혼아, 먹고 마시고 즐기자. 여러 해 동안 쓸 물건을 많이 쌓아 두었으니 이제는 먹고 마시고 즐기자 하리라.'

그러나 우리 하나님께서 '이 어리석은 부자야, 오늘 밤에 네 영혼을 도로 찾으리니 그러면 곳간에 쌓아 놓은 것은 누구의 것이 되겠느냐?' 라고 말씀하셨다."

자기에게만 부하고 하나님께 부하지 않는 자들을 향하여 우리 주님께서 말씀하신 것입니다.

사람의 권세도 임시요, 사람이 가진 재산도 임시지만, 그 사람의 생명도 임시입니다. 그날 밤에 하나님께서 불러 가시면 아무것도 아닌 것입니다.

제가 기억하기로는 17년 전의 일로, 경남 어느 도시에 집회를 갔을 때 그 교회 목사님께 들은 이야기입니다.

그 교회 바로 옆 교회에 유명한 국회의원이자 그 지역에서 제일 큰 부자인 장로님이 있었답니다. 그 장로님이 교회를 섬길 때 겸손하게 섬겼으면 좋았을 텐데, 자기가 국회의원이고 재벌이라 그랬는지 교회에서 고개를 많이 흔들었답니다. 자기에게 맞지 않으면 목사님도 비판을 했나 봅니다. 목사님이 할 수 없이 그 국회의원 장로님에게 맞추어 목회를 하고, 다른 사람들의 말은 듣지도 않았답니다. 그런데 그 국회의원 장로님이 목욕을 하다가 심장마비로 세상을 떠났답니다. 떵떵거리던 집안이 장로님이 돌아가시자 조용하게 되었고, 장로님을 의지했던 목사님도 결국엔 그 교회를 떠나시게 되었답니다.

목사님이 생각하기에 그 장로님이 국회의원이고 재물이 많고 능력이 있으니 장로님에게 맞추면 될 줄 알았지만, 장로님이 세상을 떠나니 목회를 할 수 없게 된 것입니다.

세상의 재물이나 권세, 사람은 의지할 것이 아닙니다.

잠언 11장 28절에 "자기의 재물을 의지하는 자는 패망하려니와 의인은 푸른 잎사귀 같아서 번성하리라"고 말씀하십니다.

예레미야 17장 5-8절에도 말씀하십니다.

"나 여호와가 이같이 말하노라 무릇 사람을 믿으며 혈육으로 그 권력을 삼고 마음이 여호와에게서 떠난 그 사람은 저주를 받을 것이라 그는 사막의 떨기나무 같아서 좋은 일의 오는 것을 보지 못하고 광야 간조한 곳, 건건한 땅, 사람이 거하지 않는 땅에 거하리라 그러나 무릇 여호와를 의지하며 여호와를 의뢰하는 그 사람은 복을 받을 것이라 그는 물가에 심기운 나무가 그 뿌리를 강변에 뻗치고 더위가 올지라도 두려워 아니하며 그 잎이 청청하며 가무는 해에도 걱정이 없고 결실이 그치지 아니함 같으리라."

권세 있는 사람, 돈 있는 사람을 의지하면 나중에 사막의 떨기나무같이 되는 날이 오지만, 사람을 의지하지 않고 재물을 의지하지 않고 하나님을 의지하면 더위가 와도 어려움이 와도 걱정이 없고 잎이 청청하고 결실이 그치지 아니합니다.

여러분, 세상을 살면서 부자를 의지하지 말고 권력자를 의지하지 말고 하나님을 의지하시기 바랍니다. 그래야 여러분의 삶이 흔들리지 않습니다.

동시에 권력과 재물이 있는 사람도 자기의 권력이나 재물을 의지하지 말고 하나님을 의지하시기 바랍니다.

"아이고, 집사님. 사업이 그렇게 잘되신다면서요?"

"장로님, 그렇게 좋으시다면서요?"

그럴 때 "아이구, 집사님. 그런 말씀 하지 마세요. 오늘이라도 하나님께서 '후' 하고 부시면 아무것도 아닙니다. 우리 재산은 하나님뿐이에요. 우리 집은 하나님뿐이에요. 이것은 아무것도 아닙니다. 이것은 다 임시예요. 자랑할 것이 뭐가 있나요? 오늘 하나님께서 데려가시면 다 끝나는 건데요. 하나님뿐이에요"라고 하세요. 힘 있고, 권력 있고, 부자고, 높은 사람이 이렇게 낮아져서 "예수님뿐이에요" 하면 그 자랑이 하나님께 영광이 되고, 듣는 사람에게는 은혜가 되고, 자신에게는 복이 되는 것입니다.

이것은 무슨 말씀입니까?

가난한 자는 비굴하지 말라는 것입니다. 가난하고 낮아도 높은 사람에게 절대로 비굴하지 말라는 것입니다. 그리고 가진 것이 많고 힘이 있어도 으스대지 말라는 것입니다. 거만하지 말라는 것입니다. 겸손하라는 것입니다. 할렐루야!

가난한 자나 부유한 자나, 낮은 자나 높은 자나 예수의 사람인 우리가 자랑할 것은 무엇입니까?

갈라디아서 6장 14절에 바울이 말씀했습니다.

"내게는 우리 주 예수 그리스도의 십자가 외에 결코 자랑할 것이 없으니."

십자가를 자랑합시다. 예수님을 자랑합시다. 주님의 피 묻은 복음을 자랑합시다. 이것이 참 자랑임을 믿으시기 바랍니다. 이것이 하나님께 영광이 되고, 우리에게 복이 되고, 이웃에게 구원이 되는 것입니다.

보스턴에 있는 어느 병원의 정신병동에 한 소녀가 짐승처럼 갇혀 있었습니다. 면회도 사절되었습니다. 면회 온 사람을 보면 괴성을 지르고 물어뜯고 발광하기 때문에 의사 선생님이 면회도 시켜 주지 않고 빵만 조금씩 넣어 주면서 짐승 취급을 했습니다. 그 소녀는 의사 선생님도 완전히 포기한 환자였습니다.

그런데 신앙 깊은 한 간호사가 매일 그 소녀를 찾아가서 사랑을 베풀었습니다. 6개월 뒤 그 소녀가 변하여 새사람이 되었습니다. 예수의 사랑을, 십자가의 사랑을 깨달으니 그 정신병자가 새 사람이 된 것입니다.

그가 누구입니까? 헬렌 켈러를 가르친 유명한 스승 설리반입니다. 한 간호사가 사랑으로, 십자가의 사랑으로 정신병자를 살렸는데, 그 정신병자가 헬렌 켈러를 만들어낸 스승이 된 것입니다.

사람을 변화시키는 것, 세상을 변화시킬 것은 십자가뿐입니다. 예수님의 피요, 복음뿐입니다. 우리는 오직 이것을 자랑해야 되는 것입니다.

예수님께서는 천국에 갈 때도 우리의 해답이시고, 세상 사는 동안에도 우리의 해답이십니다. 할렐루야!

예수님을 자랑하며 사시기를 바랍니다.

아무리 어려워도 예수님께 집중하면 예수님께서는 도와주십니다.

미국의 한 가난한 가정의 남편이 죽었습니다. 있는 돈 없는 돈을 다 모아서 장례식을 치렀습니다. 이제 그 가정은 살아갈 길이 막막한데 청구서 하나가 왔습니다. 전에 큰 물건을 사고 갚았는데 그것을 다시 갚으라는 것입니다. 돈이 하나도 없는데 그 큰돈을 어떻게 하겠습니까? 그래서 그 부인이 전화를 했습니다.

"그것은 제가 갚은 돈입니다."

"그러면 영수증을 보여 주십시오."

아무리 찾아도 영수증이 없었습니다. 그러니 그곳에서는 사람을 보내서 빨리 갚으라고 독촉을 했습니다.

여러분, 오늘 제가 이런 말씀을 드리는 것도 이유가 있을 것입니다. 여러분 중에 영수증을 함부로 취급하는 분이 계실지 모르겠는데, 영수증을 아무 데나 두면 안 됩니다. 작은 영수증이든 큰 영수증이든 차곡차곡 잘 보관하시기를 바랍니다. 세금을 낸 영수증, 물건을 사고 갚은 영수증, 공적인 영수증, 사적인 영수증을 꼭 받아서 잘 보관해야 합니다. 아무리 편하고 친한 친구라도 돈을 빌리고 갚았으면 영수증을 꼭 받아 놓아야 됩니다. 사람은 변합니다. 교통사고를 당하면 현장에서 사진을 찍고 책임을 분명히 하는 사인을 받아 두어야 합니다. 그렇지 않으면 나중에 변할 수 있습니다.

제가 이번에 대전에 집회를 가서 들은 이야기입니다.

목사님이 신호등의 신호를 기다리느라 서 있는데 어떤 차가 와서 박더랍니다. 이것은 틀림없이 상대방이 잘못한 것입니다. 그 사람이 자기 면허증과 명함을 주면서 "잘못했습니다. 죄송합니다. 제가 모든 책임을 다 지겠습니다. 다른 사람들에게 불편을 주니 어서 차를 옮깁시다"라고 하더랍니다. 그래서 차를 옮기니 그 사람이 "집에 가 계십시오. 명함에 있는 대로 연락을 주시면 찾아 뵙지요"라고 해서, 3일 뒤에 목사님이 그 사람에게 연락을 했더니 "왜 전화하시오?"라고 하더랍니다.

"당신이 연락하라고 하지 않았소?"

"내가 언제 그랬어요?"

"아니, 내가 신호를 받고 서 있는데 당신이 와서 박았지 않소?"

"내가 언제 박았어? 이 사람이 생사람 잡네."

"아니, 당신 면허증을 내가 갖고 있는데."

"내 면허증을 잃어버렸는데, 당신이 주웠나? 주웠으면 빨리 돌려주어야지."

그리고 만나 주지도 않더랍니다. 그 사람은 면허증을 새로 발급받아 갖고 다닐 것입니다.

그 목사님이 이런 말씀을 하셨습니다.

"사고 현장에서 다른 차들이 아무리 빵빵거려도 사진을 찍고, 표시를 하고, 책임을 진다는 서약서를 받은 다음에 옮겨야지, 그냥 옮기면 절대로 안 된다."

미국의 가난한 부인도 영수증이 없으니 "그 돈을 우리가 정말 지불했습니다"라는 말밖엔 할 수가 없었습니다.

그러나 수금원은 화를 내며 "어떻게 믿어요? 영수증을 보여 주시오. 며칠 내로 갚지 않으면 고발하겠소"라고 했습니다.

가난한 과부는 어떻게 할 도리가 없어 "주님, 어떻게 해요?" 하며 울었습니다. 그러니 옆에 있던 아이도 따라 울었습니다. 그런데 그때 열린 창으로 노란 나비 한 마리가 날아왔습니다. 울고 있던 아이가 그것을 보고 말했습니다.

"엄마, 곤충 채집하게 나비를 잡아 주세요."

나비가 의자에 앉더니 아이가 잡으러 가자 의자 밑으로 들어가 버렸습니다.

"엄마, 어서 의자를 치우세요. 나비를 잡아야 해요!"

엄마가 의자를 치우다가 무거워서 잘 안 되니 수금원에게 도와 달라고 부탁을 했습니다. 그래서 같이 의자를 치우는데 의자 사이에서 종이 한 장이 떨어졌습니다. 바로 그 영수증이었습니다.

여러분, 어려운 일을 당하거나 그 어떤 일을 당해도 예수님을 생각하면 해결됩니다. 예수님께서는 모든 문제의 해결이시며 해답이십니다. 할렐루야!

예수님께서는 우리의 자랑이십니다.

예수님을 자랑하고, 십자가를 자랑하고, 예수님의 복음을 자랑하고, 예수님의 은혜를 자랑하는 것이 참으로 행복한 자랑, 하나님께 영광이 되는 자랑, 듣는 사람이 은혜를 받고 구원을 받는 자랑인 것입니다.

    우리 모두에게는 자랑거리가 다 있습니다. 왜입니까? 예수님께서 계시기 때문입니다.

    우리에게는 십자가가 있습니다. 예수님의 복음이 있습니다. 이것을 날마다 자랑하며 행복하게, 또 주님께 영광 돌리며 사시기를 축원합니다.

야고보서 1장 12-15절 | 야고보서 강해

두 종류의 시험

6년 전 스위스에 갔을 때입니다. 숲 속의 그림 같은 호텔에서 하루를 묵고 아침 기도회를 마친 후, 스위스 목사님 몇 분과 함께 산책을 했습니다. 호텔을 나와 밤나무 숲길로 접어드니 밤송이가 없는 알밤 수백 개가 깔려 있었습니다. 굉장했습니다. 난생 처음 보는 광경이었습니다. 그 알밤들을 주우면서 "아니! 이렇게 귀한 알밤을 왜 이렇게 버려두지요?" 라고 물었더니, 독이 들어 있어서 먹으면 안 되는 알밤이라고 하셨습니다. 처음에는 농담인 줄 알았는데 그것을 먹으면 정말 배가 아프고 몸이 상한다고 합니다. 여러 개를 주웠는데 버리자니 얼마나 아까운지, 가다가 돌아보고 가다가 또 돌아보았습니다. 지금 생각해도 그 탐스러운 알밤이 아쉽고 아깝습니다.

지난 6월에는 유럽 몇 개국을 돌아보면서 어느 교수님의 강의를 들을 계획이 있어서 파리 모 신학대학을 방문했습니다. 그 교정에 밤나무 몇 그루가 있었는데 그 아래에 밤송이가 없는 알밤이 떨어져 있었습니다.

'아하! 이 밤도 스위스의 밤처럼 독이 든 밤이구나' 라고 짐작하고, 그것을 주워서 "이 밤은 먹지 못하지요?" 했더니, 어떻게 아느냐고 하면서 독이 있어서 먹으면 큰일 난다고 했습니다.

밤에는 두 종류가 있습니다. 한 종류는 먹으면 건강에 좋은, 장수하는 우리 한국의 밤입니다. 또 한 종류는 독이 들어서 먹으면 안 되는 밤입니다.

오늘 예수님의 친동생인 야고보가 시험에도 두 종류의 시험(two kinds of trial)이 있다고 했습니다. 한 종류는 좋은 시험이고, 다른 한 종류는 파괴당하는 부정적인 시험이라는 것입니다.

그렇다면 유익한 시험은 무엇입니까?

하나님께서 주시는 시험입니다. 하나님께서 우리에게 주시는 것으로 trial, 혹은 test를 말합니다. 이것은 12절에 나옵니다.

"시험을 참는 자는 복이 있도다 이것에 옳다 인정하심을 받은 후에 주께서 자기를 사랑하는 자들에게 약속하신 생명의 면류관을 얻을 것임이니라."

할렐루야!

이 시험이 바로 하나님께서 주시는 시험입니다. 이것은 우리 안(inside)에서 나오는 시험이 아니라 밖(outside)에서 들어오는 시험이고, 그 동기가 우리를 망하게 하려는 것이 아니라 우리를 위한 아주 생산적이고 유익한 시험입니다.

왜입니까? 하나님께서는 우리에게 시련을 주지 않으실 수가 없습니다. 너무 편안하고 형통하면 우리의 믿음이 녹슬어서 믿음을 금같이 만들 수 없기 때문입니다. 사람은 편안하게 살기를 좋아합니다. 인생으로 고생하게 하고 근심하게 하는 것이 하나님의 본심이 아니시지만, 하나님께서는 우리를 사랑하시기 때문에 때때로 시험의 가시를 주시는 것입니다.

뉴질랜드의 한 섬에는 날지 못하는 새가 다섯 종류나 있다고 합니다. 왜입니까? 뱀도 없고 새를 잡아먹는 짐승도 없으니, 편안하게 벌레만 잡아먹고 놀아 뚱뚱하게 살이 쪄서 날지 못하는 것입니다. 날 필요가 없어서 날지 않기 때문입니다.

이와 마찬가지로 우리도 너무 순적하고 형통하면 독수리처럼 창공을 나는 신앙인이 될 수 없습니다. 위험한 일이나 찌르는 가시가 있고, 놀랄 일이 있을 때 "주여!" 하면서 기도하게 되고 그 신앙이 독수리처럼 발전하게 되는 것입니다. 이것이 중요합니다.

그리고 하나님께서는 시련을 통해 우리를 교정하시고 다듬어 가십니다.

제가 아는 한 부부는 권태기를 맞이해 괜히 서로 미워했습니다. 그러다가 어떤 일로 싸움이 붙었는데, 처음에는 싸움이 미약했으나 나중에는 창대하게 되어 아내도 남편도 제발 헤어지기를 원했고 결혼한 것을 후회하게 되었습니다. 그래서 이혼하기로 합의를 보고 재산을 어떻게 나눌 것인가, 아이들은 누가 데리고 살 것인가를 협상하고 있는데 경찰서에서 연락이 왔습니다.

"당신들 딸이 학교에 갔다 오다가 교통사고를 당해 응급실에 있으니 ○○병원으로 빨리 오시오."

이혼 협상을 하던 부부가 딸의 사고 소식을 듣고 새파랗게 질려 병원으로 달려갔습니다. 피를 흘리며 누워 있는 딸을 붙들고 같이 울었습니다. 한참 울고 난 후 아내가 남편을 보고 "여보, 미안해요"라고 했습니다. 남편도 아내의 손을 잡고 "나도 미안해"라고 말했습니다. 그 부부에게 사랑이 다시 피어나서 이혼 협상은 온데간데없이 잘 살고 있습니다. 만일 딸이 교통사고를 당하지 않았다면 그 부부는 이혼했을 것입니다.

우리가 천재라면, 하나님께서는 억만재이십니다. 하나님께서는 우리의 마음을 너무나 잘 아십니다. 우리의 마음을, 가정을, 상황을 정말 잘 아십니다. 그래서 그냥 두면 교만해져 마귀의 밥이 될 사람에게는 실패를 주셔서 겸손하게 만드십니다. 그냥 두면 시험 들 가정에는 교통사고도 주시고, 병도 주셔서 가족을 하나 되게 만드십니다. 할렐루야!

그러므로 하나님께서 주시는 시련에는 아픈 가시가 있지만 그 시련의 가시를 통과하면, 밤송이에 아픈 가시가 있지만 그 것을 까면 좋은 한국 알밤이 나오듯이, 반드시 우리에게 유익이 되는 것입니다. 신앙이 금같이 다듬어져서 빛나고 충성스러운 하나님의 사람이 되고 그것이 간증거리가 되는 것입니다.

그리고 고맙게도 이런 시련은 짧습니다. 예수님께서 십자가를 지셨지만 3일 동안만 무덤에 계셨던 것처럼, 우리가 일생을 살아가면서 이런저런 시련을 만나지만 대개는 그 시련이 짧습니다. 영원한 태풍은 없는 것입니다.

어제 한 미국인을 만났는데, 그가 "지난밤에 바람이 엄청났습니다. 한국에는 이런 태풍이 계속 있습니까?" 하고 물었습니다. 그래서 1년에 한두 번, 많아야 세 번 정도라고 했더니 그러면 걱정하지 않아도 되겠다고 했습니다.

태풍이 불어서 지구를 흔드는 것 같지만 한 달 동안 부는 태풍이 없고 1년 동안 부는 태풍이 없습니다. 며칠이면 끝납니다. 우리가 시련을 만난다 해도 대개는 며칠이면 끝나는 짧은 것들입니다.

그러나 때로는 긴 시험도 주십니다. 일제 36년 동안 기독교가 박해를 받았습니다. 그때 주기철 목사님을 비롯한 많은 기독교인이 순교했습니다. 이런 긴 시련을 이기는 것은 쉽지 않습니다. 아무리 결단하고, 아무리 의지가 강하고, 아무리 인내심이 있어도 그 시험을 이기기가 쉽지 않습니다.

이런 아픈 이야기가 있습니다.

김윤섭 전도사님이 신사 참배에 반대하다가 일본 경찰에게 끌려가 고문을 받는데, 고문이 너무 심해서 항복했습니다.

"신사 참배를 할게요. 살려만 주세요."

그래서 풀려나 집으로 왔는데 괴로웠습니다.

"내가 주님을 부인하고 신사 참배에 항복했구나."

괴롭고 억울해서 다음 날 아침에 자기 발로 경찰서에 갔습니다. 일본 순사가 물었습니다.

"왜 왔소?"

"억울해서 왔소."

"뭐가 억울하오?"

"내가 신사 참배하겠다고 항복한 것이 억울해서 왔소. 나는 신사 참배하지 않을 것이오."

"맛 좀 봐라."

또 고문을 당하다 견디지 못해 또 항복했습니다. 살려만 주면 신사 참배를 하겠다고 했습니다. 그래서 또 풀려났는데, 집에 가서 생각하니 또 억울했습니다. 다음 날 아침에 경찰서에 또 갔습니다. 또 고문을 당했습니다. 또 항복하고 풀려났습니다. 억울해서 또 경찰서에 갔습니다. 그러기를 열 번이나 반복했습니다. 고문을 견디지 못해 항복하고, 억울해서 경찰서에 가서 또 고문을 받고 또 항복하고, 그런데 열한 번째에 이겼습니다. 하지만 너무 많은 고문을 받아 한 달 만에 순교했습니다.

어떤 시련은 참 깁니다. 그러나 긴 시련도 이겨야 합니다.

그런데 긴 시련도 영원에 비하면 아주 짧습니다. 하나님의 날은 하루가 천 년 같고 천 년이 하루 같은데, 일제 36년도 영원에 비하면 하루도 안 되는 것입니다.

그런데 그 어려운 시련을 어떻게 이길 수 있습니까?

의지로는 안 됩니다. 의지와 전쟁을 해도 안 됩니다. 인내와 전쟁을 해도 안 됩니다. 그 시련을 이기는 비결이 창세기 22장에 있습니다.

여러분, 주기철 목사님이 못이 뾰족하게 박혀 있는 송판 위로 걸어가고 고춧가루를 마시고 힘든 일을 많이 당했지만, 아브라함이 당한 시련에 비하면 아무것도 아니었습니다. 아브라함은 100세에 낳은 아들을 양이나 소를 잡듯이 잡아서 바쳐야 했습니다. 100세에 낳은 아들이니 얼마나 예뻤겠습니까? "내 아들아! 내 아들아!" 하며 얼마나 사랑했는지 모릅니다.

그런데 하나님께서 그 아들을 잡아서 바치라고 말씀하십니다. 그것을 인내로 이기겠습니까? 의지로 이기겠습니까? 그것을 어떻게 이기겠습니까? 어떻게 의지로 자기 아들을 죽이고 하나님께 바치겠습니까?

그러나 아브라함은 놀랍게도 나귀에 나무를 싣고 사환들을 데리고 아들과 같이 갑니다. 3일 길을 갔을 때 하나님께서 보여 주시는 땅이 보였습니다. 하나님께서 꿈에서인지 환상에서인지 아들 이삭을 바칠 장소를 보여 주셨습니다. 아브라함은 그것을 깨닫고, 사환과 나귀는 거기에 두고 장작을 이삭의 등에 지웠습니다. 이삭은 난생 처음으로 짐을 졌을 것입니다. 아브라함의 집에는 가군만 해도 318명이 되니 아마 천여 명이 넘는 종을 거느렸을 것입니다. 그런 부잣집 주인의 아들이니 얼마나 귀한 아들입니까? 그런 아들의 등에 어떻게 짐을 지우겠습니까? 그런데 그 아들의 등에 장작 짐을 지웠습니다. 사환들을 데리고 가면 하나님께서 명하신 일에 방해가 될 것이기 때문입니다.

아브라함 자신은 칼과 불을 들고 모리아 땅으로 갑니다. 그런데 이삭이 아버지를 보니 심상치 않습니다. 얼굴이 어둡습니다. 그렇지 않겠습니까? 아들을 죽이러 가는 아버지의 마음이 얼마나 괴롭겠습니까?

"내 아버지여."

성경에는 "내 아버지여"라고 기록되어 있지만, "아빠" 하고 부르는 것입니다. 사랑이 넘쳐서 "아빠" 하고 부르는 것입니다.

"왜? 내 아들아."

"아빠, 불도 있고 나무도 있는데 번제할 어린 양은 어디에 있어요?"

가슴이 찔리는 말입니다. 아브라함이 무슨 말을 하겠습니까? 그래서 막연하게 말합니다.

"번제할 어린양은 하나님께서 자기를 위해 준비하시리라."

아브라함이 아들 모르게 눈물을 얼마나 흘리며 갔겠습니까? 하나님께서 지시하신 땅이 보입니다. 장작을 세워 놓고 말합니다.

"아들아, 사실은 하나님께서 너를 원하신다. 하나님께서 너를 양 대신에 바치라고 하셨어."

이삭이 당황했을 것입니다.

"아빠, 정말이에요? 하나님께서, 그 좋으신 하나님께서 저를 원하세요? 왜 그러실까요?"

"아들아, 어떻게 하니? 하나님께서 원하시는데."

아버지는 아들을 묶습니다. 아들이 순종합니다. 묶은 아들을 단 위에 얹어 놓습니다.

하나님께서 너무 심하신 것 같습니다. 아브라함이 칼을 들고 소나 양을 잡듯이 아들을 잡으려 합니다. 제정신으로 아들을 잡을 수 있겠습니까? 그러나 아들을 잡으려 합니다. 그런데 하나님께서 일이 급하니 하늘에서 두 번이나 부르십니다.

"아브라함! 아브라함!"

"제가 여기에 있나이다."

"그에게 손대지 말라. 그에게 아무 일도 하지 말라. 네가 네 독자 이삭보다 나를 더 사랑하는 줄을 내가 알았노라."

할렐루야!

우리가 여기에서 무엇을 깨닫습니까?

아브라함이 온 천하를 다 주어도 바꾸지 못할, 자기 생명보다 더 귀한 아들을 하나님께 바친 것은, 이삭을 사랑하지만 이삭보다 하나님을 더 사랑했기 때문입니다. 그것 때문에 이긴 것입니다.

한 소년이 카나리아 새를 아주 사랑했습니다. 그래서 그 새를 예뻐하며 그 새의 소리를 사랑했습니다. 그런데 어머니가 병들어 누우신 후 "애야, 나는 그 새 소리가 싫다. 카나리아 새 소리가 내게 스트레스가 되는구나"라고 말했습니다. 다음 날 그 새가 없어졌습니다. 새 소리가 들리지 않았습니다. 어머니가 물었습니다.

"애야, 왜 새가 울지 않니?"

"엄마, 새를 친구에게 주었어."
"아니! 네가 그 새를 얼마나 사랑하는데 왜 친구에게 주었니?"
"엄마, 내가 카나리아를 사랑하지만, 엄마를 더 사랑해."

소년은 카나리아를 사랑하지만, 엄마를 더 사랑하기 때문에 그 새를 버린 것입니다.

아브라함도 이삭을 사랑하지만 하나님을 더 사랑하기 때문에 이삭을 버린 것입니다.

'아브라함이 나를 저렇게 사랑하는구나' 라는 것을 아신 하나님께서 너무 좋으셔서, 행복하셔서, 흥분하셔서 "그에게 손대지 말라. 네가 네 독자 이삭보다 나를 더 사랑하는 줄을 내가 알았노라" 하신 후 말씀을 잇지 못하십니다.

하나님께서는 우리의 사랑을 얼마나 원하시는지 모릅니다. 한 율법사가 예수님께 와서 "예수님, 가장 큰 계명이 무엇입니까?" 하고 물었을 때, 마태복음 22장 37-38절을 보면 이렇게 대답하십니다.

"네 마음을 다하고 네 목숨을 다하고 네 뜻을 다하여 주 너의 하나님을 사랑하라(Love the Lord your God with all your heart and with all your soul and with all your mind). 이것이 가장 크고 위대한 계명이다(This is the first and greatest commandment)." 할렐루야!

하나님께서는 여러분의 사랑을 원하십니다.

우리 예수님께서도 베드로에게 "네가 나를 사랑하느냐(Do you love me)? 네가 나를 사랑하느냐(Do you love me)?" 하고 세 번이나 베드로의 사랑을 확인하셨습니다.

아브라함에게는 하나님을 가장 사랑하는 사랑이 있으니 그 어려운 시험을 이겼습니다. 우리에게도 주님을 사랑하는 사랑이 뜨거우면 아무리 어렵고 긴 시련이라도 능히 이기게 될 줄 믿습니다.

하나님께서 아브라함의 행동을 저지하시니 아브라함이 얼마나 좋아했겠습니까? 칼을 놓고 어쩔 줄을 모릅니다.

"하나님! 할렐루야! 역시 하나님은 좋으신 하나님이십니다. 제가 3일 동안 죽을 것 같았지만, 역시 하나님은 좋으신 하나님이십니다. 하나님께서 저를 시험하신 것이었네요. 제 아들을 정말로 원하신 것이 아니라 저를 시험하신 것이었네요. 하나님, 정말 사랑합니다."

그리고 "아들아, 하나님께서 나를 시험하신 것이야. 내가 너를 죽이지 않아도 된다. 내 아들아" 하며 결박을 풀지도 않고 아들을 안고 울었을 것입니다. 아들도 울었을 것입니다. 얼마나 좋았겠습니까? 이제 이삭은 다시 태어난 아들과 같습니다. 잃었다가 다시 얻은 아들이니 얼마나 좋았겠습니까?

아브라함이 그 아들의 결박을 푼 후 단에서 내려놓고 나니 한 가지 걱정이 생겼습니다. 불도 있고 나무도 있고 칼도 있는데 하나님 앞에 드릴 예물이 없습니다. 제물이 없습니다.

그래서 "하나님, 예배를 드려야 되는데 제물이 없습니다"라고 하는데, 부스럭부스럭하는 소리가 나서 뒤를 돌아보니 세상에! 숫양 한 마리가 있습니다. 아마 그 산에서 제일 좋은 숫양이었을 것입니다. 기름기가 자르르 흐르는 아름답고 흠 없는 숫양 한 마리가 뿔이 수풀에 걸려 꼼짝 못하고 있는 것입니다. 그것을 보는 순간 아브라함은 "하나님께서 내가 드릴 제물까지 준비하셨구나. 여호와 이레! 여호와 이레!" 하며 기뻐했습니다.

'여호와 이레'가 무슨 뜻입니까? 하나님께서 준비하셨다는 뜻입니다.

"여호와 이레 여호와 이레 주님 내 길 예비하시니 여호와 이레" 하고 찬양하는데, 그것이 여기에서 나온 것입니다. 하나님께서 준비하셨다며 아브라함이 "여호와 이레(하나님이 준비하셨도다)! 여호와 이레!"라고 한 것입니다. 이삭도 "여호와 이레!" 하며 하나님을 찬양했을 것입니다. 그래서 그 숫양을 잡아 하나님께 예배드리니 하나님께서 좋아하시며 맹세하지 말라고 가르치신 하나님께서 친히 맹세하십니다.

"내가 나를 가리켜 맹세하노니 네가 이같이 행하여 네 아들 네 독자를 아끼지 아니하였은즉 내가 네게 큰 복을 주고 네 씨로 크게 성하여 하늘의 별과 같고 바닷가의 모래와 같게 하리니 네 씨가 그 대적의 문을 얻으리라 또 네 씨로 말미암아 천하 만민이 복을 얻으리니"(창 22:16-18).

그때부터 아브라함의 자손에게 하나님의 축복이 임하고 왕들이 이어집니다. 예수님께서 그 가문에서 탄생하셨습니다. 우리도 마찬가지입니다. 저도 어느 교인이 저를 사랑하는 것이 보이면 그분에게는 모든 것을 주고 싶습니다. 장로님도 되게 해드리고 싶고, 권사님도 되게 해드리고 싶습니다. 많은 사람이 하나님을 섬기지만 그처럼 뜨겁게 하나님을 사랑하는 아브라함에게 하나님께서는 주실 수 있는 것을 다 주셨습니다.

사랑이 최고입니다. 우리의 사랑 때문에 하나님께서 흥분하셔서 "내가 네게 맹세한다. 내게 네게 큰 복을 주겠다"라고 하시는 은혜를 받는 여러분과 제가 되기를 축원합니다.

우리 주님께서는 승리한 자에게 생명의 면류관을 주십니다. 그런데 그 인내를 보고, 시험에 통과한 것을 보고 주시는 것이 아닙니다. 오늘 본문 야고보서 1장 12절을 보십시오.

"주께서 자기를 사랑하는 자들에게 약속하신 생명의 면류관을 얻을 것임이니라."

할렐루야!

사랑하는 자에게 주시는 선물임을 믿으시기 바랍니다.

오늘 여러분과 제 속에 이 세상의 무엇보다, 세상의 부귀와 영광, 명예 그 무엇보다, 내 생명보다, 자식보다 사업보다 하나님을 더 사랑하는 마음이 끓어오르기를 축원합니다.

또한 우리에게는 해가 되는 시험, 우리를 파괴하는 시험이 있습니다. 이것은 영어 성경을 보면, 유혹(temptation)이라는 단어로 표현됩니다.

유혹, 이것은 악한 영에서 오는 것입니다. 마귀가 주는 것입니다. 하나님께서는 유혹을 받지도 아니하시고, 우리에게 유혹을 주지도 아니하십니다.

유혹은 우리 마음에서(in side) 일어나는 것입니다. 욕망을 통해서 시험을 받습니다.

욕망에는 건전한 것도 있고 불건전한 것도 있습니다. 한 남자가 한 여자를 사랑해서 결혼하는 것은 정당한 욕망입니다. 또 한 달 동안 열심히 일해서 월급을 받아 누리는 것은 정당한 욕망입니다. 열심히 사업을 해서 돈을 벌어 쓰는 것은 정당한 축복의 열매입니다. 하지만 오늘 본문의 욕심, 욕망은 악한 욕망, 죄성의 욕망을 말합니다. 그 결과가 죄가 되는 것입니다.

보십시오. 아간이 시날산 외투와 금 덩어리, 은 덩어리를 보고 욕망을 품습니다. 그 욕망을 행하면 도둑질이 됩니다. 그런데 아간이 그것을 도둑질하다가 걸려서 그와 그의 가족이 돌에 맞아 죽었습니다. 삼손이 성적 매력이 흐르는 들릴라를 보는 것은 악한 욕망입니다. 간음하는 것입니다. 그런데 그 들릴라를 계속 보다가 욕망으로 들릴라를 취합니다. 그러다가 마귀에게 꿰여서 눈이 뽑히고 망했습니다.

마귀는 우리를 너무나 잘 압니다. 우리가 욕망에 제일 약한 것을 압니다.

오스카 와일드라는 심미주의 문학가가 말했습니다.

"나는 모든 시련에 저항할 수 있다. 나는 모든 역경도 이길 수 있다. 그러나 유혹은 제외다(without temptation). 유혹에는 장담하지 못한다."

그만큼 유혹은 사람을 휘어잡는 것입니다.

주석가인 벵겔이 말했습니다.

"욕망은 창녀라면 인간은 남성과 같다."

멀쩡한 남자가 창녀촌에 가고 싶어 합니다. 멀쩡한 지식인, 멀쩡한 지성인, 멀쩡한 지도자가 창녀촌에 가고 싶어 합니다. 그래서 거기에 빠지는 사람이 너무 많습니다.

마귀는 사람이 열망, 욕망, 본능에 약한 것을 알고 그것을 미끼로 삼는 것입니다.

낚시꾼이 낚싯바늘에 지렁이 한 마리를 끼워 놓습니다. 그러면 지렁이가 꿈틀거리며 "날 잡아 잡수. 날 잡아 잡수. 날 보러 와요. 날 보러 와요" 하고 유혹하면 물고기들이 보러 옵니다. 그러다가 그것을 먹고는 턱이 꿰입니다.

사람도 마귀의 바늘에 꿰인 그 유혹 때문에 코가 꿰입니다.

스위스나 프랑스의 밤은 송이째 떨어지는 경우가 거의 없습니다. 알밤만 떨어져 맛이 있어 보이고 보기에도 좋습니다. 색깔도 자줏빛으로 빛이 납니다. 그러나 그 안에는 독이 있습니다.

하나님께서 주시는 것은 송이밤 같아서 가시가 있습니다. 밤송이를 까야 알밤이 나옵니다. 그런데 마귀가 주는 것은 그렇지 않습니다. 달콤합니다. 보암직하고 먹음직하고 지혜롭게 할 만큼 탐스러워 보입니다.

그것이 무엇입니까? 선악과입니다. 선악과를 보면 기가 막힐 정도로 탐스럽습니다. 그러니 마귀가 유혹합니다.

"그것을 먹으면 하나님같이 된다."

이 유혹을 이길 수 있는 사람이 드뭅니다.

그렇다면 유혹을 처음부터 이기는 비결이 무엇입니까? 일단 먼저 빨리 피해야 합니다.

"욕망은 처음에는 거미줄로 살짝 오지만 나중에는 굵은 밧줄이 되어 너를 묶어 간다"라는 유대 격언이 있습니다.

오늘 본문 15절에 말씀하십니다.

"욕심이 잉태한즉 죄를 낳고 죄가 장성한즉 사망을 낳느니라."

아주 기가 막힌 말씀입니다.

따라 합시다. "욕망은 행동이다."

마음에 열망하면 행동하게 되는 것입니다. 그러므로 우리 마음에 좋지 않은 욕망이 꿈틀거리면 빨리 버리고 피해야 합니다. 그것을 잉태하면 자꾸 자라게 됩니다.

남자와 여자가 잠자리를 같이 해서 잉태하면 처음 한두 달간은 몰라도 나중에는 아기가 자꾸 커져 출산하게 됩니다. 우리가 죄를 품으면 처음에는 모르지만, 그것이 자꾸 커져 결국은 죄를 짓도록 행동하게 만들고 그 죄 때문에 턱이 꿰이는 것입니다.

　갈라디아서 5장 17절에 성령의 소욕과 육신의 소욕이 우리 속에서 전쟁한다고 말씀하셨습니다. 이것은 목사님에게도 장로님에게도 여러분에게도 다 있는 것입니다. 그 육신의 열망이 막 끓어오르면 마귀에게 확 휘어잡히게 됩니다. 턱을 꿰이게 됩니다. 그것은 피하는 길밖에 없습니다. 선악과가 있는 곳에는 가지 않아야 되고, 유혹이 있는 곳에는 가지 않아야 됩니다.

　이것의 핵심도 역시 사랑입니다. 아내를 정말 극진히 사랑하면 아내가 싫어하는 일을 못합니다. 남편을 정말 존경하고 사랑하면 남편이 싫어하는 일을 못합니다. 우리가 정말 예수님을 사랑하면 돈 때문에, 쾌락 때문에, 세상의 명예 때문에 해서는 안 될 일을 할 수 없습니다.

　주 예수보다 더 귀한 것이 없음을 알면 하나님께서 주신 시험도 잘 통과하고, 마귀가 우리 앞에 던지는 유혹도 잘 이기며 승리하게 될 줄 믿습니다.

　우리 모두 주님을 사랑하는 마음으로 오늘을 살고 내일을 살아 생명의 면류관을 받는 영화로운, 영광스러운 하나님의 아들딸들이 되시기를 축원합니다.

◄ 야고보서 1장 16-18절

내 사랑하는 형제들아!

초대교회의 기둥 같은 지도자 야고보는 세계에 흩어져 있는 하나님의 사람들에게 편지하기를 "내 사랑하는 형제들아!"라고 했습니다. 저는 야고보서를 정말 많이 읽었는데, 이 말씀에 부딪힐 때마다 제 가슴이 뜁니다. 그리고 행복을 느낍니다.

야고보의 마음에 세계 모든 성도를 향한 사랑이 얼마나 흘러넘치고 있는지 모릅니다. 그 사랑은 인간적인 사랑, 변하는 우정 같은 것이 아니라 로마서 5장 5절 말씀대로 성령으로 말미암은 하나님의 사랑입니다. 그 사랑이 가득해져서 교우들에게 흘러들어 갑니다.

"내 사랑하는 형제들아!(my dear brothers!)"

얼마나 귀한 말입니까?

야고보서는 위로의 말씀이 아닙니다. 따뜻한 이야기가 아닙니다. 책망하고, 교훈하고, 경고하는 말씀입니다. 하나님의 심판을 알리는 말씀입니다. 그럼에도 불구하고 야고보서 1장을 읽으면 그 말씀만 읽고 덮을 수가 없습니다. 한 번 읽으면 단숨에 5장까지 읽게 되는데, 꾸중을 듣고 책망을 받으면서도 좋고, 기쁘고, 힘이 나고, 생활이 좋아지는 것은 여기에 사랑이 흐르기 때문입니다.

저는 이 말씀을 접할 때마다 제 자신을 돌아봅니다.

'오늘 내 가슴에 야고보와 같이 교우들을 향한 사랑이 있는가? 설교할 때, 교우들을 섬길 때 내 가슴에 야고보처럼 사랑하는 마음이 있는가?'

그리고 우리 구역장들과 교회학교 선생님들을 생각해 봅니다.

'우리 구역장들의 가슴에 구역원들을 사랑하는 마음이 야고보와 같이 뜨겁게 끓어오르는가? 교회학교 선생님들의 가슴에 학생들을 향한 사랑이 야고보처럼 있는가?'

사랑만 있으면 교육과 사역이 저절로 될 것이라고 확신합니다. 사랑은 아름답고 훈훈하고, 감동을 일으킵니다.

미국의 한 초등학교 학생이 암에 걸렸는데, 머리카락이 다 빠져 버렸습니다. 아이는 부끄러워서 늘 모자를 푹 눌러 쓰고 있었습니다. 공부 시간에도 모자를 벗지 못하고 힘들어했습니다. 그러니 그 친구를 사랑하는 한 아이가 자기 머리를 깎았습니다. 그러자 다른 아이들도 그 사랑에 젖어 들어 자기들의 머리를 깎았습니다. 마침내 그 학급의 모든 아이들이 머리를 깎았습니다. 선생님도 아이들의 사랑에 감격해서 어른임에도 불구하고 머리를 깎았습니다. 서로 사랑으로 맺어졌습니다. 누가 암에 걸려 죽어 가는 아이인지 처음 보는 사람은 알 수 없게 되었습니다.

이 훈훈한 이야기를 듣고 세계인들이 감동을 받았습니다.

사랑은 참 좋은 것입니다. 아름다운 것입니다. 그리고 상대방을 바꾸고 변화를 일으킵니다.

국제 대학선교회 부총재인 스티븐 더글라스의 친구 이야기입니다.

하루는 그분이 회사에서 아내의 전화를 받았습니다. 울먹이는 아내의 목소리가 들렸습니다.

"여보, 우리 아들을 누군가 교통사고……."

그리고는 말을 잇지 못하고 울었습니다. 달려가 보니 하나뿐인 아들의 몸이 벌써 식어 있었습니다. 부모가 돌아가시면 땅에 묻고 자식이 죽으면 자기 가슴에 묻는다는 말이 있지 않습니까? 가슴에 묻고 싶은 아들을 가슴에 묻을 수 없어서 땅에 묻고 집으로 돌아왔습니다. 아들의 옷과 모자, 책이 다 귀했습니다. 아들의 방을 정리하다가 아들의 일기장을 발견했습니다. 그 일기장을 보는데 눈에 들어오는 글이 있었습니다.

"예수님, 우리 아빠가 예수님을 믿게 해 주세요. 하나님, 우리 아빠가 예수님을 믿게 되면 내 생명을 드려도 아깝지 않아요. 우리 아빠가 예수님을 믿게 해 주세요. 내 생명을 드려도 괜찮아요."

아버지는 그길로 교회로 달려가서 회개하고, 아들이 믿은 예수님을 믿기로 결단했습니다. 그리고 대학생을 위해 크게 선교하는 하나님의 도구가 되었습니다.

자기가 사랑하는 사람이 원하는 것은 들어주는 법입니다. 야고보가 사랑하는 마음으로 편지를 하니 그 내용이 책망, 교훈, 경고, 심판적인 것이라 해도 우리가 듣고 은혜를 받는 것입니다.

내가 누구를 위해 따뜻하게 말하면, 비록 책망하는 말을 해도 그 속에 사랑이 흐르면 그 사람이 변화를 받게 됩니다. 그러나 속으로 미워하면서 말을 한다면 그 말이 아무리 좋은 말이라도 변화를 받지 않습니다.

부모님들이여, 아이들을 사랑으로, 사랑이 흘러넘치는 가슴으로 교훈하고 기르시기를 바랍니다.

남편들이여, 아내에게 따지지 말고 사랑으로 대합시다.

아내들이여, 남편을 비판하지 말고 사랑으로 섬겨 봅시다.

가정이든, 교회든, 친구 사이든 서로 간에 끓어오르는 사랑이 있으면 그곳이 바로 천국이요, 거기에 훈훈함이 있고 감동이 있는 것입니다.

그런데 야고보가 "사랑하는 형제들아!" 라고 하면서 처음으로 한 말씀이 "속지 말라" 는 말씀입니다.

"속지 말라(Don't be deceived)."

속으면 마음이 아주 어둡고 무겁습니다.

디모데후서 3장 13절에 "악한 사람들과 속이는 자들은 더욱 악하여져서 속이기도 하고 속기도 하나니" 라고 말씀하십니다.

우리는 속이지도 말고 속지도 맙시다. 속여서 복 받을 사람도 없고, 속아서 행복할 사람도 없습니다. 우리는 의롭고 정직하고 바르게 나아가야 되는 것입니다.

그런데 야고보가 본문에서 "속지 말라"고 한 말씀은 경제적인 사기를 당하는 수준의 말씀이 아닙니다. 영적으로 속지 말라는 말씀입니다. 야고보가 영적인 눈으로 보니, 많은 성도들이 영적으로 사단에게 사기를 당하고 있었습니다. 그래서 속지 말라고 하는 것입니다.

사단이 주는 것은 꿀 발린 떡처럼 아무리 좋아도 그 안에 독이 들어 있습니다. 아무리 탐스러운 선악과라도 그 안에 독이 들어 있는 것입니다. 그것을 먹으면 행복하고 즐겁고 쾌락이 있을 것 같아도, 지렁이 안에 낚싯바늘이 있어서 물고기의 턱을 꿰듯이, 사단이 주는 것은 보기에는 아주 매력적이고 사람의 마음을 휘어 잡지만 그 안에는 무서운 바늘이 있습니다.

하와가 선악과 하나를 먹는 데 3분이 걸렸겠습니까, 5분이 걸렸겠습니까? 그것 하나를 즐기는 데 몇 분이 걸렸겠습니까? 그러나 그것을 먹은 후에는 낙원을 잃어버렸습니다. 낙원에서 쫓겨나서 한평생 엉겅퀴를 밟으며 살아야 했지 않습니까? 선악과를 한 번 즐기고 그 대가로 한평생 가시에 찔리지 않습니까?

요즘 사단은 너무 영특하고 교묘해서 뿔이 난 사자나 뿔이 난 마귀, 털이 숭숭 나고 눈이 무서운 사단으로 나타나지 않고 아주 곱고 매력적으로 묘하게 나타나서 죄 아닌 것같이 느끼게 하여 죄를 짓게 합니다.

서울의 한 성경공부반에서는 남편은 아담이 되고 아내는 하와가 되어서 경기를 합니다. 아내가 예쁜 사과를 남편에게 권하는데, 남편이 먹지 않으면 남편이 이기는 것입니다.

한 예쁜 아내가 나와서 남편을 유혹했습니다.

"여보, 사랑해요. 사랑해서 주는 것이니까 드세요."

"안 먹어!"

"이것만 드시면 내가 당신의 발을 닦는 종이 될 게요."

"싫어! 안 먹어!"

"이것을 먹지 않으면 이혼할 거예요."

"이혼해도 안 먹어!"

아무리 꼬드겨도 먹지 않으니 아내가 은종이에 쌓여 있는 빵을 주면서 말했습니다.

"할 수 없어요. 내가 졌어요. 당신은 아담보다 위대해요. 당신은 정말 신앙이 견고해요. 축하드려요. 그런데 이긴 축하로 내가 맛있는 빵 하나를 드릴게요."

남편이 좋아하며 그 빵을 맛있게 먹었습니다. 그런데 그것을 보고 "내가 이겼다!" 하며 아내가 기뻐 뛰었습니다.

"뭘 이겨?"

"몰랐지요? 이것은 선악과로 만든 잼을 바른 빵이에요."

그 빵에 선악과로 만든 잼이 발라져 있다는 것입니다. 그래서 이겼다는 것입니다.

잼은 선악과같이 보이지 않습니다. 그런데 그것이 선악과입니다. 오늘날 사단의 방법은 너무나 묘해서 죄가 죄같이 보이지 않습니다.

참 기가 막힌 일이 있었습니다. 우리나라의 한 동성연애자가 인터뷰를 하는데, 눈물을 흘리며 "나는 진실하고 싶어서 동성연애하고 있는 것을 말합니다"라고 했습니다. 그러니 사회자가 용기를 내라며 그 사람을 위로했습니다. 진실하고 싶어서 그런 말을 한다는 것입니다. 그 말을 들으면, 슬쩍슬쩍 죄를 짓고 그 죄를 숨기는 사람보다 동성연애하면서 "나는 동성연애자다"라고 말하는 사람이 진실하게 사는 사람 같습니다. 그런 사람의 인생이 값져 보입니다. 또 똑똑한 의사나 똑똑한 인기인이 동성연애를 하니, '아, 그것이 괜찮은가?' 하게 됩니다. 그래서 야고보가 "속지 말라(Don't be deceived)"고 한 것입니다.

고린도전서 6장 9-10절에 남색하는 자는 하나님의 나라를 유업으로 받지 못한다고 말씀하십니다. 그래서 아사 왕이나 여호사밧 왕 같은 선한 왕은 남색하는 자, 동성연애자는 그 나라에서 살지 못하도록 추방했습니다. 왜입니까? 소돔과 고모라에 동성연애자가 많아서 하나님께서 불을 내리셨으니 그 나라에 동성연애자가 많이 생기면 전쟁이 올 수도 있고, 하나님의 심판의 재앙이 올 수도 있기 때문입니다.

오늘날 사단은 "동성연애가 더 괜찮아. 마약도 해 볼 만해. 애인을 두면 얼마나 짜릿한 기쁨이 있는 줄 아니?" 하면서 애인 없는 사람은 바보 같다고 말하는데, 여기에 속지 말아야 합니다.

야고보가 두 번째로 한 말씀은 "각양 좋은 은사와 온전한 선물이 다 위로부터 빛들의 아버지께로서 내려오나니"(약 1:17)라는 말씀입니다.

1988년도 조지아 주의 한 어머니가 자동차 회사의 수리공으로 일하는 폴 쿠니라는 아들에게 복권 한 장을 선물했습니다. 여러분도 복권을 사십니까? 복권은 도박성이 있습니다. 열심히 일해서 얻은 것이 좋은 것입니다. 폴 쿠니는 어머니에게 받은 복권이 당첨되어서 240억 원을 받았습니다. 240억 원은 굉장한 돈입니다. "불행은 끝! 행복은 시작!" 이라며 모든 사람들이 축하했습니다. 그러나 그는 자동차 수리공으로 지금까지 살아온 것처럼 성실하게 살려고 마음먹었습니다. 하지만 돈이 그를 그냥 두지 않았습니다. 결국 자기가 다니던 자동차 회사를 인수받아 사장이 되었습니다. 그의 아내는 아내대로 자기가 다니던 도넛 가게를 사서 사장이 되었습니다. 남편과 아내가 모두 사장이 된 것입니다. 두 사장이 들떠서 돈을 물 쓰듯 쓰고 향락을 즐기다 보니, 여기저기서 뻥뻥 터져 자동차 회사도 부도나고, 도넛 가게도 부도가 나서 알거지가 되고 말았습니다. 결국 폴 쿠니는 6억의 빚만 지고, 이혼한 뒤 비참하게 살고 있다고 합니다.

세상이 주는 것은 안전한 것이 없습니다. 사람이 주는 것, 그것은 다 좋은 것이 아닙니다.

그러나 하나님께서 주시는 것은 다 온전하고 안전하고 영원히 좋고 명예롭습니다. 할렐루야!

사람은 몰라서 그것을 주지만, 그것 때문에 망할 줄 몰라서 그것을 주지만, 하나님께서는 다 아시기 때문에 필요한 것을 주십니다. 그러므로 하나님께서 주시는 것을 받아야 합니다. 누가 "이것을 받아라" 할 때 '이것이 하나님께서 주신 것인가? 세상이 주는 것인가? 사단이 주는 것인가?'를 분별해서 받는 여러분과 제가 될 수 있기를 바랍니다.

하나님께서는 평화를 주십니다.

은혜를 주십니다.

희락을 주십니다.

용기를 주십니다.

지혜를 주십니다.

십자가의 피로 용서를 주십니다.

예수님을 주십니다.

하나님께서 주시는 것은 다 귀한 것입니다.

그런데 고마운 것은 계속 진행형으로 주신다는 것입니다. 한두 번 주시고 마는 것이 아니라, 영어 성경을 보면 'coming down' 진행형으로 계속 주십니다. 하늘에서 내려 보내 주십니다. 아버지는 아들에게 계속 주고 싶어도 사업에 실패하면 주지 못합니다. 어머니는 딸에게 계속 주고 싶어도 죽으면 주지 못합니다.

그러나 하나님께는 회전하는 그림자도 없고 변경도 없습니다.

조금도 변하지 않으십니다. 사람은 노력하면 발전합니다. 노력하지 않으면 퇴보합니다. 그러나 하나님께서는 발전하지 않으십니다. 천 년이 지나도 조금도 발전하지 않으십니다. 또 퇴보도 하지 않으십니다. 하나님께서는 만 년이 지나도 나아지지 않으십니다. 나빠지지도 않으십니다. 사람은 노력하면 나아지고 노력하지 않으면 나빠지는데, 하나님께서는 영원히 나아지는 것도 없으시고 못해지는 것도 없으십니다. 영원히 완전하시고 온전하시고 거룩하시고 전지전능하십니다. 할렐루야!

그분께서 계속 주시는 것입니다.

해와 달과 별은 변함이 없습니다. 사람이 만든 불, 촛불, 호롱불, 전등불은 바뀌는데 하나님께서 만드신 해와 달과 별은 변함이 없습니다. 그러나 하늘의 변함없는 것들도 주님께서 재림하실 때는 다 떨어지고 변합니다. 하지만 하나님께서는 어제나 오늘이나 영원토록 동일하십니다. 그 하나님께서 계속 좋은 것을 주십니다. 그것을 받아 누리시기를 축원합니다.

그러면 하나님께서 왜 좋은 것을 주십니까? 그 이유는 우리가 자녀이기 때문입니다.

18절 하반절에 "진리의 말씀으로 우리를 낳으셨느니라"고 말씀하십니다. 할렐루야! 하나님께서 우리를 낳으신 것입니다. 자식이 얼마나 사랑스럽습니까?

예수님을 믿지 않는 사람은 아무리 깨끗하고 고상하게 살아도 하나님께서는 거기에 관심이 없으십니다. 그러나 우리가 가끔 누리끼리한 죄를 지어도 또 사랑하십니다. 하나님께서는 우리를 사랑하십니다. 그리고 우리에게 좋은 것을 주십니다. 우리가 하나님께 받아먹을 때 자꾸 얻는 것을 미안해할 필요가 없습니다. 여러분의 자녀가 아침 식사를 할 때 "엄마, 또 얻어먹어서 미안해요"라고 하면 이상하지 않습니까? 자녀는 당당히 먹습니다. 내 아버지 어머니의 것이기 때문입니다. 우리가 하나님 앞에 천 번 만 번 또는 6천 번을 구해서 받아도 미안할 것이 아무것도 없습니다. 하나님은 우리의 아버지이시기 때문입니다. 할렐루야!

하나님께서는 우리를 낳으시되 말씀으로 낳으셨다고 말씀하십니다. 이 말씀을 착각하지 마시기 바랍니다.

말씀은 바로 성령입니다.

전기와 전선이 다르지만 전선에 전기가 흐르듯이, 말씀과 성령은 달라도 말씀의 선에 성령이 흐릅니다. 그래서 베드로가 설교할 때 고넬료 가족이 중생했습니다.

오늘도 여러분은 성령을 받고 계십니다. 오늘 처음 오신 분도 성령으로 거듭나고 계십니다. 믿은 지 오래되신 분은 재충만을 받습니다.

말씀이 선포될 때 성령이 임합니다.

말씀으로 낳았다는 것은 성령으로 낳은 것을 말합니다. 그래서 우리가 하나님의 자녀가 되었는데, 그것도 보통 자녀가 아닙니다. 으뜸 되는 자녀입니다.

저는 오늘 본문 18절 상반절에 "그가 그 조물 중에 우리로 한 첫 열매가 되게 하시려고"라는 말씀의 해석이 어려워서 한동안 해석하지 못했습니다.

첫 열매는 예수님이시지 않습니까? 그런데 우리로 첫 열매가 되게 하시려 한다니 해석하기가 힘들었습니다.

첫 열매가 무엇입니까?

보릿고개를 넘기는 것이 참 힘들지 않았습니까? 저도 그때 굶은 기억이 있습니다. 3일 동안 쑥만 먹고 지낸 적도 있습니다. 그러한 때 밭에 밀이 패면 동네의 빅뉴스가 됩니다. "○○네 밭에 밀 이삭이 나왔대!" 하며 온 동네가 좋아합니다.

왜입니까? 이제 곧 밀가루가 나와서 빵을 먹고 국수를 먹을 수 있기 때문입니다. 첫 이삭의 소식이 얼마나 좋은지 모릅니다.

그런데 어떻게 말씀으로 거듭난 사람이 첫 이삭이 됩니까? 첫 열매, 첫 이삭은 예수님뿐이십니다. 사람은 죽으면 모두 무덤에서 잠자는데, 예수님께서 부활하심으로 첫 열매가 되셔서 우리도 부활하는 것입니다.

"예수님께서 부활하셨어. 우리도 부활하네."

이것은 온 세계의 빅뉴스입니다.

그런데 어떻게 사람이 첫 열매가 됩니까? 예수님께서 첫 열매이신데 말입니다. 저는 이것이 이해되지 않았습니다. 여러 주석을 보아도 제가 이해할 만한 해석이 없었습니다. 그런데 어젯밤 늦게 깨닫고 얼마나 기뻤는지 모릅니다.

첫 이삭은 하나님의 소유라는 뜻입니다. 밭에 첫 이삭이 올라오면, 그 이삭에 표시를 해 놓았다가 익으면 하나님께 바칩니다. 과일나무가 첫 열매를 맺으면 그것에 표시를 해 놓았다가 익으면 하나님께 바칩니다. 첫 이삭은 하나님의 소유라는 뜻입니다. 말씀으로 낳으면 하나님의 소유가 되는 것입니다. 우리는 하나님의 자녀가 되었습니다.

그리고 첫 이삭, 첫 열매라는 말은 가장 으뜸 되는 것, 가장 중요한 것이라는 말입니다. 빛의 열매라는 말입니다. 우리가 말씀으로 거듭나서 첫 열매가 되었다는 것은 으뜸 되는 하나님의 자녀가 되었다는 것입니다.

자녀가 속을 썩이고 말을 듣지 않아도 밥을 주고 옷을 주지만 안타까운 마음으로 줍니다. 그러나 자녀가 귀하게 살고 영광스러우면 기쁨으로 줍니다. 우리 하나님께서는 우리를 자랑스럽고 으뜸 되는 아들딸로 보시고 주시는 것입니다. 그러므로 잘 받으시기 바랍니다. 하나님의 창고를 잘 활용하시기 바랍니다. 하나님의 냉장고를 잘 활용하시기 바랍니다.

그러려면 많이 구해야 됩니다. 에베소서 3장 20절에 "우리의 온갖 구하는 것이나 생각하는 것에 더 넘치도록 능히 하실 이에게"라고 말씀하십니다. 우리의 온갖 구하는 것과 생각하는 것을 더 넘치게 해 주시는 하나님이십니다.

부모는 자녀가 구하는 것은 다 해 주고 싶습니다. 저희 막내아들이 고 2 때인 것 같습니다. 제가 미국에서 전화를 했습니다.

"성찬아, 아빠가 모레 한국에 가는데 뭘 사다 줄까?"

"감자 과자."

1불인가 2불을 주면 한 봉지를 살 수 있는데, 그 봉지가 굉장히 큽니다. 제가 그것을 두 봉지나 사 가지고 왔습니다. 부피가 커서 메고 왔습니다. 미국에서 그것을 메고 올 것이 뭡니까? 세관 직원들이 보고 얼마나 기가 막혔겠습니까? 그러나 자식이 구하는 것이니 갖고 온 것입니다.

또 부모는 자녀가 생각하는 것도 도와주고 싶습니다. 저희 큰아들이 결혼할 나이가 되었을 때 우리나라 유명한 분의 딸을 비롯해서 몇 아가씨가 제 아들과 결혼하고 싶어 했는데 제 아들이 다 마다했습니다. 그 이유를 물어보았더니 나이가 같거나 비슷해서 싫다는 것입니다. 적어도 자기보다 나이가 서너 살은 적은 여자와 결혼하고 싶다고 했습니다. 그리고 예쁜 여자와 결혼하고 싶어 하는 것 같았습니다. 제가 제 아들을 사랑하니 "하나님, 아들이 생각하는 이상형의 귀한 딸을 주세요" 하고 기도했습니다.

여러분, 부모는 자녀가 원하는 것만 주는 것이 아닙니다. 자녀가 생각하는 것을 알면, 자녀의 마음을 읽으면 그것도 주기 위해 노력하는 것이 부모의 마음입니다.

하나님께서는 우리가 구하는 것만 주시는 것이 아니라 우리가 생각만 해도 그것을 아시고 맞추어 주십니다. 할렐루야!

그러나 조심해야 됩니다.

우리가 악을 생각하고 죄를 생각하면 하나님께서는 고개를 돌리시고 마귀가 길을 예비합니다. 이것은 확실합니다. 여러분이 계속해서 좋지 않은 방향으로 생각하면 마귀가 그 길을 만들어 줍니다. 선하고 의로운 것을 생각해야 하나님께서 그쪽으로 길을 만들어 주십니다.

"내 사랑하는 형제들아 속지 말라 각양 좋은 은사와 온전한 선물이 다 위로부터 빛들의 아버지께로서 내려오나니……그가 그 조물 중에 우리로 한 첫 열매가 되게 하시려고 자기의 뜻을 좇아 진리의 말씀으로 우리를 낳으셨느니라"(약 1:16-18).

우리는 조물 중에 한 첫 열매, 말씀으로 거듭난 하나님의 자랑스러운 자녀가 되었습니다. 이 말씀이 주시는 은총이 얼마나 큰지 모릅니다.

아무쪼록 여러분과 제 마음에 사랑이 출렁이기 바랍니다.

속거나 속이는 일이 없기를 바랍니다.

하나님께서 주시는 것을 일생 동안 누리며 즐겁게 믿음생활을 할 수 있기를 축원합니다.

야고보서 1장 19-20절 | 야고보서 강해

듣기와 말하기 그리고 성내기

　　　　야고보의 가슴에 성도를 사랑하는 마음이 출렁출렁 넘쳐서 "내 사랑하는 형제들아! 내 사랑하는 형제들아!" 라는 말을 거듭거듭 합니다. 오늘 낮 말씀에도 "내 사랑하는 형제들아!"라고 했는데, 오늘 저녁에도 "내 사랑하는 형제들아!"라고 합니다. 우리의 가슴속에 사랑이 있으면 사랑의 말이 나옵니다. 미움이 있으면 미움의 말이 나옵니다. 우리 가슴에 언제나 사랑이 가득하고 사랑으로 출렁일 수 있기를 바랍니다.

　사람은 사회적 존재입니다. 혼자 고립되어 살면 너무도 힘이 듭니다. 가장 무서운 고통은 고독이라고 하지 않습니까? 고독은 견디기가 어렵습니다.

　우리나라에서 노인들을 잘 이해하지 못하여 은퇴한 노인들, 은퇴한 목사님들을 위한 복지관이나 집을 처음에는 산속이나 외진 곳에 지었습니다. 그곳에서 편히 쉬시라고 말입니다. 그러나 어느 누구도 조용한 산속에 사는 것을 좋아하지 않았습니다. 노인들의 소원은 도시 한복판, 시끄러운 곳에 집을 짓고 사는 것입니다.

왜입니까? 사람들이 오고 가지 않는 너무 조용한 곳에서는 며칠은 살아도 한 달이나 1년은 살 수가 없기 때문입니다. 가족과 더불어, 이웃과 더불어, 교우들과 더불어 사는 것이 큰 복입니다.

그런데 사람은 다 선하지 않습니다. 악한 사람도 있고, 또 우리 한 사람에게도 선과 악이 같이 있습니다. 가시가 있습니다. 장미에 향기와 아름다움이 있지만 가시도 있듯이, 우리 사람에게도 아름다움과 선이 있는가 하면 찌르는 가시도 있습니다.

이런 인간끼리의 관계를 잘 맺는 방법을 쇼펜하우어는 고슴도치를 통해 보여 주었습니다.

고슴도치들은 겨울에는 추우니 같이 모인답니다. 그런데 너무 가까이 접근하면 가시에 서로 찔리게 됩니다. 그러면 조금 더 떨어지고, 또 떨어져 있어 추우면 조금 더 가까이 가고, 그러다 서로 찔리지 않을 정도의 거리를 두고 겨울 밤을 지낸답니다. 그렇게 적당한 거리를 유지하는 것이 얼마나 어렵겠습니까? 그래도 같이 있으면 좋은가 봅니다.

이렇게 고슴도치처럼 거리를 유지하고 사는 것이 좋은 인간관계를 맺는 비결입니다. 부부 사이도 너무 편하면 상처를 주고받습니다. 목사님과 교인도 너무 편한 사이가 되면 서로 상처를 주고받게 됩니다. 고슴도치 사이에 가시의 거리, 적절한 거리가 있어야 되듯이 남편과 아내, 가까운 친구, 엄마와 자식 관계라도 약간의 예의를 두고 조심하며 작은 긴장이 있어야 서로 찌르지 않고 찔리지 않게 됩니다.

오늘 본문의 야고보는 어느 철학자의 의견이나 교훈이 아니라 성령으로 하나님의 교훈을 우리에게 말씀하고 있습니다. 말씀대로 따를 때 우리 모두 인간관계에 성공하고 승리하게 됩니다. 인간관계에 실패하면 인생에 실패하게 됩니다. 인간관계에 성공하는 것이 얼마나 중요한지 모릅니다.

인간관계에 성공하기 위한 첫째 교훈으로 귀에 대한 교훈을 주십니다. "내 사랑하는 형제들아 너희가 알거니와 사람마다 듣기는 속히 하고"(약 1:19)라고 말씀하십니다.

즉 말하기보다 듣기에 더 힘쓰라는 것입니다.

인격자는 잘 듣습니다. 효자는 부모님의 말씀을 잘 듣습니다. 훌륭한 제자는 선생님의 말씀을 잘 듣습니다. 그러나 농땡이 제자는 건성으로 듣습니다. 좋은 신자는 목사님의 설교를 잘 듣습니다. 그러나 농땡이 교인은 설교 시간에 딴전을 부립니다. 우리 교회에는 딴전을 부리는 사람이 거의 없지만, 교회마다 별 농땡이들이 다 있습니다. 잘 듣는 사람이 인격자이고 된 사람입니다. 사람들은 모이면 대개 서로 말하려고 하는데, 모임에서 발언을 많이 하는 사람은 가벼워 보입니다. 자기는 똑똑하게 논리 정연하게 말한다고 하지만, 다른 사람들이 보기에는 딱해 보입니다. 다 그런 것은 아니겠지만, 대개는 듣기를 잘하는 사람이 훌륭한 인격자입니다.

그리고 우리가 들을 때는 양쪽의 말을 다 들으라고 하나님께서 귀를 양쪽에 주셨다는 말들을 합니다. 부엌에 가서 들으면 며느리 말이 맞습니다. 방에 가서 들으면 시어머니 말이 맞습니다. 안방에서 들으면 며느리가 나쁜 여자입니다. 부엌에 가서 들으면 시어머니가 나쁜 여자입니다. 한쪽 말만 듣고 판결하면 큰 실수를 하게 됩니다. 그래서 판사는 꼭 원고와 피고, 양쪽의 말을 다 들은 다음에 판결을 해야 되는 것입니다.

어떤 사람이 여러분에게 와서 "집사님, 누가 그렇게 했답니다"라고 할 때, 여러분이 "그래? 그 못된 사람이……"라고 한다면 여러분은 인격자가 아닙니다. "그래요? 왜 그런 말을 했을까?" 하고는 그 사람의 말을 더 이상 하지 않아야 합니다. 그리고 정말 궁금하면 그 사람을 찾아가서 정말 그런 말을 했는지 들어 보아야 합니다. 대개 고자질하고 귓속말로 전해 주는 사람은 없는 말을 많이 하는 사람입니다.

한 목사님이 교회에 부임해 가니, 이 사람은 저 사람을 고자질하고, 저 사람은 이 사람을 고자질했습니다. 목사님이 노트 한 권을 준비해 두었습니다. 어느 집사님이 목사님께 와서 말했습니다.

"목사님, 세상에! 아무개 집사님이 이러구 저러구 했다는 것 아닙니까?"

"그래요? 자세히 말씀해 보세요."

"글쎄, 이러구 저러구 했다니까요."

"그래요? 잠깐 계세요."

목사님이 노트를 펴 놓고 "몇 월 며칠에 그렇게 했답니까? 어디서 그렇게 했답니까?"라고 물은 후 그것을 노트에 적었습니다.

"아니, 목사님, 왜 그러세요?"

"그 사람에게 확인해 봐야지요."

"아이구, 확인하면 안 됩니다."

"그 말씀이 사실 아닙니까?"

"아이구, 목사님. 없는 것으로 해 주십시오."

또 누가 와서 "목사님, 세상에! 아무개 장로님이 이러구 저러구

했답니다"라고 하면 "그래요? 잠깐 계세요" 하고는 노트를 꺼내어 놓고 "몇 월 며칠에 그런 말씀을 하셨습니까?" 하고 다시 물었습니다.

"목사님, 왜 그러세요? 왜 노트에 적습니까?"
"예, 장로님에게 확인하려고요."
"아이구, 제발 없는 것으로 해 주세요."

누가 고자질만 하면 노트를 내어 놓으니 그 다음부터 고자질하는 사람이 없더랍니다.

대개 남의 말을 하는 사람들은 거짓말을 많이 섞어 말을 합니다. 부풀려서 말을 합니다. 속으면 안 됩니다. 그래서 하나님께서 한쪽 사람의 말만 듣지 말고 양쪽의 말을 다 듣고 판단하라고 하시는 것입니다.

그리고 "듣기는 속히 하라"는 말씀의 깊은 의미는 많이 들으라는 것입니다.

리빙 바이블(The Living Bible)에 보면, "많이 들으라(To listening much)"고 되어 있습니다.

사람들은 말을 많이 하고 적게 들으려고 하는데, 그것은 지출이 많고 수입이 적은 것과 같은 것입니다. 돈은 많이 벌고 적게 써야 하듯이 말도 적게 하고 많이 들어야 남는 것이 있습니다. 말은 속히 듣고, 많이 듣고, 그리고 양쪽의 말을 다 들어야 합니다. 그런 사람이 참 지혜로운 사람입니다.

미국의 30대 대통령 캘빈 쿨리지는 재임 기간 중 매일 40-50명을 접견했습니다. 대통령을 만나러 오는 사람들은 대개 불평불만이 많은 사람들이었는데, 대통령은 두세 시간 만에 그 접견을 다 끝내는 것이었습니다. 그런데 한 주지사는 20명을 만나는 데 시간이 자정까지 걸렸습니다. 그리고 파김치가 되도록 땀을 흘렸습니다. 참 기가 막히는 일입니다. 하루는 주지사가 대통령에게 물었습니다.

"각하, 저 같은 경우는 20명을 접견해도 밤늦도록 하고 파김치가 되는데, 각하께서는 어떻게 매일같이 수십 명을 접견하시면서 두세 시간 만에 끝내십니까? 어떻게 그렇게 하실 수가 있으십니까?"

"자네야 말을 많이 하고, 나는 듣기만 하고 말을 하지 않으니 그렇지."

훌륭한 정신과 의사는 환자의 말을 잘 듣는 사람이라고 합니다. 환자가 자기 마음속에 있는 말을 다 하고 나면 이상하게 치료가 된다고 합니다.

유능한 카운슬러는 많이 들어줍니다. 피상담자가 많은 말을 하도록 잘 들어주면 그것으로 벌써 피상담자의 마음이 시원하게 되어 치료가 된답니다.

훌륭한 부모는 자식에게 잔소리를 많이 하지 않고 맞장구를 치면서 들어줍니다.

"그래? 그 아이가 너를 때렸어? 왜 때렸지?"

"나도 쓰지 않는 크레파스를 빌려 달라고 하기에 빌려 주지 않았더니 때렸어."

"그래? 빌려 주지 않는다고 때렸구나."

아이의 말을 잘 들어주는 부모가 훌륭한 부모입니다.

어쨌든 잘 듣고 많이 듣고 양쪽의 말을 다 들을 수 있는 복된 귀가 될 수 있기를 바랍니다.

그리고 들을 때는 가려서 들어야 됩니다.

복이 되는 말, 힘이 나는 말, 내게 유익한 말을 들어야 합니다. 쓰레기 같은 말, 음란하고 상스럽고 야박하고 아주 형편없는 말을 자꾸 들으면 그것이 입으로 나오게 되어 있습니다. 우리의 마음속에 받아 놓은 것은 결국 나오게 되어 있는 것입니다.

사람은 듣는 대로 됩니다. 제가 서울에 2주만 지내다 와도 서울 말이 잘 나옵니다. 그러다가 여기에 와서 한 달만 지나면 또 경상도 말이 잘 나옵니다. 듣는 것이 중요합니다. 고상한 분과 이야기하면 나도 고상한 말을 하게 되는데, 천박한 사람과 섞여 살면 나도 천박하게 됩니다. 귀가 복 있기를 바랍니다.

그런데 가장 귀한 귀는 성령님께서 하시는 말씀을 잘 듣는 귀입니다.

"귀 있는 자는 성령이 하시는 말씀을 들을지어다."

성령님께서 하시는 말씀을 듣는 것이 제일 큰 축복입니다. 설교를 많이 들으시기 바랍니다. 말씀을 많이 들으시기 바랍니다. 덕담을 많이 들으시기 바랍니다.

좋지 않은 이야기를 하거든 귀를 씻으시기 바랍니다. 귀를 막고 그 방에서 나오시기 바랍니다.

엊그제 서울의 한 식당에서 많은 분들과 함께 식사를 했습니다. 식당 종업원이 곁에 있는데도 한 분이 "총회가 썩었다"라고 했습니다. 총회가 얼마나 거룩합니까? 그분이 볼 때 총회에 좋지 않은 부분이 있었는지 모르지만, 어찌 그런 말을 합니까? 제가 그런 말을 하지 말라는 신호를 보냈더니 얼굴이 조금 붉어지면서 말을 중단했습니다. 목사님이나 장로님끼리만 있을 때에는 그런 말을 할 수 있을지 모르지만, 믿지 않는 사람들도 있고 식당의 종업원들도 있는데 어떻게 그런 말을 합니까? 그런 말은 들으면 안 됩니다. 그분도 누구에게 듣고 그런 말을 했을 것입니다.

귀가 복이 있어서 하나님께서 기뻐하시는 것만 들으시는 아름다운 귀가 될 수 있기를 바랍니다.

뱀의 말은 듣지 맙시다. 들릴라의 말은 듣지 맙시다. "삼손, 어디에서 그런 힘이 나요?" 하며 속삭이는 유혹의 말을 들었다가 삼손은 눈이 뽑혔습니다. 아무리 마음을 빼앗는 매력이 있어도 들릴라의 말은 듣지 않아야 합니다. 뱀의 말은 듣지 않아야 합니다.

그리고 "말하기는 더디 하며"(약 1:19)라고 말씀하십니다. 듣기는 속히 하고, 말하기는 더디하고 천천히 하라고 말씀하십니다.

말을 할 때 폐에서 공기가 나와 목청에서 말이 나오지 않습니까? 말은 목구멍을 통과하고, 이 사이를 통과하고, 입술 사이를 통과해서 나옵니다. 우리의 말이 목구멍, 이, 입술의 세 개의 문을 통과해서 나오는 것처럼, 우리가 말을 할 때도 아래와 같은 세 가지 문이 모두 '오케이' 할 수 있는 말을 해야 합니다.

'이 말이 진실한 말인가?'

'내가 지금 하려는 이 말이 상대방에게 덕이 되는가?'

'내가 하려는 이 말이 하나님께 영광이 되는가?'

아무리 진실한 말이라도 상대방에게 은혜가 되지 않으면 하지 않아야 합니다. 또 하나님께 영광이 되지 않으면 하지 않아야 합니다. 귀는 두 개를 만드신 하나님께서 입은 하나만 만드시고, 또 말하기 위해 관문을 세 곳이나 거치게 하신 것은 그만큼 신중히 말하라는 뜻이라고 생각합니다.

에베소서 4장 29절에 "무릇 더러운 말은 너희 입 밖에도 내지 말고 오직 덕을 세우는 데 소용되는 대로 선한 말을 하여 듣는 자들에게 은혜를 끼치게 하라"고 말씀하십니다.

잠언 16장 24절에도 "선한 말은 꿀송이 같아서 마음에 달고 뼈에 양약이 되느니라"고 말씀하십니다.

그리고 경우에 합당한 말을 해야 합니다.

식사 시간에 해서는 안 될 이야기가 있습니다. 사업 이야기, 돈 이야기, 좋지 않은 이야기는 식사 시간에 하는 것이 아닙니다. 목사님들이 식사하시면서 목회 이야기를 하면 저는 꼭 막습니다. 집회에 가서 식사할 때 목사님들이 "목사님, 목회 방침이 무엇입니까? 하루에 몇 시간씩 기도하십니까? 성경은 얼마나 읽으십니까?" 하고 물으면 "제발 밥 먹을 때는 그런 이야기 하지 맙시다"라고 대답합니다. 식사 시간에는 즐거운 이야기, 좋은 이야기, "김미현이 골프 챔피언이 됐대"라는 시원한 이야기를 해야 합니다. 때에 맞는 말을 해야 합니다. 때를 가리지 않고 아무 말이나 마구 쏟아내는 사람은 참 어렵습니다.

잠언 25장 11절에 "경우에 합당한 말은 아로새긴 은쟁반에 금사과니라"고 말씀하십니다.

적시 적소에 적절한 말을 하는 것은 아름답게 새겨진 은쟁반에 금사과같이 귀합니다. 생각해 보십시오. 은쟁반에 금사과가 얼마나 아름답겠습니까? 그런 말을 하라는 것입니다.

우리는 모두 말에 실수가 많습니다. 물고기는 입으로 낚싯바늘을 물었다가 걸려듭니다. 이처럼 사람도 자기가 한 말 때문에 걸려듭니다.

알렉산더 대왕이 아주 사랑하는 친구가 있었습니다. 클레터스라는 친구인데, 알렉산더 대왕과 아주 각별한 사이였습니다. 알렉산더 대왕이 그 친구를 장군으로 임명해서 함께 일했습니다. 모든 나라의 장군들과 고관들이 클레터스의 눈치를 보았습니다. 왕의 절친한 친구였기 때문입니다. 그런데 어느 날, 술에 취한 클레터스가 군중 앞에서 알렉산더 대왕을 비난하는 말을 퍼부었습니다. 왕이지만 자기에게는 친구이기 때문에 말을 함부로 했던 것입니다.

여러분, 때와 장소가 있습니다. 아무리 친한 친구라도 단둘이 있을 때는 욕을 해도 참을 수 있지만, 많은 사람 앞에서 욕을 하면 참을 수 없는 것입니다. 그 많은 장군들과 고관들 앞에서 왕을 비난하면 왕의 리더십이 어떻게 되겠습니까? 그것은 참을 수 없는 것입니다. 여러분이 제게 무슨 욕을 하더라도 제가 참을 수 있지만 제 리더십이 무너지게 하는 말을 하면 저도 참을 수 없습니다. 리더십이 무너지면 안 되기 때문입니다.

클레터스가 그렇게 비난을 하자, 알렉산더가 창을 던져 그를 죽였습니다. 자기가 사랑하는 친구지만 많은 사람 앞에서 자기를 비난하니 그를 쳐 죽인 것입니다. 물고기가 낚시를 잘못 물어서 딸려 올라와 죽듯이 사람도 말을 잘못 던져서 죽는 것입니다.

말이 얼마나 중요한지 모릅니다.

무심코 던진 돌에 개구리가 맞아 죽듯이, 무심코 내뱉은 말 한 마디가 사람의 마음에 상처를 줍니다. 잔인한 말 한 마디가 삶을 파괴합니다. 함부로 내뱉은 말이 비수가 되어 상대방의 가슴에 꽂히고, 은혜로운 말 한 마디가 상대방의 인생길을 열어 주기도 합니다. 경우에 적절한 한 마디가 그 사람의 삶을 성공적으로 만들어 주는 것입니다.

에이미라는 천재 아이가 있었습니다. 그 아이는 초등학교, 중학교, 고등학교에서 언제나 A만 받았습니다. 그런데 한 번 한 과목에서 B학점을 받았습니다. 어머니가 꾸짖었습니다.

"B가 뭐야!"

그날 밤에 그 아이가 유서를 썼습니다.

'사람은 자기가 하는 일에 실패하면 인생의 실패자이지요. 언제나 A만 받다가 B를 받았으니 나는 실패한 거지요. 실패한 내가 살아서 무엇 하겠습니까?'

그리고 그날 자살했습니다. 어머니가 무심코 한 말이 딸을 죽인 것입니다. 천재를 죽인 것입니다.

얼마나 많은 부모님들이 함부로 말해서 자녀의 가슴에 상처를 주는지 모릅니다. 얼마나 많은 지도자가 함부로 말해서 그 공동체에 상처를 주는지 모릅니다. 제가 말씀을 준비할 때도 기도하고, 설교 시간에도 기도하고, 또 광고 시간에도 말을 조심합니다. 제가 웃자고 농담으로 하는 말도 기도하고 하지만, 하고 나면 '아이쿠, 내가 왜 그런 말을 했나?' 하고 후회할 때가 가끔 있습니다.

피타고라스가 여러 제자들 앞에서 잘못을 저지른 한 제자를 나무랐습니다.

"그러면 안 돼! 왜 그래?"

그날 밤에 그 제자가 자살했습니다. 그 후로 피타고라스는 여러 사람 앞에서는 어떤 사람을 절대로 책망하지 않았다고 합니다. 꼭 고쳐야 될 일이 있는 사람은 따로 불러서 일대일로 이야기했다고 합니다.

저도 그렇게 하고 있는데, 때로는 저도 모르게 공중 앞에서 누구를 지적하다시피 말할 때가 있습니다. 그것이 얼마나 아픈 일인지 모릅니다. 그렇게 하고 나면 일주일간 마음이 아픕니다. 그래서 하나님 앞에 회개합니다. 그리고 그 영혼을 위해 기도합니다.

야고보서 1장 26절에 "누구든지 스스로 경건하다 생각하며 자기 혀를 재갈 먹이지 아니하고 자기 마음을 속이면 이 사람의 경건은 헛것이라"고 말씀하십니다. 혀에 재갈을 먹이라고 말씀하십니다. 말의 입에 재갈을 물려서 함부로 못하게 하는 것처럼 입을 묶어서라도 말조심하라는 것입니다.

동의보감에도 '입을 병마개처럼 막아라' 라는 말이 있습니다. 여기에는 두 가지 뜻이 있습니다. 먼저는 음식을 먹을 만큼만 먹고 빨리 병마개를 하라는 말입니다.

우리의 몸은 특별히 성전인데 맛이 있다고 함부로 음식을 집어 넣으면 되겠습니까? 음식이 탐스럽다고 계속 집어넣으면 하나님의 성전이 답답해서 어떻게 되겠습니까? 하나님께서 계실 자리도 없도록 집어넣으면 어떻게 되겠습니까? 이렇게 말하는 저도 맛있는 것을 보면 많이 먹습니다. 특별히 뷔페 식당에 가면 더 먹을 수 있습니다. 그런데 동의보감을 보면, 적절하게 먹었으면 입을 병마개 한 것처럼 먹지 말라고 합니다. 그래야 장수한다는 것입니다.

다음으로는 말을 할 때 병마개 한 것처럼 조심하라는 것입니다. 무게 있는 사람, 훌륭한 사람, 말이 적은 사람은 실수가 적습니다. 말을 하려면 덕담, 은혜가 되는 말, 경우에 합당한 말, 사람을 살리는 말, 힘을 주는 말을 해야 됩니다.

연세대학교의 설립자인 언더우드 목사님이 한 개척 교회 목사님을 방문했습니다. 그런데 목사님과 사모님 내외분이 맥이 빠져 있었습니다.

"걱정이 많아 보이고 힘이 없어 보이는데 왜 그러세요?"

"아이구, 선교사님. 교인들이 시험 들어 다 빠져나갔습니다. 저와 아내, 우리 아이, 셋뿐입니다."

그런데 언더우드 목사님은 "안 됐군요"라고 하지 않고 "희망이 있습니다"라고 말했습니다.

"선교사님, 교인들 다 떠나갔는데 희망은 무슨 희망입니까?"

"이제 떠나갈 사람은 다 떠나갔으니 더 떠나갈 사람이 없지 않습니까? 이제 오기만 하면 되지 않습니까?"

개척 교회 목사님이 그 말에 힘을 얻었습니다.

'아! 그렇네. 아내가 떠나가겠나, 자식이 떠나가겠나? 셋은 틀림없이 있을 테니, 이제는 불어나기만 하겠네.'

여러분, 아이들에게 말할 때 아이들이 힘을 얻도록, 이웃에게 말할 때 이웃이 힘을 얻도록 해야 합니다. 저를 위해 말을 할 때도 제게 격려가 되고 힘이 되도록 해 주시기를 바랍니다.

강단에서 기도하시는 분도 목사님이 힘을 내도록 기도해야 합니다. 부흥회 때 강사님이 오셔도 담임 목사님을 위한 기도부터 해야 합니다. 기도를 해도 힘이 나게 하는 기도를 해야 합니다.

하나님의 말씀은 언제나 힘을 줍니다. 용기를 줍니다.

"담대하라. 일어나라. 다시 시작하라." 할렐루야!

이런 말씀으로 주위에 힘을 주는 복 있는 입이 될 수 있기를 축원합니다.

그리고 "성내기도 더디 하라"(약 1:19)고 말씀하십니다.

왜입니까?

"사람의 성내는 것이 하나님의 의를 이루지 못함이니라"(약 1:20)고 말씀하십니다.

여러분, 모세 같은 분은 구약 4천 년 동안에 하나 있는 인물입니다. 한 세대에 하나 있는 인물이 아니고 4천 년에 하나 있는 위대한 지도자입니다. 그러나 그도 화를 내니 하나님의 뜻을 이루지 못했습니다. 반석을 가리키기만 해도 물이 솟을 것인데, 반석을 치면서 "우리가 너희를 위해 물을 내랴?" 하고 화를 냈습니다. 모으는 데는 오랜 세월이 걸리지만, 잃는 것은 순간입니다. 순간에 잃어버립니다. 100억 원의 돈을 모으려면 몇 십 년이 걸릴지 모르지만, 잃을 때는 순간에 잃어버립니다. 모세가 120년간 쌓은 인생의 공든 탑이 한 번 화를 냄으로 무너졌습니다. 그래서 약속의 땅을 보기만 하고 들어가지 못했습니다. 약속의 땅에 흐르는 꿀을 먹지 못하고 하나님께 부름을 받았습니다.

저도 목회하면서 후회스러울 때가 언제인지 아십니까? 화냈을 때입니다. 화를 낼 만한 일이 있어서 화를 냈지만 화를 내고 나면 후회가 됩니다.

'아이고, 오늘 내가 실패했구나.'

하나님 앞에 회개합니다.

화를 내면 대개 죄를 짓게 됩니다. 마귀의 도구가 됩니다. 그래서 에베소서 4장 26-27절에 말씀하십니다.

"분을 내어도 죄를 짓지 말며 해가 지도록 분을 품지 말고 마귀로 틈을 타지 못하게 하라."

분이 나도 죄를 짓지 말고 해가 지도록 분을 품지 말라는 것입니다. 분을 품는 것은 인생의 내리막길 급커브를 내려가는 것과 같습니다.

운전할 때 제일 위험한 경우가 언제입니까? 급경사의 오르막길을 올라가다 사고가 나는 일은 거의 없습니다. 사고가 많이 나는 경우는 급경사의 내리막길을 내려갈 때입니다. 급경사의 내리막길을 내려갈 때 조심해야 합니다. 그래서 2단으로 올라갔으면 2단으로 내려와야 합니다. 1단으로 올라갔으면 1단으로 내려와야 안전합니다. 3단으로 올라간 경사길은 3단으로 내려와야 안전합니다. 내리막길이라고 "이제 됐다" 하며 급하게 내려가다 죽는 경우가 많습니다. 특별히 급경사의 급커브 길은 얼마나 위험한지 모릅니다.

LA에서 샌프란시스코로 가는 도중에 있는 프레즈노 길은 한없이 올라갔다가 또 한없이 내려가는 길인데, 내리막길에는 곳곳마다 한계 표지판이 있습니다.

"트럭은 30마일."

30마일 이상 달리면 경찰에게 잡혀 벌금을 엄청나게 내야 합니다. 휘익 굽이치는 급한 경사길에서 브레이크가 터지면 끝납니다. 자동차의 제동장치, 브레이크가 파손되면 끝나는 것입니다. 그러니 지겨워도 30마일, 25마일로 천천히 가야 합니다. 그래야 안전합니다.

사람이 화가 날 때는 급경사로 급히 내려가는 차처럼 말이 마구 나오고 행동이 마구 나옵니다. 그러다 처박히고 망하는 것입니다. 그래서 분을 내어도 죄를 짓지 말고 해가 지도록 분을 품지 말라고 말씀하시는 것입니다. 분을 내면 죄를 지을 일이 많으니 말을 조심하고 행동도 조심해야 합니다. 분을 내었을 때 손을 쓰면 주먹이 되고, 분을 내었을 때 말하면 말이 독이 되고 가시가 되는 것입니다. 그러므로 우리는 성내기를 더디 해야 합니다.

알렉산더 대왕이 창을 던져 친구를 죽여 놓고는 자기도 자살하려고 했습니다.

'왜 내가 참지 못했나? 내 친구가 술 기운에 그런 말을 했는데,

또 우정을 믿고 그랬는데, 왜 내가 귀한 친구를 내 손으로 죽였나? 내가 급히 화를 내서 내 친구를 내 손으로 죽였구나.'

그런데 부하들이 말려서 자살하지 못했습니다.

알렉산더 같은 영웅도 화를 내고 나서는 가슴을 치는데, 아내에게 화를 내고 나서 후회하지 않는 남편이 어디에 있겠습니까? 아내에게 화를 내면 다음 날 아침 밥상부터 달라집니다. 두세 식구가 사는 집에서 아내가 말도 하지 않고 청소도 하지 않으면 남편이 괴롭습니다. 화를 낸 남편이 손해입니다. 화를 내고 나서 '잘했다. 그때 화를 잘 냈다' 라고 하는 경우는 없습니다.

남편들이여, 잘 들으시기를 바랍니다. 제 부부생활의 비결을 공개합니다. 저도 아주 가끔 제 아내가 마음에 들지 않아 화를 내고 싶을 때가 있습니다. 그럴 때는 아내를 제 딸 경이라고 생각합니다. 그러면 괜찮습니다. 집이 지저분하고, 밥상이 좋지 않아도 괜찮습니다. 딸이 해 준 것인데 어떻게 하겠습니까? 아내가 했다고 생각하면 '아내가 그러면 되나? 아내는 아내의 길을 가야지' 하기 때문에 전쟁이 날 수 있습니다.

아내들이여, 남편이 미워지고 한바탕하고 싶을 때는, 따라 합시다. "큰아들인데, 뭐."

아들을 어떻게 하겠습니까? 아들은 다 귀여운 것입니다.

어쨌든 우리가 화를 가라앉혀야(cool down 식히다) 합니다. 막 끓어오를 때는 솥뚜껑을 열면 됩니다.

화가 났을 때 화를 식히는 제일 좋은 방법은 하나님 앞에 엎드려 기도하는 것입니다.

"하나님, 화가 납니다. 아무개 때문에 화가 납니다. 이렇게 화가 날 수 없습니다."

이렇게 기도하면 뚜껑을 연 솥이 되어서 화가 다 빠져나갑니다. '그래, 그럴 수 있다. 그러니까 사람이지' 라는 생각이 들면서 괜찮아집니다.

결국은 하나님을 상대하여 사는 것이 최고입니다.

사람과 더불어 살아도 나와 그 사람 위에 하나님께서 계시니 "하나님! 하나님!" 하고 하나님을 바라보아야 합니다. 장로님을 보고 하나님을 보고, 아내를 보고 하나님을 보고, 아들을 보고 하나님을 보아야 합니다. 그러면 우리 귀와 입이 복이 있고, 우리 가슴이 인내하며 참는 가슴이 될 줄로 믿습니다.

> 야고보서 1장 21-25절
야고보서 강해

마음의 방

중동의 한 오아시스 마을에서 있었던 이야기입니다.

한 젊은이가 오아시스로 와 샘 곁에서 쉬고 있는 노인에게 물었습니다.

"어르신네, 이 마을에 사는 사람들은 어떠합니까? 친절한 사람들입니까? 그렇지 못하고 그저 이웃에게 상처만 주는 힘든 사람들입니까?"

할아버지가 반문을 했습니다.

"젊은이, 젊은이가 떠나온 그 마을 사람들은 어떠하오?"

"예, 아주 고약한 사람들이지요. 못된 사람들이지요. 심술 사납고요. 제가 그 마을을 떠나온 것이 지금도 잘했다고 생각됩니다."

할아버지가 말했습니다.

"이 마을 사람들도 고약하고 심술 사나운 사람들일 거요."

이 말에 겁을 집어먹은 젊은이가 그 마을을 떠나갔습니다.

제1부 지혜를 얻는 열쇠

얼마 후 다른 젊은이가 와서 샘 곁에서 쉬고 있는 할아버지에게 물었습니다.

"어르신네, 이 마을 사람은 어떠합니까?"

"젊은이가 떠나온 그 마을 사람들은 어떠하오?"

"예, 참 좋은 사람들이지요. 우정이 두텁고 친절하고, 참 좋은 사람들이었지요. 제 가정 형편이 여의치 못해 어쩔 수 없이 떠나왔지만 참 좋은 사람들입니다."

할아버지가 말했습니다.

"이 마을 사람들도 참 친절하고 덕망이 있는 좋은 사람들일 거요."

그래서 청년이 그 마을에 정착했습니다.

이 이야기를 옆에서 듣고 있던 사람들이 할아버지에게 물었습니다.

"아니, 노인장. 두 젊은이의 똑같은 질문에 어찌 그렇게 반대로 대답을 하시오?"

그때 할아버지가 의미 있는 말을 했습니다.

"사람이란 마음에 가꾼 환경을 따라 사는 법이오. 자기 마음을 잘 가꾼 사람, 자기 마음 환경이 좋은 사람은 어디 가서도 사람들과 친절하게 사귀면서 잘 지내고, 자기 마음이 고약한 사람은 어디 가서도 불협화음을 일으키며 심술을 부리고 상처를 주고받으며 사는 것이오."

그렇습니다. 환경도 중요하지만 우리 마음 자세가 더 중요합니다. 마음에 덕이 있고, 마음 관리가 잘된 사람은 어느 마을, 어느 도시에 가서도 이웃과 잘 사귀면서 덕되게, 복되게 살 수 있는 것입니다.

우리의 신앙생활도 마찬가지입니다.

이 세상에 아무리 죄악이 많고 유혹이 많아서 믿음생활하기가 어렵다 해도, 자기 마음의 방 관리만 잘하면 어디에서나 승리하고 기뻐하며 활기찬 삶을 살게 되는 것입니다. 미국이나 토론토나 아르헨티나나 브라질이나 어디서나 마음 관리를 잘한 사람은 빛나는 믿음생활을 하고 있습니다. 그러나 아무리 믿음생활하기 좋은 곳이라도 자기 마음 관리를 못한 사람은 신앙생활에서 쓴잔을 마시고 있는 것입니다.

마음 관리가 얼마나 중요한지 모릅니다. 마음은 항상 관리해야 됩니다. 마틴 루터가 말했습니다.

"사람이 수염을 매일 깎아야 하듯이 마음의 관리를 매일 해야 한다."

아침에 청소를 해도 곧 다시 방에 먼지가 내리는 것처럼, 우리 마음과 뜻을 아무리 새롭게 해도 우리 마음에 다시 먼지가 내리니 늘 새롭게 해야 된다는 말입니다.

마음 관리는 참으로 중요합니다. 그래서 잠언 23장 7절에 말씀하십니다.

"대저 그 마음의 생각이 어떠하면 그 위인도 그러한즉······."

다 같이 따라 합시다. "마음 따라 사람이 된다. 마음 따라 생활하게 된다."

그 사람의 마음의 생각이 어떠하면 그 위인도 그러합니다. 마음이 귀하면 귀한 삶을 살게 됩니다. 마음이 천하면 천한 삶을 살게 됩니다. 그러므로 마음의 방 관리를 잘해야 하고, 마음의 방의 경영을 잘해야 합니다. 그러기 위해서는 원칙을 세워 놓고 살아야 합니다.

다니엘이 '나는 하나님께서 싫어하시는 것은 절대로 하지 않아. 하나님께서 계시는 내 성전을 더럽히는 일은 절대로 하지 않아. 하나님께서 싫어하시는 것은 먹지도 마시지도 않아' 라는 원칙을 세워 놓고 사니, 하나님께서 그를 별같이 높이 들어 쓰신 줄로 믿습니다.

저도 여러분도 마음의 원칙, 마음 관리의 원칙을 갖고 살 수 있기를 바랍니다.

그런데 마음의 방 관리를 잘하려면, 먼저 "모든 더러운 것과 넘치는 악을 내어 버리고"(약 1:21)라고 오늘 성경은 말씀하고 계십니다.

보십시오. 아무리 잘 지은 새집, 새 방이라 해도 썩은 우유가 있고, 죽은 쥐가 있고, 더러운 쓰레기가 가득하면 악취가 납니다. 그러나 그것을 다 제거하고 장미꽃과 백합을 가득 채워 놓으면 향기가 납니다.

우리 마음은 방과 같습니다. 우리 마음에 시기, 질투, 미움 같은 더러운 쓰레기, 음란한 쓰레기, 방탕한 쓰레기가 있으면 냄새가 납니다. 악취가 납니다. 그러나 우리 마음에 백합이나 장미, 아름다운 꽃 같은 것이 가득하고, 귀한 것이 가득하면 향기가 납니다. 정말 고상한 인격의 사람이 되는 것입니다. 그러므로 우리는 더럽고 악한 것을 내어 버려야 합니다.

하나님께서는 우리에게 악에 대한 분별력을 주셨습니다. 그것은 양심입니다.

슈바이처 박사의 어릴 때 이야기입니다. 슈바이처 박사의 아버지가 목사님이었는데, 농촌에서 목회를 하니 꿀벌을 길러 꿀을 따서 생활에 보탰나 봅니다. 하루는 슈바이처가 윗옷을 다 벗고 노는데, 아버지가 벌의 상태를 확인하기 위해서 벌통 뚜껑을 열었습니다. 그러자 벌 한 마리가 날아와 슈바이처의 등을 쏘았습니다. 놀란 슈바이처는 소리를 지르며 울었습니다. 그 소리에 부엌에서 일하던 어머니가 뛰어나와 벌에 쏘인 슈바이처를 보고 아버지에게 화를 냈습니다.

"아니, 당신! 정신이 있는 사람이에요, 없는 사람이에요? 애가 윗옷을 벗어 놓고 노는데 어떻게 벌통을 연단 말이에요?"

"아이고, 미안하오. 내가 생각을 못했어. 아이고, 미안하오."

슈바이처는 아버지가 어머니에게 야단맞는 것이 고소하고 좋았습니다.

'내가 옷을 벗고 노는데 아빠가 미련하게 벌통 뚜껑을 열다니……'

그래서 소리를 더 크게 지르며 울었습니다.

"아야! 아야!"

어머니는 슈바이처가 우는 소리를 듣고 더 화를 냈습니다. 원래 여자는 남편 편을 들지 않고 자식 편을 듭니다. 어느 나라 여자나 마찬가지입니다.

"보세요! 아이가 얼마나 아프면 저렇게 울겠어요? 정말 당신은 미련한 사람이에요."

아버지가 어쩔 줄 몰라 절절매는 것을 보고 슈바이처는 더 큰 소리로 울었습니다. 어머니는 아버지를 더 꾸짖었습니다. 그런데 그때 슈바이처의 마음에 이런 음성이 들렸습니다.

'슈바이처야, 이제는 그만 울어라. 별로 아프지도 않는데 거짓으로 왜 그렇게 우니?'

양심의 소리였습니다. 그때 슈바이처는 '아, 이것은 하나님의 소리다' 라고 깨달았답니다.

캄캄한 밤에도 하늘에는 별이 빛나고 있습니다. 우리 마음이 캄캄해도 양심이 있습니다. 하나님께서 양심을 심어 주셨습니다. 양심은 빛이라서 더러운 것과 깨끗한 것, 악한 것과 선한 것을 분별할 수 있습니다. 하나님께서 그런 능력을 주셨습니다.

그런데 지금은 양심이 파괴당하고 화인 맞아서 아주 더러운 짓을 하고도 양심의 가책을 받지 않고, 아주 악한 짓을 해 놓고도 조금도 양심의 가책을 받지 않는 뻔돌이 뻔순이가 세상에 가득합니다. 양심 없는 지도자, 양심 없는 엘리트가 많습니다.

그러나 우리는 걱정 없습니다. 하나님께서 우리에게 성령님을 주셨습니다. 우리 안에 성령님이 계십니다. 성령님은 하나님의 영이십니다. 안전한 영이시고 불변하는 영이십니다. 파괴되지 않고 더럽혀지지 않고 화인 맞지 않는 영이십니다. 이러한 성령님께서 언제나 우리에게 알려 주십니다.

"얘, 그것은 더러운 것이야. 받지 마라. 그것은 악한 것이야. 손잡지 마라. 그것은 네 방에 들이면 안 돼. 그것은 거절해라."

여러분, 언제나 성령님의 판단을 받아서 더러운 것, 악한 것은 절대로 마음의 방 안에 들이는 일이 없기를 바랍니다. 깨끗한 마음의 방이 되기를 바랍니다.

그런데 우리가 방 안에 들이지 않아도 우리 방 안에는 벌써 잡초가 생기게 됩니다.

밭에 곡식만 뿌렸는데도 잡초가 납니다. 그래서 농부는 김을 매어 줍니다. 정원에 아름다운 꽃과 나무만 심었는데도 잡초가 납니다. 그래서 정원사는 잡초를 뽑아 줍니다.

우리 마음에 더러운 것, 악한 것을 들이지 않아도 우리 마음에 잡초가 생기는 것입니다. 또 우리 피 속에 잡초가 있는 것입니다. 우리 살 속에 잡초가 있는 것입니다. 그러므로 언제나 사정없이 뽑아 버려야 됩니다. 시기, 질투, 방탕한 것, 음란한 것, 쟁투하는 것, 남을 미워하는 것, 이런 것은 다 뽑아 버려야 합니다.

교회 안에서 예수님을 믿으면서도 시기할 수 있는데, 그것을 뽑아 버려야 합니다.

유럽의 한 작은 도시에 운동을 좋아하는 두 친구가 살았습니다. 그런데 한 친구가 탁월한 선수가 되어 올림픽에 나가 금메달을 땄습니다. 그 도시의 시민들이 자랑스러워하며 그 도시를 빛낸 선수의 동상을 세워 주었습니다. 도시 한가운데에 있는 분수 옆에 동상을 세웠습니다. 그런데 금메달리스트의 친구가 시샘이 나서 견디지를 못하는 것이었습니다.

어느 날 아침, 시민들이 분수가 있는 곳에 나갔다가 동상이 넘어져 있는 것을 보았습니다.

"아니, 왜 동상이 넘어져 있나? 그렇게 잘 세운 동상이……."

가까이 가 보니, 세상에! 한 청년이 동상에 깔려서 죽어 있었습니다. 친구의 동상을 볼 때마다 시샘이 난 친구가 그것을 쓰러뜨리려고 괭이로 파 들어갔는데, 동상이 넘어지면서 그를 쳐서 그가 죽은 것입니다.

얼마나 불행한 일이고 얼마나 슬픈 일입니까?

교회 안에도 누가 조금 인사를 받고 칭찬을 받으면 견디지 못하고 시기하는 사람이 있습니다. 그런 마음은 마귀의 잡초이지, 하나님의 씨, 성령의 씨가 아닙니다. 그리고 "아이고, 아무개 집사님 말이지, 아무개 그 사람 말이야, 그 사람 부인 말이야, 그 밥

맛없는 사람……" 하는 것도 다 잡초입니다.

이 시간에 여러분의 시기와 질투의 잡초를 우리 주님께서 뽑아 주시고 성령의 불로 태워 주시기를 축원합니다.

손양원 목사님이 "아무것도 없는 유리로 보면 상대방이 보이지만, 유리에 수은이 있으면 자기만 보이는 거울이 된다"라고 말씀하셨습니다.

정말 은혜로운 사람이라면 '아! 나는 왜 이렇게 부족할까? 나는 왜 이렇게 죄인이지?' 하는 생각이 듭니다. 그런 사람은 구원받은 사람입니다. 하나님의 아들딸입니다. 복을 받은 사람입니다. 그러나 '저 사람은 왜 저렇지? 아니, 그 사람은 왜 그래?' 하고 늘 남을 비판하는 사람은 하나님의 자녀가 아닙니다. 마귀의 자녀입니다.

마리아가 옥합을 깨뜨릴 때에 "왜 그것을 낭비하느냐? 팔아서 가난한 사람에게 주지 않고" 하며 비판한 가룟 유다는 자기가 도둑놈이었습니다. 가룟 유다가 자기 죄는 모르고 헌신하는 마리아를 비판했습니다.

'왜 저러지?' 하는 사람들은 다 불행한 사람들입니다. 남을 비판하는 잡초가 있으면 주님께서 뽑아 주시기를 바랍니다. 남을 비판하면 자신에게 복이 오지 않습니다.

창세기 9장을 보면, 포도주를 너무 많이 마신 노아가 그만 옷을 다 벗고 잡니다. 함이 그것을 보았습니다.

'우리보고 술 취하지 말라 해 놓고, 우리보고 바로 살라 해 놓고 아버지가 저게 뭐야? 꼴좋다' 하며 그의 형과 동생에게 말했습니다.

"형, 동생. 아버지 좀 봐. 꼴좋다."

그러나 그의 형과 동생은 "아이구, 우리 아버지께서 과음하셨구나. 술을 너무 많이 드셨구나" 하고는 겉옷을 가지고 뒷걸음질해서 아버지의 허물을 덮었습니다.

그런 셈과 야벳은 얼마나 엄청난 축복을 받습니까? 그러나 함과 그의 자녀 가나안, 그리고 자자손손 얼마나 무서운 저주를 받습니까?

교회 안에서도 보십시오. 남의 말을 하고 다니는 사람이 복 받는 것을 보았습니까? 남의 말을 이러쿵저러쿵 하는 사람이 사랑받는 것을 보았습니까?

베드로전서 4장 8절에 "사랑은 허다한 죄를 덮느니라"고 말씀하십니다.

잠언 10장 12절에도 "사랑은 모든 허물을 가리우느니라"고 말씀하십니다. 할렐루야!

여러분 마음속에 남을 비판하는 잡초가 있으면 오늘 성령의 불로 태워지기를 바랍니다. 좋지 않은 것은 다 뽑아 버려야 합니다.

그리고 "마음에 심긴 도를 온유함으로 받으라"(약 1:21)고 말씀하십니다.

따라 합시다. "하나님의 말씀을 받아들여라."

카네기가 말했습니다.

"사람들은 어리석다. 저 멀리에 돈이 얼마 떨어졌다면 다 가서 주우면서 자기 발 앞에 행복의 열쇠들이 가득 있는 것은 짓밟고 지나다닌다."

무슨 말인지 아십니까?

약 1킬로미터 되는 거리에 5만 원이 떨어져 있다면 그것을 가지러 달려가면서, 그보다 더 귀한 복된 일, 자기가 해야 될 일이 자기 옆에 많이 있는 것은 모른다는 말입니다. 자기 주위에 있는 일만 잘하면 더 많은 것이 올 텐데 그것을 모른다는 것입니다.

마음의 눈을 뜨면 사업에도 성공합니다. 마음의 눈을 뜨면 내 집의 내 아내가 다방의 아가씨나 금문교의 아가씨보다 더 귀하고 매력적이라는 것을, 소중한 천사 같다는 것을 알게 됩니다. 마음의 눈을 뜨면 내 남편이 세상의 천 남자, 만 남자와도 바꿀 수 없는 소중한 내 남편인 것을 알게 됩니다. 그러나 마음이 어두우면 그 귀한 아내를 옆에 두고도 금문교의 여자를 힐끗힐끗 쳐다보고, 그 귀한 남편을 옆에 두고도 허 서방을 보게 되는 것입니다. 마음이 병들어서 그렇습니다. 그것은 다 마귀에게 쓰임 받는 것입니다.

마음의 눈을 뜨시기 바랍니다. 정말 좋은 것을 받아들이시기 바랍니다.

특별히 우리는 하나님의 말씀을 받아야 되는 것입니다. 말씀은 "심긴 도"라서 받아 놓으면 반드시 뿌리가 내리고 자라게 되어 있습니다.

우리는 말씀을 가득 채울 수밖에 없는데, 말씀을 가득 채우는 비결은 무엇입니까?

"자유하게 하는 온전한 율법을 들여다보고 있는 자는 듣고 잊어버리는 자가 아니요 실행하는 자니 이 사람이 그 행하는 일에 복을 받으리라"(약 1:25).

할렐루야!

그런데 '자유하게 하는 온전한 율법을 들여다본다'는 것은 건성으로 보는 것이 아닙니다. 영어 성경에 보면 "But the man who looks intently into the perfect law that gives freedom"이라고 되어 있습니다. 'looks intently' 입니다. 'intently'가 무엇입니까? 집중해서, 집중해서, 오로지 들여다보는 것을 말합니다. 여기에서 능력이 나옵니다.

여러분, 우리가 하나님 말씀을 받을 때 건성으로 받으면 듣고 잊어버립니다. 그런 사람은 거울을 보고 '아이고, 내 얼굴에 밥풀이 세 개나 붙었네. 눈곱이 있네. 아이고, 왜 이래' 하고서는, 얼굴 고치는 것을 잊어버리고 그냥 돌아서는 사람처럼 어리석은 사람입니다. 말씀을 건성으로 들으면 고치지를 못합니다. 그러나 말씀을 looks intently-집중해서 보면, 그 말씀이 우리 안에 들어와서 우리를 변화시킨다는 사실을 믿으시기 바랍니다.

데살로니가전서 2장 13절에 말씀하십니다.

"이러므로 우리가 하나님께 쉬지 않고 감사함은 너희가 우리에게 들은 바 하나님의 말씀을 받을 때에 사람의 말로 아니하고 하나님의 말씀으로 받음이니 진실로 그러하다 이 말씀이 또한 너희 믿는 자 속에서 역사하느니라."

여러분, 예수님께서 고향에 가셔서 설교하실 때 고향 사람들이 목수의 말로 받으니 말씀에 능력이 나타나지 않았습니다. 그러나 예수님 말씀에 집중해서 하나님의 말씀으로 받은 사람은 모든 병에서 치유를 받았습니다. 할렐루야!

오늘 이 설교를 들으실 때 여러분이 건성으로 들으면 여러분이 변화받지 못합니다. 그러나 "하나님, 제게 말씀을 채워 주세요. 하나님 말씀을 제게 심어 주세요" 하고 집중해서 말씀을 받으면 오늘 여기에서 불이 붙게 되는 것입니다.

빈 자루는 서지 못합니다. 빈 자루는 그 누구도 세우지 못하지만 자루에 쌀이나 보리쌀을 넣으면 서게 되듯이, 목사나 선교사나 성도들이나 우리 하나님의 사람은 말씀을 받지 않으면 비실비실하게 됩니다. 그러나 말씀을 바로 받으면 굳게 서게 됩니다.

이번 아르헨티나 목회자 세미나에는 브라질, 우루과이, 파라과이, 그리고 남미의 선교사, 목사님들이 다 모였습니다. 그런데 제가 시간마다 이렇게 강조했습니다.

"지용수의 말로 받지 마십시오. 지용수의 말로 받으면 여러분은 헛수고하게 되는 것입니다. 하나님의 말씀으로 받으십시오. 하나님의 말씀으로 받으십시오."

그리고 사흘간 말씀을 퍼부었습니다. 사람들의 가슴이 뜨거워졌습니다. 찬송 부를 때 떨었습니다. 그리고 이런 간증을 들었습니다.

"이번 세미나가 아니었으면 어떻게 할 뻔했습니까? 우리가 burn out 되어 지쳐 있었는데, 이번 세미나 때문에 힘을 얻었습니다."

이렇게 간증하는 것은 그들이 제 강의를 하나님 말씀으로 받았기 때문인 줄로 믿습니다.

우리가 설교를 들을 때 집중해서 들어야 됩니다. 확실한 것은 집중해서 받으면 능력이 나타난다는 것입니다. 신비롭습니다. 놀랍습니다.

에드워드 모트라는 사람이 있었습니다. 그는 양철을 망치로 두들겨 캐비닛을 만들어 파는 런던의 한 공장 직공이었습니다. 그는 양철을 망치로 두들겨 캐비닛을 만들면서 시끄러운 소리에 늘 짜증을 내고, 반항하고, 불평하고, 열등의식 속에서 살았습니다.

'나는 어쩌다 이렇게 지지리 못난 가난한 집에 태어나서 평생 망치질을 하고 살까? 왜 나는 양철이나 구겨서 가구나 만드는 공

장의 직공인가?'

37년의 세월을 그렇게 보냈습니다. 그런데 37세가 된 어느 추운 겨울 날, 런던 거리를 배회하다가 교회를 보는 순간 '교회에 한 번 들어가 볼까?' 하는 마음이 생겨 교회로 들어갔습니다. 마침 그때 존 하야트 목사님이 요한복음 3장 말씀으로 설교를 하셨습니다. 예수님과 니고데모의 대화를 말씀하시면서 이렇게 설교하셨습니다.

"부모에게서 한 번 난 사람은 다 망합니다. 성령으로 거듭나야 구원을 받습니다. 한 번 난 사람은 다 영원한 지옥에 들어갑니다. 성령으로 두 번 나야 천국에 갑니다."

목사님께서 집중해서 전하시는 그 말씀에 그가 충격을 받았습니다.

'아, 나는 한 번 났는데, 나는 망하는구나. 성령이 뭔지 모르지만 하나님의 성령으로 거듭나야 내가 구원받고 천당에 가는구나. 하나님, 나도 거듭나게 해 주세요. 나도 예수님을 모십니다.'

그가 교회에 간 첫날 예수님을 모시고 거듭남을 체험했습니다. 그날 밤에 그는 너무 기뻐서 일기를 이렇게 썼습니다.

"이제 내 망치는 노래하기 시작했다. 이제 내 망치는 춤추기 시작했다. 내 눈이 희망으로 빛이 난다. 내 속에는 성령의 생수가 흐른다."

그는 여전히 같은 망치로 양철을 두들겨 캐비닛을 만들었지만 그때부터는 기뻐하고 감사하며 일을 했습니다. 또 골로새서 3장 23-24절 말씀대로 사람의 눈치를 보지 않고 하나님 앞에서 성실하게 일했습니다. 그러니 사장이 귀히 여겨 그 공장을 그에게 맡겼습니다. 그는 사장이 되어서도 얼마나 사업을 잘했던지 큰돈을 벌었습니다. 하지만 받은 은혜가 하도 많아 간증할 것이 많은 그는 57세가 되는 날 사업을 다 정리해서 교회에 헌금하고, 교회당 하나를 짓고 신학교에 가서 공부를 한 후 목사님이 되었습니다. 그분이 지은 찬송이 무엇입니까?

> 이 몸의 소망 무엔가 우리 주 예수뿐일세
> 우리 주 예수밖에는 믿을 이 아주 없도다
> 굳건한 반석이시니 그 위에 내가 서리라
> 그 위에 내가 서리라(찬송가 539장).

할렐루야!
결국 우리가 설 반석은 남편도 아내도 아닙니다.
우리 교회 한 권사님의 남편은 참 훌륭한 분으로 회사에서도 실력자이고, 빌딩도 사시고, 성공한 분이었습니다. 그런데 이제 50대 초반인 그분이 급성 암에 걸려 제가 미국에 있는 동안에 세상을 떠나셨습니다. 아직 새댁 같은 우리 권사님이 남편만 의지하고 살았는데 남편이 떠났으니 얼마나 힘들겠습니까? 그런데 그 권사님의 남편만 떠납니까? 아닙니다.
따라 합시다. "다 떠난다."
옆에 있는 남편을 보십시오. 곧 떠날 남자입니다.
부인들만 따라 합시다. "준비하자."
준비해야 됩니다. 영원한 남편은 없습니다. 곧 떠납니다. 그러므로 남편 반석에 설 수가 없습니다.
또 아내가 얼마나 소중합니까? 제가 집을 떠나 한 달간 생활해 보니 아내가 정말 소중하다는 것을 느꼈습니다. 그러나 그 아내도 영원히 내 곁에 있지 않습니다. 남자들이여, 아내가 좋아도 언젠가는 떠나갑니다. 준비해야 됩니다.

우리가 어디에 서겠습니까? 여러분이 세운 회사에 서겠습니까?

결국 우리가 마지막에 설 곳은 '믿을 이 예수' 밖에 없는 것입니다. 남편이 돌아가신 권사님이나 우리나 마지막에 설 곳은 예수뿐입니다. 평소에 예수 위에 서 있어야 남편이 떠나가고, 아내가 떠나가고, 돈이 떠나가고, 회사가 떠나가도 서게 되는 것입니다. 평소에 남편 위에 서 있던 사람은 남편이 떠나가면 넘어집니다. 평소에 회사 위에 서 있던 사람은 회사를 빼앗기면 넘어집니다.

여러분의 삶의 뿌리를, 반석을 예수로 삼으시기 바랍니다.

이것은 말씀을 받을 때 가능합니다.

그리고 말씀을 받아 놓으면 영적인 생활, 수직 생활만 잘하는 것이 아니라 수평 생활도 잘하게 됩니다. 그래서 남편에게, 아내에게 도리를 잘하기 때문에 이렇게 하는 자가 복을 받을 것이라고 말씀하시는 것입니다. 할렐루야!

우리가 우리 생각대로 함부로 말을 하고 함부로 사니 얻어터지고, 부부 싸움하고, 가정에 아픔이 있는 것입니다. 말씀대로 살면 모두 보배가 됩니다.

"듣고 잊어버리는 자가 아니요 실행하는 자니 이 사람이 그 행하는 일에 복을 받으리라."

얼마나 감사합니까?

결국 우리 일생은 우리 마음 방의 관리에 달려 있습니다.

마음의 방이 깨끗하고, 마음의 방에 악한 것이 없이 아름답고 선한 것이 가득해야 합니다. 특별히 집중해서 하나님 말씀을 마음의 방에 집어넣어 놓으면 그 말씀이 우리를 살려 우리의 삶이 하나님께 영광이 되고, 우리에게 복이 되고, 이웃에게 은혜가 될 줄 믿습니다.

우리 모두의 마음이 빈 방이 되지 않기를 바랍니다. 더러운 것이 없어지고 귀한 것, 아름다운 것, 말씀으로만 가득 채워지는 아름다운 복된 방들이 되시기를 축원합니다.

야고보서 1장 26-27절 **야고보서 강해**

참된 경건

오늘날 세상의 사람들은 내면적인 자기의 모습보다는 외형적으로 나타나는 자기 모습에 관심을 더 많이 갖는 것 같습니다. 속사람의 아름다움과 귀함보다는 겉사람이 얼마나 매력 있는지, 내 겉사람이 얼마나 예쁘고 날씬한지에 관심을 더 많이 갖는 것 같습니다.

그러나 외형적인 이 겉사람은 아무리 가꾸어도 쓸데없는 날이 옵니다. 아무리 몸매를 아름답게 가꾸어도 70-80이 넘으면 관심을 갖는 사람이 없습니다. 80 넘은 노인은 몸매가 아무리 좋아도 지켜보는 사람이 없습니다. 아무리 피부를 아름답게 가꾸어 보아도 70-80이 넘으면 소용없습니다. 노인들이 모여 있는 데서 누가 좋은 몸매를 가졌는가, 누가 잘생겼는가를 찾는 사람을 보았습니까? 누구도 관심을 갖지 않습니다.

우리 겉사람은 아무리 잘 가꾸어도 소용없는 날이 옵니다. 그런데도 많은 사람들이 겉사람, 외모, 외형을 가꾸는 일에 너무 많은 시간과 돈을 쓰면서 노력을 합니다.

1980년대에 미국의 유명 배우 미키 루크는 전 세계 여성들의 우상이었습니다. 해맑은 얼굴과 특별한 성적 매력 때문에 온 세상 여자들이 그를 아주 좋아했습니다. 1990년대에 들어와서 그는 코를 조금 더 길게 수술하고, 눈도 매력적으로 수술하고, 주름살 제거 수술도 했습니다. 그러니 더 나아졌습니다. 입술도 조금 바꾸었더니 더 좋아졌습니다. 그래서 그는 시간만 나면 수술을 해서 수십 번이나 수술을 했습니다. 수술을 할 때마다 얼굴이 얼마나 더 좋아졌는지 모릅니다. 그의 인기가 하늘을 찔렀습니다. 그런데 얼마 전부터 수술 독이 생겨 얼굴이 이지러지기 시작했습니다. 코도 이지러지고, 입술도 이지러지고, 칼을 댄 곳마다 이지러져서 지금은 바깥출입을 할 수 없게 되었답니다. 수술을 해서 몇 년 동안은 더 좋아졌지만, 지금은 얼굴을 들고 바깥출입을 할 수 없게 된 것입니다.

육체의 연습, 육체를 위한 것은 나중에 '아이고! 헛짓했네' 하게 됩니다. 그런 날이 반드시 오는 것입니다.

디모데전서 4장 7-8절에 "망령되고 허탄한 신화를 버리고 오직 경건에 이르기를 연습하라 육체의 연습은 약간의 유익이 있으나 경건은 범사에 유익하니 금생과 내생에 약속이 있느니라"고 말씀하십니다.

육체적인 단련도 조금은 유익이 있습니다. 운동을 많이 해서 육신을 건강하게 하는 것도 귀한 일입니다.

제가 팜 스프링스 교회에 갔을 때 저를 태워 주신 장로님이 태권도 8단이라고 했습니다. 그 말을 들으니 조금 겁이 났습니다.

그런데 그 장로님은 감기도 잘 걸리지 않는답니다. 태권도 8단 정도 되면 감기에 잘 걸리지 않는답니다. 얼마나 몸이 날쌘지, 그냥 나는 것 같았습니다. 장로님은 어디를 가도 겁이 나지 않는답니다. 든든하답니다. 혹 맞게 되어도 '아이고, 가소롭다. 내가 한 번 치면 죽을 텐데……' 하며 웃는답니다.

그런 장로님이 계시니 그 교회 목사님도 든든하실 것 같아서 제가 물었습니다.

"목사님, 장로님과 동행하면 어디를 가도 겁이 나지 않겠네요. 든든하시겠네요."

"예, 든든합니다."

육체의 연습도 조금은 유익합니다.

하지만 경건의 연습은 금생과 내생에 약속이 있습니다.

먼저, 경건의 연습을 해 놓으면 자기가 기쁘고 행복합니다.

사람들이 행복하려고 죄를 짓는데, 죄를 짓고 나면 탁해져서 더 괴로워집니다. 하지만 깨끗하게 사는 사람은 "죄악 벗은 우리 영혼은 기뻐 뛰며 주를 보겠네" 하며 찬양하게 되는 것입니다. 깨끗하고 경건하면 기쁘고 즐겁습니다. 특별한 일이 없어도 마냥 기쁘고 즐거운 것입니다.

그리고 하나님께서 그런 사람을 쓰십니다.

시편 4편 3절에 "여호와께서 자기를 위하여 경건한 자를 택하신 줄 너희가 알지어다"라고 말씀하십니다.

하나님께서는 실력이 조금 부족해도 깨끗한 사람을 쓰십니다.

디모데후서 2장 20-21절에 "큰 집에는 금과 은의 그릇이 있을 뿐 아니요 나무와 질그릇도 있어 귀히 쓰는 것도 있고 천히 쓰는 것도 있나니 그러므로 누구든지 이런 것에서 자기를 깨끗하게 하면 귀히 쓰는 그릇이 되어"라고 말씀하십니다.

하나님 나라에 하나님 백성들이 많아도, 여러 인물들이 많아도, 아무리 큰 인물, 유능한 사람이 있어도 탁한 인물은 하나님께서 쓰지 않으십니다. 깨끗한 인물을 쓰십니다. 할렐루야!

그리고 베드로후서 2장 9절에는 "주께서 경건한 자는 시험에서 건지시고"라고 말씀하십니다.

요셉이 얼마나 깨끗한 사람입니까? 그런데 오해를 받아서 강간미수범으로 감옥에 들어갑니다. 하나님께서 요셉을 감옥에서 썩게 하지 않으시고 건져 주셨습니다. 할렐야! 건져 주신 것뿐만 아니라 요셉을 감옥에 집어넣은 사람이 바들바들 떨며 두려워해야 하는 총리로 세워 주셨습니다. 사드락과 메삭과 아벳느고가 경건하니 불 속에 들어가도, 극렬히 타는 풀무에 들어가도 머리카락 하나 상치 않도록 하나님께서 건져 주셨습니다. 경건한 다니엘이 느부갓네살 왕의 칼에 죽게 되었습니다. 그때 하나님께서 꿈에 계시를 주셔서 그를 건져 주시고 총리가 되게 하셨습니다.

우리가 깨끗하고 경건하면 먼저 자신이 기쁘고, 하나님께서 우리를 시험에서 건져 주시고 세워 주시는 것을 믿으시기 바랍니다. 또 사람들이 그런 우리를 볼 때 얼마나 좋겠습니까? 우리가 얼마나 아름다워 보이겠습니까?

아르헨티나 부에노스아이레스 사역 후, 이틀 동안 시간이 있어 이과수 폭포를 구경하게 되었습니다. 여러분 중에는 나이아가라 폭포를 보신 분이 계실 것입니다. 이과수 폭포는 나이아가라 폭포보다 훨씬 더 큽니다. 폭포의 길이가 4.3킬로미터로 십 리가 넘습니다. 정말 끝없는 폭포입니다. 이 층, 삼 층으로 떨어지는 폭포도 있습니다. 그런데 그것을 보아도 '야!' 하는 마음이 생기지 않았습니다. '아, 크네. 참 크네' 하는 마음만 들지, '야! 아름답다' 하는 생각은 들지 않았습니다. 나이아가라 폭포를 보면 '야!' 하며 하나님을 찬양하게 됩니다. 아름답고 웅장한 폭포, 그 아래에 떠 있는 무지개를 보면 "주 하나님 지으신 모든 세계" 하는 찬양이 저절로 나오는데, 이과수 폭포는 보아도 '아, 크네' 하는 생각만 들지, 찬송이 나오지 않았습니다. 오히려 무서운 마음이 들었습니다. 물이 탁하기 때문입니다. 황토물이 떨어지는데, 제일 많이 떨어지는 곳은 물이 떨어지면서 막 끓어올랐습니다. 부글부글 끓어오르는데, 얼마나 무섭게 느껴졌는지 모릅니다. 그때 제 옆에 있던 사람이 제게 말했습니다.

"저 이름이 무언지 아십니까? 악마의 목구멍입니다."

끓어오르는 물의 이름이 악마의 목구멍이랍니다. 그 말을 듣고 보니 아주 무서운 것이, 정말 악마의 목구멍처럼 생겼습니다. 그때 이런 생각이 떠올랐습니다.

'만일 이과수 폭포의 물이 깨끗했다면 나이아가라 폭포는 유명해지지 않았을 것이다.'

크기로 보면 나이아가라 폭포가 이과수 폭포를 따라잡을 수 없습니다. 이과수 폭포가 나이아가라 폭포보다 몇 배나 더 큽니다. 하지만 물이 탁하니 "야! 아름답다. wonderful!" 하는 말이 나오지 않았습니다.

아무리 크고, 아무리 많은 것을 가지고, 아무리 실력이 있는 큰 사람이라도 깨끗하지 못하면 "아, 그 사람!" 하는 말이 나오지 않습니다. 깨끗하고 경건할 때 "아! 그 사람!" 하게 되는 것입니다. 그리고 사람에게도 사랑받는, 복 있는 사람이 되는 것입니다.

경건은 하나님께 영광이 되고, 자신에게 기쁨이 되고, 이웃에게 은혜가 됩니다. 할렐루야!

여러분과 제가 언제나, 이 마지막 때에 참 경건한 인물, 깨끗한 그릇이 될 수 있기를 축원합니다. 우리 한국의 1,200만 모든 크리스천들이 나이아가라 폭포의 물처럼 깨끗하고 아름답기를 바랍니다. 요셉처럼, 다니엘처럼, 사드락, 메삭, 아벳느고처럼 깨끗한 경건의 인물이 될 수 있기를 바랍니다.

그러면 누가 참으로 경건한 사람입니까?
마태복음 12장 33절에 예수님께서 말씀하셨습니다.
"나무도 좋고 실과도 좋다 하든지 나무도 좋지 않고 실과도 좋지 않다 하든지 하라 그 실과로 나무를 아느니라."
좋은 나무가 좋은 열매를 맺고, 나쁜 나무가 나쁜 열매를 맺습니다. 가시나무가 포도를 맺을 수 없습니다. 엉겅퀴가 무화과를 맺을 수가 없는 것입니다.
마찬가지로 참된 경건은 바로 그 열매를 보고 알 수 있는데, 참된 경건의 열매가 무엇입니까?
오늘 본문 26절에 "누구든지 스스로 경건하다 생각하며 자기 혀를 재갈 먹이지 아니하고 자기 마음을 속이면 이 사람의 경건은 헛것이라"고 말씀하십니다.
경건한 사람의 첫째 열매는 입의 말이 경건한 것입니다. 할렐루야!
경건하다 하면서 입만 열면 음란한 말을 하고, 입만 열면 탁한 말을 하고, 입만 열면 지저분한 말을 하면, 또 이웃에게 상처나 주는 말을 하면 그 사람의 경건은 가짜라는 것입니다. 스스로 속이는 것이라는 것입니다. 참된 경건은 혀에 재갈을 먹이는 것이라고 말씀하십니다.

여러분, 길들이지 않은 야생마는 얼마나 무섭습니까? 무슨 짓을 할지 모릅니다. 그러나 재갈을 먹인 말은 얌전하고 순해서 안전합니다. 아이들도 탈 수 있습니다.

혀에 재갈을 먹이지 않은 사람, 경건하지 않은 사람은 무슨 말을 내뱉을지 모릅니다. 어떤 말로 상처를 줄지 모릅니다. 어떤 말로 사람을 함정에 빠뜨릴지 모릅니다. 그 입에서 무슨 말이 나올지 모릅니다.

참된 경건은 수직적인 경건입니다. 그래서 참으로 경건한 사람은 수평적으로 살지 않고 수직적으로 삽니다. 너와 나의 관계보다 하나님 앞에서 말을 하고, 하나님 앞에서 자기를 지키기 때문에 귀한 말을 하게 됩니다.

시편 141편 3절에 말씀하십니다.

"여호와여 내 입 앞에 파수꾼을 세우시고 내 입술의 문을 지키소서."

시편 기자가 경건하니 이런 기도를 드린 것입니다. 말을 잘못하면 하나님 앞에 죄송하고, 하나님 앞에 책임지지 못할 말도 할 수 있습니다. 그러므로 "하나님, 나는 말에 실수가 많은 사람이에요. 내 입에 파수꾼을 보내 주셔서 내 입의 문을 지켜 주세요. 좋은 말, 아름다운 말, 덕담을 하게 해 주세요" 하고 기도를 드린 것입니다.

이 기도가 여러분과 저의 기도가 될 수 있기를 축원합니다.

경건한 사람의 말은 그 말이 하나님 말씀 같습니다. 베드로전서 4장 11절에 말씀하십니다.

"만일 누가 말하려면 하나님의 말씀을 하는 것같이 하고."

목사님인데 그 말을 들으면 목사님이 아닌 것 같은 목사님도 있을 수 있고, 장로님인데 그 말을 들으면 장로님이 아닌 것 같은 장로님도 있을 수 있습니다. 우리 입의 말을 듣는 사람이 '아, 하나님의 아들이고, 하나님의 딸이구나. 저분은 하나님의 사람이구나. 저 친구는 하나님의 사람이구나' 하고 인정할 수 있는 입의 열매가 있어야 되는 것입니다.

마태복음 12장 36-37절에 우리 예수님께서 말씀하셨습니다.

"내가 너희에게 이르노니 사람이 무슨 무익한 말을 하든지 심판 날에 이에 대하여 심문을 받으리니 네 말로 의롭다 함을 받고 네 말로 정죄함을 받으리라."

결국 내가 한 말이 나를 의인이 되게도 하고 죄인이 되게도 하고, 내가 한 그 말이 나를 결정하는 것입니다. 하나님께서 결국 내 말대로 심판하시기 때문에 내 말이 나를 심판하는 것입니다. 내 입이 복되면 복된 사람이 되고, 내 입이 복되지 않으면 복되지 않은 사람이 되는 것입니다. 참으로 경건한 사람은 그 입의 열매를 보면 안다고 말씀하셨습니다.

우리 모두 입의 열매가 복되기를 축원합니다.

하나님께서 저와 여러분의 입에 파수꾼을 보내 주시고, 우리 입에서 말이 나올 때마다 간섭하여 주시기를 원합니다.

그리고 참으로 거짓됨이 없는 경건은 고아와 과부를 그 환난 중에서 돌아보는 것이라고 본문 27절에 말씀하십니다.

지금은 고아원이 있고, 양로원이 있습니다. 사회보장제도가 비교적 잘되어 있어서 아이를 버려도 길러 주는 고아원이 있습니다. 그 고아원의 95퍼센트를 교회에서 관리합니다. 감사한 일입니다.

국가에 감사하고 교회에 감사해야 될 일입니다.

그러나 초대교회 당시에는 고아원이 없었습니다. 그래서 고아들은 떠돌이 들개 같았습니다. 들개가 먹다가 굶다가 먹다가 굶다가 하듯이, 당시 고아들도 들개 같아서 먹다가 굶다가 했습니다. 쓰레기통을 뒤져 먹으며 살 정도로 사는 것이 너무나도 형편없었습니다.

다비다 같은 돈 많은 부자 과부도 있지만, 그 당시 대개의 과부는 어렵게 살았습니다. 요즘처럼 여성들에게 직장이 있는 것도 아니니 남편이 세상 떠나면 재산이 없는 과부는 나오미처럼, 룻처럼 이삭이나 주워 먹고, 이삭을 줍지 못하면 굶어 죽었습니다. 그런 어려운 과부들이 많았습니다.

고아와 과부뿐 아닙니다. 오늘 본문에는 고아와 과부를 대표로 이야기한 것이고, 어려움에 처한 사람을 돌아보지 않는 사람의 경건은 가짜라고 말씀하십니다.

왜입니까? 그 안에 하나님의 영이 계시면 어려운 사람을 멸시하지 않고 도와주게 되어 있기 때문입니다. 우리 주님께서 "긍휼히 여기는 자는 복이 있나니 저희가 긍휼히 여김을 받을 것임이요"(마 5:7)라고 말씀하셨습니다. 성령께서 우리를 긍휼히 여겨 주시는 것처럼, 우리 안에 성령께서 계시면 우리도 우리보다 못한 사람을 긍휼히 여기게 되는 것입니다.

조금 가졌다고 가지지 못한 사람을 멸시하는 사람은 못된 사람입니다. 조금 좋은 대학을 나왔다고 대학을 나오지 못한 사람을 깔보는 사람은 못된 사람입니다. 조금 잘났다고 못난 사람에게 뻐기는 사람은 못된 사람입니다. 건강하다고 건강하지 못한 사람을 비웃는 사람은 아주 악한 사람입니다.

실력 있을 때 실력 없는 사람을 보면 도와주는 마음이 하나님의 마음입니다. 내가 가졌는데 가지지 못한 사람을 보면 '내가 저분에게 어떤 도움을 드릴까?', 내가 힘이 있는데 힘없는 사람을 보면 '저분에게 내가 무슨 도움을 드릴까?' 하는 것이 참 마음입니다. 이런 마음을 품어야 됩니다.

세종대왕은 성령도, 믿음도 없는 왕이지만, 참 고마운 왕입니다. 경복궁 가까이에 초가삼간을 지어 놓고 때때로 거기에서 살았습니다. 흉년을 당해 백성들이 고통을 당하면 궁을 떠나 그 초가에 가서 일부러 고생하며 살았습니다.

'나의 백성들도 이렇게 어려움을 겪고 있는데……'

또 장마가 지고 홍수가 나서 백성들이 어려움을 당해도 궁을 떠나 초가에 가서 고생의 떡을 먹고 고생의 물을 마셨습니다. 그것이 백성들의 마음에 얼마나 위로가 되었는지 모릅니다. 선한 왕은 생활이 다른 것입니다.

오늘날에도 예수님 없고 하나님 없어도 선한 사람은 가난한 사람을 도와줍니다. 그런데 하나님을 모시고 성령을 모셨다는 우리가 가난한 사람을 업신여기고 힘없는 사람을 멸시하면 그것은 있을 수 없는 일입니다. 그런 사람의 경건은 가짜입니다. 참 성령님을 모신 사람, 경건한 사람은 어려운 사람을 돕게 되는 것입니다.

카터 대통령은 지금도 일주일에 한 번씩 교회 청소를 합니다. 그리고 집 없는 사람들에게 집을 지어 줍니다. 비가 새는 집의 지붕에 올라가서 지붕을 고쳐 주는 일도 합니다. 얼마나 아름답습니까? 우리에게 이런 긍휼이 있기를 바랍니다.

잠언 19장 17절에 "가난한 자를 불쌍히 여기는 것은 여호와께 꾸이는 것이니 그 선행을 갚아 주시리라"고 말씀하십니다.

가난한 고아나 과부나 어려운 사람을 보면, '아이고, 저 집이 어렵네' 하면서 도와주면 하나님께서 우리에게 빌려 가신 것을 갚아 주시듯이 갚아 주신다는 것입니다.

저희 말씀을 드려서 대단히 죄송합니다만, 제가 신학교에 다닐 때 아내가 작은 사업을 했습니다. 그때 저희가 셋방에서 살았는데, 저와 같은 신학교에서 공부하는 한 분이 마감일이 보름이나 지났는데도 등록금을 내지 못한 것을 제 아내가 알고 등록금을 내주었습니다. 그런 일을 꽤 여러 번 했습니다. 저희가 셋방에 살면서도 힘써 그렇게 했습니다. 지금 생각해 보면, 하나님께서 몇 배로 갚아 주고 계십니다. 대한민국에서 저만큼 넉넉하게 사시는 목사님이 몇 분이나 계시겠습니까?

우리가 가난한 자를 조금 도와주는 것은 하나님께 빌려 주는 것이 되기 때문에 하나님께서 이자를 붙여 갚아 주시겠다고 말씀하셨습니다. 우리 모두 살아가다가 어려운 이웃을 보면 사랑으로 선을 행하는 참 경건한 사람이 될 수 있기를 바랍니다.

그러나 조심할 것이 있습니다. 그렇게 도와주고도 자기가 인사를 받으면 그 상이 없어집니다.

베드로전서 4장 11절에 "누가 봉사하려면 하나님의 공급하시는 힘으로 하는 것같이 하라"고 말씀하십니다.

"이것은 제 돈인데, 드립니다" 하지 말고, "하나님께서 주시는 것인데요, 아이들 공부시키는 데 쓰세요"라고 하시기 바랍니다. 자기 이름은 빠져야 합니다. 하나님께서 영광 받으시게 하는 것이 아름다운 봉사인 것입니다.

또한 참으로 귀한 경건은 무엇입니까?

"자기를 지켜 세속에 물들지 아니하는 이것이니라"고 27절에 가르치고 있습니다.

세속, 세상은 원래 더러운 것입니다. 지금만 더러운 것이 아닙니다. 롯이 살던 소돔과 고모라도 더러웠습니다. 지금만 죄가 많은 것이 아닙니다. 로마에도 죄가 많았고, 바벨론에도 죄가 많았고, 앗수르에도 죄가 많아서 하나님께서 불바다를 만들려고 하셨던 것입니다. 니느웨도 죄가 많았지만 요나 선지자의 말씀을 듣고 회개하니 살려 주셨습니다. 요즘만 동성연애가 있는 것이 아닙니다. 옛날에도 있었습니다. 과거에도 악한 일이 많았습니다. 요즘만 자식이 부모를 죽이는 것이 아닙니다. 과거에도 있었습니다. 세상은 그런 것입니다.

그러나 경건한 사람은 세상이 그렇게 한다고 해도 그 흐름에 같이 따라가지 않고 자기를 지켜 세속에 물들지 않게 합니다. 할렐루야! 다른 사람은 어찌하든지 자신을 깨끗하게 지켜 나가는 것입니다.

한 목사님이 탄광촌에 전도하러 갔습니다. 일하는 광부들을 만나려고 광 속으로 들어갔는데, 더럽고 시커먼 그 광 안에 깨끗한 꽃 한 송이가 피어 있었습니다.

'아니, 이 더럽고 시커먼 탄광에 무슨 꽃이냐?'

빛을 발하는 꽃이 정말 아름다웠습니다. 목사님이 한 광부에게 물었습니다.

"이 어두운 굴에 어떻게 이렇게 아름다운 꽃이 피어 있을 수 있습니까?"

"목사님, 거기에 탄가루를 한 번 뿌려 보세요."

탄가루를 뿌려도 탄가루가 다 떨어지고 다시 하얗게 되었습니다. 얼마나 아름다운지……. 꽃들이 많은 곳에 피어 있는 꽃도 아름답지만 컴컴한 곳, 쓰레기통 같은 곳에 꽃이 피어 있으면 그 꽃은 더 좋아 보이고 더 아름다워 보입니다.

이 세상에 죄가 많을 때도 우리가 한 송이 백합처럼 우리의 경건을 키우면 하나님께서 얼마나 기뻐하시겠습니까? 할렐루야!

양나라에 한 미인이 있었습니다. 결혼을 하여 아이들을 낳아 잘 기르면서 살았는데, 그만 사랑하는 남편이 병으로 세상을 떠나고 말았습니다. 기가 막히게 아름다운 부인이 아이들을 기르며 혼자 살아가는 것을 보고 큰 부자와 힘 있는 사람들이 재혼을 하자고 했습니다. 그러나 부인은 모든 청을 거절했습니다.

"나는 내 남편 한 사람의 사랑으로 족합니다. 나는 한 여자로서 한 남자에게 사랑을 주었기 때문에 더 이상 사랑을 할 수 없습니다. 그리고 내게는 돌아가신 내 남편을 향한 사랑밖에는 없습니다."

임금님이 그 소문을 듣고 부인을 욕심냈습니다. 후궁으로 삼으려고 사람을 보내어 궁으로 데려오게 했습니다. 임금님이 후궁으로 삼는다면 한번 생각해 볼 만한 일이 아닙니까? 그런데 부인은 칼로 자기 코를 잘랐습니다.

'임금님이 나를 후궁으로 데리고 가려는 것은 내 얼굴이 예쁘기 때문이다. 내가 이 모습을 그대로 지니고 있으면 절개를 지키지 못하겠구나.'

그 보고를 받은 임금님이 부인에게 큰 상을 내렸다고 합니다. 코 없는 여자를 아내로 삼지는 못하고 상을 내렸나 봅니다.

여러분, 우리도 코를 자르는 마음으로 이 험한 세상에서 자신을 지켜 나가야 될 줄 믿습니다.

"요즈음에는 애인을 몇 명씩 두고 산다더라. 뭐, 요즘 애인 없는 여자가 어디 있냐?"

이런 소리는 다 미친 사람들의 소리, 마귀의 소리입니다. 가정을 깨뜨리고 망하게 하는 소리입니다.

지금도 미국의 정상적인 부부, 결혼 전에 성적인 관계를 맺지 않고 깨끗하게 자기를 지키다가 결혼한 부부들은 거의 이혼하지 않는답니다. 그러나 "우리 둘이 살아보고 맞으면 결혼하고, 맞지 않으면 결혼하지 말고 헤어지자"라고 계약하고 사는 사람들은 80퍼센트가 이혼한답니다.

여러분, 탁하게 살면 탁하게 거듭니다. 깨끗하게 살면 깨끗하게 거듭니다.

우리 조선 시대 중종이 대궐에 들어가는 문을 세 개로 만들었습니다. 청문, 예문, 탁문, 이렇게 세 개의 문을 만들어 놓고 말했습니다.

"탁문으로는 탁한 사람, 더러운 사람들이 다녀라. 예문으로는 보통 사람들이 다녀라. 청문으로는 깨끗한 사람들만 다녀라."

여러분은 교회에 청문, 예문, 탁문을 만들어 놓으면 어느 문으로 다니겠습니까?

모든 신하들이 예문, 보통 문으로 다녔습니다. 그러나 조사수 대감만은 당당하게 청문으로 다녔습니다. 깨끗한 사람만 다니는 그 문으로 당당하게 다녔습니다. 하늘을 우러러 한 점 부끄러움이 없다고 생각했기 때문입니다.

잠언 28장 1절에 "악인은 쫓아오는 자가 없어도 도망하나 의인은 사자같이 담대하니라"고 말씀하십니다.

죄 있는 사람은 길에서 경찰만 봐도 가슴이 덜컹 내려앉습니다.

그러나 의인은 경찰 천 명이 막 뛰어와도 '무슨 일로 뛰어오는고?' 하며 담대합니다.

세상의 사람들은 슬쩍슬쩍, 몰래몰래 죄를 지으면서 그것이 행복인 줄 아는데, 그것은 다 속는 것입니다. 행복이 아닙니다.

의롭게 살면 담대하고 평안하고, 하나님께서 쓰시고 구원해 주시고 건져 주십니다. 그리고 귀하게 됩니다. 또 경건하면 자녀가 복을 받습니다. 할렐루야!

하나님 말씀은 우리의 축복입니다.

우리 모두 참으로 경건한 자, 경건의 모습만 있는 것이 아니라 참으로 경건의 능력이 있는, 열매가 있는 하나님의 사람들이 되시기를 축원합니다.

◀ 야고보서 2장 1-9절　야고보서 강해

사람을 대하는 법

　　　장례식을 집례할 때는 마음이 조금 무겁습니다. 그러나 그 무거운 마음 밑에는 '아! 이분이 이제 천국으로 이사를 가셨구나' 하는 기쁨도 있습니다. 유족들은 슬프고 마음이 무거워도 본인은 얼마나 편안하겠습니까? 그러나 어쨌든 장례식을 집례할 때는 마음이 무겁습니다.

　하지만 결혼식 주례를 할 때는 참 기쁘고 행복합니다. 얼마나 신바람이 나는지 모릅니다. 또 멋있는 신랑과 예쁜 신부의 결혼을 축하하는 것이 얼마나 행복한지 모릅니다. 결혼식 주례는 목사의 사역 중 하나의 큰 기쁨이라는 생각이 듭니다. 여러분은 멀리서 신랑 신부를 보지만, 저는 바로 코앞에서 봅니다. 그 기쁨이 한이 없습니다.

　우리 교회에서 결혼하는 우리 청년들은 다 아주 착하고 정말 예쁩니다. 요즘 결혼 시즌이 되어서 어제 네 쌍이 결혼을 했고, 이번

주에도 또 두 쌍이 결혼을 하게 됩니다. 결혼식을 마치고 신혼여행을 다녀와서 인사차 들르는 신랑 신부에게 제가 녹음기처럼 하는 말이 있습니다. 절대로 빠뜨리지 않고 하는 말이 있습니다.

신혼여행을 다녀온 신랑 신부의 얼굴에는 웃음꽃이 피어 있고 행복이 자르르 흐릅니다. 그러나 이제 며칠 뒤부터는 얼마나 힘들어 할지 모릅니다. 신혼여행을 다니는 것처럼 매일 그렇게 살 수는 없지 않습니까? 그래서 신혼여행을 다녀온 사랑하는 청년들에게 제가 꼭 하는 말은 이 말입니다.

"결혼 전보다, 데이트할 때보다 결혼 후에 더 정중히 예의를 지켜라."

"성경을 많이 읽어라. 기도해라. 교회에 잘 나와라"라는 말은 하지 않습니다. 그것은 기본입니다. 그것은 다 하게 되어 있지 않습니까?

대개 이웃집 아저씨, 아주머니에게는 예의를 잘 지킵니다. 그런데 막상 가장 중요한 자기 남편, 자기 아내에게는 자기 사람이라고 함부로 대합니다. 그러다가 가정이 아프게 되고, 행복의 질이 떨어지는 것입니다. 결혼 전 데이트할 때는 약간 긴장하고 말조심을 하듯이, 결혼 후에도 긴장해서 예의를 지키면 행복이 한이 없습니다.

"아이고, 목사님. 하루 이틀도 아니고 평생을 어찌 그렇게 예의를 지키며 삽니까? 편하게 살아야지요" 할지 모르지만, 아닙니다. 편하게 사는 것이 더 불편합니다. 편하게 살다가 싸우고 터지면서 사는 것보다 예의를 지켜 싸우지 않는 것이 더 좋은 것입니다. 그리고 예의를 지키는 것이 몸에 배면 그것이 더 편안합니다.

미국에 가든, 어디를 가든 저보고 국제 신사라 합니다. 제가 하는 말이 아니라 남들이 하는 말입니다. 신사가 되려고 사는 것이 아니라 그냥 편안하게 사는데, 저보고 신사라고 하는 것입니다. 저는 어디에 가서든지 목사님 사모님과 같이 차를 타게 되면 먼저 타지 않습니다. 제가 손님이라도 먼저 타지 않고 목사님 사모님이 먼저 타시도록 문을 열어 드리고, 사모님이 타시면 문을 닫아 드린 후에 탑니다. 그것이 제 생활입니다. 그렇게 하는 것이 편안합니다. 만일 목사님 사모님을 타시게 하지 않고 제가 먼저 차에 타면 불편합니다. 그것이 제 습관이기 때문입니다. 예의를 지키는 것이 습관이 되면 하나도 짐이 되지 않습니다. 오히려 예의를 지키지 않으면 불편합니다.

부부 간에도 예의를 지키면 신혼 무드가 계속됩니다. 신혼이 따로 있습니까? 예의를 지키면 신혼입니다. 구혼이 따로 있습니까? 막 살면 구혼입니다.

저는 설교 말씀을 정리한 후에 짚신 털을 깎습니다.

짚신 털 이야기를 아십니까? 짚신 장사를 하는 아버지와 아들이 있었습니다. 아버지가 만든 짚신은 잘 팔리는데 아들이 만든 짚신은 팔리지 않았습니다. 같은 볏짚으로 만드는데 아버지가 만든 짚신은 잘 팔리고 아들이 만든 것은 팔리지 않으니 아들이 아버지에게 그 비결을 물었습니다. 그러나 아버지가 그 비결을 가르쳐 주지 않다가 돌아가실 때에야 "짚신 털!" 했다는 이야기가 있습니다.

아버지와 아들이 같이 짚신을 만들었는데, 아들이 잠을 잘 때 아버지는 일어나서 짚신의 털을 깎았던 것입니다. 그러니 아들이 만든 짚신은 험하고 아버지가 만든 짚신은 빛이 나서 잘 팔렸던 것입니다.

조금 더 마음을 쓰는 것이 중요합니다. 설교도 준비를 다 한 후에 '다 했다' 하는 것과 다 한 후에도 기도하고, 또 읽어 보고, 또 다듬는 것은 다릅니다. 짚신 털을 깎지 않은 것과 깎은 것이 다르듯이 설교도 다릅니다. 오늘도 제가 짚신 털을 깎듯이 말씀을 마무리하고 있는데 아내가 와서 제 귀에 사랑의 말을 속삭이고 갔습니다. 그때 제 얼굴이 발개졌습니다. 저희 부부는 결혼한 지 30년이 다 되어 가는데, 아직도 데이트를 합니다. 저희 부부가 서로 간에 예의를 지키니 이렇게 되지, 막 살면 이렇게 되지 않습니다.

부부 간뿐 아니라 친구 간에도 예의를 지켜야 합니다.

영국에 "친한 친구일수록 예의를 지켜라"라는 격언이 있습니다. 친하다고 말을 편하게 하면 우정에 금이 갑니다.

제가 아는 두 목사님이 정말 친하게 지내셨습니다. 두 분 다 아주 훌륭하신 분, 꿈에서도 기도할 정도로 귀한 분입니다. 그런데 한 분이 신문에 큰 글을 쓰셨습니다. 신문의 한 면을 다 채운 글을 쓰셨습니다. 그 글이 정말 훌륭했습니다. 제가 보기에도 깜짝 놀랄 정도로 아주 잘 쓰셨고, 논리적이었습니다. 그런데 다른 한 목사님이 자기가 사랑하는 그 친한 친구 목사님에게 말했습니다.

"○○○ 목사님, 내가 신문의 글을 읽어 보았는데, 그 글, 남의 글이지? 당신 실력으로는 그런 글을 쓸 수 없어. 남의 글을 당신 이름으로 도용한 거지?"

너무 친하니 그런 말을 한 것입니다. 그러나 그 말을 한 후로 두 분은 사이가 좋지 않게 되었습니다. "'아' 다르고 '어' 다르다"는 말이 있듯이, 해서 될 말이 있고 해서 안 될 말이 있습니다. 그 목사님은 친구 목사님이 아주 훌륭한 분이고, 또 서로 사랑하는 사이이고, 친구 간이니 괜찮을 줄 알고 그런 말을 했는데, 괜찮지 않았습니다. 친구라고 함부로 말을 하면 친구를 잃게 됩니다.
공자가 말했습니다.
"예가 아니면 보지 말고, 예가 아니면 말하지 말고, 예가 아니면 움직이지도 말라."
예가 무엇입니까? 예의가 무엇입니까?
그것은 사람과 짐승을 구별 짓는 것입니다. 돼지들이 예의 지키는 것을 보았습니까? 개들이 예의 지키는 것을 보았습니까? 짐승은 예의를 지키지 않습니다. 그저 본능으로 삽니다.
그러나 사람은 본능으로 살지 않습니다. 본능대로 살면 큰 사고가 납니다. 본능을 자제하고 예의를 지키며 삽니다. 예의는 인격의 옷입니다. 예의를 지키지 않는 것은 벌거벗은 몸으로 길에 나가는 것과 똑같은 것입니다.
오늘날 이 세대의 아픈 일은 예의가 자꾸 없어지는 것입니다. 후배가 선배를, 자녀가 부모를, 제자가 스승을 향해 지켜야 하는 예가 자꾸 무너지고 있습니다. 이는 짐승이 되는 하나의 지름길입니다. 막 사는 것은 '나는 사람이 되기를 포기한다' 하는 것입니다. 조금 불편해도 예의를 지키면 옷을 단정히 입은 사람처럼 귀하게 됩니다. 내가 예의를 지킬 때 상대방이 나 때문에 편안하고 기쁘고, 또 나의 삶도 귀해지는 것입니다. 예의가 얼마나 중요한지 모릅니다.

예의가 무엇입니까? 사람을 대하는 것입니다.
사람을 어떻게 대하는가 하는 것이 예의입니다. 개를 어떻게 대하는가를 보고 예의라 하지 않습니다. '내가 돼지에게 어떻게 해야 될까?' 라는 연구는 하지 않아도 됩니다. 사람은 만물의 영장이고, 하나님의 형상을 닮은 귀한 존재들입니다. 그래서 사람에게는 마음을 써서 대해야 하고, 그것이 예가 되는 것입니다.

그런데 세상 사람들은 대개 사람을 외모로 취합니다. 그 사람의 생긴 것, 그 사람의 모습, 나타나는 외모를 보고 판단합니다. 그러나 하나님께서는 그러지 않으십니다. 하나님께서는 절대로 외모를 보고 사람을 판단하지 않으십니다.

사무엘상 16장을 보면, 하나님께서 사무엘에게 말씀하십니다.

"내가 이새의 아들 중에서 한 아들을 택했으니 이새의 집에 가서 기름을 부어 왕으로 세워라."

이새의 제일 큰아들 엘리압이 나왔습니다. 키가 크고 얼굴이 잘생긴 엘리압을 보고 사무엘이 생각했습니다.

'오! 이 나라의 임금님 재목이 여기에 있구나. 하나님 앞에 나오는구나.'

그래서 기름을 부으려고 하는데 하나님께서 말씀하셨습니다.

"사무엘, 그에게 기름을 붓지 말라. 내가 그를 버렸다. 내가 보는 것은 사람이 보는 것과 다르다. 사람은 외모를 보거니와 나는 그렇지 않다. 나는 중심을 보느니라."

다음에 아비나답이 나와도 하나님께서는 아니라고 하셨습니다. 삼마도 아니라고 하셨습니다. 일곱 아들이 다 나와도 "아니야"라고 하셨습니다.

마지막에 작은 다윗이 나왔을 때, "맞다. 이 사람이다. 기름을 부어라"고 하셨습니다.

신명기 10장 17절에도 하나님께서는 사람을 외모로 보지 않으신다고 말씀하십니다. 할렐루야!

그런데 우리는 누구입니까?

"내 형제들아 영광의 주 곧 우리 주 예수 그리스도를 믿는 믿음을 너희가 받았으니 사람을 외모로 취하지 말라"(약 2:1).

영광의 주, 귀하신 주, 존귀하신 예수님을 믿는 믿음을 받았다는 것은 하나님의 자녀가 되었다는 뜻입니다.

"영접하는 자 곧 그 이름을 믿는 자들에게는 하나님의 자녀가 되는 권세를 주셨으니 이는 혈통으로나 육정으로나 사람의 뜻으로 나지 아니하고 오직 하나님께로서 난 자들이니라"(요 1:12-13).

할렐루야!

제 아내가 결혼 전에는 제 부모님과 상관이 없었지만, 저와 결혼한 다음에는 제 아버지께 "아버님"이라 하고, 제 어머니께 "어머님"이라고 하듯이, 우리가 예수님을 영접하기 전에는 감히 하나님을 바라보지도 못할 죄인들이었지만, 예수님을 영접하고 바로 죄 사함 받고 하나님의 자녀가 되는 특권을 받았습니다.

그러므로 우리는 사람을 외모로 취하지 말아야 합니다. 세상 사람들은 외모로 사람을 취하고 판단할지라도 하나님의 가족, 하나님의 자녀가 된 우리는 부전자전으로 하나님 아버지를 닮아 사람을 외모로 취하지 말라고 말씀하십니다. 할렐루야!

이것이 예수님을 믿는 우리들이 사람을 대하는 예법입니다.

예수님을 믿고 교회에서 일하면서도 우리는 순간순간 옛사람의 습관대로 사람을 외모로 취하는 경우가 있는데, 그것이 율법이 정하는 죄가 되고 악한 일이 되니 그렇게 하지 말라고 주님의 친동생인 야고보가 성령으로 가르쳐 주고 있는 것입니다.

오늘 여러분 중에 이 말씀을 받아야 할 사람이 많은 줄로 믿습니다. 그러므로 하나님께서 오늘 이 시간에 이 말씀을 주신 줄로 믿습니다. 하나님의 말씀은 우연히 떨어지지 않습니다. 우리에게 필요할 때 그 말씀을 주시는 것입니다. 비타민 C가 필요한 사람에게 의사선생님이 비타민 C를 권하듯이, 이 말씀이 우리에게 필요해서 하나님께서 주신 줄로 믿습니다.

　이 말씀을 잘 받아 모두 인간관계에 승리하시고, 하나님의 기쁨이 되시길 바랍니다. 또한 우리의 인간관계 예법 때문에 예수님을 믿지 않는 사람들이 믿게 되는 축복이 있게 되기를 축원합니다.

　사람을 외모로 취하는 일이 교회 안에도, 초대교회에도, 야고보가 살던 당시에도 있었습니다.

　"만일 너희 회당에 금가락지를 끼고 아름다운 옷을 입은 사람이 들어오고 또 더러운 옷을 입은 가난한 사람이 들어올 때에 너희가 아름다운 옷을 입은 자를 돌아보아 가로되 여기 좋은 자리에 앉으소서 하고 또 가난한 자에게 이르되 너는 거기 섰든지 내 발등상 아래 앉으라 하면" (약 2:2-3).

　교회에 안내위원들이 죽 서 있는데, 금반지를 끼고 아주 아름다운 옷을 입은 사람들이 들어왔습니다. 야고보 당시에는 아무나 반지를 끼지 않았습니다. 종들은 반지를 끼지 못하고 신분이 높은 사람들, 잘 사는 사람들만 반지를 끼었습니다. 아름다운 옷에 대해서는 값비싼 옷, 화려한 옷, 빛나는 옷, 좋은 옷 등 여러 해석이 있는데, 좌우간 척 보면 부자라는 것을 알 수 있는 사람들이 교회로 들어왔습니다. 동시에 실이 나온 옷, 해진 옷을 입은 사람들도 들어왔습니다. 옷을 오래 입으면 실이 나오지 않습니까? 그러니 누더기 옷이라고도 번역할 수 있습니다. 어쨌든 척 보면 '아이고, 지지리 가난한 사람이구나. 거지같이 가난한 사람이구나' 라고 판단되는 초라한 사람이 들어왔습니다. 그때 안내하는 사람들이 부자에게는 달려가서 "아이고, 어서 오세요. 이리 오세요. 여기 이 좋은 자리에 앉으세요" 하고, 가난한 사람에게는 "알아서 아무 데 나 앉으세요"라고 시큰둥하게 대했던 것입니다.

사람이 보기에는 그럴 만합니다. 부자나 신분이 있는 사람이 왔을 때는 조금 특별히 대하고, 초라한 사람이나 가난한 사람이 왔을 때는 그냥 대할 수 있습니다.

그러나 세상에서는 그럴 수 있다 해도 하나님의 교회에서는 그러면 안 됩니다. 하나님의 교회에서 그렇게 하면 악이 되는 것입니다.

하나님 앞에서는 부자의 영혼이나 가난한 자의 영혼이나 똑같이 천하보다 귀합니다. 하나님께서는 부자도 사랑하셔서 아브라함도 구원하셨고, 재벌 아리마대 요셉도 구원하셨고, 또 국회의원보다 존귀한 니고데모도 구원하셨지만, 오히려 가난한 사람들과 간음하다 현장에서 끌려온 여자나 세리 같은 죄인들을 더 사랑하시고 더 많이 구원하셨습니다.

그래서 야고보를 통해 이렇게 말씀하시는 것입니다.

"하나님께서 가난한 자를 사랑하셔서 복음을 주시어 믿음에 부요하게 하시고, 자기를 사랑하는 자에게 약속된 하나님의 나라, 천국을 유업으로 주지 않으셨느냐? 이처럼 하나님께서는 가난한 자를 사랑하셔서 믿음에 부요하게 하시고 천국을 주셨는데, 너희들은 어찌하여 가난한 자를 괄시하느냐? 부자들은 오히려 너희를 압제하며 법정으로 끌고 가지 않느냐? 또 하나님께서 너희에게 준 존귀한 이름을 함부로 하지 않느냐?"

압제한다는 것은 부자들이 고리 대금으로 가난한 사람들을 압제한다는 뜻입니다. 또 이용한다는 뜻도 됩니다. 부자들 중에는 사업을 하는 사람이 많은데, 그 사업을 위해 교회를 이용할 수도 있는 것입니다.

그리고 법정에 끌고 가지 않느냐는 말씀은 가난한 사람은 억울한 일을 당해도 고소하기가 어려운데, 부자는 돈이 많으니 마음대로 변호사를 사서 힘없는 사람을 법정에 고소하기도 하는 것을 뜻합니다. 오늘날도 마찬가지입니다. 가난한 사람은 돈이 없어 법정에 고소하지도 못합니다.

또 하나님께서 주신 존귀한 이름을 함부로 한다는 말씀이 있는데, 사실 가난한 교인이 장로님에 대해 이러쿵저러쿵 하는 경우는 거의 없습니다. 가난한 교인이 장로님을 업신여기는 것을 저는 보지 못했습니다. 조금 잘 사는 사람들이, 십일조를 몇 백만 원 정도 할 수 있는 사람들이 가끔 "장로가 말이야……"라고 하는 경우는 있습니다.

장로는 사람이 주신 직분이 아니라 하나님께서 주신 직분입니다. 국회의원은 임기가 지나면 끝나지만, 장로는 하나님께서 주신 영광스러운 직분으로 죽을 때까지 갖는 직분입니다. 천국에 가도 장로님입니다. 이 직분을 100억 원을 주고 사겠습니까, 1,000억 원을 주고 사겠습니까? 이 직분은 하나님께서 선물로 주신 성호, 거룩한 이름입니다. 그런데 크고 좋은 자동차를 타는 부자가 작은 자동차를 타는 장로님을 업신여길 수 있다는 것입니다. 그러나 가난한 교인은 그렇지 않습니다. 그래서 부자가 천국에 들어가는 것이 약대가 바늘귀로 들어가는 것보다 어렵다고 말씀하신 것입니다.

부자도 바로 되고 겸손하면 복을 받습니다. 그러나 오만하고 교만하면 복을 받지 못합니다. 오만하고 교만한 부자가 교회에 왔는데 교회에서도 "어서 오세요" 하면 더 뻐기지 않겠습니까?

　나아만 장군은 한 나라의 군대 장관입니다. 그가 엘리사 목사님을 찾아왔습니다. 그때 목사님이 "오, 각하. 먼 길에 얼마나 수고하셨습니까?"라고 했다면 그가 더 오만 방자할 것을 알고 엘리사 목사님은 나가지 않았습니다. 비서에게 "나아만 장군에게 가서 말해라. 요단 강에 가서 일곱 번 목욕하라고 해라. 싫으면 관두라고 해라" 하고 전하게 했습니다. 그때 나아만 장군이 어떻게 했습니까? 화를 냈습니다. 그러나 나중에 깨닫고 엘리사 목사님께 엎드려 절하고 "종에게 예물을 받으소서"라고 말했습니다. 엘리사 목사님이 나아만 장군을 사람으로 만들었습니다. 만일 엘리사 목사님이 나아만 장군에게 "각하, 각하"라고 했다면 나아만 장군은 버림받았을 것입니다.

　이것은 중요한 것입니다.

　우리 교회에도 가끔 이런 일이 있습니다.

　"목사님, ○○○씨가 왔습니다. 특별히 환영해 주세요."

　그런 사람은 무엇을 모르는 사람입니다.

　미국에서 우리 교회에 인사차 방문한 사람은 환영할 수 있습니다. 또 서울에 계신 장관이 공무로 우리 고장에 왔다가 우리 교회에 예배를 드리러 왔을 때 환영하는 것은 괜찮습니다. 그러나 장관이 이사를 와서 우리 교회에 등록할 때 특별히 환영하는 것은 악한 일입니다. 장관이 이사 와서 등록하는 그 시간에 다른 사람도 등록을 했는데 장관만 특별히 환영한다면 그 사람이 얼마나 섭섭하겠습니까? 또 그런 환영을 받은 장관은 얼마나 오만 방자해지겠습니까? 오만 방자해져서 교회의 시험거리가 되는 것입니다. 그래서 우리 교회는 그렇게 하지 않습니다. 그러니 하나님께서 우리 교회를 든든히 세워 주신 줄로 믿습니다.

아무리 지체가 높아도 특별한 대접을 받으려 하면 안 됩니다. 사람에게 대접받으면 은혜를 받지 못합니다.

그러므로 대통령이 오셔서 우리 교회에 등록하셔도 박수를 특별히 하면 안 됩니다. 공무차 오셨다가 우리 교회에 예배드리러 오셨을 때는 "대통령께서 우리 교회를 방문하셨습니다" 하고 박수를 쳐 드릴 수 있지만, 등록하셨을 때는 다른 사람과 똑같이 대접해야 합니다.

"사람을 외모로 취하지 말라. 사람이 갖고 있는 돈 때문에, 신분 때문에, 생긴 것 때문에 차별하지 말라." 이것이 하나님의 뜻인 줄로 믿습니다. 차별하면 안 됩니다.

고린도전서 1장 26-27절을 보십시오.

"너희들을 살펴보아라. 하나님의 부르심을 보아라. 너희 중에 지혜 있는 자가 많으냐? 능한 자가 많으냐? 문벌 좋은 자가 많으냐? 아니다. 적다. 하나님께서 세상의 미련한 자를 택하사 지혜 있는 자들을 부끄럽게 하시고, 세상의 약한 자를 택하사 강한 자를 부끄럽게 하신다." 할렐루야!

이것이 하나님의 뜻입니다.

똑똑하고 잘난 사람이 큰 일을 하면 "야! 그 사람, 굉장한 사람이다"라고 합니다. 그래서 하나님께서 영광 받으실 것이 없습니다. 그러나 지용수같이 내놓을 것이 아무것도 없는 사람이 하나님의 일을 크게 하면 "아! 돌멩이 같은 지용수가 저렇게 하는 것을 보니 하나님께서 하시는 일이구나"라고 합니다. 그래서 하나님께서 영광 받으십니다.

그래서 하나님께서는 저같이 부족한 사람 쓰시기를 좋아하십니다. 할렐루야!

하나님께서는 난 체하는 사람을 쓰지 않으십니다.

장갑은 아무것도 못합니다. 장갑은 그냥 장갑입니다. 그러나 손에 끼면 흔들며 인사도 하고, 운전도 하고, 일도 합니다. 장갑이 아무것도 못하는 것을 우리는 다 압니다. 그러나 사람이 사용하면 일을 할 수 있는 것입니다.

'저 사람은 장갑처럼 아무것도 못할 사람인데, 하나님께서 쓰시는구나.'

하나님께서 애굽에서 이스라엘 백성을 인도하실 때 장군을 택하지 않으셨습니다. 30대의 용맹 있는 영웅을 쓰지 않으시고, 나이 80세가 되어 자기 몸도 가누지 못해 지팡이를 잡고 덜덜 떠는 모세라는 한 노인을 쓰셨습니다. 저도 70세가 되면 은퇴를 해야 하는데, 성경적이 아니라는 생각이 듭니다. 모세는 80세부터 시작했는데 70세가 되면 마쳐야 된다니 말입니다. 제가 70세가 되면 법을 바꿀까 하는 생각을 해 봅니다. 힘도 없는 노인이 놀라운 말씀을 뿜어내면 "하나님이 하시는 것이다"라고 하지 않겠습니까? 힘도 없는 노인 모세가 애굽의 바로를 꺾고 홍해를 가르니 "모세가 잘했다"라는 사람이 없었습니다. 모두 "하나님께서 하셨다"라고 했습니다. 할렐루야!

그래서 하나님께서는 세상의 약한 자, 미련한 자를 택해서 쓰시는 것입니다.

열두 제자 중에 박사가 없었습니다. 문벌 좋은 사람이 없었습니다. 세계를 복음으로 뒤엎을 열두 제자 중 제일 똑똑한 사람이 세무서 말단 직원이었습니다. 세리 마태가 제일 지성인이었습니다. 당시에 율법 박사들이 가득했어도 하나님, 예수님께서는 그들을 한 사람도 쓰지 않으시고 미련하고 약한 자를 택하셔서 세상을 뒤엎으셨습니다. 할렐루야!

오늘날에도 가진 사람들은 조심해야 됩니다. 조금 배운 사람들은 조심해야 됩니다. 신분이 조금 높은 사람들은 자칫하면 곤란할 수 있습니다.

회사 사장이라고, 병원 원장이라고, 국회의원이라고 장로로 세우는 경우가 있습니다. 믿음이 없는 사람을 장로로 세워 놓으면 교회를 회사 운영하듯이, 병원 운영하듯이, 나라 정치하듯이 하니 교회가 안 되는 것입니다.

교회는 하나님께서 다스리십니다. 할렐루야!

제가 서울의 한 교회에 집회를 인도하러 갔는데, 그 교회의 장관 장로, 국회의원 장로 세 사람이 교회를 아프게 하고 있었나 봅니다. 저는 그것도 모르고 집회 첫날 이런 말을 했습니다.

"여러분, 교회 일꾼은 믿음을 보고 세워야 됩니다. 신분을 보고, 사회적 지위를 보고 세우면 안 됩니다. 장관이라고, 국회의원이라고, 사장이라고 장로로 세우면 그 사람들이 문제가 될 수 있습니다."

그러니 그 교회 목사님이 제게 "목사님, 참 신령하십니다"라고 말씀하셨습니다. 제가 무엇을 압니까? 저는 아무것도 모릅니다. 하지만 우리 하나님께서는 다 아십니다.

하나님의 마음은 부자도 사랑하셔서 구원받기를 원하시고, 대통령이나 다윗 같은 왕도 구원해 주십니다. 그러나 오히려 가난하고 소외된 사람, 나그네, 고아, 과부에게 마음을 더 기울이십니다. 그러므로 우리도 사람을 대할 때 인간관계에서 잘난 사람, 힘 있는 사람, 신분이 높은 사람에게도 예의를 지키며 정중히 대해야 하지만, '저분은 참 어려운가 봐' 하는 사람에게 특별히 더 가까이 가서 사랑해야 하는 것입니다. 이것이 주님의 교회입니다.

그리고 사람을 대하는 최고의 법은 무엇입니까?
야고보서 2장 8절에 나와 있습니다.
"네 이웃 사랑하기를 네 몸과 같이 하라."
이 말씀이 무슨 말씀입니까?
예의만 지키는 것으로는 안 된다는 말씀입니다.

만일 이스라엘에서 붙들려 간 소녀가 자기 주인인 나아만 장군에게 예의만 지켰다면 나아만 장군은 나병으로 썩어서 죽었을 것입니다. "주인님, 식사하세요. 주인님, 이제 오십니까? 주인님, 안녕히 다녀오세요" 하면서 예의만 지켰다면 주인을 살리지 못했습니다. 예의를 초월하는 것이 이웃을 내 몸과 같이 사랑하는 것입니다.

예수님을 믿는 믿음을 받은 우리는 이웃을 대할 때 그냥 예의로 끝나면 안 됩니다. 예의에 믿음의 예를 더해 사람을 살리는 예의를 갖춰야 되는 것입니다.

무서운 병에 걸려 돌아가시려는 사람이 있다고 합시다. 그런데 내게 그 무서운 병을 깨끗이 낫게 하는 약이 있습니다. 별로 비싸지도 않은 약입니다. 그런데 그 사람에게 "안녕하세요? 과일 드세요. 힘드시지요?" 하며 아무리 친절히 대하고 예의를 잘 지켜도 그 약을 주지 않으면, 그것은 악입니다. 나는 나쁜 사람입니다.

우리가 이웃에게 아무리 예의를 잘 지키고 부모님에게 효도해도 생명의 약을 주지 않으면, 그것은 악입니다. 죄악의 암으로 죽는 사람을 보고도 그 사람을 살리는 생명의 약, 신구약을 갖고 있으면서도 주지 않으면 아무리 예의를 지켜도 그것은 악입니다.

사람은 누구나 다 죽습니다.

제가 보지 않았지만 이런 드라마가 있었답니다.

아주 아름다운 여인이 실수를 해서 종신형을 선고받았습니다. 종신형을 받아 감방에서 사니 하루가 1년처럼 지겹고 힘들었습니다. 그런데 얼마의 세월이 지난 후 이 여인은 감옥에서 잡부로 일하는 사람과 사귀게 되었습니다. 그 잡부는 감옥에 있는 사람이 죽으면 벨을 울리고 그 사람을 관에 넣습니다. 그리고 사무실에 가서 사망 증명서를 받아 와서는 관의 뚜껑에 못을 박고 그 관을 공동묘지로 싣고 가서 묻는 일을 했습니다. 여인이 그 잡부에게 부탁했습니다.

"당신은 나의 친구니 나의 부탁을 들어주세요. 사람이 죽었을 때 나도 그 관에 들어가겠어요. 그러면 당신이 내가 들어 있는 관을 묻은 후 곧 다시 와서 나를 살려 주세요. 관이 크니 그 안에서 하룻밤이야 견딜 수 있지 않겠어요?"

잡부가 허락했습니다. 어느 날 늦은 밤에 벨이 울렸습니다. 사람이 죽었다는 벨 소리입니다. 여인은 조심해서 벨이 울리는 방으로 갔습니다. 죽은 사람이 들어 있는 관이 있었습니다. 여인은 얼른 그 관으로 들어가서 눈을 감았습니다. 조금 있으니 발자국 소리가 들리고 곧이어 관에 못을 박는 소리가 들렸습니다. 가슴이 두근두근했습니다. 드디어 관이 수레에 실리고 감옥 밖으로 나가 땅에 묻혔습니다. 여인은 관 위로 흙이 터덕터덕 떨어지는 소리를 들으며 "나는 자유를 얻었다! 나는 이제 감옥에서 나왔다!" 하며 기뻐했습니다. 그런데 이상한 느낌이 들어 준비해 간 성냥으로 불을 켜 보니, 죽어 있는 사람은 바로 자기 남자 친구였습니다. 잡부가 죽었던 것입니다.

이것이 그 드라마의 끝입니다. 만일 죽은 사람이 잡부가 아니었어도, 그래서 그 잡부가 여인을 꺼내 주었어도 그 여인은 언젠가 죽습니다.

사람은 누구나 다 죽게 되어 있습니다. 죄를 지은 사람은 다 죽게 되어 있는 것입니다.

그런데 스가랴서 13장 1절에 보면, 다윗 족속과 예루살렘에 죄를 씻는 샘을 주신다고 말씀하셨습니다. 세상에 목욕탕이 많아도, 동네 목욕탕, 호텔 목욕탕, 온천탕이 있어도 죄를 씻는 곳은 없습니다. 죄를 씻는 곳은 오직 하나 예수뿐입니다. 교회뿐입니다.

누구든지 교회에 오면, 예수님을 믿으면 죄를 씻게 되는 것입니다. 나아만 장군이 요단 강에서 목욕하고 나병이 나은 것처럼 이 세상의 죄인들은 누구든지 교회에 와서 은혜의 물에 목욕하고 예수의 피로 씻으면 살게 되는 것입니다. 신약과 구약을 먹으면 영생을 얻게 되는 것입니다.

그러므로 참된 예의는 결국 전도입니다. 할렐루야!

영혼을 구원하여 그를 살리는 것이 참으로 정중한 예의입니다. 남편에게 정말로 예의를 지키면 남편이 예수님을 믿게 되는 것입니다. 내 형제에게 예의를 지키면 형제에게 예수님을 믿게 하는 것입니다. 이것이 이웃을 내 몸과 같이 사랑하는 최고의 법을 지키는 예의입니다.

사람을 어떻게 대해야 합니까?

외모로 사람을 차별하면 안 됩니다. 그 안의 값진 영혼을 보고 하나님 마음으로 사람을 대하며, 특별히 영혼을 살리는 것이 최고의 예의임을 믿으시기 바랍니다.

야고보서 2장 10-12절 야고보서 강해

율법과 구원

　　물은 언제나 높은 곳에서 낮은 곳으로 흐르고, 공기는 바람이 부는 방향대로 이동하는데, 이것을 자연 질서라고 합니다. 그런데 물이 떨어져 흐를 때 에너지가 생산되고, 공기가 이동할 때도 아주 강한 힘이 나옵니다. 그래서 물이 떨어지는 것을 활용하여 물레방아도 돌리고, 전력도 생산하여 도시를 밝히고 공장을 돌립니다. 또 바람을 이용하면 배가 휘발유도 없이, 삿대도 없이 돛만 달고도 항해할 수 있고, 비행기도 연료를 아주 절약하면서 시간을 단축하여 운행할 수 있습니다. 그리고 바람개비를 돌리는 풍력 시스템을 설치하면 전기가 생산되어 도시 한 곳을 밝힐 수 있습니다.

　　우리 장로님들을 모시고 팜 스프링스에 갔다 온 적이 있는데, 그곳에는 풍차 모양의 풍력 전기 시설이 즐비합니다. 거기에서 엄청난 전력이 생산됩니다. 풍차가 움직이면 거기에서 힘이 나오는 것입니다.

하나님께서 지으신 공기와 물 같은 물질도 움직이면 힘이 나옵니다. 하물며 이 우주를 창조하신 권능의 하나님 말씀이 움직이면, 말씀이 달음질하면, 말씀이 선포되면, 거기에서 어떤 힘이 나타나겠습니까? 위대한 역사가 나타나게 됩니다.

한 전도자가 성령의 감동을 받고 미국의 한 밀림 지역에 선교하러 갔습니다. 그 밀림 지역은 벌목꾼들이 살다가 이동해 버려 마을에 사람이라고는 아무도 없었지만, 전도자는 가슴이 타올라 복음을 전하지 않을 수 없어 벽을 향해 복음을 전했습니다. 듣는 사람이 아무도 없었지만 복음을 전했습니다.

몇 년이 지난 후, 이 전도자가 영국 런던에 있는 다리를 걸어가고 있는데 한 사람이 그를 붙잡더니 "이제야 찾았군요! 이제야 찾았군요!" 하며 좋아했습니다.

"아니, 무얼 찾아요? 사람을 잘못 본 것 아니에요?"

"아니에요. 당신이 몇 년 전에 미국 어느 밀림 지역에 있는 오두막집에서 벽을 향해 설교했지요?"

"예, 그렇지만 그때 아무도 없었는데요."

"저는 벌목꾼의 십장인데 도구를 하나 빠뜨려서 그것을 찾으러 옛 마을에 갔다가 오두막집의 벽을 향해 설교하고 있는 당신을 보았습니다. 제가 그 설교를 듣고 은혜를 받아 구원받았습니다. 그리고 전도할 마음이 불타올라 계속해서 몇 년간 전도했는데 천 명이 구원받았습니다. 그리고 3백 명을 선교사로 파송했습니다." 할렐루야!

하나님의 말씀이 떨어지면 능력이 나타나는 것입니다.

공부하지 못한 무식한 어부 베드로가 하나님 말씀을 증거하니 천하보다 귀한 생명들 3천 명이 회개하고 예수님을 믿었습니다. 바울은 의사가 따라다녀야 하는 병약한 자인데 복음을 전하니 앉은뱅이가 일어나고, 귀신이 물러가고, 교회가 없는 마을에 교회가 섰습니다. 할렐루야!

히브리서 4장 12절에 "하나님의 말씀은 살았고 운동력이 있어 좌우에 날선 어떤 검보다도 예리하여 혼과 영과 및 관절과 골수를 찔러 쪼개기까지 하며 또 마음의 생각과 뜻을 감찰하나니"라고 말씀하십니다.

누가복음 1장 37절에는 "대저 하나님의 모든 말씀은 능치 못하심이 없느니라"고 말씀하십니다.

오늘 지용수가 전하는 말씀은 지용수의 말이 아니라 전능하신 하나님의 말씀, 천지를 지으신 하나님의 말씀이기 때문에 이 말씀이 떨어지는 곳에 구원이 있습니다. 능력이 나타납니다. 여러 문제가 해결됩니다. 여러분의 병이 치료될 줄 믿습니다. 여러분의 홍해가 갈라질 줄 믿습니다. 말씀이 전국에 퍼질 때 우리나라가 살게 됩니다.

하나님의 말씀은 능력이 나타나게 되는 것입니다. 하나님께서 우리에게 주시는 것은 다 좋은데, 그중에서도 최고로 좋은 것은 말씀임을 믿으시기 바랍니다.

우리 부모님이 우리에게 주시는 것은 다 좋은 것이고 우리를 사랑해서 주시는 것입니다. 하나님께서는 부모보다 더 우리를 사랑하신다고 마태복음 7장에 친히 말씀하셨습니다. 마태복음 7장 9-11절에 예수님께서 친히 말씀하셨습니다.

"너희 중에 누가 아들이 떡을 달라 하면 돌을 주며 생선을 달라 하면 뱀을 줄 사람이 있겠느냐 너희가 악한 자라도 좋은 것으로 자식에게 줄 줄 알거든 하물며 하늘에 계신 너희 아버지께서 구하는 자에게 좋은 것으로 주시지 않겠느냐."

"하물며"라는 말은 하나님께서 부모보다 더 우리를 사랑하신다는 말씀입니다.

"하물며 하나님께서 구하는 자에게 좋은 것으로 주시지 않겠느냐?" 할렐루야!

여러분, 부모는 자식을 사랑해도 자식을 버릴 때가 있습니다. 그러나 우리 하나님 아버지께서는 우리를 절대로 버리지 않으십니다.

이사야 49장 15절에 "여인이 어찌 그 젖 먹는 자식을 잊겠으며 자기 태에서 난 아들을 긍휼히 여기지 않겠느냐 그들은 혹시 잊을지라도 나는 너를 잊지 아니할 것이라"고 말씀하십니다.

아이를 낳아서 버리는 엄마들이 우리나라에 많습니다. 자기 뱃속에서 열 달 동안 길러 낳은 그 생명체를 버리는 여자들이 많습니다. 그래서 지금도 우리나라는 부끄럽게도 고아 수출국이 되어 있습니다. 유럽이나 미국에 가면 우리 한국의 아이들이 백인의 손을 잡고 나타나는 애처로운 모습을 보게 됩니다. 부모는 자식을 사랑하지만 때로는 버립니다.

하지만 하나님께서는 버리는 일이 없으십니다. 그리고 우리 부모님보다 더 좋은 것을 주십니다. 부모는 자식에게 주고 싶어도 힘이 없어서, 전능하지 못해서, 부요하지 못해서 주지 못합니다. 아들에게 컴퓨터 한 대를 사 주고 싶어도 아버지가 형편이 어려우면 사 주지 못합니다. 아버지가 아들에게 모든 것을 해 주고 싶어도 힘이 없으면 해 주지 못합니다. 그러나 하나님께서는 힘이 넘치십니다. 할렐루야!

하나님의 자녀가 된 여러분, 축하합니다. 재벌 아버지를 만나신 것을 축하합니다. 전능하신 아버지를 만나신 것을 축하합니다. 아버지의 것을 많이 누리시기 바랍니다. 많이 받으시기 바랍니다.

그런데 하나님께서 주신 것 중 최고의 선물이 무엇입니까? 바로 '말씀'이라고 에이브러햄 링컨 대통령이 말했습니다.

"하나님께서 이 세상에 주신 가장 큰 선물은 성경이다."

성경은 오늘의 삶에 복을 주시고 영원까지 약속해 주시는 귀한 약속입니다. 할렐루야!

성경을 통해서 예수님을 만납니다. 하나님을 만납니다. 천국을 봅니다.

구약의 율법도 성경이기 때문에 축복입니다. '하라, 하지 말라'는 십계명을 비롯한 모든 구약의 율법은 축복입니다. 그래서 우리가 그것을 지키면 복을 받게 됩니다.

안식일에 일하지 않고 일에서 자유를 얻어 하나님을 섬기며 찬송하고 몸이 안식하면 일생 동안 건강하게 삽니다. 사람은 낮에 일하고 밤에는 쉬고, 6일 일하고 하루는 쉬어야 합니다. 하루 주기로, 일주일 주기로 몸을 쉬게 해 주어야 합니다. 고무줄은 당겼다가 놓아 주고 당겼다가 놓아 주어야 탄성이 유지되지, 당겨 놓은 채 한 달 동안 있으면 탄성이 없어집니다. 다시는 탄력성 있는 고무줄이 되지 않습니다. 이처럼 사람은 일하고 쉬고, 일하고 쉬어야 건강을 유지할 수 있습니다. 계속 일만 하면 건강을 해치게 됩니다. 우리가 안식일에 쉬면 간도 건강해지고, 모든 기관이 건강하게 됩니다.

그리고 사람을 죽이지 않으면 편안하게 삽니다. 우리가 살다 보면 죽여야 될 것 같은 사람이 있습니다. '저 사람은 죽었으면 좋겠네' 하는 사람이 있습니다. 그러나 그 사람을 죽이면 나도 복수를 당하거나, 아니면 법의 판결을 받아 감옥에서 세상을 보내야 됩니다. 그러나 하나님 말씀대로 사람을 죽이지 아니하면 편안하게 살 수 있습니다.

그리고 간음하지 않아야 건강하고 행복하게 삽니다. 간음하면 병이 옵니다.

한 유능한 학생이 미국 유학 비자를 받았습니다. 미국 LA에 도착하여 비행기에서 내리다가 넘어져 병원으로 실려 갔습니다. 진단을 하기 위해 피를 뽑았는데 피에서 매독 균이 나왔습니다. 매독 균이 있으면 미국에 입국할 수 없습니다. 그는 미국에서 쫓겨나 다시 한국으로 돌아와야만 했고 유학의 꿈을 포기해야만 했습니다. 수년 전, 그가 중국 여행을 하면서 창녀촌에 한 번 간 적이 있었는데, 그때 매독을 얻은 것입니다. 그러나 그는 자신의 피에 매독 균이 있는 줄 몰랐습니다. 간음을 했기 때문에 인생의 꿈이 부서진 것입니다. 우리가 간음하지 않으면, 남편이 간음하지 않고 아내가 간음하지 않으면 행복한 부부가 되고 경건한 자식을 얻게 됩니다. 가정이 복을 누리게 됩니다. 할렐루야!

그리고 남의 물건에 손대지 않아야 떳떳하게 삽니다. 남의 물건을 탐내어 훔치면 부끄럽게 됩니다. 뇌물을 받은 것이 신문에 보도되면 집안이 망신을 당합니다. 그러나 정직하면 빛이 점점 환하게 되어 의인으로 존경을 받으며 살게 됩니다. 거짓말을 하면 불안하게 되지만 진실한 말을 하면 떳떳하고 어디에 가도 걱정이 없습니다.

사랑하는 여러분, 율법을 지키면 지킬수록 우리에게 복이 됨을 믿으시기 바랍니다. 세상이 주는 세상의 법에는 축복이 없습니다.

그러나 하나님의 말씀은 그대로 지키면 복이 됩니다.

신명기 8장 1절에 하나님의 말씀을 순종하면 우리가 살고 번성하리라고 말씀하십니다. 신명기 28장 1절에서 14절에도 말씀에 순종할 때에 받을 복이 약속되어 있습니다.

"네가 네 하나님 여호와의 말씀에 순종하면 여호와께서 너를 세계 모든 민족 위에 뛰어나게 하시리라."

여러분의 자녀들이 세계 모든 민족 위에 뛰어나게 되기를 축원합니다.

"네가 성읍에서도 복을 받고 들에서도 복을 받으며, 네 몸의 소생과 네 토지의 소산과 네 짐승의 새끼와 우양의 새끼가 복을 받을 것이며, 네 광주리와 떡 반죽 그릇이 복을 받을 것이며, 네가 들어와도 나가도 복을 받으리라. 너를 해치는 적이 한 길로 왔다가 일곱 길로 도망가게 하겠고, 내가 하늘의 보고, 보석 창고를 열어 너희에게 복을 내려 주리라."

하나님의 말씀은 약속이 되어 있고 그것은 우리에게 주시는 축복입니다. 할렐루야!

그러나 우리가 율법을 지키려고 아무리 애써도 다 지킬 수가 없습니다. 활을 정조준해서 정성을 다해 쏜들 과녁을 다 맞힐 수 있습니까? 천 번을 쏘나 만 번을 쏘나 과녁에 명중합니까? 빗나갈 때가 있는 것입니다.

그것이 죄입니다. 헬라어로 죄를 '하마르티아'라고 하는데, '하마르티아'는 '과녁에서 빗나갔다'라는 뜻입니다. 우리가 매일 말하고 매일 행동하는데, 어떻게 말씀대로만 말하고 행동하겠습니까? 또 죄를 헬라어로 '파라바시스'라고 하는데 '파라바시스'라는 말은 '줄을 따라가다 줄을 넘어갔다'는 뜻입니다. 우리가 어릴 때부터 죽을 때까지 일생 동안 어떻게 말씀의 길로만 가겠습니까?

그리고 예수님께서 "여인을 보고 음욕을 품는 자도 간음한 자다, 형제를 미워하고 형제에게 화내면 살인한 자다"라고 말씀하셨는데, 이 세상에 그것을 온전히 지킬 수 있는 의인이 어디에 있겠습니까?

또 오늘 본문 11절에도 "간음하지 말라 하신 이가 또한 살인하지 말라 하셨은즉 네가 비록 간음하지 아니하여도 살인하면 율법을 범한 자가 되느니라"고 말씀하십니다. 이 말씀은 "간음하지 말라" 하신 분과 "살인하지 말라" 하신 분이 똑같은 분이시기 때문에 우리가 간음하지 않아도 살인하면 모든 죄를 범하게 된다는 것입니다. 온 율법을 지키다가 하나만 거쳐도 온 율법을 범한 것이 된다는 것입니다. 그러니 작은 죄를 지은 사람은 작은 죄인, 큰 죄를 지은 사람은 큰 죄인이 아니라, 큰 죄 작은 죄, 많은 죄 적은 죄 상관없이 한 가지 죄만 지어도 죄인이 되는 것입니다.

그래서 로마서 3장 20절에 "그러므로 율법의 행위로 그의 앞에 의롭다 하심을 얻을 육체가 없나니 율법으로는 죄를 깨달음이니라"고 말씀하십니다.

갈라디아서 3장 11절에도 "또 하나님 앞에서 아무나 율법으로 말미암아 의롭게 되지 못할 것이 분명하니"라고 말씀하십니다.

우리가 율법대로, 십계명대로 산다고 구원받는 것이 아니라는 말씀입니다. 율법대로 살면 복을 받고 잘되기는 해도 구원받지 못합니다. 의인이 될 수 없습니다. 저도, 그 누구도 마찬가지입니다. 그래서 로마서 3장 23절에 "모든 사람이 죄를 범하였으매 하나님의 영광에 이르지 못하더니"라고 말씀하십니다.

의인은 오직 한 분, 예수님뿐이십니다. 아브라함도 죄인이고 모세도 죄인입니다. 다윗도 죄인입니다. 어떻게 율법을 다 지킬 수 있습니까?

야곱의 첫째 아들 르우벤은 효성이 지극했고 동생들을 사랑했습니다. 창세기 37장을 보면 가족에 대한 르우벤의 책임감을 엿볼 수 있습니다. 요셉을 질투한 형제들이 그를 죽이자고 하니 "손대지 말자, 피 흘리지 말자, 우리 형제가 아니냐? 광야 구덩이에 던져서 그냥 죽게 하고 우리가 손대지 말자"라고 합니다. 이것은 요셉을 몰래 끌어내어 아버지께로 돌리려는 르우벤의 의도였습니다. 르우벤이 그렇게 말한 후 밧줄을 구하러 간 것 같습니다. 그런데 그가 돌아와 보니 그 사이에 동생들이 요셉을 미디안 상인들에게 팔아넘겨 버렸습니다. 그것을 알게 된 르우벤이 옷을 찢으며 "아이가 없도다, 아이가 없도다, 나는 나는 어디로 갈까? 내 아버지를 어떻게 뵐까?"라며 어쩔 줄 모릅니다. 이렇게 효성이 지극하고 형제를 사랑하는 르우벤인데, 창세기 35장 22절에 보면 딴판입니다.

따라 합시다. "딴판이다."

뭐가 딴판입니까? 사랑해서 안 될 사람을, 자기 아버지의 첩을 사랑합니다. 세상에! 어디 여자가 없어서 아버지의 여자를 사랑합니까? 르우벤은 선하고 효성이 지극하고 동생을 사랑했지만, 이성에 약해서, 성적인 면에 약점이 있어서 예쁜 여자를 보니 자기 서모인데도 범합니다. 물이 끓는 것같이 욕정에 사로잡힌 르우벤은 스스로를 통제하지 못합니다. 그래서 창세기 49장 3절 이하에 보면 야곱이 열두 아들을 축복할 때 르우벤은 축복하지 못합니다.

"르우벤아, 너는 내 장자요 나의 능력이요 나의 기력의 시작이라 위광이 초등하고 권능이 탁월하도다마는 물의 끓음 같았은즉 너는 탁월치 못하리니 네가 아비의 침상에 올라 더럽혔음이로다."

르우벤은 능력이 있고 권능이 있고 장자의 자격이 있는 사람이지만 물의 끓음 같아 아버지의 첩을 건드렸기 때문에 아버지 야곱이 축복하지 못한 것입니다.

오늘날 많은 사람이 간음으로 인해 큰 복을 잃어버린 경우가 얼마나 많은지 모릅니다. 하나님께서 큰 복을 주시려고 오셨다가 '아이구, 간음하네' 하고 돌아서시는 경우가 너무 많습니다. 어쨌든 르우벤이 부모를 사랑하고 형제를 사랑했어도 간음했기 때문에 죄인이 된 것입니다.

이쪽은 의인의 모습이고 저쪽은 죄인의 모습인 사람이 많습니다. 사람은 모두 두 얼굴의 사람입니다.

롱비치의 한 남자가 통닭집에서 통닭 한 마리를 사서 벤치에 앉아 애인과 먹으려고 뚜껑을 여니 통닭이 아니라 돈이 가득했습니다. 통닭집 주인이 퇴근길에 가지고 갈 돈을 통닭같이 보이게 하려고 통닭 통에 가득 채워서 옆에 두었습니다. 그런데 너무 바쁘다 보니, 손님에게 통닭을 싸 준다는 것이 그만 돈이 든 것을 싸 준 것입니다.

여러분 중에 '땡 잡았다' 하실 분이 혹 계실지 모르겠습니다. 제가 그런 일을 당했어도 시험 들 것 같습니다. 그런데 이 사람은 아주 정직한 사람이었습니다. 생각할 것도 없이 통닭집으로 달려갔습니다.

"여보시오, 주인장. 내가 통닭을 먹으려고 열어 보니 돈이 들어 있소."

주인이 얼마나 반가웠겠습니까? 얼마나 고마웠겠습니까? 아주 큰 통닭집이니 하루 매상이 얼마나 많겠습니까? 그것을 잃어버려서 정신이 없었는데 갖다 주니 얼마나 고맙습니까? 어떻게 이런 정직한 사람이 다 있단 말입니까?

"감사합니다. 감사합니다. 여기 앉으세요. 제가 방송국에 전화해서 당신의 선행을 온 미국에 알리겠습니다."

"아니오, 아니오."

"그냥 가시면 안 됩니다. 전 미국에 알려야 됩니다."

"아, 아니, 가겠습니다."

"안 됩니다. 곧 기자를 부를 테니 앉아 계세요."

"여보시오, 제발 살려 주시오. 저 차에서 기다리는 여자는 내 아내가 아니란 말이오."

이 남자는 물질에는 정직해도 이성 관계에는 정직하지 않은 사람이었습니다.

이 세상에 의인은 아무도 없습니다.

여러분, 이 세상에 의인이 없다니 위로가 됩니까?

율법으로 의롭게 안 될 것을 아시는 하나님께서 다른 의 하나를 주셨습니다. 예수 그리스도를 믿음으로 의롭게 되는 것입니다.

"곧 예수 그리스도를 믿음으로 말미암아 모든 믿는 자에게 미치는 하나님의 의니 차별이 없느니라" (롬 3:22).

할렐루야! 에베소서 1장 7절에도 예수님의 피로 속죄함을 받고 의롭게 되었다고 말씀하십니다.

이것은 사람이 할 수 없는 것입니다. 공의로운 하나님께서 율법에 불순종한 자를 의롭다 하실 수 없고 구원하실 수 없기 때문에 예수님께서 오신 것입니다. 예수님께서 의로운 피를 흘리심으로 그 피로 모든 백성의 죄를 사하시고 누구든지 믿고 받으면 구원을 받게 하신 것입니다. 할렐루야!

살인했고, 남을 미워했고, 간음을 수없이 했고, 회사 물건을 훔쳤고, 뇌물을 받은, 복잡하고 더러운 죄인이라도 하나님께서는 구원해 주십니다. 그것을 믿고 받으면 구원은 내 것이고, 의인은 바로 나입니다. 이것을 우리가 공짜로 받았습니다. 할렐루야!

우리가 행한 것 없이 의인이 되고, 행한 것 없이 구원을 받으니 하나님을 찬양하고 주님의 십자가를 찬양하는 것입니다. 우리는 공짜로 구원받고 의인이 되었습니다. 할렐루야!

그런데 우리가 이것을 어떻게 믿습니까? 아이들이 장난치는 것 같은 이것을 믿도록 성령님께서 역사해 주시기 때문입니다. 할렐루야! 얼마나 고맙습니까?

구원은 선물입니다. 우리가 의인 된 것은 선물입니다. 우리에게 이제는 정죄함이 없습니다. 심판이 없습니다. 우리는 자유를 얻었습니다.

그러면 우리가 구원받아 자유를 얻었으니 이제는 율법을 발로 차면 됩니까? 안 됩니다.

로마서 3장 31절에 "그런즉 우리가 믿음으로 말미암아 율법을 폐하느뇨 그럴 수 없느니라 도리어 율법을 굳게 세우느니라"고 말씀하십니다. 할렐루야!

무슨 말씀입니까?

미국 노예 시장에서 있었던 일입니다. 한 사람이 기가 막히게 예쁜 미인 노예를 팔려고 데리고 나왔습니다. 비록 노예지만 너무 아리땁고 매혹적이니 모든 남자들이 그 노예를 사려고 해서 값이 자꾸 올라가 보통 여자 노예보다 7-8배나 비쌌습니다. 그런데도 서로 사려고 하니 값이 더 올라가고 있었습니다. 모든 남자들이 그 여자를 사서 성적인 노리개로 쓰려 했던 것입니다.

그때 자비롭고 의로운 한 부자가 남들이 생각지도 못할 엄청난 돈을 주고 그 노예를 샀습니다. 모든 사람들이 "저 여자를 사서 갖고 놀려고 그러지" 하며 손가락질을 하고, 그 노예도 '나를 노리갯감으로 쓰려고 샀겠지' 하며 마음속으로 저주를 퍼부었습니다. 그런데 이 주인이 노예를 자유하게 해 주는 문서를 발행하는 사무실로 그 아리따운 노예를 데리고 갔습니다. 그리고 그에게 노예에서 자유롭게 된 것을 증명하는 문서를 주며 말했습니다.

"내가 당신을 사서 당신에게 자유를 줍니다. 이것은 당신이 자유를 얻은 증표이니 이것을 갖고 당신이 가고 싶은 곳에 가서 사시오. 당신은 이제 자유로운 여자가 되었습니다."

그때 그 아리따운 노예 여자가 말했습니다.

"주인님, 고맙습니다. 저에게 이렇게 은혜를 베풀어 주셔서 정말 고맙습니다. 그러나 제가 어디로 가겠습니까? 이런 은혜를 받고 어디로 가겠습니까? 주인님 집에서 주인님 종으로 평생을 섬기겠습니다."

그래서 그 아리따운 여자가 자기 발로 주인을 따라가서 평생을 섬겼다고 합니다.

우리는 이제 하나님의 종이 아니라 하나님의 귀한 자녀가 되었습니다.

갈라디아서 4장 6절에 "너희가 아들인고로 하나님이 그 아들의 영을 우리 마음 가운데 보내사 아바 아버지라 부르게 하셨느니라"고 말씀하십니다.

로마서 8장 16절에도 "성령이 친히 우리 영으로 더불어 우리가 하나님의 자녀인 것을 증거하시나니" 라고 말씀하십니다.

요한복음 1장 12절에도 "영접하는 자 곧 그 이름을 믿는 자들에게는 하나님의 자녀가 되는 권세를 주셨으니" 라고 말씀하고 계십니다.

우리 주님께서도 "나는 너를 종이라 하지 않는다. 친구라 한다. 너는 나의 신부다" 라고 말씀하셨습니다. 할렐루야!

우리는 모두 하나님의 자녀가 되고 주님의 신부가 되었지만 "저는 주님의 종이에요, 하나님의 종이에요" 하며 자유의 종이 되어서 율법을 섬겨야 합니다.

우리는 이제 율법의 자유를 얻었기 때문에 심판이 없습니다. 우리가 죄를 지어도 하나님께 꾸중을 듣지, 지옥으로 가지는 않습니다. 예수 그리스도 안에 있는 자에게는 정죄함이 없습니다. 생명의 성령의 법이 사망의 죄에서 해방을 시켰습니다.

그러나 야고보서 2장 12절에 말씀하십니다.

"너희는 자유의 율법대로 심판받을 자처럼 말(speak)도 하고 행하기(action)도 하라."

왜입니까? 우리가 해방을 얻었다고, 자유를 얻었다고 마음대로 살면 어떻게 되겠습니까? 면허증을 획득하기 전에도 운전 연습을 하고 교통 법규를 지켜야 하지만, 운전면허를 획득한 다음에도 법규를 잘 지키고 운전을 조심해야 사고가 나지 않습니다.

우리는 구원을 받았고 이미 하나님의 자녀가 되었습니다. 그러나 법규를 따라 하나님의 법대로 살 때 우리는 복을 누리고 하나님께서는 영광을 받으십니다.

가정생활도 마찬가지입니다.

"아내들이여 자기 남편에게 복종하기를 주께 하듯 하라"(엡

5:22).

남편이 잘하든 못하든, 남편이 외도를 하든 삼도를 하든 상관하지 말고 아내는 아내의 길을 가야 합니다. 저는 "홍도야 울지 마라 오빠가 있다 아내의 나갈 길을 너는 지켜라"는 이 노래가 성경적이라는 생각이 듭니다. "아내의 나갈 길을 너는 지켜라." 성경 말씀과 같지 않습니까?

"아내들이여 자기 남편에게 복종하기를 주께 하듯 하라"(엡 5:22).

남편을 변화시키는 것은 간단합니다. 남편이 아무리 악해도 아내가 남편에게 "예, 예" 하며 복종하고 남편을 주님같이 생각하면 그 남편이 변하게 되는 것입니다.

남편도 베드로전서 3장 7절 말씀대로 행해야 합니다.

"남편 된 자들아 이와 같이 지식을 따라 너희 아내와 동거하고." 따라 합시다. "아내를 연구하고 공부하자."

제가 터득한 것이 하나 있는데, 영어도 어렵고 수학도 어렵지만 그보다 더 어려운 것은 아내에 대해 공부하는 것입니다. 제가 30년간 공부해도 여자에 대한 정의를 내리지 못하고 있습니다. 봄에 다르고 여름에 다르지요, 아침에 다르고 저녁에 다르니 도대체 종잡을 수 없습니다. 그래도 연구해야 합니다.

그런데 대개 아내는 남편이 따뜻하게 대해 주기를 바라고, 또 남편이 실력이 있어 회사에서 든든히 서고 사업도 잘해서 돈 걱정을 끼치지 않고 가정을 든든히 세워 주기를 바랍니다. 또 다른 여자에게 마음을 써서 괴롭히는 일이 없기를 바랍니다. 그런 면에 믿음직한 남편이 되시기를 바랍니다. 그리고 모든 아내들은 음식을 내놓았을 때 칭찬해 주기를 바라고, 조금 예쁜 옷을 입어도 알

아주기를 바랍니다. 여자분들, 그렇지 않습니까?

한 부인이 미장원에 가서 머리를 자르고 거울을 보니 자신의 모습이 너무 예뻤습니다. 미용사도 "아이구! 사모님. 너무 예뻐요. 야! 여자인 내가 봐도 이렇게 예쁜데 남편이 보시면 얼마나 예뻐하시겠어요?"라며 비행기를 태웠습니다. 칭찬도 들었겠다, 자기가 봐도 예쁘겠다, 집으로 돌아온 부인은 좀 더 예뻐지려고 다시 화장을 하고 머리 모양에 맞추어 이 옷 저 옷을 입어보았습니다. 일곱 번 여덟 번 입어 보고 나서 마음에 맞는 옷을 골랐더니 자기가 보아도 얼마나 예쁜지, 황홀했습니다. 어서 남편에게 자신의 모습을 보여 주려고 남편을 기다리고 있는데 '딩동딩동' 하는 소리가 나서 달려나갔습니다.

"여보, 어서 오세요."

아, 그런데 무심한 남편은 아내의 얼굴도, 머리도, 옷도 보지 않고 그냥 들어가더니 옷을 벗으면서 "밥 줘, 밥 먹자"라고 했습니다.

이런 남편들이 많습니다. 특히 경상도 남자들이 그렇습니다. 그러면 아내가 허전합니다. 섭섭합니다.

인생은 간단합니다. 우리가 성경대로 살려고 노력만 해도 하나님께서 복을 주십니다.

사랑하는 여러분, 율법은 좋은 것이지만 율법으로는 구원받지 못합니다. 구원과 의는 하나님께서 우리에게 선물로 주셨습니다. 우리는 구원받았습니다. 의인이 되었습니다. 천국은 우리의 것입니다.

그래도 율법을 버리면 안 됩니다. 말 한 마디를 해도 활을 쏘듯이, 조그만 행동을 해도 생각해서 하나님의 아들딸답게, 가정에서나 회사에서나 어디에서나 그렇게 살면 우리는 빛이 나고 하나님께서는 기뻐하십니다. 그리고 복이 우리 것이 되는 것입니다.

야고보서 2장 13절 야고보서 강해

긍휼의 개가

우리가 식사를 기쁜 마음으로 즐겁게 하는 것이 중요하듯이, 하나님 말씀도 늘 즐겁고 기쁜 마음으로 받는 것이 중요합니다.

여러분, 오늘도 정말 즐거운 마음으로 하나님의 귀한 말씀을 즐기고 잘 드셔서 새 힘을 얻고 하나님께 사랑받는 귀한 시간이 될 수 있기를 바랍니다.

오늘 말씀은 인생의 두 갈래 길을 우리에게 제시하고 있습니다. 하나는 긍휼을 행하는 길이고, 다른 하나는 긍휼을 행하지 않는 길입니다.

긍휼이 무엇입니까?

긍휼이란 '함께' 라는 말과 '감정' 이란 말이 합해서 된 말로 '함께 같은 감정으로 느낀다' 라는 뜻입니다. 상대방의 아픔을 나의 아픔으로, 상대방의 고독을 나의 고독으로, 상대방의 힘겨움을 나의 힘겨움으로 느끼는 것입니다.

그리고 긍휼이란 단순히 함께 느끼고 마는 것이 아니라 구체적으로 그 문제를 도와주고 해결해 주려는 행위까지 따르는 것을 말합니다. '아! 안됐다, 불쌍하다' 하며 함께 울고 끝나는 것이 아니라 그 사람의 외로움을 덜어 주고, 그 사람의 슬픔과 무거움을 가볍게 해 주는 것, 구체적으로 도와주는 것이 긍휼인 것입니다.

우리 예수님의 긍휼이 성경에 많이 나타나는데, 누가복음 7장 11절 이하의 사건도 그 하나의 예입니다. 예수님께서 제자들과 허다한 무리와 함께 나인 성으로 들어가십니다. 그런데 성 안에서 장례 행렬이 나옵니다. 사람들이 죽은 자를 관에 메고 나오고 그 뒤에 한 부인이 오열하면서 따라옵니다.

우리 주님께서는 아십니다. 우리 주님께서는 전능하셔서 "죽은 자는 누구이고, 우는 자는 누구요?"라고 묻지 않으셔도 다 아십니다. 오늘도 주님께서는 여러분을 다 아십니다. 저를 다 아십니다. 전지전능하신 주님께서는 그 부인도, 청년도 다 아셨습니다. 그 부인은 죽은 청년의 어머니이고 그 청년은 외아들입니다. 그리고 그 부인은 남편이 없습니다. 아들이 죽었어도 남편이 있다면 좀 나을 텐데, 남편도 없이 아들 하나만 의지하고 살던 부인이 아들마저 잃었으니 휘청거리며 아들의 시신을 따라 장지로 가는 것입니다.

그때 주님께서 그 부인을 긍휼히 여기십니다.

"여인아, 울지 말라."

그리고는 그냥 지나가시는 것이 아닙니다. 관에 손을 대십니다. 시신이 담긴 관, 냄새나는 관에 손을 대십니다. 이것은 사랑이 없으면 할 수 없는 일입니다.

제가 미국에서 장례식 집례를 여러 번 했고, 또 다른 교회 장례식에도 몇 번 참석했습니다. 미국에서는 사람이 죽으면 예쁘게 화장을 해 주고 고운 옷을 입힙니다. 그리고 관 뚜껑을 닫지 않고 볼 수 있게 해 놓습니다. 발인 예배를 마치면 모든 사람이 돌아가신 분의 얼굴을 마지막으로 보며 그 앞에서 기도하고 작별을 합니다. 대부분의 사람들은 그냥 얼굴만 보고 기도를 한 후에 가는데, 돌아가신 분의 손을 잡고 한참 있다 가는 사람들도 있고, 돌아가신 분의 얼굴에 자기 얼굴을 갖다 대는 사람들도 있습니다. 그것은 사랑이 진하기 때문입니다. 사랑할수록 가까이하게 되는 것입니다.

우리 예수님께서 어머니의 마음으로 그 시신이 담긴 관에 손을 대십니다. 그리고는 말씀하십니다.

"청년아, 내가 네게 말한다. 일어나라."

죽은 자가 듣겠습니까? 그러나 죽은 자도 주님의 말씀은 듣습니다. 할렐루야!

청년이 살아났습니다. 그 어머니가 얼마나 기뻤겠습니까? 나인 성민들이 얼마나 기뻐했겠습니까?

이것이 긍휼입니다. 긍휼은 슬픔을 없애 주는 것입니다.

요한복음 11장에도 같은 이야기가 있습니다.

아버지 어머니 없이 오빠와 두 누이동생, 3남매가 삽니다.

여러분, 꾸중하고 잔소리하는 아버지 어머니가 계신 것을 복으로 아시기 바랍니다. 정말 복으로 알아야 됩니다. 세월이 지나면 꾸중하는 부모님도 계시지 않습니다. 꾸중하는 부모님이 계시는 것이 얼마나 감사한 일인지 모릅니다.

이 3남매는 부모님도 없이 그저 3남매끼리만 살았으니, 청년인 오빠가 가장입니다. 그런 청년이 병들어 죽었으니 두 여동생이 얼마나 어렵겠습니까? 살아갈 길이 막막합니다. 두 여동생이 한없이 웁니다.

그때 주님께서 오셔서 그 무덤 앞으로 가십니다. 요한복음 11장 35절에 보면 "예수께서 눈물을 흘리시더라"고 기록되어 있습니다. 마리아가 울고 동민들이 울 때 주님께서도 같이 우셨습니다. 이것이 주님의 긍휼하심입니다.

주님의 긍휼은 눈물로만 끝나는 것이 아닙니다. "나사로야, 나오라"고 말씀하셔서 청년을 살려 주셨습니다. 할렐루야!

주님의 긍휼에는 능력이 흐릅니다.

오늘 여러분이 무덤에 누워 있는 죽은 청년처럼 끝난 문제, 아무도 도와주지 못할 문제를 갖고 왔어도 우리 주님의 긍휼하심이 여러분에게 부딪치면 일어날 수가 있습니다. 여러분의 몸에 힘든 병이 있어도 이 밤에 주님께서 긍휼히 여기시사 일으켜 주시고 쾌유시켜 주시기를 바랍니다. 여러분 부부가 죽은 부부 같아도 우리 주님께서 회복시켜 주시기를 바랍니다. 여러분의 사업과 직장, 인생살이에 힘든 문제가 있어도 오늘 밤에 "일어나라! 회복되라!"고 말씀해 주시기를 바랍니다. 이 말씀을 텔레비전을 통해, 방송을 통해, 문서를 통해 접하는 사람들에게도 주님의 긍휼의 능력이 흐르기를 축원합니다.

우리는 물론 전능하신 주님처럼 능력 있는 긍휼을 행하지 못할지도 모릅니다. 그래도 주님의 이미지를 닮아야 됩니다. 주님의 이미지를 닮아서 주님처럼 긍휼히 여기며 살아야 합니다.

왜입니까? 우리의 뿌리가 긍휼이기 때문입니다.

마태복음 18장 21-22절을 보면 베드로가 묻습니다.

"주여, 형제가 우리에게 잘못하면 몇 번이나 용서해 줄까요? 일곱 번까지 해 줄까요?"

예수님께서 대답하십니다.

"일흔 번씩 일곱 번이라도 용서해 주어라."

그러면서 예수님께서 하신 말씀이 있습니다.

어떤 임금이 자기 종들과 회계하는데 한 종이 1만 달란트를 빚졌습니다. 1만 달란트가 얼마인지 아십니까? 한 달란트가 6천 데나리온이니 1만 달란트는 6천만 데나리온입니다. 한 데나리온은 하루 품삯입니다. 하루 품삯을 5만 원으로 잡으면 1만 달란트는 3천조 원입니다. 우리 한국의 예산의 30배나 됩니다. 그 큰 빚을 어떻게 갚겠습니까?

임금님이 말합니다.

"네 몸을 팔고 네 아내를 팔고 자식을 팔고 소유를 다 팔아 갚으라."

"죽을죄를 졌습니다. 살려 주세요. 다 갚으리이다."

도저히 갚을 수 없는 돈을 갚겠다며 살려 달라고 비는 종을 불쌍히 여긴 임금님이 그 빚을 다 탕감해 주었습니다. 그 종이 얼마나 기뻤겠습니까? 도저히 갚을 수 없는 빚을 임금님의 긍휼로 탕감 받았으니 말입니다.

그 종이 누구입니까? 1만 달란트를 탕감받은 사람이 바로 저 지용수이고, 여러분입니다. 할렐루야!

그 비유는 이것입니다. 율법에 순종하지 못한 죄가 얼마나 많은지 모릅니다. 정조준해서 바로 과녁을 명중시켜야 하는데 명중시키지 못하고 빗나간 죄가, 하나님 말씀을 따라 살아야 하는데 말씀을 벗어난 일이 얼마나 많은지 모릅니다. 그 죄 값은 1만 달란트가 넘어 우리가 어떻게 갚을 수 없습니다. 아무리 선을 행해도 갚을 길이 없는 것입니다. 그러나 주님께서는 주님의 긍휼하심으로 우리를 구원해 주셨습니다.

에베소서 2장 1절에 "너희의 허물과 죄로 죽었던 너희를 살리셨도다"라고 말씀하십니다. 또 4-6절에는 "긍휼에 풍성하신 하나님이 우리를 사랑하신 그 큰 사랑을 인하여 허물로 죽은 우리를 그리스도와 함께 살리셨고……함께 하늘에 앉히시니"라고 말씀하십니다.

영원히 멸망할 우리가, 구더기와 마귀와 죄인들과 불만 있는 지옥에 들어갈 우리가 감히 이 세상에서만 사는 것이 아니라 천국에서 하나님과 예수님과 함께 살게 된 것은 우리의 행위 때문이 아니고 주님의 긍휼하심 때문입니다. 할렐루야!

주님의 긍휼하심을 받아 우리가 살았으니 우리도 주님의 긍휼을 행하는 것이 마땅합니다. 긍휼은 우리가 반드시 행해야 하는 것입니다.

그러므로 우리가 긍휼을 행하지 않으면 하나님께서 진노하신다고 말씀하십니다. 마땅히 긍휼을 행해야 하는 자가 긍휼을 행하지 않으면 그도 긍휼이 없는 심판을 받게 되는 것입니다. 이 말씀이 마태복음 18장에 나옵니다.

1만 달란트를 탕감받은 사람은 너무 좋아서 "야! 나는 이제 빚에서 해방됐다" 하며 아마 덩실덩실 춤을 추었을 것입니다. 100억, 200억도 아니고 3천조를 탕감 받았으니 날아갈 것같이 좋아 했습니다. 그러던 그가 궁궐 문 앞에서 자기에게 100데나리온(500만 원)을 빌려 간 사람을 만났습니다.

"야! 너, 왜 아직 내게 빚진 500만 원을 갚지 않아?"

"아이고, 갚겠습니다. 봐 주세요. 형편이 좋지 않아서……."

"형편이 안 좋아? 형편이 몇 번이나 안 좋아? 계속 형편이 안 좋아? 갚아! 갚아!"

"아, 갚겠습니다."

"지금 당장 갚아!"

그래도 갚지 않으니 감옥에 가두었습니다. 자기는 바로 잠시 잠깐 전에 3천조 원을 탕감 받아 놓고, 500만 원 빚진 사람의 멱살을 잡고 끌어다가 감옥에 가두었습니다. 그것을 본 동관들이 민망하고 딱해서 임금에게 고했습니다.

"폐하! 폐하께서 탕감해 준 그 친구가 자기에게 100데나리온 빚진 자의 멱살을 잡고 끌어다가 감옥에 넣었습니다."

"무엇이라고?"

빚을 탕감해 준 왕이 화가 나서 명령했습니다.

"그놈을 끌어다가 감옥에 가두어라! 빚을 다 갚을 때까지 감옥에 가두어라."

그래서 그 종이 감옥에서 평생 썩게 되었습니다.

이것이 무슨 말씀입니까?

바로 오늘 여러분과 제게 "너희들이 하나님의 크신 긍휼로 이렇게 용서받아 살게 되었으니 너희도 너희 형제의 잘못을 용서하라, 형제를 긍휼히 여기라"고 말씀하시는 것입니다.

누가복음 6장 32-35절에도 말씀하십니다.

"너희가 만일 너희를 사랑하는 자를 사랑하면 칭찬받을 것이 무엇이뇨 죄인들도 사랑하는 자를 사랑하느니라 너희가 만일 선대하는 자를 선대하면 칭찬받을 것이 무엇이뇨 죄인들도 이렇게 하느니라 너희가 받기를 바라고 사람들에게 빌리면 칭찬받을 것이 무엇이뇨 죄인들도 의수히 받고자 하여 죄인에게 빌리느니라 오직 너희는 원수를 사랑하고 선대하며 아무것도 바라지 말고 빌리라 그리하면 너희 상이 클 것이요 또 지극히 높으신 이의 아들이 되리니……."

그리고 누가복음 6장 36절에 "너희 아버지의 자비하심같이 너희도 자비하라"고 말씀하십니다.

'하나님께서 자비하신 것처럼 너희도 하나님의 자녀답게 자비하라(Be merciful, just as your Father is merciful), 긍휼을 베풀라'는 것입니다. 그러면 후히 되어 누르고 흔들어 넘치도록 안겨 주십니다.

"주라 그리하면 너희에게 줄 것이니 곧 후히 되어 누르고 흔들어 넘치도록 하여 너희에게 안겨 주리라" (눅 6:38).

"빈약한 자를 권고하는 자가 복이 있음이여 재앙의 날에 여호와께서 저를 건지시리로다 여호와께서 저를 보호하사 살게 하시리니" (시 41:1-2).

우리가 빈약한 자, 불쌍한 자를 도와주면 하나님께서 기뻐하시사 우리가 어려움을 당할 때 건져 주시고, 보호해 주시고, 살려 주십니다. 할렐루야!

성경대로 되는 것입니다.

사무엘상 30장은 29장의 역사와 이어지는데, 거기에 보면 다윗이 긍휼을 베풀었다가 넘치도록 복을 받는 장면이 나옵니다.

다윗이 600명의 무리와 함께 블레셋 왕에게 붙어사는데, 블레셋이 이스라엘과 싸우게 되자 블레셋 왕이 다윗에게 함께 나가서 싸우자고 합니다. 다윗은 정말 진퇴양난입니다. 블레셋 왕의 말을 따라 싸우러 가면 자기 동족과 싸워야 되고, 싸우러 나가지 않으면 오해를 받아 죽게 되니 이러지도 저러지도 못합니다. 그런데 하나님께서 도와주십니다.

참모들이 왕에게 이렇게 말합니다.

"왕이여, 저 다윗은 골리앗을 죽인 사람입니다. 이스라엘 여자들이 노래하기를 사울이 죽인 자는 천천이요 다윗이 죽인 자는 만만이라고 하는데, 그 죽인 자 만만이 우리 블레셋입니다. 그러니 다윗은 우리의 원수인데 우리 원수를 어떻게 믿고 데려갈 수 있겠습니까? 저 다윗을 데리고 가면 안 됩니다."

그러니 왕이 다윗에게 "다윗, 나는 자네를 믿어서 함께 나가 싸우기를 원하지만 모든 장관들이 싫어하니 어떻게 하겠나? 자네는 그냥 집에 가서 쉬게나"라고 합니다. 다윗이 속으로는 아주 좋아하면서도 "폐하, 제가 의심받을 일이 뭐가 있었나이까?"라고 합니다.

하나님의 도우심으로 전쟁터에 나가지 않게 된 다윗이 600명을 데리고 자기 처자들이 기다리는 시글락으로 돌아옵니다. 그런데 시글락에 와 보니 집은 다 불타 있고 여자와 아이들은 다 잡혀갔고 재산도 다 없어졌습니다. 아말렉 군사들이 와서 그렇게 한 것입니다.

그러나 다윗과 600명은 누가 와서 그랬는지를 모릅니다. 죽은 사람은 하나도 없고 재물은 없어지고 집은 불탔으니 여자와 아이들이 사로잡혀 간 것으로 짐작을 하는 것입니다.

이럴 때 지도자는 힘이 듭니다. 그 600명이 다윗 때문에 잘 먹고 잘 살 때는 아무 소리 하지 않다가, 집이 불타고 처자를 빼앗기고 나니 눈이 뒤집혀 모두 다윗에게 돌을 던지며 죽이려고 합니다. 못된 사람들입니다. 혹시나 여러분은 일이 잘 안 될 때 제게 돌을 던지지 마시기 바랍니다. 제가 언제 여러분 집안이 안 되라고 훼방을 놓은 적이 있습니까?

다윗이 무슨 죄가 있습니까? 어중이떠중이들, 환난당한 자들, 억울한 일을 당한 자들, 갈 데 없어 쫓겨 온 자들을 다 데리고 살면서 밥을 먹여 주었는데 그 은혜를 돌로 갚으려 하는 것입니다.

다급해진 다윗이 하나님께 매달렸습니다.

"하나님!"

어려울 때 우리가 매달릴 분은 하나님뿐이십니다. 할렐루야! 그때 하나님께서 다윗에게 용기를 주십니다. 담력을 주십니다. 그러니 600명이 돌로 치려 해도 하나도 겁이 나지 않습니다.

"여러분, 돌로 나를 죽이면 문제가 해결되나? 그러면 여러분의 처자식을 어디에서 찾을 텐가? 나 없이 찾을 수 있어?"

다윗의 말에 그들의 마음이 가라앉습니다. "아하! 우리가 흥분했다"라며 그들이 돌을 내려놓습니다. 그리고 다윗과 600명이 "자, 우리 가족들을 찾으러 가자!" 하며 처자들을 찾으러 갑니다. 브솔 시내를 건너자 200명이 지쳐서 말합니다.

"우리는 못 가겠어요."

"그러면 200명은 여기에서 쉬어라."

다윗이 400명을 데리고 가는데, 어디로 가야 하겠습니까? 동으로 가야 좋을지 서로 가야 좋을지 모릅니다. 침을 손바닥에 뱉고 탁 때려서 침이 튀는 곳으로 가야 됩니까? 어떻게 해야 할지 정말 막막합니다. 아말렉이 쳐들어왔는지, 블레셋의 산적이 쳐들어왔는지 모르지 않습니까?

막막하게 길을 가는데, 한 거지 소년이 정신을 잃고 길에 쓰러져 있습니다. 3일 낮 3일 밤을 굶은 거지 소년입니다. 지금 처자를 빼앗겨 눈이 벌개서 처자를 찾으러 가는 그들의 눈에 그 소년이 보이겠습니까? 그러나 다윗에게는 긍휼함이 있었습니다.

"어! 굶은 소년 같다. 빨리 물을 먹이고 떡을 주어라."

음식을 먹은 소년이 정신을 차립니다. 그런 거지에게는 떡과 물만 주어도 되는데 다윗은 손님 대접하듯 합니다.

"무화과 떡 뭉치를 주어라. 건포도 두 송이를 주어라."

그렇게 하기가 어렵습니다. 먹지 못하고 죽어 가는 거지에게 떡과 물만 주어도 되는데, 무화과 떡을 주고 귀한 건포도 두 송이까지 줍니다. 그리고 그 소년에게 묻습니다.

"너는 누구냐?"

"애굽 소년입니다. 저는 아말렉 주인의 종이었는데 며칠 전에 제가 병들자 주인이 저를 버리고 갔습니다."

"그 아말렉 사람들은 무엇을 했느냐?"

"유다 남방과 시글락을 쳤습니다."

"그러면 시글락을 불태우고 빼앗아 간 사람이 바로 네 주인이냐?"

"예."

다윗의 눈이 번쩍합니다. 그 소년이 바로 정보통입니다.

"너, 우리를 군대 진지로 안내할 수 있느냐?"

"저를 제 주인에게 넘겨주지 않는다고 하나님 앞에 맹세하시면 안내할 수 있습니다."

그래서 그 소년을 따라가니 아말렉 사람들이 여자들과 아이들을 잡아놓은 채 바리바리 훔쳐 온 것을 보면서 좋아하고 있습니다. 유다에서 훔쳐 온 것, 남방에서 탈취한 것, 그리고 이때까지 훔쳐 와서 쌓아 놓은 것이 가득합니다. 실제 산적의 굴에는 없는 것이 없고, 산적들이 임금보다 더 잘 먹고 더 잘 살았습니다.

자기들이 빼앗아 온 물건들을 보고 기뻐서 막 먹고 마시며 잔치를 벌이고 있는 아말렉 사람들을 다윗과 그 일행이 급습해서 칩니다. 술에 취한 그들은 한 번 싸워 보지도 못하고 추풍낙엽처럼 쓰러집니다. 술을 적게 마신 아말렉 사람 400명만 도망가서 살았습니다.

다윗과 그 일행은 아말렉 사람들의 굴에 있는 물건들을 소 떼와 양 떼에 가득 싣고 돌아옵니다. 처자들을 찾은 것은 물론, 모든 것을 회복하고 오히려 거부가 되어 돌아옵니다.

여러분, 생각해 보십시오. 다윗은 그 거지에게 떡 하나와 물, 무화과 떡 뭉치와 건포도 두 송이를 주고 몇 천 배, 몇 만 배를 얻었습니다. "주라 그리하면 너희에게 줄 것이니 곧 후히 되어 누르고 흔들어 넘치도록 하여 너희에게 안겨 주리라"(눅 6:38)는 말씀대로 된 것입니다.

하나님께서는 긍휼히 여기는 자를 긍휼히 여기시고, 긍휼히 여기는 자에게 승리를 주십니다.

그래서 오늘 본문에 "긍휼은 심판을 이기고 자랑하느니라"(약 2:13)고 말씀하십니다.

그런데 여기에서 말하는 자랑은 보통 자랑이 아니고 "야!" 하고 개가를 부르는 것입니다.

"야!"

이것을 어떻게 표현해야 됩니까? 이겨서 그냥 좋아하는 것이 아니라 좋아서 어쩔 줄 모르는 것, 환희라고 해야 되겠습니까? 이는 너무 좋아서 어쩔 줄 모르는(triumphal), 말로 표현할 길이 없는 자랑을 말합니다.

다윗을 보십시오. 한 아이를 긍휼히 여김으로 잃어버렸던 아내와 아이는 물론 재산을 도로 찾고, 아말렉 군사들이 지금까지 훔쳐 놓은 것도 다 빼앗아 왔습니다. 다윗과 그 400명은 개가를 불렀을 것입니다.

그러나 애굽 소년의 주인인 아말렉 사람은 자기 종이 병드니 버렸습니다. 달 때는 삼키고 쓰니 내뱉었다가 결국 자신이 죽었습니다. 만일 그 주인이 병든 소년을 나귀에 태워 데리고 갔으면 다윗과 그 일행이 그들의 진지를 어떻게 알았겠습니까? 만일 그 주인이 "애야, 병이 들었구나. 감기 몸살인가 보구나"라며 자기 종을 긍휼히 여겼으면 태평했을 텐데, 불쌍히 여기지 않고 긍휼을 베풀지 않았다가 심판을 받은 것입니다.

성경 말씀은 그대로 실행됩니다. 할렐루야!

뿐만 아니라 예수님께서 기도를 가르치실 때도 "우리가 우리에게 죄지은 자를 사하여 준 것같이 우리 죄를 사하여 주옵시고"라고 기도하라고 하셨습니다. 이것이 무슨 뜻입니까?

예수님께서 직접 말씀하시기를 "너희가 형제의 과실을 용서하면 하늘에 계신 너희 아버지께서도 너희 과실을 용서하시리라"고 하셨습니다. 형제가 내게 잘못한 것, 시어머니, 시누이, 시동생, 이웃집의 누구, 또 아무개 집사님이 내게 잘못한 것, 그런 것을 용서해야 합니다.

사람은 누구나 잘못하며 삽니다. 저도 죄를 짓습니다. 그저께는 기도한 후 바로 죄를 지었습니다. 그저께 새벽, 미국에 급히 전화해야 될 일이 있어서 새벽기도를 다른 날보다 빨리 마치고 급히 내려갔습니다. 그런데 어떤 집사님 내외분이 "목사님!" 하고 저를 부르더니 무슨 이야기를 하려고 했습니다. 그러나 제가 "시간이 없어요" 하고 그냥 내려갔습니다. 그러니 그 집사님 내외분이 마음의 상처를 얼마나 많이 받았겠습니까? 제가 기도를 마치고 나오면 이야기하려고 그분들은 기도도 하지 않고 오랫동안 저를 기다렸을 텐데 "시간이 없어요" 하고 내려갔으니 얼마나 서운하였겠습니까? 그분들을 생각하니 제 마음도 무거워서 "주님, 그분들의 마음을 위로해 주세요"라고 기도하고 미국에 전화를 했더니 전화도 받지 않았습니다.

만일 그 집사님 내외분이 "목사님이 급한 일이 있구나" 하고 저를 긍휼히 여기면 얼마나 복이 있겠습니까? 그러나 "목사님이 왜 그렇게 쌀쌀맞지?"라며 저를 미워하면 상처를 받게 됩니다.

제가 여러분에게 상처를 주지 않고 은혜만 끼치는 종이 되고 싶어 살얼음판을 걷듯이 살아도 저도 모르게 그렇게 실수를 합니다. 저만 실수를 하는 것이 아닙니다. 여러분도 실수하고 모든 사람들이 다 실수를 합니다. 우리는 모두 과녁을 바로 쏘지 못하고 실수를 많이 합니다.

그런데 우리가 남의 실수를 덮어 주고 용서해 주면, 남도 내 실수를 덮어 주고 하나님께서도 용서해 주십니다. 그래서 "긍휼은 심판을 이기고 자랑하느니라"고 말씀하시는 것입니다.

긍휼은 사람의 비판도 이기고 하나님의 정죄함도 이깁니다. 할렐루야! 그래서 긍휼함이 있으면 개가를 부르게 되는 것입니다.

그러므로 가정에서나 어디에서나 '그래, 하나님의 자비하심처럼 나도 자비해야지. 우리 주님의 긍휼하심처럼 나도 긍휼해야지. 내가 주님의 긍휼로 구원받았으니 나도 긍휼을 베풀어야지' 하면서 살아야 합니다.

러시아의 문호 톨스토이가 딸을 아주 사랑했는데, 하루는 그 딸이 막 울며 들어왔습니다.

"왜? 왜 그래?"

"저놈이 막대기로 날 때렸어요. 저놈이 막대기로 날 때렸어요. 어서 가서 혼내 주세요."

톨스토이는 마음이 아프고 화가 났지만 "사랑하는 딸아, 내가 저 아이를 때리면 너는 저 아이하고 원수가 된다. 저 아이와 원수로 살기 원하니?"라고 말했습니다. 그리고는 맛있는 햄으로 샌드위치를 만들어 주며 말했습니다.

"이것을 가지고 가서 그 남자 친구에게 주어라. 그러면 네 친구가 될 것이다."

톨스토이의 딸은 자기를 때린 미운 아이지만 아빠의 말을 듣고 샌드위치를 갖다 주었습니다.

"아빠가 너 이거 먹으래."

그래서 그 남자 친구가 톨스토이의 딸을 가장 사랑하고 잘 보호해 주는 친한 친구가 되었답니다. 만일 톨스토이가 그 아이에게 꿀밤을 주고 야단쳤으면 자기 딸만 계속 당했을 것입니다. 톨스토이는 신앙의 사람이었기 때문에 긍휼을 베푼 것입니다.

내게 잘해 주는 사람에게 내가 잘하는 것은 세상 사람들도 다 하는 일입니다. 내게 잘못하고 내게 좋지 않게 하는 사람에게 잘하는 것이 주님의 긍휼입니다.

이러한 긍휼이 풍성하여 늘 개가를 부르는 여러분이 되시기를 축원합니다.

◀ 야고보서 2장 14-26절 야고보서 강해

살아 있는 믿음

오늘 본문에 우리 믿음에는 죽은 믿음과 산 믿음이 있다고 말씀하십니다.

죽은 믿음은 어떤 믿음입니까?

자신은 '나는 믿는다'라고 하는데 생활에서 믿음이 나타나지 않습니다. 자신은 '나는 예수님을 믿는다, 하나님을 믿는다'라고 하는데 전도도 하지 않고, 봉사도 하지 않고, 충성도 하지 않아 믿는 표시가 나지 않습니다. 이것을 죽은 믿음이라 했습니다. 영혼이 없는 몸은 죽은 사람인 것처럼 행함이 따르지 않으면 그것은 죽은 믿음이라는 것입니다.

흔히 한국교회의 문제는 믿음은 있는데 생활이 없는 것이라고 합니다. 그것은 맞기도 하지만 틀리기도 한 말입니다.

살아 있는 나무는 생명이 있습니다. 생명이 있는 나무는 생명 있는 표시가 나는 것처럼, 정말 생명력 있고 살아 있는 믿음을 지녔으면 생활에 열매가 나타나게 됩니다. 그러므로 생활에 열매가 나타나지 않는다면 그것은 죽은 믿음인 것입니다. 믿음이 살아 있으면 생활도 살아 있고, 믿음이 죽었으면 생활도 죽는 것입니다.

그리고 우리의 믿음이 살아 있으면 그 생활을 보고 남들도 구원을 받습니다.

부모 없이 혼자 사는 가난한 소년이 미군 부대에서 심부름을 하게 되었습니다. 그는 그곳에서 생활하면서 하나님을 섬기고 성경을 읽고 기도하며 예배를 드리는 미군들은 우리 한국 군인들과 다르다는 것을 깨달았습니다. 첫째로 하나님을 섬기는 미군들은 아주 정직했습니다. 둘째로 그들은 부지런했습니다. 누가 보든 보지 않든 자기가 책임진 일에 열심히 성실하게 임했습니다. 셋째로 그들은 아주 명랑했습니다. 좋은 날에나 좋지 않은 날에나 항상 기뻐하며 명랑하게 살았습니다.

'아하! 하나님을 믿는 미군들은 이렇게 정직하고, 이렇게 성실히 일하고, 이렇게 명랑하고 행복하게 사는구나.'

미군들의 삶에 감동을 받은 소년도 그들이 믿는 하나님을 믿으며 그렇게 살려고 노력했습니다. 그래서 미군들이 먹던 초콜릿이나 빵을 얻어먹으려고 애쓰는 다른 소년들과 달리 그는 정직하게 살고 성실히 일했습니다. 어려운 일이 있을 때에도 늘 명랑한 얼굴로 기쁘게 살았습니다. 한 미군 병사가 그 소년의 삶을 보고 심부름만 하며 살기에는 아까운 아이라는 생각을 하게 되었습니다. 그래서 그 소년을 미국으로 데리고 가서 공부를 시켜주었습니다. 그 소년은 미국에서 박사학위까지 받고 미국 여자와 결혼을 했습니다. 그 소년은 이제 한국의 별처럼 빛나는 일꾼이 되어서 큰 영향을 끼치고 있습니다.

나에게 생활의 열매가 나타나면 나도 복이 있지만, 나를 보는 사람들이 예수님을 믿게 되는 줄로 믿습니다. 살아 있는 믿음이 이렇게 중요한 것입니다. 즉 믿음이 살아 있으면 생활이 따라가게 되는 것입니다.

아브라함을 보십시오. 아브라함은 먹고사는 데 허덕이는 사람이 아니었습니다.

이민 가는 사람들을 보면 대개는 한국에서 성공하지 못한 사람들입니다. 한국에서 성공하지 못했거나 성공했다가 내리막길을 걷는 사람들이 일이 마음대로 되지 않으니 미국으로, 캐나다로, 일본으로 한번 가 볼까 하다가 가는 경우가 많습니다. 한국에서 잘되는 사람들 중에 이민 가는 사람은 별로 없습니다.

아브라함은 허덕이며 사는 사람이 아니라 잘 사는 부잣집의 사람입니다. 그런데도 하나님께서 어디라는 지명도 알려 주지 않으시고, 캐나다, 미국, 일본, 한국 등 지명도 알려 주지 않으시고 "내가 지시하는 땅으로 가라" 하실 때 따라갔습니다.

그리고 100세가 가까워도 아이가 없던 그는 자기 몸은 죽은 몸 같고, 자기 아내 사라도 경수가 끊어져 여자로서는 생산할 수 없는 것을 알면서도, 하나님께서 "네 씨로, 사라가 낳은 아이로 천하 만민이 복을 받게 하리라"고 하신 그 말씀을 믿고 기뻐했습니다. 로마서 4장 18절 말씀대로 바랄 수 없는 중에 바라고 기뻐했습니다. 믿을 수 없는 중에 믿고 좋아했습니다.

이런 이야기가 전해 내려오고 있습니다.

아브라함이 막사에서 아주 좋아하고 있었습니다. 길 가던 노인이 그 모습을 보고는 물었습니다.

"아니, 노인장. 왜 그렇게 좋아하시오?"

"허허, 아들 때문에 좋아합니다."

"아들? 무슨 아들이오? 손주요?"

"아니오, 내 아들 때문에 기뻐합니다."

"아니, 당신 아들이라니? 당신 연세가 얼만데 그래요?"

"100세 가깝지요."

"그 아들이 어디 있소?"

"곧 주신단 말이오."

"아니, 뭘 준단 말이오?"

"하나님께서 약속하시기를 내게 아들을 주신다고 하셨으니 주신단 말이오."

그러면서 아브라함이 계속 좋아하니 노인이 "저 사람이 미쳤나?" 하며 지나갔답니다.

아브라함은 하나님 말씀을 믿고 바랄 수 없는 중에 바라고, 믿을 수 없는 중에 믿다가 100세에 아들을 얻었습니다. 할렐루야!

할머니 사라가 아기를 순산하고 젖을 먹입니다. 하나님께서 하시면 못하실 일이 없습니다.

오늘도 몸에 장애가 있는 부인들이 있으면 하나님께서 그것을 제거해 주시기를 축원합니다. 오늘의 사라처럼 돌보아 주시기를 바랍니다. 이 말씀을 방송으로 듣는 하나님의 딸들 중에 많은 분들이 태에 복을 받으시기 바랍니다.

그런데 아브라함의 그 귀한 아들 이삭이 자랐을 때 하나님께서 이삭을 제물로 바치라고 하십니다. 하나님께서 약속하시기를 "이 아이로 천하 만민이 복을 받을 것이다"라고 하셨는데, 그 아이를 바치라고 하십니다. 바치면 끝인데 어떻게 해야 합니까?

자기 아들을 죽여 하나님께 바치면 아이는 죽고 하나님의 약속은 깨어집니다. 그러나 아브라함은 하나님께서 전지전능하신 분이시기 때문에 죽은 아이를 다시 살리시든지 어떻게 하실 것을 믿고 아들을 바칩니다. 자기에게는 아이디어가 없지만 전지전능하신 하나님께는 아이디어가 있을 것을 믿고 아들을 바칩니다. 그래서 창세기 15장 6절에 "아브람이 여호와를 믿으니 여호와께서 이를 그의 의로 여기시고"라고 말씀하십니다. 믿음이 생활에 나타나서 의가 완성되므로 아브라함이 믿음으로 의롭다 함을 받은 것이 생활로 증거가 된 것입니다.

오늘 여러분과 저의 믿음이 생활로 증거가 될 수 있기를 바랍니다. 여러분과 저의 생활이 '아하! 저 사람은 믿음이 있는 사람이다'라고 인정받을 수 있는 증거가 많기를 바랍니다.

라합은 기생입니다. 남의 집에서 기생 노릇을 하는 사람이 아니라 기생이면서 작은 주막집을 운영하는 주인입니다. 그는 비록 웃음을 팔고 술을 파는 여자였지만 많은 길손들이 하는 이야기를 듣습니다.

"야! 이스라엘의 하나님은 대단하시대. 이스라엘 백성이 섬기는 하나님은 너무 놀라운, 상천하지의 하나님이시래. 세상에! 열 가지 재앙을 내려서 애굽 왕 바로를 항복시켰대. 아니, 글쎄 홍해의 물을 쫙 갈라서 마르게 한 다음 자기 백성들이 한 사람도 다치지 않고 건너게 하셨대. 그리고 애굽 군대가 뒤쫓아 올 때는 그 물을 다시 엎어서 다 수장시켜 버리셨대. 그리고 시혼과 옥 왕도 그들을 막다가 전멸을 당했대. 이스라엘 백성은 대단하대. 그들이 앞으로 이 땅을 다 점령한대. 가나안 땅이 그들에게 점령된대. 하나님이 그렇게 해 주신대."

길손들의 이런 말을 들을 때 그의 마음에 믿음이 생겼습니다.

로마서 10장 17절에 믿음은 들음에서 난다고 말씀하십니다. 할렐루야!

지금 이 말씀을 듣는 여러분에게도 믿음이 생기고 있습니다. 자라고 있습니다. 믿음의 부자가 되시기를 축원합니다.

기생 라합이 하나님을 믿게 되니 어떻게 합니까?

라합은 자기 집에 정탐꾼, 두 사람이 들어온 것을 알았습니다. 여리고 성의 왕도 그 보고를 받고 그들을 잡으려고 기생 라합의 집에 군대를 보냈습니다. 그러나 기생 라합은 정탐꾼들을 숨겨 주었습니다. 왕도 망하고 군인들도 망하고 여리고 성도 망할 것을 아는 라합은 두 정탐꾼을 지붕 위에 데리고 가서 삼대(풀)로 덮어 숨어 있게 했습니다. 그리고 내려가서 여리고 군인들에게 말했습니다.

"나으리들, 어디에서 왔는지는 몰라도 낯선 두 사람이 오기는 왔는데 성문을 닫는 시간 쯤에 나갔으니 속히 따라가 보세요. 그러면 잡을 수 있을 거예요."

그렇게 그들을 속이고 지붕 위로 올라가서 정담꾼들에게 말했습니다.

"내가 당신들의 생명을 넘겨주지 않고 지켜 주었으니 당신들도 내가 당신들을 선대한 것처럼 나와 내 아비 집과 내 남녀 형제에 속한 모든 가속을 선대해 주세요. 나는 하나님께서 이 땅을 당신들에게 주실 것을 압니다. 그때 우리 가족을 살려 주세요."

그때 두 정탐꾼이 약속했습니다.

"우리가 생명을 걸고, 우리의 생명을 대신해서라도 너희를 지켜주겠다. 다만 누설하지 말아라. 우리를 보고하지 말아라. 그리고 우리가 타고 내리는 붉은 밧줄, 이 밧줄을 창에 걸어두라. 그러면 이 집에 있는 사람들은 생명을 보호받는다. 그러나 이 집 밖에, 네 집 밖에 있는 사람은 우리가 책임지지 못한다."

라합은 이스라엘 군사들이 여리고 성에 쳐들어올 때, 아버지와 어머니, 오빠와 동생과 조카들, 좌우간 모든 친척들을 붉은 밧줄을 내려놓은 자기 집으로 오게 했습니다. 그래서 여리고 성이 망할 때 기생 라합의 가속은 모두 살았습니다. 할렐루야!

라합은 믿음이 살아 있었기 때문에 가족과 친척들을 구원받게 했습니다.

오늘날도 마찬가지입니다. 붉은 밧줄은 예수님의 십자가 피를 가리킵니다. 붉은 밧줄이 있는 집은 오늘의 교회입니다. 할렐루야!

여러분이 정말 살아 있는 믿음을 갖고 있다면 여러분의 부모님, 형제자매와 그에 속한 사람들을 모두 교회에 모시고 와서 구원받게 해야 합니다. 붉은 피가 있는, 십자가 피가 있는 교회에 오면 구원을 받습니다. 망하지 않습니다. 그러나 교회 밖에 있으면 책임질 수 없습니다. 누구도 책임지지 못합니다.

그러므로 믿음이 있으면 기생이라 하더라도 전도합니다. 믿음이 있으면 과거에 전과 18범이었더라도 전도합니다. 그러나 아무리 괜찮게 살아도 믿음이 없으면 전도하지 못합니다.

그리고 믿음이 있는 기생 라합이 어떻게 됩니까? 예수님의 조상이 됩니다. 기생 라합의 가문에 예수님이 들어섭니다.

아브라함은 우상을 만들어 파는 사람의 아들인데도 오늘 본문에 보면 하나님의 벗(The Lord's friend), 하나님의 친구라고 기록되어 있습니다. 역대하에도 아브라함을 '하나님의 친구'라고 말씀하셨습니다.

마가복음 9장 23절에는 "할 수 있거든이 무슨 말이냐 믿는 자에게는 능치 못할 일이 없느니라"고 말씀하십니다.

따라 합시다. "내 안에 믿음 있다. 위대한 믿음이 있다."

이것을 깨달아야 합니다.

달란트를 세 달란트, 두 달란트, 한 달란트씩 받았는데, 한 달란트 받은 사람은 그것을 그냥 땅에 묻어 놓으니 있는지 없는지 모릅니다.

우리 가운데 믿음을 받았으면서도 믿음이 있는지 없는지, 회사에 가면 예수님을 믿는 사람인지 믿지 않는 사람인지, 친구들도 '쟤가 예수를 믿는지 믿지 않는지?' 모르는, 식물인간 같은 교인도 있을 수 있습니다.

오늘 깨닫고 일어나시기를 바랍니다. 땅에 묻어 둔 믿음을 개발하시기 바랍니다. 그래서 그것을 활용해야 됩니다. 한 달란트, 두 달란트, 세 달란트의 문제가 아닙니다. 그것을 활용해서 움직이면, 내 믿음대로 행함이 따르면 하나님께서 기뻐하시고 야고보서 2장 22절 "믿음이 그의 행함과 함께 일하고"라는 말씀처럼 내게 능력이 나타나게 되어 있습니다.

저는 정주영 회장님을 무척 좋아합니다. 현대 정주영 회장님은 교회를 다니지 않았지만 그의 가족들은 예수님을 믿는다는 이야기를 들었습니다. 정 회장님도 자기 동생이 세상을 떠났을 때 동생의 부인, 제수씨가 너무 슬퍼하니 제수를 위로하기 위해 함께 6개월 동안 교회를 다녔다고 합니다. 그러나 그분이 믿음이 있었는지 없었는지는 저는 모릅니다.

그런데 제가 그분을 좋아하는 이유는 열심히 사셨기 때문입니다. 딱 버티고 열심히 사는 그 모습이 좋았습니다. 저는 찰슨 브론

슨에게도 배우는 사람이라고 전에 말씀 드린 적이 있을 것입니다. 찰슨 브론슨이 청부 살인자로 나오는 영화에서 청부 살인 계약을 하면 그 사람을 감쪽같이 죽이기 위해 최선을 다해 연구하고 노력 했습니다. 사람을 감쪽같이, 깨끗하게 죽이기 위해 그 사람의 한 주간의 생활을 망원경으로 보고, 사진을 찍고, 그 사진을 벽에 걸어 놓고 연구했습니다. 구슬을 사서 손에 들고 '언제 어디에서 죽이면 깨끗하게 죽일 수 있나? 어떻게 해야 완전 범죄를 하나?' 하면서 늘 연구했습니다. 그것을 보고 제가 큰 자극을 받았습니다.

'사람을 죽이는 데도 저렇게 신경 쓰고 연구하는데, 나는 사람을 살리는 설교를 하면서 이렇게 편하게 해서 되겠나?'

그래서 저도 시장에 가서 구슬 하나를 사 가지고 '어떻게 설교해야 사람을 살리나? 하나님, 어떻게 해야 사람을 살릴 수 있겠습니까?' 하며 연구하고 기도했습니다. 제가 목사 안수를 받은 첫해의 일인 것 같은데, 그때 그 구슬이 지금은 어디에 있는지 모르겠습니다.

정 회장님의 열심히 사는 모습도 제가 좋아했는데 그분이 쓴 책 《시련은 있어도 실패는 없다》에 이런 글이 있습니다.

"나를 만나는 사람들이 나를 운이 좋은 사람이라고 하는데 나도 부인은 하지 않는다. 나도 나를 운이 있는 사람이라고 생각한다. 그러나 하나님은 공평하셔서 모두에게 운도 주시고 시련도 주신다. 다만 아무리 좋은 운, 아무리 좋은 기회를 잡아도 가만히 있으면 그것은 운이 되지 않는다."

이 말은 아무리 좋은 행운을 잡아도 가만히 있으면 그 행운이 흘러가고 만다는 뜻입니다. 그리고 아무리 어려운 시련을 만나도 버티며 거기에서 노력하고 일하면 상황이 좋아지게 되어 있다는 것입니다. 이것을 다시 말씀 드리면, 아무리 좋은 운을 만나도 노력하지 않으면 그 운은 죽어 버리고, 아무리 힘든 시련이 다가와도 버티며 열심히 최선을 다하면 상황이 바뀌어 성공으로 나아간다는 것입니다. 목사님 설교처럼 좋은 말이 아닙니까?

그분은 잘될 때도 최선을 다했지만 회사가 어렵게 되어도 버티며 나가서 오늘의 회사를 이룬 것입니다. 한 가지 안타까운 것은 그 에너지, 그 삶의 의욕, 그 불을 하나님을 위해 태우지 못한 것입니다. 정주영 회장님이 록펠러처럼 교회를 세우고 하나님을 위해 살았으면 얼마나 좋았겠습니까?

세상을 위해, 기업을 위해 아무리 쏟아도 마지막을 위한 보장이 없습니다. 그것이 요단 강을 건너게 해 주지 못합니다.

오직 예수, 믿음뿐입니다. 할렐루야!

어쨌든 세상일에도 열심히 하면 무언가가 나타나는데 하물며 하나님 일이겠습니까?

로마서 12장 11절에 "부지런하여 게으르지 말고 열심을 품고 주를 섬기라"고 말씀하십니다.

우리가 믿음은 다 받았습니다. 할렐루야!

예수님을 구세주로 믿으시면 "아멘" 하십시다. 우리에게는 믿음이 다 있습니다. 우리가 주일에 교회에 나오는 것은 믿음이 있는 증거입니다. 성경 말씀을 듣는 것은 믿음이 있는 증거입니다.

그러나 이것을 묻어 두면 안 됩니다.

하나님보다, 예수님을 믿는 믿음보다, 예수님보다 더 좋은 행운이 어디에 있습니까? 우리는 모두 행운을 받았습니다. 할렐루야!

이제는 움직여 활용하기만 하면 되는 것입니다. 정말 우리가 살아 계신 하나님을 믿는 믿음을 갖고 있으면 인생에 변화가 오고, 평안하고, 겁나는 것이 없습니다.

어제 성경을 읽다 깨달은 것이 있습니다. 요한복음 14장 1절 말씀은 제가 30년 동안 붙잡고 산 말씀입니다. 요즈음에는 로마서 8장 28절의 "하나님을 사랑하는 자 곧 그 뜻대로 부르심을 입은 자들에게는 모든 것이 합력하여 선을 이루느니라"는 말씀을 딱 붙잡고 목회를 합니다마는, 제가 지난 30년 동안에는 근심 걱정할 일이 너무 많아 근심 걱정이 저를 늘 짓눌렀습니다. 그래서 "너희는 마음에 근심하지 말라 하나님을 믿으니 또 나를 믿으라"는 말씀을 붙잡고 살았습니다. 이 말씀을 만 번, 2만 번은 더 암송했을 것입니다. 그런데 어제 이 말씀을 읽을 때 새로운 깨달음이 왔습니다.

"너희는 마음에 근심하지 말라 하나님을 믿으니 또 나를 믿으라" (요 14:1).

이 말씀은 '네 마음의 주소를 근심 걱정에 두지 말아라. 근심하는, 고민하는, 고통받는 그 자리에 두지 말고 네 마음의 주소를 하나님께 두라'는 뜻이라는 것을 깨닫게 되었습니다. 얼마나 감사했는지 모릅니다.

따라 합시다.

"내 마음의 주소는 하나님이다. 예수님 안이다."

마음을 이렇게 가지시기를 바랍니다. 하나뿐인 마음을 고민하고 걱정하고 스트레스 받는 그 자리에 두지 마시기 바랍니다.

"같은 햇빛이 비쳐도 그 뒤에는 그림자가 있는 것처럼 모든 상황에 시련이 있지만 하나님께서 계시니 시련에, 고난에 마음을 두지 말고 하나님께 네 마음을 두라." 할렐루야!

이것을 생각하면 마음이 얼마나 편안해지는지 모릅니다.

믿음이 없어도, 예수님을 믿지 않아도 마음이 편하면 기적을 체험하게 됩니다. 이 이야기는 실화입니다.

어느 가정에 고 3인 18세가 되도록 이불에 오줌을 싸는 딸이 있었습니다. 여러분의 중·고등학생 딸이 이불에 오줌을 싸지 않는다면 감사하시기 바랍니다. 김천의 한 장로님은 딸이 결혼을 했는데 그만 친정으로 쫓겨 왔습니다. 신부가 밤마다 이불에 오줌을 쌌기 때문입니다.

딸이 고등학생이 되어도 오줌을 싸니 그 아버지 어머니의 심정이 어떠했겠습니까? 그 아버지의 말에 의하면 약을 백 가지는 더 쓰고 유명한 의사는 다 만나 보았답니다. 그래도 계속 오줌을 싸니 보통 일이 아니지 않습니까?

하루는 아버지의 친구가 집에 놀러 왔습니다. 아버지가 친구에게 딸의 이야기를 했더니 그 친구가 딸을 불러 놓고 무어라 귓속말을 한 후 내보냈습니다. 그리고는 그 아버지와 어머니에게 말했습니다.

"내가 무슨 말을 하든지 '그래, 그렇지'라고만 할 수 있나?"

친구는 꼭 그렇게 한다는 약속을 받고 나서 다시 딸을 부르더니 아버지와 어머니, 딸을 앉혀 놓고 말했습니다.

"자네, 솔직히 말해. 나이 서른이 넘도록 이불에 오줌을 쌌다면서?"

그런 말을 할 줄 모르고 한 약속이지만 이미 약속을 했으니 아버지가 할 수 없이 "그랬지. 내가 서른이 넘도록 오줌을 쌌지"라고 대답했습니다.

"부인, 미안하지만 대학 4학년 때까지 이불에 오줌을 쌌다면서요?"

"예, 싸긴 쌌지요."

그때 딸의 얼굴이 환해졌습니다. 아빠도, 엄마도 오줌을 쌌으니 미안할 것이 없지 않습니까? 그 집에서는 오줌을 싸지 않으면 오히려 비정상인 것입니다.

확 피어나는 그 딸의 얼굴을 보며 아버지의 친구가 말했습니다. "얘야, 네 잘못은 하나도 없다. 네 아버지와 어머니가 그 나이가 되도록 이불에 오줌을 쌌으니 네가 지금 그러는 것이 정상이다. 네 아버지는 서른이 넘도록 쌌고, 네 어머니는 대학 4학년 때까지 쌌으니 앞으로 7, 8년간은 마음 놓고 싸거라."

딸이 씩 웃고 나가더니 그날 밤부터는 오줌을 싸지 않더랍니다. 왜입니까? 마음이 편해졌기 때문입니다.

예수님이 없어도, 하나님이 없어도 마음이 편해지는 것만으로도 어떤 병은 고칠 수 있습니다. 하물며 살아 계신 하나님을 믿는 믿음을 가진 우리가 무엇을 걱정합니까? 할렐루야!

우리 주님께서 마태복음 6장 25-33절에서 말씀하십니다. 잘 들으시기 바랍니다.

"너희는 무엇을 먹을까 무엇을 입을까 염려하지 말라. 하늘의 새도, 들의 백합화도 하나님이 먹이시고 입히시거늘 하물며 너희일까 보냐? 그런 걱정은 믿음 없는 이방인들이 하는 것이다. 너희는 먼저 그의 나라와 의를 구하라. 그러면 이 모든 것을 넘치도록 주시리라."

우리가 정말 믿음을 활용하며 믿음으로 걸어가면 걱정할 일이 없고 감사할 일뿐입니다. 실패가 없고 승리뿐입니다. 죽음이 와도 믿음의 눈으로 천국을 보게 됩니다. 할렐루야!

우리가 믿음을 제쳐놓고 사니 식물인간처럼 어려운 것입니다. 믿음으로 나아가면 사방팔방에 주님의 축복이 가득합니다.

우리 모두 믿음 따로, 생활 따로가 아니라 믿음과 생활이 함께 가는, 살아 있는 믿음의 사람들이 되시기를 축원합니다.

제 2 부

위로부터 오는 지혜

샘과 입의 비유 | 위로부터 오는 지혜 | 만족한 삶의 길 | 누구의 친구인가? | 더욱 큰 은혜 | 비방과 축원 | 지혜로운 계획 | 복된 부자 | 인내와 축복 | 맹세하지 말라 | 상황과 말씀 | 위대한 의사의 처방 | 기도의 대가, 엘리야 | 내 형제들아 | 전도자의 축복

야고보서 3장 1-12절 야고보서 강해

샘과 입의 비유

사람은 계속해서 행동을 하며 사는데 사람이 하는 행동 중 가장 많은 행동은 말을 하는 것입니다. 그래서 성경에도 말에 대한 교훈은 계속됩니다.

그런데 말이 자기 인생의 방향을 설정합니다. 말에 따라 그 사람의 운명이 결정되기도 합니다.

이번에 필리핀에서 들은 이야기입니다. 한 부인이 바다에 수영을 하러 나왔는데 화장을 얼마나 예쁘고 진하게 했는지 마치 결혼식장에 들어가는 신부 같았답니다. 그러니 친구들이 이렇게 말했답니다.

"수영하러 오면서 화장을 뭐 그리 예쁘고 진하게 했냐?"

"오늘 용왕님을 만나 봐야지. 바다 용왕님께 인사 드려야지."

그런데 수영하다 그만 심장마비로 죽었답니다.

이런 일도 있었습니다. 제가 아는 한 목사님의 딸이 어느 날 아침, 베개를 들고 "우리 아빠 죽는다, 우리 아빠 죽는다"라고 했습니다. 사모님이 무슨 그런 말을 하느냐고 딸을 나무랐습니다. 그런데 그날 도로 공사를 하는 사람이 흙을 치우지 않고 쌓아둔 채 그냥 퇴근을 했는데, 오토바이를 타고 어두운 밤길을 달리던 목사님이 그 흙더미를 보지 못했나 봅니다. 오토바이가 붕 떴다가 떨어지는 바람에 마흔도 안 된 목사님이 돌아가셨습니다. 다섯 살 먹은 아이가 한 말 그대로 돌아가셨습니다.

말이란 것은 참 무섭습니다.

저희 뒷집에 오복당이라는 빵집이 있었는데, 그 집 둘째 아들이 사고뭉치였습니다. 한 번은 그 아들이 공장의 오토바이를 몰고 나가서 사흘이 지나도 돌아오지 않으니 할머니가 "그놈의 자식, 다리 몽둥이가 부러지면 좋겠다"라고 했습니다. 그런데 그날 오후에 저희 사무실로 전화가 왔습니다. 오복당 빵집에서 전화를 받지 않아서 그러니 좀 알려 달라는 말이, 그 집의 둘째 아들이 오토바이 사고로 다리가 부러져 병원에 입원해 있다는 것이었습니다.

우리 어른들이 "말에 씨가 있다"고 하지 않습니까? 말은 참 무서운 것입니다.

우리 하나님께서 천지를 무엇으로 창조하셨습니까? 말씀으로 창조하셨습니다. 하나님의 말씀은 말씀하신 그대로 다 됩니다.

우리는 하나님은 아닙니다. 그러나 우리는 누구의 형상입니까? 하나님의 형상입니다. 그래서 우리의 말도 굉장히 중요합니다. 비록 하나님을 믿지 않는 사람의 말이라도 사람의 말은 개, 돼지, 앵무새의 말과는 달라서 영향력이 있습니다. 사람을 죽이는 독이 될 수도 있습니다.

고등학교 2학년 아이들이 수학여행을 가는데, 한 아이가 너무 가난하여 가지 못하게 되었습니다. 친구들이 의논해서 돈을 모아 그 아이의 수학여행비를 대 주었습니다. 그리고 선생님에게 작은 선물을 드렸습니다. 아이들 대표자가 선생님에게 선물을 드리면서 말했습니다.

"선생님, 죄송합니다. 큰 선물을 드려야 하는데, 우리 친구 ○○를 여행에 함께 데려오느라 선생님께 소홀히 했습니다. 죄송합니다."

그런데 그 다음 날, 선생님이 학교에서 출석을 부르다가 친구들의 도움으로 여행을 갔다 온 그 아이에게 말했습니다.

"너 스스로 여행 갈 힘이 없으면 가지 말아야지."

그 많은 학생들 앞에서 그런 말을 들은 여학생이, 마음이 여린 여학생 그 말을 감당하지 못해 그날 집으로 돌아가서 자살했습니다. 무심코 던진 말이 사람을 죽이기도 하는 것입니다.

그래서 성경은 계속해서 말에 대해 교훈을 하고 있습니다.

정말 말은 무서운 것입니다. 죽고 사는 것이 혀의 권세에 달렸다고 잠언 18장 21절에 말씀하십니다.

잠언 13장 2절에도 "사람은 입의 열매로 인하여 복록을 누리거니와……"라고 말씀하십니다.

누에는 계속해서 실을 뿜어내는데, 결국은 자기가 그 집 안에 들어가 살게 됩니다. 하얀 색깔의 실을 뿜으면 백악관 같은 하얀 집에 들어가서 살고, 누리끼리한 실을 뿜으면 누런 집에 들어가 살게 되는 것입니다.

우리 사람은 말에 의해 일생이, 운명이 결정된다 해도 과언이 아닙니다. 그래서 성경은 언제나 말에 대해서 교육하는데, 이 밤에도 우리 하나님께서 여러분의 일생과 저의 일생이 복이 되도록 하기 위해 이 말씀을 주신 줄로 믿습니다.

그런데 먼저 "많이 선생이 되지 말라"(약 3:1)고 말씀하셨습니다.

왜입니까?

대개 학교 선생님이나 교회 선생님, 그리고 회사에서 교육하는 선생님들은 말을 많이 합니다. 특별히 학교 선생님, 대학 교수나 고등학교, 중학교, 초등학교 선생님은 말로 삽니다. 말을 많이 해야 됩니다. 그러니 말하는 데에 실수가 많습니다.

그리고 수많은 사람들에게 영향을 줍니다. 한 집의 가장은 식구들에게 영향을 주지만, 선생님은 수많은 사람들에게 영향을 줍니다. 만일 그 선생님이 열여덟 반을 맡아서 가르친다면 그 열여덟 반의 많은 아이들에게 영향을 주게 됩니다. 또 해마다 계속해서 새로운 학생들이 들어오니 한 선생님이 수천 명, 수만 명에게 영향을 주게 됩니다.

그러니 선생 된 자의 책임이 아주 큽니다. 그래서 많이 선생이 되지 말고, 선생이 된 자는 각별히 조심하라는 것입니다.

야고보가 편지를 쓸 당시 유대에는 랍비라는 선생이 있었습니다. 랍비는 다른 일은 하지 않고 회당에서 성경을 가르치고 말로 사람들을 교훈했으니 말을 잘못하면 얼마나 피해가 많았는지 모릅니다. 그래서 '랍비가 많이 되지 말라, 또 되었으면 말조심하라'고 한 것입니다.

오늘날에는 목사도 어떤 면에서는 가르치는 선생입니다. 그러니 '많이 목사가 되지 말라, 된 사람은 조심하라, 선생이 된 자가 실수하면 심판이 더 크다'라고 말씀하시는 것입니다.

교회학교에서 아이들을 가르치는 선생님도 마찬가지로 책임이 큽니다. 말을 조심해야 되고, 많이 선생이 되려고 하지 말아야 합니다.

선생이 된 우리가 조심해야 되는 것은 말 때문입니다.

말하는 것에 대해 여러 비유가 나오는데, 먼저 말의 재갈로 비유했습니다.

여러분, 말이나 소는 사람보다 힘이 세서 다스리기가 참 어렵습니다. 그런데 우리가 그 힘센 말을 다스릴 수 있는 것은 말의 입에 재갈을 먹이기 때문입니다. 또 힘센 소를 다스리는 것도 소의 코에 코뚜레를 꿰기 때문입니다. 소에게 코뚜레를 꿰고 말에게 재갈을 먹이면 아무리 힘센 소와 말이라도 우리가 다스리게 됩니다.

송아지에게 코뚜레 꿰는 것을 보았는데, 참 안쓰러웠습니다. 그 어린 송아지의 코를 찔러 구멍을 낸 다음 거기에 대나무나 쇠를 겁니다. 참 잔인해 보였습니다. 그런데 송아지 때 그렇게 하지 않으면 소가 되었을 때 다스리지 못하게 됩니다.

소와 말을 다스리기가 어려운 것처럼 내 입의 혀도 내가 마음대로 하지 못합니다. 그러니 소를 다스리고 말을 다스리기 위해 소의 코에 코뚜레를 꿰고 말의 입에 재갈을 먹이듯이, 내 입에 재갈을 먹이라는 것입니다. 우리 입에 정말 재갈을 먹이라는 것은 아니지만 그만큼 조심하라는 말씀입니다. 그렇게 조심해야 내 인격을 다스릴 수 있는 것입니다.

온몸과 인격이 말 때문에 타 죽고 망하는 일이 많습니다. 그러므로 말의 입에 재갈을 먹이고 소의 코에 코뚜레를 꿰어서 다스리듯이 언제나 말에 조심해서 말을 다스려야 합니다.

여러분의 혀에 재갈을 두시기 바랍니다. 그래야 인격을 다스릴 수가 있습니다.

다음으로는 배의 키에 비유했습니다.

여러분, 큰 배나 작은 배나 배에는 키가 있지 않습니까? 그 키의 방향에 따라 배가 동으로도 가고, 서로도 갑니다. 그 큰 배가 작은 키의 방향에 따라 움직이는 것처럼 우리 인생은 우리의 말에 따라 움직입니다. 내 입의 말이 복 되면 나도 복으로 나아가고 내 입의 말이 저주를 자꾸 품으면 나도 저주로 나아가게 되는 것입니다.

그리고 키를 잘 다루어야 배가 목적지에 무사히 도착하는 것처럼 우리가 말을 조심해야 평탄한 인생을 살게 됩니다. 키를 잘못 다루면 배가 암초에 부딪쳐 침몰하게 되는 것처럼, 말이 잘못되면 내 인생의 배가 침몰해서 망하는 것입니다.

얼마나 많은 사람들이 말 한마디를 잘못해서 감옥에 가고, 직장을 잃고, 죽음을 당합니까? 알렉산더의 둘도 없는 친구였던 한 장군이 술기운에 말 한 마디를 잘못했다가 알렉산더가 던진 창에 맞아 죽었습니다. 친구가 술기운에 한 말을 알렉산더가 참지 못하고 창을 던진 것입니다. 우리 한국의 유명한 모 장군도 술집에서 술을 따라주는 아가씨에게 술기운에 쌍스러운 욕을 했습니다. 화가 나서 술기운에 그랬는데, 그 보고를 받은 육군 본부에서 다음 날 별을 몇 개나 달았던 장군의 옷을 벗게 했습니다. 말 한 마디 잘못해서 별이 떨어진 것입니다.

키가 그 배를 잡아가듯이 우리 인생은 말이 잡아가는 것입니다.

교회도 마찬가지입니다. 교회 목사님의 입이 얼마나 중요한지 모릅니다. 목사님의 입의 말이 긍정적이고 은혜로우면 교회도 긍정적인 교회, 은혜로운 교회가 됩니다. 목사님이 정부를 비판하고 사람을 비판하는 말, 부정적인 말만 하면 교회가 안 됩니다. 부정적인 교회, 어두운 교회가 되고 은혜가 떠나게 되는 것입니다. 한 교회를 목사님의 입이 이끌어 간다 해도 과언이 아닙니다.

그 입을 하나님께서 쓰셔야 됩니다. 할렐루야! 만일 그 입을 하나님께서 쓰지 않으시고 사람이 쓴다면 교회가 어떻게 되겠습니까? 그 큰 배를 키가 이끌어 가듯이, 사람의 일생이나 운명도 말이, 혀가 이끌어 가는 것입니다. 그러므로 혀를 귀히 쓰실 수 있기를 바랍니다.

그 다음으로는 불에 비유했습니다.
혀는 불과 같다고 했습니다. 영어 성경에는 불과 같은 것이 아니라 '불이다'라고 했습니다. 입의 말은 불이라는 것입니다.

여러분, 성냥개비 하나가 일으킨 불이 큰 산림, 큰 산을 다 태울 수 있습니다. 큰 공장을 성냥개비 하나로 다 태울 수 있는 것입니다. 그래서 회사에 앙심을 품은 사람이 라이터 불 하나로, 성냥개비 하나로 회사를 다 태우기도 합니다. 그러므로 회사의 경영자들은 사원들을 원수로 만들면 안 됩니다. 사원들에게 따뜻하게 대해 주어야지, 속을 뒤집는 말을 하면 안 되는 것입니다. 사람이 죽으려고 작정하면 못할 일이 뭐가 있겠습니까? '까짓것, 나 하나 죽지요' 하고 보복하면 못할 일이 뭐가 있겠습니까? 무서운 일입니다.

어쨌든 성냥개비 하나로 큰 집을 태우고 공장을 태우고 산을 태울 수 있는 것처럼, 사람의 말 한 마디가 자기를 태워 죽이고 가정을 태워 죽이고 나라를 어렵게 합니다. 또 국가 간에 외교할 때도 그 국가 대표의 말 한 마디 때문에 나라가 손해를 입기도 합니다. 말 한 마디로 바다를 빼앗기기도 하고, 땅을 빼앗기기도 하고, 인권을 빼앗기기도 하는 것입니다.

입의 말이 얼마나 무서운지 모릅니다.

그리고 같은 불이라도 지옥의 불은 사람을 죽입니다. 사람을 태우고 지옥 불에 가게 하는 말, 예수님을 믿지 못하게 하고 교회에 가지 못하게 하고 교회에 충성하지 못하게 하는 말은 지옥의 불, 불의의 세계인 것입니다. 지옥의 불은 결국은 예수님을 믿지 못하게 하고, 사람을 지옥의 불로 끌고 가는 무서운 불, 불의의 세계인 것입니다. 악의 불인 것입니다.

그러나 같은 불이라도 성령의 불은 사람을 살립니다. 할렐루야! 병을 치료합니다. 그리고 성령의 불을 받으면 전도합니다. 그래서 천당으로 인도합니다.

우리 예수님의 불은 사람을 살리는 불입니다. 좋은 불은 그 불로 국을 끓여 먹고, 밥도 끓여 먹고, 떡도 해 먹고, 요리도 해 먹습니다. 그 불로 공장을 돌리고, 방을 따뜻하게 합니다.

같은 불이지만 죽이는 불이 있고 살리는 불이 있듯이, 같은 말이지만 살리는 말이 있고 죽이는 말이 있는 것입니다.

우리는 언제나 성령의 불, 귀한 불이 되어야 합니다.

그리고 독으로 비유했습니다.

원수를 죽이거나 임금님을 죽이려 할 때에는 국이나 음식에 독을 넣습니다. 그래서 옛날에 우리나라 임금님들은 꼭 은수저를 사용했습니다. 음식에 독이 들어 있으면 은수저의 색깔이 변하기 때문입니다. 유럽 사람들은 주석으로 된 그릇과 수저를 사용했습니다. 주석도 독이 들어가면 색깔이 변하기 때문입니다.

그런데 독이 많이 들어 있는 음식을 먹으면 금방 죽고, 조금 들어 있는 음식을 계속 먹으면 서서히 죽게 됩니다. 그와 같이 어떤 사람의 말에 독이 많으면 그 말을 들은 그날 사람이 죽습니다. 어떤 사람의 말은 독이 약해서 금방 죽지는 않지만 그 말을 계속 들으면 결국 죽게 됩니다.

우리는 사람을 살리는 선한 말을 해야 될 줄로 믿습니다. 독이 아니라 약이 되는 말을 해야 합니다.

잠언 16장 24절에 "선한 말은 꿀송이 같아서 마음에 달고 뼈에 양약이 되느니라"고 말씀하십니다.

오늘날 많은 사람들에게 위로가 필요합니다. 사랑이 필요합니다. 심지어 개도 사랑을 원합니다.

제가 필리핀 공항에서 쉬고 있는데, 비에 젖은 개 한 마리가 제 곁에 와서 앉았습니다. 원래는 흰 색깔인데 비를 맞아 색깔도 누리끼리하고 냄새가 얼마나 지독했는지 모릅니다. 제가 개를 좋아하지 않는 것을 아시지요? 그런데 그 냄새나는 개가 제가 누구인지도 모르고 제 옆에 와서 딱 앉는 것이었습니다. 제가 그 개를 발로 쫓았을까요, 그냥 두었을까요? 그냥 두었습니다. 들개인지 몰라도 사람의 사랑이 필요해서 제 바로 옆에 와서 누운 것입니다. 그 개를 보고 있으니 제 마음이 찡했습니다.

'아! 이것도 사랑을 원하는구나.'

개도 사랑을 원하는데 사람은 더합니다. 아기도, 이웃도, 친구도, 부부 간에도 사랑과 위로가 필요합니다.

어느 교회 목사님께 들은 이야기입니다.

주일학교를 책임진 목사님이 여름 성경학교 직전에 교사들을 앉혀 놓고 말했습니다.

"여러분, 아이들을 가르칠 경건의 자격이 있습니까? 여러분이 말씀 준비를 하나님 앞에 정말 부끄러움 없이 했습니까? 여러분이 아이들을 가르칠 만큼 기도생활을 했습니까? 여러분이 하나님 앞에 정말 떳떳한 교사입니까?"

그러니 교사들이 다 풀이 죽었습니다.

그때 담당 목사님에게 '너는 자격이 있냐?' 하는 생각이 들더랍니다. 그런 말을 하는 것은 교회를 죽이는 것입니다. 그 말이 좋아 보입니까? 천만의 말씀입니다. 그런 말은 용기를 빼앗아 가고, 의욕을 빼앗아 가서 아이들을 가르치지 못하게 만듭니다.

교사에게 힘을 주는 교육 목사님이라면 이렇게 말해야 합니다. "여러분, 우리는 다 부족합니다. 그러나 우리 힘으로 합니까? 주님의 힘으로 합니다. 우리 생활도 아이들에게 떳떳하지 못하지만 우리의 의로 주님의 일을 합니까? 주님의 피, 주님의 능력으로 합니다. 우리는 약하지만 주님께서는 강하십니다. 우리는 무식해도 베드로를 쓰신 주님께서 우리를 쓰십니다. 우리 아이들에게 복음을 힘 있게 전합시다. 하나님 능력으로 전합시다. 이번 여름 성경학교 때에 아이들을 변화시킵시다. 우리는 못해도 주님께서는 하십니다. '할 수 있거든이 무슨 말이냐 믿는 자에게는 능치 못할 일이 없느니라'고 말씀하셨습니다. 우리 주님께서 하시면 얼마든지 할 수 있습니다."

그렇게 해서 학생들을 가르치는 선생님들에게 용기를 불어넣어 주어야지, "자격이 있습니까? 기도생활을 잘했습니까?"라고 하는 것은 죽이는 말을 하는 것입니다. 교사들을 위로해야 합니다. 대부분 교사들이 젊은 청년들이지 않습니까? 세상 유혹을 많이 받는데, 그래도 하나님 일을 하려고 하는 것이 얼마나 고맙습니까?

　이렇게 말은 약이 되기고 하고, 자칫하면 독이 되기도 합니다.
　우리는 언제나 선한 말을 해야 될 줄로 믿습니다.

　그리고 한 입으로 하나님을 찬송했는데, 또 그 입으로 어떻게 하나님의 형상대로 지음 받은 사람을 저주하고 비난하겠느냐고 말씀하십니다.
　하나님을 찬양했으면, 세상 사람들도 모두 하나님의 형상을 입은 하나님의 사람들이니 그들에게도 좋은 말만 해야 한다는 것입니다. 어떻게 하나님을 찬송한 입으로 하나님의 형상을 입은 사람을 험담하고 비난하고 저주할 수 있느냐는 것입니다. 무화과나무가 어떻게 감람 열매를 맺겠으며, 포도나무가 어떻게 무화과 열매를 맺겠느냐는 것입니다. 포도나무는 포도를, 무화과나무는 무화과를, 감람나무는 감람 열매를 맺는 것처럼 우리도 한 나무이니 한 열매만 맺어야 된다는 것입니다.
　그래서 결론의 비유가 샘으로 나옵니다.
　한 샘에서 어떻게 단물과 쓴 물을 내겠느냐는 것입니다. 단물을 내는 좋은 샘은 계속 단물만 내고 쓴 물을 내는 나쁜 샘은 계속 나쁜 물을 내는 것이 아니냐는 것입니다.
　우리 입이 좋은 샘이 되어서 위로가 되는 선한 말, 살리는 말, 복이 되는 말을 하자는 것입니다. 할렐루야!
　결국 우리는 주님의 샘이 되어야 하는 것입니다. 우리 입은 주님만 쓰시는 입이 되어야 합니다.
　시편 50편 16절에 "악인에게는 하나님이 이르시되 네게 어찌 내 율례를 전하며 내 언약을 네 입에 두느냐'라고 말씀하십니다. 이 말씀은 '네 입을 마귀에게 주지 말라, 마귀가 네 입을 쓰지 못하게 하라'는 말씀입니다. 하나님의 성령께서 쓰시게 하라는 말씀입니다. 할렐루야!

우리 입은 같은 입이지만 하나님의 성령께서 쓰시면 좋은 샘이 됩니다. 좋은 샘의 물은 맑고 시원해서 마시는 이에게 건강을 줍니다.

여러분, 건강에 제일 중요한 것은 공기라고 합니다. 그래서 나쁜 공기를 마시는 도시 사람들은 불쌍합니다. 건강에 제일 중요한 것은 좋은 공기를 마시는 것이고, 두 번째가 좋은 물을 마시는 것입니다. 여러분, 좋은 물을 마셔야 합니다. 세 번째가 독이 없는 음식을 먹는 것이고, 네 번째는 운동을 하는 것입니다.

건강에 제일 중요한 첫째가 공기이고 둘째가 물이라는 말입니다. 물, 샘이 이렇게 중요합니다. 좋은 샘은 맑은 물, 시원한 물, 좋은 물을 주기 때문에 그 샘물을 마시면 사람이 건강합니다. 그러나 석회가 많은 샘물을 마시면 담석이 생기고, 40세가 안 되어서 이가 빠질 수도 있습니다. 좋은 샘물을 마시면 건강이 달라집니다. 꽃을 꺾어서 꽃병에 수돗물을 채워 꽂으면 3일 뒤에 시드는데, 생수에 꽂아 놓으면 보름 동안 싱싱하답니다.

물이 얼마나 중요한지 모릅니다.

여러분, 우리 입이 좋은 샘 같다면 아내와 남편, 아이들이 그 좋은 샘의 말을 듣고 기뻐하고, 건강하게 되어서 인생을 승리하게 될 줄 믿습니다.

독을 먹으면 결국 죽듯이 내 입의 샘에서 독을 뿜어내면 집안이 죽는 것입니다. 아내가 죽고, 남편이 죽습니다. 독이 든 말을 듣고 어떻게 살겠습니까?

　아무쪼록 여러분과 제 입이 복 있는 샘이 되기를 바랍니다. 성령의 샘이 되기를 바랍니다. 하나님만 쓰시는 샘이 될 수 있기를 바랍니다.

　베드로전서 4장 11절에 "만일 누가 말하려면 하나님의 말씀을 하는 것같이 하고"라고 말씀하십니다.

　저는 회개를 많이 합니다. 바울이 말하면 성경이 됩니다. 바울이 쓴 편지는 성경이 됩니다. 야고보가 쓴 편지는 성경이 됩니다. 베드로가 한 설교는 성경이 되고, 베드로가 한 말은 성경이 됩니다. 그런데 지용수가 한 설교가, 지용수가 평소에 한 말이 다 성경이 됩니까? 아닙니다. 뽑아 버릴 말이 많습니다. 쓰레기통에 넣을 말이 많습니다. 여러분은 어떻습니까?

　아무쪼록 이 밤부터 다시금 우리 성령님께 의지해서 우리의 입이 좋은 샘이 될 수 있기를 축원합니다.

야고보서 3장 13-18절 | 야고보서 강해

위로부터 오는 지혜

지식은 귀합니다. 프랑스 격언에 "지식은 부귀보다 낫다"라는 말이 있습니다. 하지만 지식이 지혜를 따라갈 수 없습니다. 파스칼도 "지혜는 지식을 능가한다"고 말했습니다. 아무리 뛰어난 지식과 아이큐를 가지고 있다 해도 지혜가 없으면 그 지식을 사장시키게 됩니다.

제가 풀러 신학교에서 공부할 때, 박사학위를 세 개나 갖고 있으면서 또 박사 코스를 밟고 있는 사람을 만났습니다. 5개 국어를 능통하게 하고 박사학위를 세 개나 갖고 있는 사람이 또 공부를 하는 것입니다. 그래서 제가 물었습니다.

"그만하면 됐는데, 왜 또 공부를 합니까?"

"나는 끝없이 공부합니다."

세상에! 그렇게 공부해서 무엇을 하는지 모르겠습니다. 나이가 쉰이 다 되어 가는데 결혼도 하지 않은 그는 지식과 아이큐는 있어도 지혜가 없는, 어리석은 사람입니다.

지혜가 있으면 만 원도 10만 원처럼 가치 있게 쓰지만, 어리석은 사람은 100만 원도 만 원처럼 써버립니다. 서울의 한 변호사는 수입이 좋다고 계속 술집과 노래방을 다니면서 술집 색시에게 100만 원씩 팁을 주다가 지금은 6백만 원짜리 셋방에서 고생하며 삽니다. 누님이 월세를 내주고 있는데, 변호사 사무실은 개업도 하지 못하고 있습니다.

지혜가 없으면 아무리 좋은 대학을 나오고 실력이 있고 재산이 있어도 그것을 잘 쓰지 못합니다.

전에 어떤 분이 제게 상담을 하면서 "목사님, 이제까지 모은 돈을 주식에 투자했다가 다 날렸습니다"라고 했습니다. 지혜가 없는 사람은 있는 것도 다 날리게 됩니다. 그러나 지혜가 있는 사람은 복을 누리게 됩니다.

잠언 3장 15절에 "지혜는 진주보다 귀하니 너의 사모하는 모든 것으로 이에 비교할 수 없도다"라고 말씀하십니다.

잠언 3장 16-18절에도 "그 우편 손에는 장수가 있고 그 좌편 손에는 부귀가 있나니 그 길은 즐거운 길이요 그 첩경은 다 평강이니라 지혜는 그 얻은 자에게 생명나무라 지혜를 가진 자는 복되도다"라고 말씀하십니다. 할렐루야!

지혜가 있으면 몸에 좋지 않은 것, 병드는 것을 먹지 않습니다. 몸에 해로운 것을 사지 않습니다. 망하는 길로 가지 않습니다. 성공하는 길로 갑니다. 그래서 지혜가 있는 사람은 즐겁고 평안한 삶을 살게 됩니다. 이런 지혜로 충만하시기를 바랍니다.

그런데 지혜에는 두 가지가 있습니다.

하나는 세상의 지혜이고, 다른 하나는 하늘의 지혜입니다. 세상의 지혜도 세상을 살아가는 데는 많은 도움이 됩니다. 지혜가 있으면 싸워야 할 때도 싸우지 않게 됩니다.

한 사람이 조기를 사러 갔습니다. 조기가 얼마나 비싼 생선입니까? 혹시 상한 조기를 사면 안 되니 그는 코를 가까이 대고 '흠흠' 하며 냄새를 맡았습니다. 생선 가게 주인이 그것을 보았으니 기분이 좋을 리 없습니다.

"아니! 당신 말이야, 아침부터 남의 멀쩡한 생선 냄새를 왜 맡아? 뭐 이런 양반이 다 있어?"라며 화를 냈습니다.

"어허, 너무 화내지 마시오. 내가 냄새를 맡은 것이 아니라 조기에게 귓속말로 무엇을 물어보았소."

"아니, 뭘 물어봤단 말이오?"

"최근 바다 소식이 어떤가 물어봤소."

"무어라고 합디까?"

"자기도 바다를 떠나온 지 너무 오래되어서 잘 모르겠다고 합디다."

얼마나 지혜로운 사람입니까? 이렇게 말하는데, 어떻게 싸우겠습니까? 지혜가 얼마나 귀한지 모릅니다.

하지만 이 세상의 지혜에는 한계가 있습니다. 오늘 본문 야고보서 3장 15-16절 말씀대로 세상의 지혜, 땅의 지혜는 세상적이고 정욕적이고 마귀적입니다. 거기에는 독한 시기와 다툼이 있습니다. 요란함이 있고 악한 일이 있습니다. 그래서 사람을 죽이기도 합니다.

헤롯 왕은 굉장히 지혜로운 왕, 슬기로운 왕이었습니다. 하지만 하늘의 별이 축하할 정도로 큰 인물이 나니 그 인물 때문에 왕의 자리를 빼앗길까 봐 그 인물을 없애기 위해 베들레헴과 그 지경에 사는 두 살 이하의 아들들을 다 죽였습니다. 이것이 사람의 지혜입니다. 세상의 지혜에는 시기와 독이 있고, 악함이 있고, 요란함이 있는 것입니다.

한 왕이 세계에서 가장 큰 종을 만들어 울려 보고 싶어서 신하들에게 명령했습니다. 신하들이 그 명령에 복종해서 엄청나게 큰 종을 만들었습니다. 그러나 문제는 그 종을 매달 수가 없다는 것이었습니다. 기둥을 쇠로 세우고 아무리 매달려고 해도 들어 올릴 수도, 매달 수도 없었습니다. 길이 없었습니다. 그래서 그냥 세월만 흘러갔습니다. 왕은 답답하기 그지없었습니다. 그런데 그 소식을 들은 한 코흘리개가 "그것이 뭐가 어려워? 간단한 일인데, 나를 임금님 앞에 데리고 가면 내가 알려줄 텐데"라고 말했습니다. 그 말을 들은 사람이 그 아이를 왕 앞으로 데리고 갔습니다.

"애야, 네가 정말 종을 매달 수 있단 말이냐?"

"그럼요, 임금님. 아주 쉬운 일입니다."

"어떻게 하면 되느냐?"

"이 종의 양쪽 땅을 깊이 파서 쇠기둥을 세운 다음에 종을 달아매십시오. 그리고 종 밑에 있는 흙을 파 버리십시오."

종의 양쪽에 쇠기둥을 세우고 종을 단 후 종 밑의 흙을 파 버리면 종이 뜨지 않습니까? 그래서 그 큰 종을 울릴 수 있게 되었습니다. 그러면 왕이 그 아이에게 상을 내려야 될 텐데, 사울 왕이 다윗을 시기하듯이 왕이 그 아이를 시기했습니다.

'저렇게 비상한 아이가 자라서 나중에 큰 인물이 되면 내 자리가 위태로울 것이다.'

그래서 사람을 보내어 그 아이를 감쪽같이 죽였습니다.

이렇듯 세상의 지혜는 시기와 분쟁과 독한 다툼과 악한 일을 낳

기도 합니다.

하지만 하나님의 지혜, 위에서부터 오는 지혜를 받으면 세상에서도 복되게 살고 천국까지 가게 되는 것입니다.

지금 미국에는 세계의 주목을 받는 교회들이 많습니다. 도시마다 몇 만 명씩 모이는 교회가 있습니다. 미국은 참 복 받은 땅입니다. 제가 팜 스프링스 교회에 갔을 때, 그 교회 목사님께서 "목사님, 한 교회에 가 봅시다"라고 하셔서 가 보았더니 정말 엄청나게 큰 교회가 있었습니다. 팜 스프링스는 휴양지라 돈 많은 노인들이 와서 사는 곳인데도 그렇게 큰 교회가 있었습니다.

세계의 주목을 받는 미국 교회 중 한 교회가 시카고에 있는 윌로우크릭 처치라는 교회입니다. 우리 장로님들을 모시고 한 번 가 보고 싶은 교회로 빌 하이벨스 목사님이 신선하게 목회를 하고 계십니다. 새신자들이 5천 명, 6천 명 모이는 교회입니다.

그 목사님이 목회를 하게 된 동기는 남미 여행 중 한 노부부의 이야기를 듣고 충격을 받았기 때문이랍니다.

여러분, 80-90세 된 노인들보다는 아이들이 여행을 다녀야 합니다. 15년 전, 제가 유럽을 돌 때 일본의 초등학생들이 여행하는 것을 보았습니다. 세계를 다녀 보십시오. 미국의 학생들이 없는 곳이 없습니다. 세계를 보아야 세계를 정복할 수 있습니다. 돈을 아껴 쓰고 그 돈으로 때가 되면 여러분 아이들을 세계로 보내시기 바랍니다. 가까이, 또 멀리 보내어 세상을 보게 해야 합니다. 여행을 하면 얻어지는 것이 아주 많습니다.

빌 하이벨스 목사님이 20세 때에 남미 쪽을 여행하다가 세계의 부자들이 와서 쉬는 아주 아름다운 해협인 코파카바나 해협에 있는 한 고급 호텔의 식당에서 식사를 했답니다. 그때 그의 옆에서 식사를 하던 노부부가 이런 이야기를 하더랍니다.

"여보, 우리가 한평생 안 먹고 안 입고 안 쓴 보람이 있지요? 이렇게 좋은 호텔에서 쉬면서 이런 고급 식당에서 식사까지 할 수 있으니 한평생 돈을 아껴 쓴 가치가 있지요?"

'60년 동안 제대로 먹지도 않고 돈을 아껴 쓰다가 마지막에 이웃 나라 여행을 하면서 고급 호텔에서 며칠 자고, 좋은 음식을 한두 번 먹는 것이 인생의 가치라면 인생이 얼마나 허무하냐? 인생이 얼마나 불쌍하냐? 이러면 안 되는데……. 이렇게 살면 안 되는데……. 그래, 내가 목사가 되자. 목사가 되어서 천국이 있는 것을 알리자. 그리고 사람이 어떻게 살아야 가치가 있는지 알리자.'

그래서 그길로 신학교에 가서 공부를 하고 목사님이 되어 많은 영혼을 구원하고 있는 것입니다. 할렐루야!

세상의 지혜는 문제도 많고 한계도 있고 세상에서 끝나고 맙니다. 그리고 지옥으로 사라집니다. 하지만 하늘에서 내려오는 지혜를 받으면 세상에서도 즐겁고 승리하며 성공적으로 살 뿐 아니라 영원한 세계로 들어갑니다.

위로부터 내려오는 지혜, 하나님의 지혜를 받으시기 바랍니다. 야고보서 1장 17절에 "각양 좋은 은사와 온전한 선물이 다 위로부터 빛들의 아버지께로서 내려오나니 그는 변함도 없으시고 회전하는 그림자도 없으시니라"고 말씀하십니다.

하나님께서 주시는 것만 좋은 것입니다. 할렐루야!

그러면 위에서부터 내려오는 하나님의 지혜를 받은 사람은 그 생활의 증거가 어떻게 나타납니까?

오늘 성경에서 말씀하십니다. 이 말씀을 통해서 '내가 지금 하나님의 지혜로 사는가? 세상적이고 정욕적이고 마귀적인 지혜로 사는가?'라는 분별을 스스로 하시기 바랍니다.

위에서부터 온 지혜를 얻어 사는 사람은 첫째로 성결합니다.
"오직 위로부터 난 지혜는 첫째 성결하고"(약 3:17).
따라 합시다. "첫째, 성결하며."

위에서부터 온 지혜를 얻어서 사는 사람은 깨끗합니다. 위에서 온 지혜를 얻어 사는 사람은 악한 꾀를 들으면 거절합니다. 죄인의 자리에 앉기를 싫어합니다. 교만한 사람들과 함께 서기도 싫어합니다. 마음속에 음란한 생각이나 욕심이 생기면 마음이 괴로워 회개합니다. 그래서 마음이 성결하게 되는 것입니다. 할렐루야!

한 소녀가 재미있어 보이는 곳, 오락 시설이 가득한 곳에 가 보고 싶었습니다. 그래서 친구와 약속을 하고 엄마에게 허락을 받으러 갔습니다. 엄마가 샐러드 요리를 하고 있었습니다.

"엄마, 오락실에 가보고 싶어요. 물론 엄마는 걱정하겠지만 내 친구들이 여러 번 다녀왔는데 아무 이상이 없대요. 내 친구 ○○랑 갔다 올 테니 허락해 주세요."

그때 엄마가 갑자기 쓰레기통에서 더러운 쓰레기를 한 줌 줍더니 그것을 요리 접시에 뿌렸습니다.

"엄마! 뭐 하는 거예요? 왜 그래요?"

"내 사랑하는 딸의 마음에 쓰레기가 들어가는 판국에 위장 속에 쓰레기가 좀 들어간들 뭐가 나쁘냐? 네 위장 속에 이런 것이 들어가면 안 되겠지? 네 아름다운 마음에 쓰레기가 들어가면 되겠니?"

그때 딸이 깨달았습니다.

"엄마, 알았어요. 가지 않을게요."

오늘날 많은 사람들이 옷이나 음식, 환경은 깨끗한 것을 좋아하면서도 마음에는 더러운 쓰레기를 너무 많이 담아 놓고 있습니다. 그러니 사람의 향기가 나타나지 않고 좋지 않은 냄새가 나는 것입니다.

우리 모두의 마음에 쓰레기가 아니라 장미꽃같이 좋은 것만 들어갈 수 있기를 바랍니다.

성령의 지혜를 얻으면 더러운 것은 싫어집니다. 더러운 곳에는 가기 싫습니다. 할렐루야!

다음으로 화평합니다.
"다음에 화평하고"(약 3:17).

여러분, 마귀가 들어가면 분쟁하고 다툽니다. 서울의 한 이름난 교회에 분쟁이 있어서 두 패로 나누어졌답니다. 그래서 한 팀은 이층에서 예배를 드리고, 또 한 팀은 일층에서 예배를 드린답니다. 일층에서 찬송하면 이층에서는 기도를 드리고, 이층에서 설교하면 일층에서는 큰 소리로 설교를 하고, 그렇게 싸우니 교회가 얼마나 황폐하겠습니까? 그 교회는 마귀에게 쓰임 당하고 있는 것입니다.

우리 교회는 주님께서 오실 때까지 그런 일이 없기를 바랍니다. 그것을 방지하기 위해서 제가 설교하기 전에 항상 아침이나 정오나 밤이나 녹음기처럼 하는 기도가 있습니다.

"악한 마귀, 더러운 귀신, 흑암의 권세는 다 물러갈지어다!"

야고보서 4장 7절에 "마귀를 대적하라 그리하면 너희를 피하리라"고 말씀하십니다.

우리가 시간시간 마귀를 대적하면 마귀는 접근하지 못합니다.

예수님의 이름으로 대적하시기를 바랍니다. 부부 간에 싸울 일이 있어도 그것이 부부 간의 문제가 아닙니다. 그 집의 분위기가 마귀의 분위기인 것입니다. 부부 간에 싸울 일이 있으면 싸우지 말고 영적으로 전투하시기를 바랍니다. 남편도 아내도 "예수 이름으로 명하노니, 사단아, 물러가라!" 하면 부부 싸움이 없어질 줄로 믿습니다.

싸우려고 하는 사람은 모두 사단에게 쓰임 받는 사람입니다. 성령의 사람은 화평의 사람(peacemaker)인 것입니다.

예수님께서 세상에 탄생하셨을 때 첫째로 나타난 증거가 무엇입니까? 누가복음 2장 14절에 보면 천사들이 하늘에서 내려와 "지극히 높은 곳에서는 하나님께 영광이요 땅에서는 기뻐하심을 입은 사람들 중에 평화로다"라고 찬송합니다.

고린도전서 14장 33절에 "하나님은 어지러움의 하나님이 아니시요 오직 화평의 하나님이시니라"고 말씀하십니다.

고린도후서 5장 18절에는 "우리에게 화목하게 하는 직책을 주셨으니"라고 말씀하십니다.

따라 합시다. "나는 화목하게 하는 직책을 받았다."

하늘의 지혜를 받은 사람은 화목하게 하는 직책을 받았습니다. 그러므로 가정에서나 교회에서나 여선교회 모임에서나 회사에서나 어디에서나 서로 싸우지 않게 하는 것이 우리의 일입니다.

"평화 평화로다 하늘 위에서 내려오네" (찬송가 469장).

잠언 17장 1절에 "마른 떡 한 조각만 있고도 화목하는 것이 육선이 집에 가득하고 다투는 것보다 나으니라"고 말씀하십니다.

여러분 가정에 화평이 넘치기를 바랍니다. 한국교회에 화평이 넘치기를 바랍니다. 세계 교회에 화평이 넘치기를 바랍니다.

하늘의 지혜가 가득하면 화평이 넘치게 되고, 화평으로 심어 의의 열매를 거두게 됩니다.

한 크리스천 가정에 있었던 일입니다.

그 집의 닭들이 담장을 넘어 이웃집으로 가서 채소를 쪼아 먹었습니다. 남의 닭들이 자기 밭에 있는 채소를 쪼아 먹으니 화가 난 이웃집 할아버지가 닭들을 쫓아내려고 막대기를 던졌는데, 닭 두 마리가 그 막대기에 맞아 죽었습니다. 할아버지는 그 닭 두 마리를 담장 너머로 던지며 욕설을 퍼부었습니다. 그러나 닭 주인은 닭 요리를 잘해서 한 마리를 할아버지에게 가지고 갔습니다.

"할아버지, 죄송합니다. 우리 닭 때문에 화가 나셨죠? 닭 요리입니다. 드세요."

그 할아버지가 얼마나 미안했겠습니까? 그런 이웃과는 담을 쌓을 수가 없는 것입니다.

우리 주님께서 "너희 원수를 사랑하며 너희를 핍박하는 자를 위하여 기도하라"(마 5:44)고 말씀하셨습니다. 할렐루야!

우리 모두 하나님의 지혜로 평화의 사람이 될 수 있기를 축원합니다.

그리고 위로부터 오는 지혜를 얻어 사는 사람은 관용합니다.

관용이 무엇입니까? 너그럽게 이해하는 것입니다.

미국 대법원이 부시 대통령에게 손을 들어 주었을 때 미국 부통령 고어가 무엇이라고 말했습니까?

"나는 대법원의 판결에 동의하지 못한다. 그러나 미국을 위해 수용한다."

이것도 일종의 관용입니다.

내 남편이 외도했습니다. 남편이 외도했으면 이혼하는 것이 마땅하지만 '그래도 나는 하나님의 딸이니 관용한다, 남편을 내가 수용하리라' 하는 것이 관용입니다. 시어머니가 내게 너무 독한 말을 했습니다. 아무리 시어머니라고 해도 너무 독하고 이해하기 힘든 말을 했습니다. '그래도 나는 하나님의 사람인데……' 하며 용서하는 것이 관용입니다.

저는 지금 참 행복합니다. 제가 최근에 크게 깨달은 것이 있어 마음이 편하니 얼굴까지 이렇게 좋아집니다. 그리고 이제는 어떤 사람이 어떻게 살아도 그 사람의 입장에서 생각합니다. 전에는 '저 사람이 왜 저럴까?' 하며 살았는데 지금은 아닙니다. '저분은 지금 자기의 최선을 다하고 산다'라고 생각합니다. 그러니 관용하게 됩니다.

김 장로님이 일을 하실 때 자기로서는 최선을 다해 그 일을 하시는 것입니다. 그것이 최선인 줄 알고 일을 하시는 것입니다. 그렇게 생각하면 관용하게 됩니다. 그러면 얼마나 좋은지 모릅니다.

낚싯바늘처럼 꼭 걸고 넘어지는 사람, 까다로운 사람은 좋지 않습니다. 가시 같은 사람은 좋지 않습니다. 그런 사람을 교회 일꾼으로 세우면 절대로 안 됩니다. 그런 사람은 어디에서나 분위기를 흐트러뜨립니다. 우리는 '그럴 수 있지' 하고 넘어가는 양순한 사람, 관용하는 사람이 되어야 합니다.

아이언 사이드 목사님이 제직회를 인도할 때 한 청년 집사님이 "법대로 합시다, 법대로 합시다, 법대로"라고 말했습니다. 그러자 아이언 목사님이 이렇게 말했습니다.

"법대로 해요? 법대로 하면 집사님은 벌써 죽었어야 합니다."

법대로 다스림을 받으면 여기에 있을 사람이 누가 있겠습니까?

하나님께서 법대로 여러분을 갚으시면 여기에 누가 얼굴을 들고 있겠습니까?

우리는 하나님의 긍휼로 살았습니다. 할렐루야! 그러므로 우리도 이웃을 긍휼로, 양순함으로, 온유함으로, 관용으로 덮어 주어야 합니다.

한 마디로 성령의 지혜, 하나님의 지혜를 받으면 정중한 사람이 된다고 말씀하십니다. 하나님의 지혜를 받으면 예의 바른 사람, 겸손한 사람이 된다는 것입니다. 그래서 의의 열매를 맺는다는 것입니다.

이런 의의 열매를 맺는 사람이 되기 위해서는 지혜를 받아야 합니다. 그러면 어떻게 해야 하늘의 지혜를 받게 됩니까?

두 가지 방법이 있는데, 아주 간단합니다.

먼저는 말씀을 통해 받습니다.

디모데후서 3장 16절에 "모든 성경은 하나님의 감동으로 된 것으로 교훈과 책망과 바르게 함과 의로 교육하기에 유익하니" 라고 말씀하십니다.

성령님은 하늘에서 오신 영이시고, 성령님께서 성경의 기자들을 감동시키셔서 성경을 쓰도록 하셨습니다. 성경은 하나님께서 주셨습니다. 성경은 하늘에서 내려온 위대한 책입니다. 땅에서 나온 책이 아니라 하늘에서 내려온 하나님의 지혜입니다.

그래서 성경 안에 놀라운 지혜, 땅의 축복, 하늘로 가는 길이 다 있습니다. 할렐루야! 그러므로 정기적으로 성경을 읽고 정기적으로 설교를 들어야 합니다.

건강의 비결이 무엇입니까? 정시에 정량을 먹고 정시에 잠자고 정시에 일어나는 것입니다. 영적인 건강의 비결도 정시에 정기적으로 예배를 드리고 정기적으로 성경을 읽는 것입니다. 그래서 지금 설교를 들으시는 여러분이 지혜롭게 되는 것입니다. 오늘 교회에 오시기 전보다 지혜롭게 되는 것을 여러분이 스스로 느낄 것입니다. '내게 지혜가 더해지는구나, 내 지혜의 키가 크는구나' 라는 것을 느낄 것입니다. 할렐루야! 그래서 저녁 예배를 드리는 분과 드리지 않는 분은 나중에 거인과 난쟁이처럼 차이가 나게 됩니다.

여러분 모두가 지혜의 거인이 되시기를 바랍니다.

저는 확실히 믿습니다. 매일 하루 한 번씩 성경을 읽고, 주일 낮 예배와 밤 예배, 삼일 예배에만 참석해도 승리하게 될 것입니다. 설교와 성경을 통해 날마다 지혜를 받으시기 바랍니다.

다음으로는 기도를 통해 지혜를 받습니다.

솔로몬은 태어날 때 평범했습니다. 그래서 압살롬도 왕이 되려고 했고, 아도니야도 왕이 되려고 했습니다. 솔로몬의 형들이 "저게 뭐 왕이 될 만한 자야?" 하며 솔로몬을 제쳐 놓고 왕이 되려고 했습니다.

솔로몬도 왕이 된 다음에 '내가 어떻게 나라를 다스리나?' 하며 당황했습니다. 그래서 하나님 앞에 일천 번제를 드리며 기도했습니다.

"하나님, 저는 너무 부족합니다."

그때 하나님께서 지혜를 주셔서 다른 사람들이 따라갈 수 없는 지혜자가 된 것입니다. 할렐루야!

제 동생이라 마음 편하게 이야기를 합니다. 제 동생 지용덕 목사님은 제가 이 세상에서 가장 사랑하는 사람 중 한 사람인데 원래는 학구파이고, 공부를 잘했습니다. 늘 우등생이었습니다. 그러나 목회를 하다 보면 공부하기가 쉽지 않으니 대학원 입학시험을 치는 날이 다음 날로 다가왔는데도 한 과목을 준비하지 못했습니다. 제 동생에게 목사님이라고 하는 것이 이상하게 들릴지 모르지만, 저는 제 아들 성찬이가 목사가 되어도 목사님이라고 할 것입니다. 목사 뒤에 '님' 자를 붙이는 사람과 붙이지 않는 사람의 신앙은 하늘과 땅 차이처럼 크다고 생각합니다.

그러니 걱정이 되어 여관에서 끙끙거리며 기도했답니다.

"하나님, 어떻게 해요? 한 과목 때문에 시험에서 떨어지면 어떻게 해요? 더구나 전공과목인데 어떻게 해요?"

그때 자꾸 "서점에 가 봐, 서점에 가 봐"라는 음성이 들리는 것 같더랍니다. 그래서 서점에 가서 두리번거리고 있는데, 옆에 있던 사람이 "선생님, 뭘 그렇게 찾으세요?" 하고 물어서 "예, 솔직히 말하면, 내일 대학원 입학시험을 쳐야 하는데, 한 과목이 자신이 없어서요"라고 했답니다.

"무슨 과목인데요?"

"예, ○○과목이에요."

"어이구, 그건 제 전공과목입니다. 지금 제가 그 대학원 졸업반입니다"라며 책을 한 권 골라 주더랍니다. 그리고는 "이 책에서 다 나올 겁니다. 그런데 이것을 다 읽을 수 있겠습니까? 내일이 시험인데요. 안 되지요?"라고 하더니 볼펜을 꺼내어 네 문제를 찍어 주더랍니다.

"이것만 달달 외우면 됩니다. 이 중에서 두세 문제는 나올 겁니다."

지용덕 목사님이 그 책을 가지고 여관으로 돌아가서 눈이 발갛게 되도록 밤새껏 네 문제를 달달 외웠답니다. 그리고 다음 날 시험을 보러 갔더니, 정말 거기에서 세 문제가 다 나왔더랍니다. 그래서 실력도 없는 사람이 좋은 성적으로 합격한 것입니다.

이번에 오신 목사님도 그런 간증을 하셨지 않습니까? 그 교회의 성도님 중에 그 전날 공부한 것이 시험에 다 나와서 사법고시에 합격한 사람이 있다고 말입니다.

하나님께서는 지금도 기도하고 의지하는 자에게 지혜를 주십니다.

사업하는 분들은 사업에 성공하는 지혜를 얻으십시오. 직장생활하는 분들은 직장에서 승진하고 직장의 보배가 되고 기둥이 되는 지혜를 얻으십시오.

아내들은 남편에게 맞고 사는 여자가 되지 말고 사랑받는 아내가 되는 지혜를 얻으십시오. 그래서 남편을 꽉 잡으시기 바랍니다. 잡아서 잡는 것이 아니라 지혜를 얻으면 남편이 잡히게 되는 것입니다.

그리고 아이들에게 멸시받는 부모가 되지 맙시다. 아이들에게 존경받는 부모가 됩시다. 하나님께서 지혜를 주시면 그렇게 되는 것입니다. 아들은 박사이고 나는 초등학교밖에 다니지 못했어도 하나님의 지혜로 살면 아이들이 복종하게 되는 것입니다.

늘 성경으로 지혜를 얻고 기도로 지혜를 얻어 이 세상을 즐겁고 복되게 사시고, 마지막 날에 웃으면서 천국으로 들림 받는 여러분과 제가 될 수 있기를 축원합니다.

야고보서 4장 1-3절 | 야고보서 강해

만족한 삶의 길

얼음 공장에서 일하는 한 사람이 등겨가 가득한 얼음 창고에서 아주 값진 시계를 잃어버렸습니다. 등겨 속에 시계가 있을 것이라 생각한 그는 그 공장의 종업원들과 함께 갈고리로 등겨를 샅샅이 뒤졌지만 찾지 못했습니다. 그런데 얼마 후 코흘리개 아이가 그 값진 시계를 갖고 왔습니다.

"아저씨, 시계 여기 있어요."
"얘야, 어떻게 찾았니?"
"아주 쉽게 찾았어요."
"어떻게?"
"등겨 속에 누워 있었지요. 그랬더니 '째깍째깍' 하는 소리가 들려오던걸요?"

손도 귀하고 발도 귀합니다. 우리 신체 중 귀하지 않은 것이 없지만 귀가 얼마나 귀한지 모릅니다. 귀가 아주 큰 일을 합니다. 잘 듣는 아이가 공부도 잘합니다. 피아노를 칠 때 손가락이 중요하지만, 귀가 열려야 피아노를 잘 칠 수 있습니다.

제가 잘 아는 목사님의 딸 이야기입니다. 그 딸이 고 3이 되었을 때 목사님께 "아빠, 나 피아노를 치고 싶어. 피아노과에 들어갈래"라고 하더랍니다.

"얘야, 고 3이 되어서 어떻게 피아노를 시작한단 말이냐? 평생 해야 될 일을 어찌 그리 쉽게 결정한단 말이냐?"

"그래도 나는 피아노를 치고 싶어."

허락은 했지만 걱정이 된 목사님께서는 딸에게 레슨도 받게 하고, 세계 최고 피아니스트들이 연주한 곡을 사 가지고 와서 계속 듣게 했답니다. 또 시험에 나올 만한 곡들을 사 가지고 와서 듣게 했답니다. 그 딸은 연세대학교 음대 피아노과에 합격했습니다. 고 3 때 시작했으니 1년 밖에 준비를 못했는데 대학에 들어간 것입니다. 대가들의 음악을 많이 들었기 때문인 줄로 믿습니다.

잘 듣는 것이 얼마나 중요한지 모릅니다.

제가 이만큼 설교하는 것도 물론 하나님의 은혜이지만, 어릴 때부터 목사님의 설교를 꼼짝하지 않고 들었기 때문이라고 생각됩니다. 물론 약간씩은 움직였지만, '아, 목사님께서 설교를 저렇게 하시는구나, 나도 저렇게 해야겠다', '저렇게 설교하면 안 되겠구나'라며 들었습니다. 제가 원고를 보지 않고 설교를 하게 된 데도 동기가 있습니다.

제가 어느 교회에서 예배를 드리고 있을 때의 일입니다. 목사님께서 열심히 설교를 하고 계시는데 갑자기 전기가 나갔습니다. 그러니 목사님께서 설교를 중단하시고 그냥 서 계셨습니다. 원고가 보이지 않으니 설교를 하실 수 없었던 것입니다.

'나도 저런 일을 당하면 어떻게 하나?' 라고 생각되어 "하나님, 기억력을 주세요" 하고 기도했습니다. 그때 저는 원고를 보지 않고 설교해야겠다는 것을 터득한 것입니다.

우리 귀가 얼마나 중요한지 모릅니다. 여러분의 귀를 한번 만져 보십시오.

따라 합시다. "귀야, 복되어라."

"하나님, 나의 귀를 축복해 주세요. 복된 것만 듣게 해 주세요. 은혜로운 것만 듣게 해 주세요. 수군수군하는 것은 듣지 않게 해 주세요. 유혹거리는 듣지 않게 해 주세요. 귀먹는 일이 없게 해 주세요. 귓병에 걸리지 않게 해 주세요."

오늘도 하나님께서 귀에 은혜를 주셔서 하나님 말씀을 잘 받게 되시기 바랍니다.

나폴레옹은 세상을 떠날 때 "아, 내 일생을 돌이켜 보니 행복한 날은 엿새밖에 안 되는구나" 라고 했습니다. 오나시스라는 재벌이 죽을 때 "나는 하나님이 주신 모든 축복을 낭비하고 죽는다" 라고 했습니다.

우상을 숭배하는 사람들에게 최고로 존경을 받던 우리나라의 어떤 분이 돌아가셨을 때 텔레비전을 비롯한 방송 매체에서 야단법석이었지만, 우상 종교의 최고 스승인 그분은 "아, 내 죄는 산의 소나무보다 많다. 나는 지옥으로 떨어진다" 라며 죽었습니다.

마지막에 웃는 자가 참으로 웃는 자이고, 마지막에 승리하는 자가 참 승리자입니다. 여러분과 저는 마지막에 웃을 수 있고, 웃음으로 요단 강을 건널 수 있기 바랍니다. 마지막에 승리자가 될 수 있기 바랍니다.

이렇게 마지막이 중요하지만 과정도 중요합니다.

2001년 대선에서의 부시와 고어의 대결을 생각해 보십시오. 마지막에 부시는 웃고 고어는 고배를 마셨습니다. 그러나 부시도 30일 동안 얼마나 고생을 했습니까? 처음부터 득표율이 앞섰다면 그런 고생을 하지 않았을 것입니다.

우리가 마지막에 이기고 웃는 것도 중요하지만, 매일매일 기뻐하며 승리하고 웃으며 사는 것도 중요합니다.

여러분과 저는 오늘도 만족하게 삽시다. 내일도 그리고 천당 가는 날까지, 매일매일, 순간순간 숲 속의 새처럼 노래하며 만족하게 살게 되시기를 축원합니다.

그렇다면 그런 만족한 삶의 길이 어디에 있습니까?

세상 사람들은 욕심을 내어서 정욕을 채우고, 많이 취하면 행복할 줄로 압니다. 그러나 그렇지 않습니다.

그래서 오늘 본문 야고보서 4장 1절에서 "너희 중에 싸움이 어디로, 다툼이 어디로 좇아 나느뇨 너희 지체 중에서 싸우는 정욕으로 좇아 난 것이 아니냐" 라고 말씀하십니다.

제가 전에도 말씀드렸지만 미국의 최고 부자 하워드 휴즈와 폴 케티는 그 많은 재물을 가지고도 불행하게 살다가 죽었습니다.

창세기 13장을 보면, 아브라함과 조카 롯의 목자들이 서로 다툽니다. 양 떼와 소 떼가 너무 많아져 초장이 부족하니 아브라함의 목자들과 롯의 목자들이 서로 다툰 것입니다. 그래서 아브라함이 말합니다.

"조카, 나와 자네 사이에 이렇게 싸우면 되겠나? 남들과도 싸울 수 없는데, 우리가 이러면 안 되지. 자, 이 들판을 봐. 들이 얼마나 넓냐? 그러니 우리 이제 서로 헤어지자. 자네가 우하면 나는 좌하고 자네가 좌하면 나는 우할 테니 자네가 먼저 좋은 땅을 차지하게.”

조카 롯이 들을 보더니 기름진 땅을 택했습니다.

“삼촌, 나는 이쪽으로 갈게요.”

아브라함은 그런 롯을 보면서 '어이구, 욕심쟁이!' 라고 생각했을 것입니다. 그러나 그렇게 하라고 했습니다. 롯은 욕심을 내어서 그 좋은 땅을 다 차지하고 아브라함은 좋지 않은 땅을 차지했습니다.

그러면 그 좋은 땅을 차지한 조카 롯이 잘 먹고 잘 살면서 만족해 했습니까? 아닙니다. 한동안은 부자가 되었지만, 소돔 성 가까이에 살다가 그들의 영향을 받아 신앙이 나태해지고, 나중에 술을 얼마나 많이 마시게 되었는지 술에 취해 자기 딸인지도 모르고 동침했다가 손자인지 아들인지 알 수 없는 자식을 낳았습니다. 그것도 큰딸과 둘째 딸과 다 동침했습니다. 그의 아내는 죽고, 소돔 고모라가 불탈 때 그는 알거지가 되었습니다.

아브라함은 욕심을 부리지 않았습니다. 그래도 하나님께서 범사에 복을 주시니 아브라함은 가는 곳곳마다 더 창대하게 되었습니다. 할렐루야!

게하시가 사람을 속여서 옷과 은을 취했지만 그것 때문에 나병만 얻었을 뿐 잘 살지 못했습니다. 아간이 금과 은을 욕심내고 시날산 외투를 욕심냈지만 잘 살지 못했습니다. 오히려 돌에 맞아 죽었습니다.

욕심을 내어서 잘 사는 길이 없습니다.

야고보서 1장 15절에 “욕심이 잉태한즉 죄를 낳고 죄가 장성한즉 사망을 낳느니라"고 말씀하십니다.

 욕심을 갖고 있으면 복이 없습니다. 마음을 비울 때 복이 임하는 것입니다. 욕심 때문에 다투고 싸우지만, 욕심대로 되지 않습니다.

 우리 교회의 한 분은 비교적 큰 사업체를 경영하다 사정이 있어 아우에게 인계했습니다. 그런데 아우가 결혼을 하고 얼마 되지 않아서인지 자꾸 놀러 다니며 사업체를 비우더니 엄청난 손해를 입혔습니다.

 여러분, 자기 일에 성실하시기 바랍니다. 경영주는 그 회사를 지켜야 합니다. 자리를 자주 비우면 일이 되지 않습니다. 식당을 경영하는 분도 마찬가지입니다. 식당에 주인이 있어야 종업원들도 손님에게 친절하게 대하고, 또 손님들도 기분이 좋습니다. 제가 세계 여러 식당을 가 보면 성공하는 식당은 주인이나 주인의 부인이 손님들에게 다니면서 인사를 합니다.

 "잘 드셨습니까? 불편한 것은 없었습니까? 부족한 것은 없습니까?"

 그런 식당은 다 잘됩니다. 주인은 주인대로, 종업원은 종업원대로 노는 식당은 잘되지 않습니다. 잘될 수가 없는 것입니다. 자기 일에 성실해야 합니다. 여러분은 모두 자기 일에 성실하시기를 바랍니다.

 그런데 우리 교인의 아우는 자꾸 자리를 비우더니 불과 몇 달 사이에 엄청난 돈을 날려 버렸습니다. 그것을 알게 된 형이 사무실에서 동생을 책망했습니다.

 "도대체 어떻게 사업을 했기에 몇 달 동안에 이렇게 손해를 보게 만들었나? 이만큼 키웠다 해도 잘한 것이 아닌데, 이렇게 손해를 보게 하다니?"

동생이 처음에는 가만히 듣고 있더니 형이 자꾸 책망을 하니 대들었습니다.

"나도 나대로 한다고 했습니다."

"뭐? 한다고 해? 한다고 했어?"

"한다고 했단 말이에요."

그런데 형이 예감이 이상해서 뒤를 돌아보니, 언제 오셨는지 어머니께서 눈물을 글썽글썽하면서 두 아들이 싸우는 것을 보고 계셨습니다.

그때 큰아들이 "어머니, 죄송합니다" 하고는 그의 동생에게 말했습니다.

"동생, 미안해. 사업하다 보면 그럴 수도 있지. 미안해."

돈 얼마 때문에 어머니의 마음을 아프게 한 것이 마음 아파서 동생에게 사과했습니다.

지금 형은 형대로 잘 살고, 동생은 동생대로 잘 삽니다. 그때 형제 간에 담을 쌓았으면 어떻게 되었겠습니까? 많은 손해를 보았어도 어머니 앞에서 욕심을 버리니 그것이 문제가 되지 않아 그냥 넘어가게 된 것입니다.

형제 사이가 좋지 않은 것은 다 욕심 때문입니다. '형님이 더 많이 차지했다, 동생이 더 많이 차지했다' 라는 것 때문에 마음 아픈 일이 일어나는 것입니다.

욕심이 우리를 불행하게 만들고 다투게 만들고, 형제 간에 원수가 되게 하고, 인사도 하지 않게 만듭니다. 욕심을 부린다고 부자로 사는 것이 아닙니다. 욕심을 부린다고 밥을 열 그릇 먹는 것도 아니고 행복한 것도 아닙니다.

욕심을 버릴 때 행복이 있는 것입니다.

여러분이 지금은 '아멘' 하지만, 집에 가면 또 욕심을 부릴지도 모르겠습니다. 욕심을 부리지 맙시다. 정말 우리가 마음을 비우면 하나님께서 아브라함에게 복 주신 것처럼 우리에게 복을 내려 주실 줄로 믿습니다.

그리고 정욕 때문에 다툰다고 했는데, 정욕(passion)은 욕심도 되고 쾌락도 됩니다.

사람들은 쾌락을 누리는 것이 행복인 줄로 착각을 합니다. 그래서 쾌락을 위해 시간을 쓰고, 돈을 쓰고, 몸을 쓰다가 망합니다. 누가복음 15장의 탕자가 아버지의 품을 떠나간 목적이 사업을 잘해서 큰 재벌이 되려는 것이 아니었습니다. 아버지의 재산을 가지고 아버지가 보이지 않는 곳에 가서 마음껏 쾌락을 누리고 인생을 즐기고 싶어서 떠나간 것입니다. 그는 돈을 받아서 아버지의 영향권이 미치지 않는 곳에 가서 하고 싶은 것을 다 하고, 먹고 싶은 것을 다 먹고, 즐기고 싶은 것을 다 즐겼습니다. 그래서 행복했습니까? 돼지우리에서 신세타령을 하는 초라한 신세가 되었습니다. 친구라고는 돼지뿐이었습니다. 참 만족은 나중에 그가 다시 아버지의 품으로 돌아왔을 때 얻게 되었습니다.

오늘도 많은 사람들이 쾌락이 행복을 주는 줄로 알고 있습니다. 삼손도 들릴라와 사랑을 주고받는 것이 행복인 줄 알고 하나님을 믿으면서도 쾌락을 좇아 들릴라를 따라갔다가 눈이 뽑히고 죽었습니다.

열왕기상 2장을 보면, 아도니야가 아버지의 여자를 탐냅니다. 다윗 왕이 나이가 들어서 옷을 입어도, 이불을 덮어도 따뜻해 하지 않으니, 신하들이 "우리 왕께서 저렇게 추워하시니 어떻게 하나? 덜덜 떨고 다니니 따뜻한 여자를 구해 드리자"라고 결정하고 그 나라의 예쁜 처녀들을 다 모아놓고 최고로 예쁜 여자를 택했습니다. 그 여자의 이름이 아비삭입니다. 그래서 다윗 왕에게 아비삭을 품고 자게 했습니다. 그래서 다윗이 그 아가씨를 품에 품고 잤지만 여자로 동침하지 않고 딸처럼 예뻐하며 함께 생활했습니다. 그러다 다윗이 죽고 솔로몬이 왕이 되었습니다. 제가 솔로몬의 마음은 잘 모르지만 그도 아비삭에게 마음이 굉장히 끌렸을 것입니다. 그러나 아버지의 여자이기 때문에 멀리하고 욕심을 내지 않았을 것입니다. 그런데 솔로몬의 배 다른 형인 아도니야가 아비삭을 욕심내어 밧세바에게 와서 말했습니다.

"어머니, 솔로몬 왕께 부탁해서 아비삭을 제게 주세요. 제 얼굴을 괄시하지 마세요."

밧세바가 아들 솔로몬에게 갔습니다.

"왕이여, 내가 한 가지를 구하겠는데 내 얼굴을 괄시치 마소서."

"어머니, 말씀하소서. 어머니의 얼굴을 괄시치 않습니다."

"아비삭을 아도니야에게 주세요."

그러자 솔로몬이 화를 냈습니다. 솔직히 말하면 그것이 그렇게 화를 낼 일이 아니지 않습니까? 자기도 아비삭에게 마음이 갔지만 참고 있었는데 아도니야가 그러니 그렇게 화가 났는지 모르겠습니다.

"세상에! 아도니야가 내 아버지의 여자 아비삭을 원해요? 아니, 어떻게 어머니가 아도니야를 위해 아비삭을 구합니까? 왕 자리도 빼앗아 주시지요. 내가 하나님 앞에서 말합니다. 아도니야를 그냥 두지 않을 것입니다."

그날 아도니야가 죽었습니다. 아비삭을 데리고 살면 쾌락의 샘이 흐를 것 같아 욕심을 냈는데 그날 죽었습니다.

부산 모 교회 지휘자이자 대학 교수인 집사님이 성탄절 칸타타까지 준비를 다 했는데 성탄절 직전에 목사님께 와서 말했습니다.

"목사님, 죄송합니다. 교수 세미나가 있어서 제가 이번에는 교회 일을 못하게 되었습니다."

"아니, 성탄절 칸타타까지 준비해 놓고요?"

"사정이 그렇게 되어서……."

그리고 그 교수는 떠났습니다. 그러나 그는 교수 세미나에 간 것이 아니라 여학생 제자와 쾌락을 누리러 간 것입니다. 여제자와 밤새도록 술을 마시고 취해서 잠을 잤는데, 호텔에 불이 나는 바람에 그 여제자와 함께 불에 타 죽었습니다. 그런데 그 호텔이 불타는 것을 TV로 보던 교수의 어린 아들이 "우리 아빠, 죽는다. 우리 아빠, 죽는다. 불타 죽는다"라고 했답니다. 교수 부인이 그 호텔에 가 보니 타다 남은 남편 수첩이 거기에 있었습니다.

불나비가 불에 타 죽듯이 많은 사람들이 쾌락을 따라갔다가 그 쾌락 때문에 죽습니다. 수백 마리의 파리 떼가 꿀 한 방울에 죽듯이, 많은 사람들이 쾌락 때문에 지금도 죽어 가고 있습니다. 하늘의 별같이 빛나던 사람 중에서도 쾌락 때문에 떨어지는 사람이 많습니다.

인생의 행복은 쾌락을 누리는 데 있지 않습니다.

하나님께서 주신 아내, 하나님께서 주신 남편, 하나님께서 주신 가족끼리 사랑을 나누는 것이 행복입니다.

따라 합시다. "선악과는 먹지 말자."

선악과가 아니라도 하나님께서 주신 것이 얼마나 많습니까? 선악과는 먹지 않아야 되는데 그것이 보암직하고 먹음직하고 지혜롭게 보이고 탐스럽다고 취하다가는 망하는 것입니다. 쾌락에, 정욕에 인생의 행복이 있는 것이 아닙니다.

솔로몬은 천 명이 넘는 미인들을 거느리고 살았지만 "헛되고 헛되고 헛되고 헛되니" 라고 했습니다.

늙어서 부들부들 떠는 그 인생, 그것이 무엇입니까? 인생은 일장춘몽 같습니다. 헛수고한 것뿐입니다. 헛일한 것뿐입니다. 남는 것은 하나님을 경외하고 그 말씀에 복종한 것, 그것밖에 없는 것입니다. 할렐루야!

그러면 인생의 참 기쁨과 만족은 어디에 있습니까?

하나님께서 주신 것을 누릴 때 행복합니다. 할렐루야!

여러분, 다윗을 보십시오.

"여호와는 나의 목자시니 내가 부족함이 없으리로다(The Lord is my shepherd, I have everything I need. 내가 원하는 것을 다 주셨네)"(시 23:1).

여러분과 저도 이렇게 부족함이 없는 하나님의 축복 때문에 기뻐할 수 있기를 바랍니다.

그러면 하나님께서는 그 기쁨, 희락, 만족한 생활을 누구에게 주십니까? 어떻게 해야 주십니까?

첫째는 순종하는 자에게 주십니다. 할렐루야!

우리가 주일을 지키면 즐겁습니다. 제가 지금 기쁜데, 제가 마약을 해서 기쁩니까, 소주를 마셔서 기쁩니까? 주일을 지키니 기쁜 것입니다. 할렐루야! 주일을 지키면 땅의 높은 곳에 올려 주시고 야곱의 업으로 길러 주십니다.

우리가 십일조를 드리는 한 굶어 죽지 않습니다. 하나님께서 창고를 채워 주십니다.

우리가 정직하면 하나님께서 반드시 자자손손 복을 주십니다. 할렐루야!

"정직자의 후대가 복이 있으리로다"(시 112:2)

신명기 28장의 말씀대로, 순종하면 들어오며 나가며 복을 받습니다.

그리고 순종하면 참으로 좋은 점이 있습니다. 그것은 바로 구할 때 받는다는 것입니다.

"너희 중에 누가 아들이 떡을 달라 하면 돌을 주며 생선을 달라 하면 뱀을 줄 사람이 있겠느냐 너희가 악한 자라도 좋은 것으로 자식에게 줄 줄 알거든 하물며 하늘에 계신 너희 아버지께서 구하는 자에게 좋은 것으로 주시지 않겠느냐"(마 7:9-11).

세상 사람들은 다 먹고 삽니다. 구하지 않는 사람들도 다 먹고 삽니다. 그러나 참으로 좋은 것, 참으로 행복한 것, 만족한 것은 하나님께 구할 때 받습니다.

오늘 본문 야고보서 4장 2절에도 "너희가 얻지 못함은 구하지 아니함이요"라고 말씀하십니다. 그러므로 예수님을 믿는 우리는 구해야 합니다. 우리는 평생 구하게 되어 있습니다.

우리가 너무 '옵소서, 옵소서, 주시옵소서, 주시옵소서'라고 한다는 분도 계시지만, 그래도 우리는 '옵소서'라고 해야 합니다.

"영광을 받으시옵소서, 찬송을 받으시옵소서."

우리가 하나님께 달라고 할 때만 '옵소서'라고 하는 것이 아니라 드릴 때에도 '옵소서'라고 합니다.

성경은 구하라고 말씀하십니다. 할렐루야!

"구하라 그러면 너희에게 주실 것이요 찾으라 그러면 찾을 것이요 문을 두드리라 그러면 너희에게 열릴 것이니(Ask and it will be given to you; seek and you will find; Knock and the door will be opened to you)"(마 7:7).

이렇게 우리가 믿고 구해야 되는 것입니다.

미국의 한 목사님이 교회가 어려우니 사례비를 제때 받는 일이 없었습니다.

우리 양곡교회는 사례비를 제때 꼭꼭 주시니 정말 고맙습니다. 누구에게 감사합니까? 하나님께 감사드립니다. 우리 교회는 양곡교회이기 때문에 영육 간에 양곡이 풍부한 줄로 믿습니다.

그런데 그 교회는 양곡교회가 아니라서 아주 어려웠나 봅니다. 사례비를 받다가 못 받다가 했습니다. 어느 날 목사님이 다른 지방으로 회의에 가시게 되었는데, 집에 밀가루가 하나도 없었습니다. 감자 몇 개와 소금과 빵 한 개밖에 없었습니다. 목사님이 사모님에게 말했습니다.

"여보, 먼 길을 가야 되는데 밀가루 값도 못 주고 어떻게 하지요?"

"목사님, 걱정하지 마세요. 하나님께서 일용할 양식을 주시겠지요."

목사님은 무거운 마음으로 회의에 갔습니다. 요즘에는 굶는 목사님들을 보기가 힘들지만, 제가 어릴 때만 해도 목사님들이 많이 굶었습니다. 정말 많이 굶었습니다. 저희 모(母) 교회가 아주 큰 교회였는데도 목사님은 매일 보리밥을 드셨습니다.

그런데 미국 그 교회 사모님에게 이런 믿음이 있었습니다.

'나를 책임지시는 분, 나의 아이들을 책임지시는 분은 내 남편

이 아니라 하나님이시다. 하나님께서 자녀를 굶기시겠나?'

그래서 발효제를 만들었습니다. 빵을 만들 밀가루도 없는데 발효제를 만들어 놓고 가정 예배를 드렸습니다. 그리고 "하나님, 밀가루가 다 떨어지신 것을 아시지요? 내일 밀가루 한 포대를 보내 주세요. 빵 발효제를 만들어 놓은 것을 보셨지요?"라고 기도했습니다. 아이들도 엄마의 기도를 그대로 믿었습니다. 아침에 일어나자마자 큰아이가 부엌으로 가서 살피더니 "엄마, 하나님께서 아직도 밀가루 한 포대를 안 보내셨네"라고 했습니다. 사모님은 "하나님께서 곧 보내실 거야"라고 대답하고 남아 있는 빵 한 개와 감자를 아이들에게 먹였습니다.

점심에는 먹을 것이 하나도 없었습니다. 그러나 사모님은 아이들을 모아 놓고 일용할 양식을 주시는 하나님을 찬양했습니다. 그때 아이 하나가 "엄마, 누가 마차를 타고 와서 우리 울타리에 말을 매고 있어"라고 해서 밖으로 나가 보니 한 부인이 마차에 밀가루와 치즈를 싣고 왔습니다.

"어떻게 오셨습니까?"

"혹시 댁에 밀가루가 필요하신 것 아닙니까?"

"예, 우리 집에 밀가루가 다 떨어졌는데 밀가루를 살 돈이 없어서 밀가루 한 포대를 보내 달라고 하나님께 기도하고 있었습니다."

"이상한 일입니다. 오늘 제가 부엌에서 일을 하고 있는데 '○○○ 집에 밀가루를 갖다 주어라' 하는 음성이 들렸습니다. 깜짝 놀라서 주위를 돌아보았지만 아무도 없었습니다. 제가 '헛소리를 들었나 보다' 하고 다시 일을 하는데 또 밀가루를 갖다 주라는 소리가 들렸습니다. 그래서 밀가루뿐 아니라 치즈랑 또 다른 것들도 좀 가지고 왔습니다."

아무도 보이지 않는데 소리가 나니 그 부인은 신(神)이 그런 말을 한 것이라 생각하고 겁이 나서 가지고 왔다는 것입니다. 그러자 사모님이 "당신은 하나님께서 보내신 천사 같은 분입니다"라며 기뻐했습니다. 물론 그 부인은 천사가 아닙니다. 예수님을 믿지도 않는데 무슨 천사입니까? 그러나 그 부인이 사모님의 이야기를 듣고 '아하! 하나님은 살아 계시는구나'라며 깨닫고 예수님을 믿게 되었답니다.

우리의 믿음이 흔들릴 때 하나님께서 주시지 않는 것이지, 믿음이 흔들리지 않으면 하나님께서 주시는 것입니다.

야고보서 1장 6-8절에 "오직 믿음으로 구하고 조금도 의심하지 말라 의심하는 자는 마치 바람에 밀려 요동하는 바다 물결 같으니 이런 사람은 무엇이든지 주께 얻기를 생각하지 말라 두 마음을 품어 모든 일에 정함이 없는 자로다"라고 말씀하십니다.

"주시옵소서"라고 기도하면서 '주실까?'라며 두 마음을 품으면 하나님께서 주지 않으십니다.

전에 제가 서재에서 말씀을 준비하는데 머리가 아팠습니다. 저는 머리가 아픈 적이 거의 없는데 그날은 얼마나 아픈지 견딜 수가 없었습니다.

'아이고, 어떻게 하나? 어떻게 하나?' 하다가 "옳지! 활용하자" 하고는 제 머리에 손을 대고 "예수 이름으로 명한다. 두통아, 물러가라! 예수 이름으로 명한다. 두통아, 물러가라!" 하고 외쳤습니다. 아마 복도를 지나가는 사람이 제 소리를 들었다면 서재에서 싸우는 줄로 알았을 것입니다. 제가 세 번 "예수 이름으로 명한다. 두통아, 물러가라!"고 했더니 정말 깨끗하게 나았습니다.

참 신비롭습니다.

마가복음 11장 24절에 "무엇이든지 기도하고 구하는 것은 받은 줄로 믿으라 그리하면 너희에게 그대로 되리라"고 말씀하십니다. 의심하는 자는 받지 못합니다. 믿을 때 받습니다.

"너희가 얻지 못함은 구하지 아니함이요"(약 4:2).

구해서 받고 나면 기쁨이 한이 없습니다. 할렐루야!

이런 믿음의 기도를 계속할 수 있기 바랍니다.

그러나 야고보서 4장 3절 말씀을 보면, 주의를 시키십니다.

"구하여도 받지 못함은 정욕으로 쓰려고 잘못 구함이니라."

우리가 10만 제단이 되게 해 달라고 기도합니다. 그러나 만일 큰 교회 목사로 알려지고 싶어서, 많은 영혼을 구원한 교인으로 존경받고 싶어서 그렇게 기도한다면 하나님께서 그 기도를 들어주지 않으십니다. 그 동기가 잘못된 것은 들어주지 않으시는 것입니다. '하나님, 한 영혼 한 영혼을 구원해 주세요' 하는 마음으로, 한 영혼이라도 더 구원해서 10만 영혼, 100만 영혼을 구원하려고 힘쓸 때 하나님께서 응답해 주시는 것입니다. 할렐루야!

우리가 "우리 집에, 우리 사업에 복을 주세요. 잘되게 해 주세요"라고 기도해도 그 동기가 욕심이고 정욕이면 하나님께서 들어주지 않으십니다. "하나님의 영광을 위해 이렇게 해 주세요. 하나님 영광을 위해 이렇게 해 주세요"라고 할 때 하나님께서 응답해 주십니다.

요한복음 14장 13절에도 말씀하십니다.

"너희가 내 이름으로 무엇을 구하든지 내가 시행하리니 이는 아버지로 하여금 아들을 인하여 영광을 얻으시게 하려 함이라."

무엇을 구하든지 하나님께서 좋으시게, 하나님께서 기뻐하시게 기도를 드려야 합니다. 다른 사람들에게 은혜가 되고 하나님께 영광이 되는 아름다운 기도를 드릴 때 응답해 주시는 것입니다.

늘 이런 아름다운 기도를 드려서 권능도 받고 응답도 받아서 "이것도 하나님께서 주셨네요, 저것도 하나님께서 주셨네요, 아이고 또 주시네요" 하는 기쁨 속에서 살 수 있기를 축원합니다.

오래전에 있었던 일입니다. 어느 주일에 제가 하나님께 모든 것을 다 바치고 싶은 마음이 막 일어나 저희 집에 있는 돈을 다 바쳤습니다. '내게 있는 모든 것을 아낌없이 바치네' 하며 다 바쳤습니다. 그러고 나니 얼마나 기뻤는지 모릅니다. 그런데 월요일 새벽이 되자 후회가 되었습니다.

'아이고, 오늘 서울에 가야 되는데……, 책값도 내야 되는데……. 50만 원은 있어야 하는데, 어떻게 하지? 왜 어제 다 바쳤지? 내가 경솔했구나. 헌금을 드릴 때도 계산을 해야 되는데…….'

그때가 제가 대학원 공부를 할 때였습니다. 큰일 났다는 생각에 쓸쓸하게 집으로 들어서는데, 아내가 말했습니다.

"여보, 누가 오셨다 가셨는데요, 봉투를 주셨어요."

비상한 관심을 갖고 열어 보니 50만 원이 들어 있었습니다. 50만 원이 필요한데, 꼭 50만 원이었습니다.

그때 그 기쁨이 얼마나 컸는지 모릅니다. 5억, 5천만 원이 문제가 아니라 제게 필요한 대로 그분을 통해 아침에 주신 것을 생각하니 얼마나 좋은지, 지금 생각해도 좋습니다.

아무 생각이 없을 때 받은 것은 좋다 해도 그 기쁨을 크게 느끼지 못합니다. 그러나 구한 것을 받으면 '하나님께서 하늘에서 나를 알고 주셨네' 하는 기쁨이 한이 없습니다.

참으로 만족한 생활은 하나님께서 주시는 것을 누리는 것이고, 구해서 받아 누리는 것입니다.

"구주 예수 의지함이 심히 기쁜 일일세 예수 예수 믿는 것은 받은 증거 많도다"(찬송가 340장).

우리 모두 이처럼 행복한 신앙생활하시기를 축원합니다.

야고보서 4장 4-5절 | 야고보서 강해

누구의 친구인가?

1960년대에 서울대학교 농과대학 학장으로 계셨던 류달영 박사님이 우리나라 새마을 운동 지도자들과 함께 덴마크를 방문했을 때의 이야기입니다.

일행이 그곳에서 돼지를 치는 양돈장을 견학할 때 돼지 집이 최신식으로 얼마나 잘 지어져 있는지, 샤워 시설과 모든 시스템이 얼마나 좋은지 감탄에 감탄을 연발했답니다. 때때로 샤워하며 잘 먹고 사는 돼지들의 팔자가 상팔자로 보였답니다.

'여기 돼지들은 우리나라 국민들보다 더 잘 먹고 더 잘 사는구나' 하고 부러워하며 가까이 가서 살펴보다 또 놀라운 일을 발견했답니다. 그때만 해도 우리나라는 부잣집에만 문패가 있고 대부분의 집들에는 문패가 없었는데, 돼지 집에 문패가 있었던 것입니다. 사람이 사는 집에도 문패와 번지가 없는 집이 있는데, 돼지우리에 문패가 있으니 모두 놀란 것입니다. 그런데 그 문패에는 돼지의 생일이, 또 그 바로 밑에는 돼지를 잡아먹을 날이 기록되어 있었답니다. 그날에 잡아먹어야 돼지의 살이 제일 부드럽고 맛이 있기 때문이랍니다.

그것을 보고 나서 류 박사님이 '돼지 팔자가 좋은 것만은 아니구나'라고 생각했답니다. 죽을 날을 정해 놓고 사니 말입니다.

그러나 저는 예수 없이 살아가는 세상의 모든 사람들이 돼지보다 더 비참하다고 봅니다.

왜입니까? 돼지에게는 심판이 없기 때문입니다. 돼지는 죽어서 사람들의 식탁에 올라감으로 끝입니다. Nothing, 무(無)가 됩니다. 돼지에게는 영혼이 없습니다.

사람도 돼지처럼 죽습니다. 모든 사람이 죽습니다. 죽지 않는 사람이 없습니다. 우리 집 문패에 죽을 날짜를 써 놓지 않았다뿐이지 모두 죽습니다. 그런데 사람에게는 죽은 다음에 심판이 있습니다. 거짓말을 못하시는 하나님께서 히브리서 9장 27절에 "한 번 죽는 것은 사람에게 정하신 것이요 그 후에는 심판이 있으리니"라고 말씀하십니다. 장관이든, 사장이든, 장군이든, 변호사든, 병원 원장이든, 대학 총장이든 아무도 여기에서 벗어나지 못합니다.

한 목사님이 심판에 대해 무섭게 설교하니 한 부인이 "픽, 픽" 하며 나가 버렸습니다. 그때 목사님이 "지금은 자리를 뜰 수 있어도 주님의 심판대 앞에서는 꼼짝 못합니다"라고 했습니다.

모든 사람은 심판대 앞에 서게 됩니다. 내 재산 100억 중 99억을 가난한 사람에게 나누어 준 사람이라도 심판을 받고 멸망합니다. 내 땅이 천 마지기인데 999마지기를 팔아 가난한 사람에게 주고 나는 한 마지기만 가지고 살아도 지옥에 갑니다.

그러면 누가 심판을 받지 않습니까? 성탄하신 예수 그리스도를 믿는 자만이 심판을 받지 않습니다.

요한복음 3장 16-18절에서 말씀하십시다.

"하나님이 세상을 이처럼 사랑하사 독생자를 주셨으니 이는 저를 믿는 자마다 멸망치 않고 영생을 얻게 하려 하심이니라 하나님이 그 아들을 세상에 보내신 것은 세상을 심판하려 하심이 아니요 저로 말미암아 세상이 구원을 받게 하려 하심이라 저를 믿는 자는 심판을 받지 아니하는 것이요 믿지 아니하는 자는 하나님의 독생자의 이름을 믿지 아니하므로 벌써 심판을 받은 것이니라."

아무리 선한 일을 많이 하고, 공부를 많이 하고, 점잖게 살아도, 예수님을 믿지 않으면 심판을 받습니다. 돼지는 지옥에 가지 않으니 지옥에는 돼지가 없습니다. 지옥에 있는 것은 불과 구더기와 예수님을 믿지 않는 자, 마귀뿐입니다.

예수님을 믿지 않는 사람은 모두 지옥에 가게 되어 있습니다. 얼마나 불쌍합니까? 그러나 전과 20범이든, 창녀로 15년 살았든, 강도로 한평생을 살았든, 악질 중의 악질이든 상관없습니다. 예수님의 이름만 믿으면 심판을 받지 않습니다. 할렐루야!

이것은 하나님의 약속입니다. 내가 5천만 원을 갖고 있어도 비행기를 타지 못합니다. 비행기 티켓을 가지고 있는 사람만 비행기를 탈 수 있듯이 예수님을 믿는 믿음이 있어야만 심판을 받지 않습니다. 다른 길이 없습니다. 그러니 이것을 깨닫지 못하는 이 세상의 사람들이 얼마나 불쌍합니까?

여러분, 다람쥐만 도토리를 좋아하는 것이 아니라 산돼지와 멧돼지도 도토리를 좋아합니다. 그런데 미련한 멧돼지는 나무에서 떨어진 도토리만 먹습니다. 다람쥐는 떨어진 도토리도 먹고 나무에 올라가서 따 먹기도 하는데, 멧돼지는 도토리가 나무에 달린

것을 모르니 땅에 도토리가 없으면 계속 땅만 팝니다. 아무리 땅을 판들 도토리가 나오겠습니까? 그 힘으로 나무의 도토리를 떨어뜨리면 먹을 수 있을 텐데, 미련한 멧돼지는 어리석게 그 힘을 땅을 파는 데만 쓰는 것입니다.

멧돼지만 어리석은 것이 아닙니다. 참으로 좋은 축복과 기쁨과 희락은 하늘에서부터 위에서부터 내려오는데, 세상 사람들은 어리석게도 멧돼지나 두더지처럼 땅만 팝니다. 참된 평화, 우리 인간을 만족하게 하는 모든 것은 하나님께로부터 옵니다. 그런데 돈, 쾌락, 정욕의 접시만 핥고 있는 것입니다. 돼지들이 샤워를 하고 좋은 것을 먹으며 좋은 곳에서 자도 결국 죽을 날에 죽습니다. 이처럼 오늘날 사람들이 아무리 좋은 집에서 살고 좋은 자동차를 타고 좋은 옷을 입어도 돼지처럼 죽는 날이 오면 죽게 됩니다.

사람이 얼마나 미련하고 어리석은지 모릅니다. 오히려 산돼지보다 더 미련합니다. 마약을 하면 몸이 덜덜 떨리고 꼬여 죽는 것을 알면서도 마약을 합니다. 담배 한 대를 피우면 5분 일찍 죽고, 열 대를 피우면 50분 일찍 죽고, 백 대를 피우면 500분 일찍 죽는 것을 알면서도 자꾸 피웁니다. 간음하면 에이즈에 걸려 몸이 썩는 것을 알면서도 간음을 합니다. 도박을 하면 망할 줄 알면서도 도박을 합니다. 아내가 울면서 하지 말라고 애원해도 합니다.

이런 사람들을 세상의 친구라고 성경은 말씀하십니다.

"간음하는 여자들이여 세상과 벗 된 것이 하나님의 원수임을 알지 못하느뇨"(약 4:4)라고 말씀하시는데, 여기에서 말하는 세상은 하나님께서 사랑하시는 세상이 아닙니다.

하나님께서는 세상을 사랑하십니다.

창세기 1장 31절에 "하나님이 그 지으신 모든 것을 보시니 보시기에 심히 좋았더라(It was very good)"고 말씀하십니다.

　요한복음 3장 16절에도 "하나님이 세상을 이처럼 사랑하사 독생자를 주셨으니"라고 말씀하십니다. 할렐루야!

　하나님께서는 이 세상을 사랑하십니다. 하나님께서 지으신 세상, 하나님께서 지으신 모든 피조물을 다 사랑하십니다. 그러나 하나님을 등진 사람은 하나님과 원수라고 하십니다.

　"간음하는 여자들"이라는 말은 '남편을 두고 다른 남자를 찾는 음란한 여자처럼 하나님을 등지고 사는 간음하는 사람들'이라는 말입니다. 제가 영어 성경 13권을 다 보았는데, 한 성경에만 '간음하는 여자와 남자들이여'라고 되어 있고, 그 외 모든 성경에는 '간음하는 여자들이여'라고 되어 있습니다. 원어에도 '간음하는 여자들이여'라고 되어 있습니다. 그러나 여자만을 뜻하지 않습니다. 남편을 두고 딴 짓을 하는 여자처럼 하나님께서 지으신 세상에서 하나님께서 주시는 것을 먹고 마시면서 하나님을 등지고 사는 사람들을 말하는 것입니다. 즉 야고보서 3장 15절에 말씀하시는 세상적인 것, 정욕적인 것, 마귀적인 것을 따라 사는 사람들을 말합니다.

　우리에게도 두 가지가 있습니다. 선이 있고 악이 있습니다.

　로마서 7장 18절에 바울이 말씀했습니다.

　"내 속 곧 내 육신에 선한 것이 거하지 아니하는 줄을 아노니 원함은 내게 있으나 선을 행하는 것은 없노라."

　선은 영혼과 성령을 의미하고, 악은 몸, 육욕, 정욕을 의미합니다. 그래서 정욕을 따라, 쾌락을 따라, 세상을 따라 사는 사람은 세상의 친구라는 것입니다. 그들은 돼지보다 더 비참한 신세가 되어 영원히 멸망한다는 말입니다.

우리도 과거에는 그들과 똑같았습니다. 예수님을 믿기 전, 하나님의 성령을 받기 전에는 돼지우리의 사람들과 똑같이, 세상 사람들과 똑같이 육신을 좇아, 정욕을 좇아, 세상의 흐름을 좇아 살았습니다. 그러나 우리는 구원을 받았습니다.

"너희의 허물과 죄로 죽었던 너희를 살리셨도다……전에는 우리도 다 그 가운데서 우리 육체의 욕심을 따라 지내며 육체와 마음의 원하는 것을 하여 다른 이들과 같이 본질상 진노의 자녀이었더니 긍휼에 풍성하신 하나님이 우리를 사랑하신 그 큰 사랑을 인하여 허물로 죽은 우리를 그리스도와 함께 살리셨고……너희가 그 은혜를 인하여 믿음으로 말미암아 구원을 얻었나니 이것이 너희에게서 난 것이 아니요 하나님의 선물이라"(엡 2:1-8).

할렐루야!

우리 모두가 그렇게 비참한 신세였는데, 예수 그리스도를 믿게 되고 성령을 받아 하나님의 자녀가 되었고, 하나님의 벗이 되었습니다. 주님의 친구가 되었습니다. 이것을 깨달아야 됩니다. 이것은 참 놀라운 것입니다.

우리가 하나님의 은혜로 예수님을 믿음으로 말미암아 완전히 새사람이 되었습니다. 그래서 예수님의 친구가 되었습니다. 그런데 우리가 예수님을 친구라 부르는 것이 아니고, 예수님께서 우리를 친구라 부르십니다.

요한복음 15장 15절에 "이제부터는 너희를 종이라 하지 아니하리니 종은 주인의 하는 것을 알지 못함이라 너희를 친구라 하였노니 내가 내 아버지께 들은 것을 다 너희에게 알게 하였음이니라"고 말씀하십니다.

요한복음 11장 11절에도 "우리 친구 나사로가 잠들었도다 그러나 내가 깨우러 가노라"고 말씀하십니다. 나사로는 귀족도 아닙니다. 어떤 계급이 있는 것도 아닙니다. 부모도 없이 사는 가난한 3남매의 맏이인 청년인데, 그를 보고 주님께서 '친구'라고 부르셨습니다.

아브라함은 본부인을 두고도 첩을 둔 사람입니다. 그리고 때때로 거짓말도 하고, 실수가 많은 사람인데도 하나님께서 그를 '나의 친구'라고 부르셨습니다.

무엇을 보시고 그렇게 부르셨습니까? 아브라함의 믿음을 보신 것입니다. 할렐루야!

예수님을 믿으면 '아멘' 하십시다. 이제 우리는 하나님의 벗, 하나님의 친구가 되었습니다. 예수님의 친구가 되었습니다. 감사하시기 바랍니다.

우리는 주님의 친구가 되었으므로 이제 신분이 바뀌었습니다. 사람은 친구만큼 대접을 받습니다. 터키 격언에 "그 사람이 누구인가 알고 싶거든 지금 그 사람의 친구를 한번 알아보라"는 말이 있습니다.

앞의 냇가에서 낚시하는 사람을 보고 제가 물었습니다.

"낚시해서 잡은 고기를 먹습니까?"

"안 먹어요. 버리지요. 더러워서 못 먹어요."

더러운 냇가에서 낚시할 때는 재미로 잡았다가 놓아 준답니다. 그러나 거제 앞바다나 완도 앞바다에서 잡은 고기는 절대로 버리지 않습니다. 광주 사람들은 홍어를 아주 좋아하는데, 완도 앞 바다에서 잡은 홍어는 한 마리에 70-80만 원이나 한답니다. 거제 앞바다나 완도 앞바다는 깨끗하기 때문입니다. 물고기를 볼 때는 물을 보고, 사람을 볼 때는 친구를 보는 것입니다.

저는 아무것도 아닌데 친구들이 좋으니 어디를 가도 대접을 받습니다.

빌리 그레이엄 목사님이 우리나라 정부와 무슨 상관이 있습니까? 그러나 그분이 우리나라에 오실 때마다 청와대에서 신경을 써서 모셨습니다. 박정희 대통령도 빌리 그레이엄 목사님이 오셨을 때마다 정중하게 모셨습니다. 왜입니까? 미국 대통령의 친구이기 때문입니다. 대통령의 친구이니 대통령의 친구처럼, 대통령처럼 예우하는 것입니다.

여러분과 제가 부족해도 주님의 친구입니다.

에스더는 고아였습니다. 부모도 없이 사촌 오빠 밑에서 자란 고아였지만 아하수에로 왕의 눈에 드니 왕비가 되었습니다. 퍼스트 레이디(First lady)로 신분이 바뀌었습니다.

우리는 그보다 더 높은 신분인 주님의 친구입니다. 할렐루야! 여러분 스스로 얼마나 존귀한가를 깨닫게 되시기 바랍니다.

그리고 우리의 주소가 바뀌었습니다.

저는 이것을 알고 깜짝 놀랐습니다. 하나님의 주소, 성령의 주소가 우리입니다. 하나님의 주소가 교회인 줄 알았는데, 교회에만 하나님의 이름과 마음과 눈이 계신 것이 아니라 우리 안에 하나님의 성령님께서 살아 계십니다. 할렐루야!

"to live in us", 우리 안에 성령님께서 사십니다.

따라 합시다. "나는 성령님의 주소다."

성령님께서 우리 안에 계십니다. 우리 몸을 전(house)이라 했습니다. 성령의 전이란 house를 말합니다. 우리 몸이 성령의 전(temple, house)이니 하나님의 주소가 우리 안에 있는 것입니다.

또 우리의 주소는 어디에 있습니까? 빌립보서 3장 20절에 "오직 우리의 시민권은 하늘에 있는지라"고 말씀하십니다. 할렐루야!

미주 양곡교회의 우리 지용덕 목사님이 대한민국 사람인데 한국의 주소가 없어졌습니다. 미국 캘리포니아에 주소가 있습니다. 한국에 와도 미국 사람으로 오는 것입니다. 주소가 그렇게 바뀌었습니다.

러시아의 우리 선교사님도 한국 사람입니다. 한국에서 태어났고 한국의 대학에서 교수로 일하시다가 미국에 가서서 목회를 하셨습니다. 그런데 미국 시민이 되니 한국의 주소가 없어졌습니다. 한국 선교사들은 기간이 끝나면 추방을 당하는데, 지금 러시아에서 사역하시는 우리 선교사님은 미국 시민권자이기 때문에 러시아 정부로부터 보호를 받습니다. 54개의 교회를 세울 때도 "불편한 것이 없으십니까?"라며 시장이 오히려 도와주었습니다. 한국인은 한국으로 쫓아내지만 미국 시민권자는 미국의 감정을 상하지 않게 하려고 도와주는 것입니다. 한국 사람이지만 주소가 미국으로 바뀌니 미국 사람 대접을 받는 것입니다.

우리가 지금은 이 땅에서 살지만, 우리의 참 시민권은 어디에 있다고 말씀하십니까? "하늘에 있느니라." 할렐루야!

이것은 엄청난 것입니다. 여행이 끝나면 집으로 가듯이 우리는 세상 나그네 길을 끝내면 천국에 가서 살게 됩니다.

"죄 많은 이 세상은 내 집 아니네"(복음성가).

우리는 이 세상에서 영원히 살지 못합니다. 지금 여러분의 생활이 아무리 좋아도, 교수로, 의사로, 변호사로 사는 것이 좋아도 여기에서 영원히 살지 못하고 천국으로 가게 됩니다. 천국 집에서 살게 됩니다. 할렐루야! 이것이 중요한 것입니다.

그리고 우리 주님께서는 우리를 위해 생명을 거셨습니다.

요한복음 15장 13절에 "사람이 친구를 위하여 자기 목숨을 버리면 이에서 더 큰 사랑이 없나니"라고 말씀하십니다.

말씀대로 주님께서는 우리를 위해 목숨을 버리셨습니다. 목숨을 걸고 우리를 구원하셨습니다. 지금도 목숨을 걸고 우리를 사랑하십니다.

한 여자아이가 얼어 있는 강 위에 있다가 얼음이 깨지는 바람에 강물에 빠졌습니다. 한 대학생이 그 차가운 강물에 뛰어 들어가 그 여자아이를 찾아서 밀어 올렸습니다. 그러나 자기는 힘이 없어 그만 얼음 밑에 빠져 죽고 말았습니다. 여자아이의 어머니는 딸이 살아서 좋아했겠지만, 대학생의 어머니는 아마 졸도했을지도 모릅니다. 그리고 그 여자아이는 평생 자기를 위해 대신 얼음 밑에서 죽은 대학생 오빠를 잊지 못할 것입니다.

그 대학생과 비교하지 못할 존귀한 분이신 우리 하나님의 아들이 여러분과 저를 위해 대신 죽으셨습니다. 이것을 잊으면 안 됩니다.

남북전쟁 때, 미국 미주리 주의 팔미라에서 남군이 북군 열 명을 포로로 잡았습니다. 같은 종족인데도 그 대장이 악질이어서 포로들을 총살하기로 했습니다. 남군의 한 병사가 보니, 제일 끝에 서 있는 사람은 자기가 아는 아저씨입니다. 10남매의 아버지인데 죽게 되었습니다. 그 병사가 대장에게 말했습니다.

"대장님, 저 끝에 있는 분은 10남매의 아버지입니다. 저는 애인도 없고 가족도 없습니다. 결혼도 하지 않았습니다. 그러니 제가 대신 죽을 테니 10남매의 아버지를 살려 주세요."

얼마나 착한 사람입니까? 그런데 이 잔인한 대장이 "그래라" 하고는 그 아저씨를 살려 주고 착한 자기 병사, 자기 부하를 죽였습니다. 참 못된 대장입니다.

어쨌든 10남매의 아버지는 그 청년 때문에 살았습니다. 그래서 해마다 그 청년의 묘에 10남매를 데리고 가서 "나를 위해 대신 죽은 윌리 리어가 여기에 누워 있다"라며 울면서 감사했습니다. 세월이 흘러 그 10남매가 다 시집 장가를 가서 아이들을 낳았습니다. 그러니 아이들이 얼마나 많겠습니까? 그래도 그 사람을 잊지 못해 해마다 그 수십 명 아이들을 데리고 그 사람의 묘에 가서 감사한다고 합니다.

우리가 지은 죗값으로 우리는 죽어야 되는데, 주님께서 대신 죗값을 다 지신 것을 꿈에도 잊지 말고 감사하시기 바랍니다.

주님께서는 지금도 생명을 거시고 우리를 사랑하십니다. 또 끝까지 버리지 않으십니다.

외국의 모 출판사에서 친구에 대해 현상 공모를 했습니다. '어떤 친구가 참 친구냐?'에 대해 설명을 가장 잘하는 사람에게 상금을 주었는데, 그때 1등으로 당선된 글이 무엇인지 아십니까? "온 세상이 나를 등지고 떠날 때 나를 찾아와 내 곁에 있어 주는 사람이 내 친구다"라는 글이었습니다.

"순경에는 친구가 많아도 역경에는 그 20분의 1도 안 된다"라는 격언이 있습니다.

경주에서 만난 한 사업가가 제게 이런 이야기를 했습니다. 인간관계가 좋은 그에게는 50-60명의 친구들이 있었답니다. 그래서 파티를 열면 늘 50-60명의 친구들이 왔답니다. 그런데 IMF로 부도가 나서 망하니 달라지더랍니다. 그분 말대로 옮겨 보겠습니다.

"한 놈도 안 옵디다. 아, 세상 비정합디다. 그래서 목숨을 걸고, 악을 쓰고 다시 일어나려고 몸부림쳤습니다. 월남과 무역을 하다가 어떻게 다시 일어나게 되었습니다. 내 사업이 다시 살아나니 그놈들이 또 몰려옵디다."

흥하면 친구가 있어도, 망하면 친구가 거의 다 떠나갑니다.

그런데 우리 주님께서는 우리가 흥할 때는 곁에서 "교만하지 마라, 성공했다고 교만하지 마라, 겸손해라, 교만하면 망한다"라고 일러 주시고, 우리가 망하면 "힘을 내라, 네 끝은 내 시작이다"라고 말씀하십니다. 할렐루야!

주님께서 내 몸의 모든 고락, 내 일생의 모든 고락을 함께하십니다.

> 내 몸의 모든 염려 이 세상 고락 간
> 나와 항상 같이 하여 주시고
> 시험을 당할 때에 악마의 계교를
> 즉시 물리치사 날 지키시네
> 온 세상 날 버려도 주 예수 안 버려
> 끝까지 나를 돌아보시니
> 주는 저 산 밑에 백합 빛나는 새벽 별
> 이 땅 위에 비길 것이 없도다 (찬송가 88장).

> 이 세상의 친구들 나를 버려도
> 나를 사랑하는 이 예수뿐일세
> 예수 내 친구 날 버리잖네
> 온 천지는 변해도 날 버리지 않네 (찬송가 449장).

우리 귀한 친구께 박수를 보내 드립시다. 할렐루야!

세상의 친구는 요나단과 다윗처럼 아무리 좋은 친구, 변하지 않는 친구라 해도 결국은 떠나갑니다. 죽으니 떠나갑니다.

우리 노래 한 번 더 해야 되겠습니다.

> 안녕 친구여 안녕 친구여 안녕 안녕
> 다시 만나리 다시 만나리 안녕 안녕 (살롬송).

이 노래, 참 좋지 않습니까? 다윗과 요나단이 다시 만나자고 했지만, 만나지 못하고 요나단이 죽었습니다. 그러나 우리 주님께서는 다시 부활하셨습니다. 그리고 우리 안에 계십니다.

요한복음 14장 18절에 "내가 너희를 고아와 같이 버려두지 아니하고 너희에게로 오리라"고 말씀하시는데, 이 말씀은 성령으로 오신다는 말씀입니다.

요한복음 14장 20절에 "그날에는 내가 아버지 안에, 너희가 내 안에, 내가 너희 안에 있는 것을 너희가 알리라"고 말씀하십니다.

이것이 무슨 말씀입니까? "보혜사 성령님께서 오셔서 너희 안에 거하시게 될 때 하나님께서 너희 안에 계심을 너희가 알리라"는 말씀입니다.

따라 합시다. "내 안에 주님께서 계신다. 성령으로 계신다. 하나님께서 계신다." 할렐루야!

우리가 움직일 때도 늘 우리 안에 같이 계십니다. 버리지 않으십니다.

요한복음 13장 1절에 "세상에 있는 자기 사람들을 사랑하시되 끝까지 사랑하시니라"고 말씀하십니다. 세상 사는 동안에 함께하시고 천당 갈 때까지 함께하십니다. 할렐루야!

그런데 오늘 본문 말씀의 본론이 이제 나옵니다.

"너희는 신분이 바뀌었고 주소가 바뀌었고, 또 귀한 친구 예수님께서 네 안에 성령으로 계신데, 어찌하여 간음하는 여자들, 타락한 여자들, 하나님을 모르는 사람들이 세상 쾌락의 접시를 핥듯이 너희가 그리하느냐? 너희 안에 계신 성령님께서 질투하시기까지 옛 생각, 옛 생활, 그 정욕의 생활에 그렇게 탐욕을 내느냐?"라고 하십니다.

무슨 말씀인지 아십니까?

예수님을 믿게 하시고, 우리 안에 성령님을 부어 주시고 귀하신 예수님과 사귀도록 우리를 부르셨습니다.

고린도전서 1장 9절에 "너희를 불러 그의 아들 예수 그리스도 우리 주로 더불어 교제케 하시는 하나님은 미쁘시도다"라고 말씀하십니다. 할렐루야!

하나님께서 우리를 구원하시고 성령님을 주신 것은 예수님과 교제하게 하시기 위해, 예수님과 친구로 우정을 키워 나가게 하시기 위해서입니다. 그런데 "성령님까지 모시고 있는 너희가, 성령님의 주소인 너희가 어찌하여 타락한 사람들이 즐기는 것을 그리워하고 사모하면서 가끔 그 접시를 핥느냐?" 라는 말씀입니다.

당시 야고보는 예수님을 믿고 성령을 받은 사람들이 가끔 타락하여 믿지 않는 사람들과 똑같이 사는 것을 보았습니다. 그래서 말씀하시는 것입니다.

"간음하는 여자들이여, 간음하는 성도들이여, 간음하는 사람들이여, 네 안에 계시는 신랑 예수, 친구 예수님을 어찌 그렇게 대하느냐?"

여러분, 보십시오. 한 아가씨에게 첫사랑 애인이 있었다고 합시다. 첫사랑 애인을 너무 사랑하고 너무 좋아했는데 결혼할 상황과 형편이 안 되어서 다른 사람과 결혼을 했다고 합시다.

그러면 어떻게 해야 됩니까? 첫애인은 잊어버리고 마음이 아파도 옛 사진은 모두 불태워 버려야 합니다. 일기장도 그 애인을 그리워했던 것이 있으면 불태워 버려야 됩니다. 흔적도 남기지 말아야 합니다. 그리고 새로 맞이한 신랑에게 사랑을 쏟고 노력을 기울이며 가정을 꾸려 나가야 합니다.

그런데 결혼식할 때도 옆에 신랑을 두고 '아, 내 사랑, ○○씨. 내 사랑 ○○씨'라고 생각하고, 신혼여행을 가는 비행기 안에서도 옆 좌석에 남편이 앉아 있는데 '아, 이 사람이 ○○씨라면 얼마나 좋을까!'라고 생각하며, 신혼여행을 간 첫날 밤에도 호텔에서 몰래 빠져나와 공중전화에서 "○○씨, 나예요. 제주도 와서도 당신 생각뿐이에요" 하면 되겠습니까? 자다가도 "○○씨! ○○씨!" 하고 잠꼬대를 하면 남편이 얼마나 질투를 하겠습니까? 그 집이 편하겠습니까? 집이 되겠습니까? 망합니다. 그 가정은 파괴됩니다. 그러면 안 됩니다. 잘라 버려야 됩니다. 그리고 남편을 사랑하며 살아가야 합니다.

따라 합시다. "별사람 없다."

첫사랑하고 살아 보아도 별것 없습니다. 그 첫사랑도 곧 헌 사랑이 됩니다. 목숨을 걸고 사랑한 사람들이 결혼한 지 얼마 안 되어 이혼하지 않습니까? 그러나 중매 결혼한 사람도 잘 삽니다. 옛 것에 미련을 두지 말고 남편과 살아가야 합니다.

마찬가지로 우리가 예수님을 믿었으면 과거를 끊어 버리고, 이제 노력해서 주님과 사귀어 가야 되는 것입니다. 할렐루야!

그런데 장로님의 아들, 목사님의 아들이 되어 가지고, 집사님이 되어 가지고, 아니, 장로님이 되어 가지고 '아, 그것을 해 보았으면……, 내가 예수만 안 믿었으면……' 하면서 세상의 것을 그리워하니 성령님께서 시기하시는 것입니다. "네 안에 계신 성령이 시기하기까지 너희가 그것을 그리워하느뇨?" 하시며 하나님께서 화를 내시는 것입니다.

"우리 속에 거하게 하신 성령이 시기하기까지 사모한다 하신 말씀을 헛된 줄로 생각하느뇨"(약 4:5).

그런데 이 갈등은 우리가 천국 갈 때까지 계속됩니다. 여러분이 "나는 다시는 그리하지 않을 거예요"라고 하지만, 아닙니다. 그렇게 되지 않습니다.

따라 합시다. "천국 갈 때까지 이 싸움은 계속된다."

왜입니까? 우리가 육신을 입고 있기 때문입니다. 육신을 입고 있는 한 싸움은 계속됩니다. 우리 영혼은 새 피조물이 되었고 하나님 것이 되었습니다. 성령님께서 오셨습니다. 육체는 하나님께서 쓰시면, 성령님께서 쓰시면 귀한 육체가 되지만 욕심으로 쓰면 짐승보다 더 못하게 됩니다.

로마서 7장 18-19절에 말씀하십니다.

"내 속 곧 내 육신에 선한 것이 거하지 아니하는 줄을 아노니 원함은 내게 있으나 선을 행하는 것은 없노라 내가 원하는 바 선은 하지 아니하고 도리어 원치 아니하는 바 악은 행하는도다."

이것은 바울의 고백입니다.

내 안, 내 육체 안에 악이 있어서 내가 원하는 선은 행치 아니하고 원치 않는 악을 행한다는 것입니다. 바울 같은 사도에게도 꿈틀거리는 악이 있어서 '아, 이대로 살다가는 망하겠네. 오호라. 이 곤고한 사망의 골짜기에서 누가 나를 건져내어 주랴?' 하다가

'아이구, 예수님께서 계시네. 성령님께서 계시네' 하며 감사하는 것입니다.

그런데 내 몸(body)을 성령님께, 예수님께 복종시킬 때 내 몸이 귀하게 됩니다. 할렐루야! 육체의 욕망, 열정(passion), 정욕에 복종하면 짐승이 됩니다. 그래서 고린도전서 9장 27절에 "내가 내 몸을 쳐 복종하게 함은 내가 남에게 전파한 후에 자기가 도리어 버림이 될까 두려워 함이로라" 하고 바울이 말했습니다.

영어 성경에 보면 "I beat my body and make it my slave ……"라고 되어 있습니다. "I beat my body"는 권투선수가 쓰는 용어입니다. '내가 내 몸을 쳐서 복종시킨다' 는 말은 '내 몸을 나의 노예로 삼는다(and make it my slave)' 는 말입니다.

무슨 말입니까? 내 몸(body)을 성령의 노예로 삼는다는 말입니다. 할렐루야! 내 몸을 성령에 복종하는 노예로 만들 때 내가 고귀하게 되고, 내 몸의 꿈틀거리는 욕망대로 살면 간음하게 되는 것입니다.

이 싸움은 항상 계속됩니다. 그래서 고린도전서 15장 31절에 "나는 날마다 죽노라(I die everyday)"라고 바울은 고백했습니다.

"나는 매일 죽는다. 육체의 욕심을 매일 죽이고 예수로 산다." 할렐루야!

여러분만 그런 것이 아니고 바울도 그렇다는 말입니다. 저도 목사가 된 지 얼마나 오래되었습니까? 그래도 가끔 마음이 어지러울 때가 있습니다. 그러므로 우리는 언제나 싸움에서 이겨야 됩니다. 할렐루야!

성령께서 우리를 지켜보고 계십니다. 어쨌든 이제부터 우리는 주님과의 우정을 잘 키워 나가야 됩니다.

어제 오후에 설교를 준비하는 중에, 며칠 전 꿈에 나타나서 싱긋이 웃던 친구가 생각났습니다. 그 친구와 기숙사에서 4년을 같이 살아서 그때는 몹시 친했는데, 20년 동안 만나지 않으니 잊어버리고 살았습니다. 그런데 며칠 전 꿈에 나타나서 "지 목사" 하고 싱긋이 웃는 것이었습니다. 그래서 어제 전화를 했습니다. 아이가 받더니 계시지 않는다고 했습니다. 전에는 그 아이 이름을 알았는데 다 잊어버려서 "애야, 네 이름이 뭐니?" 하고 물었더니 아무개라고 대답했습니다. 참 미안했습니다.

눈에서 멀면 마음에서도 멀어집니다(Out of sight, out of mind). 그래서 우정을 키워 나가려면 세 가지가 부지런해야 됩니다. 발과 입과 손이 부지런해야 됩니다. 부지런히 찾아가서 만나고, 또 전화해서 대화하고, 편지를 주고받을 때 우정이 식지 않고 피어나서 열매를 맺는 것입니다.

우리 주님과의 우정을 위해서도 발이 부지런해야 됩니다.

따라 합시다. "주일 낮에도 오고, 주일 밤에도 오고, 삼일에도 오고, 새벽에도 오자."

어디로 와야 합니까? 양곡교회로 와야 합니다. 여러분 교회로 가야 합니다.

부지런히 교회로 나올 때 주님과의 우정이 든든해집니다. 별수 없습니다. 자주 만나지 않으면 우정은 식습니다. 주님과의 우정도 마찬가지입니다. 자주 만날 때 우정이 강해지는 것입니다.

그 다음에는 대화를 해야 합니다. 대화라고 별것 있습니까?

어떤 목사님이 아침에 운동을 하러 나갔습니다. 눈이 수북이 쌓였고 찬바람이 부는데 길가 벤치에 청춘 남녀가 앉아서 소곤소곤

이야기를 하고 있었습니다. 호기심이 많은 목사님이라 무슨 이야기를 하는지 뒤에 서서 들어 보았습니다.

"자기 춥지?"

"안 추워."

"에이, 추우면 춥다고 해."

"안 춥다니까."

"에이, 춥지?"

"아니야."

"정말 춥지?"

"아니야, 괜찮다니까."

계속 들어 보아도 '춥지, 안 춥지, 춥지, 안 춥지' 하는 말뿐이었습니다. 그것이 무슨 대화입니까? 그러나 '춥지, 안 춥지' 하면서 그 마음에 사랑이 크는 것입니다.

우리가 "거룩하신 주님" 할 때만이 아니라 "하나님, 오늘은 굉장히 춥네요, 오늘은 마음이 상하네요, 오늘은 왜 아내가 차려준 밥상을 발로 차고 싶을까요? 내가 머슴보다 못하네요" 할 때도 대화를 하는 것입니다. 말 같지 않은 말을 하는 것도 대화입니다. 그럴 때 주님과의 우정이 크는 것입니다.

그 다음에 손이 부지런해야 됩니다. 우리가 주님 앞에 편지를 쓸 일은 없습니다. 그러나 주님께서 쓰시고 싶은 것을 우리가 대신 써야 합니다. 고린도후서 3장 3절에 "너희는 우리로 말미암아 나타난 그리스도의 편지니"라고 말씀하십니다. 우리도 편지를 써야 됩니다.

주님께서 누구에게 편지 쓰시기를 원하십니까? 돼지우리에서 죽는 돼지보다 더 비참한 사람들에게 '나만 믿으면 너도 내 친구가 된다' 라고 쓰시기를 원하십니다. 할렐루야!

"○○씨, 예수님만 모시면 당신은 귀한 사람이 됩니다. 신분이 바뀌고 주소가 바뀌고 다 바뀝니다."

우리의 손이 부지런해서 전도 편지를 쓸 수 있기를 바랍니다.

제가 여러분께 말씀 드린 적이 있는데, 제 몸 중에서 제일 잘생긴 곳이 두 곳 있습니다. 하나는 귀인데, 전문가가 보고 잘생겼다고 했으니 제 귀를 별로라고 생각하는 사람은 전문가가 아닙니다. 그 다음에 잘생긴 곳이 손입니다. 저 스스로는 손이 제일 잘생겼다고 생각합니다. 제가 보아도 제 손처럼 잘생긴 손은 보지 못했습니다. 참 예쁩니다. 그런데 요즈음에는 피부가 많이 안 좋아졌습니다.

우리 몸은 아무리 마사지를 잘하고 잘 가꾸어도 결국은 썩습니다. 무덤에 들어가면 어쩔 수 없습니다. 아무리 조심하고 잘 가꾸어도 늙는 것은 어쩔 수 없습니다. 그리고 죽습니다.

어차피 썩을 몸인데, 우리를 위해 다 쏟아 주신 주님께서 기뻐하시는 일을 우리 손으로 합시다.

모두 자기 손을 한 번 들어 보시기 바랍니다.

따라 합시다. "손아, 복된 손이 되어라."

어떻게 해야 복된 손이 됩니까? 주님의 일을 해야 복된 손이 됩니다. 설거지도 하고, 청소도 하고, 주님께서 기뻐하시는 일을 좀 합시다.

1837년, 런던에서 빅토리아 여왕이 전쟁에서 공훈을 세운 한 병사에게 감사패와 공로패, 그리고 훈장을 주기로 되어 있었습니다. 병사가 상을 받기 위해 올라오는데 한쪽 다리가 잘려 있었습니다. 의족을 하고 있었습니다. 그런데 한쪽 팔도 없었습니다. 남은 팔로 지팡이를 잡고 절뚝거리며 단으로 올라왔습니다. 조국을 위해 싸우다 한 다리와 한 팔을 잃은 청년을 보자 빅토리아 여왕은 고맙기도 하고 미안하기도 했습니다. 그리고 마음이 얼마나 아픈지 그만 울음을 터뜨리고 말았습니다. 그 바람에 패를 떨어뜨렸습니다. 여왕이 뒤돌아서서 한참 울고 난 후에 자세를 가다듬고 그 병사에게 사례하고 훈장을 목에 걸어 주었습니다.

그때 병사가 말했습니다.

"하나님이여, 우리 여왕 폐하를 축복하소서. 폐하, 폐하와 우리 조국을 위해서라면 내 남은 다리, 내 남은 팔도 바치기를 원합니다."

영국의 모든 국민들의 마음에 큰 감동을 준 이야기입니다.

우리가 너무 게을러서 주님을 위해 한 일이 아무것도 없이 주님 앞에 서면 부끄러울 것입니다.

"주님, 제가 부족하지만 이 손으로 이 일을 했습니다. 주님을 위해서 했습니다. 제가 주님을 위해 조금이라도 주의 일을 했습니다"라고 고백할 수 있기를 바랍니다.

주님께서 "수고했다" 하시며 우리에게 면류관을 씌워 주시고, 우리 목에 메달을 걸어 주시고, 우리를 품어 주시며 상 주시는 만남이 훗날에 있기를 바랍니다.

야고보서 4장 6-10절

야고보서 강해

더욱 큰 은혜

<u>오늘도 부족한</u> 저를 통해 주님을 만나게 되시기를 바랍니다. 하나님의 음성을 친히 듣게 되시기를 축원합니다.

하나님께서 지으신 이 세계가 얼마나 신비롭고 얼마나 아름답고 얼마나 경이로운지 모릅니다. 이 꽃에서 저 꽃으로 날아다니는 벌들이 어떻게 꿀을 만듭니까? 하루 종일 벌레와 모이를 먹는 닭의 몸에서 어떻게 하얀 달걀이 쏙 나옵니까? 그리고 그 달걀 안에는 어떻게 흰자와 노른자가 있고 생명이 있습니까? 어떻게 철 따라 과일이 나오고, 꽃들이 아름답게 핍니까? 어떻게 땅속에서 고구마와 감자와 마늘과 땅콩이 나옵니까? 또 하늘에 떠다니는 뭉게구름과 새털구름, 밤하늘에 빛을 뿌리는 별들, 강같이 흐르는 은하수, 예쁜 아가씨의 눈썹 같은 초승달과 반달 등등.

하나님께서 어떻게 이렇게 만드셨을까요? 온 천지 만물을 보면 너무 신비롭고 아름답습니다.

이 신비로운 피조물 중에서도 특별히 사람은 하나님의 최고 걸작품입니다. 할렐루야!

하나님께서 사람을 피조물의 왕관으로 세우셨습니다.

사람의 뇌는 소나 돼지의 뇌와는 다릅니다. 컴퓨터와는 비교가 안 될 정도로 엄청나게 정보를 저장할 수 있습니다. 80년, 100년, 아담 시대에는 900년을 저장할 수 있었습니다. 사람의 신경 줄도 신비로워서 그 신경 줄 한 가닥에 80만 개의 섬유(실오라기)가 있습니다. 그래서 1억 3,200만 개의 정보를 뇌로 전달할 수 있습니다. 또 하나님께서 사람을 묘하게 지으셔서 몸의 털이나 눈썹은 머리털처럼 똑같이 자라지 않습니다. 개털이나 돼지 털은 머리부터 온 몸의 털이 다 똑같이 자라는데 사람은 그렇지 않습니다. 머리털은 바람이 불면 쫙 나부끼도록 자라게 하시고, 눈썹이 계속 자라면 귀신 같고 몸의 털이 계속 자라면 짐승 같을 것이니 눈썹이나 몸의 털은 자라지 않도록 지으셨습니다. 사람의 뼈는 206개인데 그 뼈가 착착 맞아 돌아가 피아노도 칩니다. 근육은 656개인데, 묘하게 움직여 사람 몸을 가꾸어 줍니다.

사람은 정말 신비롭습니다. 어느 고등 동물도 사람의 흉내를 낼 수 없습니다.

여러분, 원숭이가 손수건을 만들어서 코 푸는 것을 보았습니까? 아무리 머리가 좋은 원숭이라도 손수건 하나 만들지 못합니다. 원숭이는 아파트 한 채, 자전거 한 대도 만들지 못합니다. 옷도 만들지 못합니다. 만일 사람의 조상이 원숭이라면, 사람은 비행기를 만드니 원숭이는 자전거라도 만들어야 하지 않겠습니까? 원숭이들이 자전거 공장이라도 차려야 합니다.

하나님께서는 오직 사람에게만 뛰어난 IQ와 EQ를 주셨습니다.

그래서 달나라를 정복할 수 있었고, 이렇게 큰 교회를 지어 놓고 예배를 드릴 수도 있는 것입니다. 호랑이들이 교회를 지어 놓고 예배드리는 것을 보았습니까? 호랑이는 그렇게 할 수 없습니다.

하나님께서 사람은 특별하게 지으셨습니다.

그러나 동시에 사람은 너무 약합니다. 300조 개의 세포 중에서 하나만 잘못되어도 암이 되어 쓰러집니다.

지난번에 제가 집회를 인도하러 갔던 팜 스프링스 교회 목사님께 들은 이야기입니다.

미국의 한 유명한 배우가 팜 스프링스에 엄청난 별장을 갖고 있었답니다. 그 별장을 조금 더 멋있게 만들고 싶어 개조 계획을 청원했는데, 건축법에 맞지 않다고 시청에서 거절을 했습니다. 두세 번 청원해도 안 되니 화가 난 이 배우가 시장 선거에 출마했고 시장이 되어 건축법을 바꾸어 기어이 별장을 개조했답니다. 별장을 자기 뜻대로 고쳐 놓았으니 얼마나 기분이 좋았겠습니까? 그리고 얼마나 똑똑한 사람입니까? 시장도 마음대로 되고 말입니다. 그런 그가 어느 날 휘파람을 불며 산에서 스키를 타고 내려오다 나무에 부딪쳐 즉사하고 말았답니다.

사람은 아무리 똑똑하다 해도 한순간에, 1분 뒤에 죽을 것도 알 수 없습니다. 휘파람을 불면서 스키를 타다가 죽는 것이 사람입니다. 길 가다가 자동차에 부딪쳐도 죽는 것이 사람입니다. 공부해 보았자, 배워 보았자 별다를 것이 없습니다.

이솝 우화 중에 파리와 부나비 이야기가 있습니다.

파리 한 마리가 꿀 단지 근처를 돌면서 조금씩 흐르는 꿀을 빨아 먹었습니다. 맛이 기가 막혔습니다. 꿀을 맛본 파리는 너무 좋아하며 '으흥! 으흥!' 하다가 실컷 파먹으려고 꿀 속으로 들어갔습니다. 그러다 날개가 젖어서 푸득푸득 해 보았으나 그럴수록 점점 더 깊숙이 빠져들었습니다.

그때 부나비 한 마리가 날아오더니, "이 어리석은 바보 파리야, 음식에 탐욕을 내니 죽지, 돼지처럼 욕심을 내니 죽지, 조심하지 않고, 이 바보야" 라고 했습니다.

파리는 유구무언이었습니다.

'맞아. 나는 바보야. 나는 바보야.'

밤이 되어 촛불이 켜졌습니다. 부나비는 촛불을 보며 '조심해야지, 조심해야지' 라고 다짐했습니다. 그러나 촛불 주변을 빙빙 돌던 부나비는 불빛의 아름다움에 취해 점점 더 가까이 다가갔다가 결국 타 죽고 말았습니다.

그때까지 살아 있던 파리가 말했습니다.

"나보고 바보라고 하더니 자기는 더 큰 바보네. 단번에 타 죽네."

국회의원에 당선된 사람은 대단해 보이고 낙선한 사람은 시시해 보일지 몰라도, 한 달에 3억 원씩 수입을 올리는 부자는 대단해 보이고 50만 원을 버는 사람은 시시해 보일지 몰라도 모두 다 파리와 같고 부나비와 같습니다.

대통령도 국회의원도 부자도 잘난 인간도 별수 없습니다. 마지막에는 구더기도 죽지 않는 지옥불에 들어가게 됩니다.

조그마한 바이러스 하나만 들어가도 사람은 죽습니다. 병 많고 사고 많은 세상에서 우리가 이렇게 살고 있는 것이 하나님의 은혜인 줄 알아야 합니다.

제 몸에는 병이 하나도 없답니다. 안과 밖이 다 깨끗하답니다. 의사 선생님들이 제 몸을 검사하면 "목사님, 어떻게 이렇게 피가 깨끗해요? 폐가 어떻게 이렇게 깨끗해요? 간이 어떻게 이렇게 깨끗해요?"라고 합니다. 저는 교회 청소를 7년 동안 하면서 먼지를 많이 마셨습니다. 교회 먼지는 보약보다 건강에 더 좋은가 봅니다. 그러나 이렇게 건강해도 세포 하나만 잘못되면 우리는 죽을 수밖에 없습니다. 그런데 하나님께서는 우리 몸의 세포 하나하나까지 사랑하십니다. 얼마나 큰 은혜입니까?

우리는 지난주에 '세상과 벗 되는 것이 하나님과 원수가 된다'라는 말씀을 받았습니다. 세상을 즐기고 사랑하면 스스로 하나님과 원수가 됩니다. 양다리를 걸칠 수는 없는 것입니다. 세상과 짝하든지, 교회와 짝하든지 두 가지 중 한 가지만 택해야 합니다. 교회에서 주시는 축복과 기쁨을 누리든지, 세상이 주는 것들을 누리든지 하나만 택해야 합니다. 그런데 우리는 예수님을 믿는다고 하면서 믿지 않는 자가 즐기는 쾌락의 접시, 세상의 죄를 그리워합니다.

사람은 비탈길의 수레바퀴와 같습니다. 수레를 끌고 올라가다가 놓아 버리면 수레가 굴러 떨어져 처박히듯이, 우리도 별수 없습니다. 예수님을 믿고 성령을 받아도 우리 육신은 때때로 세상이 그리워 '아! 세상과 벗하고 싶다'라는 마음이 드는 것입니다. 이 마음을 따라가면 세상으로 기울어지게 됩니다.

그러나 오늘 우리가 세상에 있지 않고 교회에 있으면서 이만한 믿음을 지키는 것은 하나님께서 이끌어 주시기 때문입니다.

우리의 육신이 이만큼 사는 것도 하나님의 은혜요, 우리의 신앙이 여기까지 온 것도 하나님의 은혜입니다. 교인들이 "지용수 목사님, 대단하다"라고 하지만, 대단한 것이 하나도 없습니다. 하나님께서 저를 놓아 버리시면 저는 가는 것입니다.

여러분도 마찬가지입니다. 여러분의 믿음이 괜찮게 생각될지 모르지만, 천만의 말씀입니다. 하나님께서 여러분을 놓아 버리시면 여러분은 마귀의 밥이 되는 것입니다.

그래서 우리가 이렇게 찬송하는 것입니다.

지금까지 지내온 것 주의 크신 은혜라
한이 없는 주의 사랑 어찌 이루 말하랴
자나 깨나 주의 손이 항상 살펴 주시고
모든 일을 주 안에서 형통하게 하시네(찬송가 460장).

생각해 보면, 지난날 우리들은 얼마나 부족했으며 얼마나 문제가 많았습니까? 그래도 이렇게 산 것은 하나님의 은혜입니다.

제가 지난번 필리핀에 갔을 때, 수경을 빌려서 한두 시간 동안 바다 속에 들어가 보았습니다. 바다 속의 뾰족뾰족한 바위가 꼭 칼 같았습니다. 바다 속에 들어간 지 얼마 되지 않아 조그만 바위에 발이 부딪쳤는데 피가 좌악 나왔습니다. 그래서 금방 물 밖으로 나왔습니다. 정말 바다 속의 바위가 설악산 바위보다 더 날카로웠습니다. 그리고 깊은 바다는 깊이가 10,886미터랍니다. 그렇게 험하고 굴곡 많은 바다지만 물로 채워지니 늘 '출렁출렁' 하는 것입니다.

우리가 개인적으로 가정적으로 문제가 많고 굴곡도 많고 부족한 것도 많지만, 하나님의 은혜로 채워 놓으면 "여호와는 나의 목자시니 내가 부족함이 없으리로다"(시 23:1)라고 찬송하게 되는 것입니다.

사도 바울과 실라는 감옥에서 매를 맞아도 은혜가 있으니 기뻐서 찬송했습니다. 할렐루야!

참 신비롭습니다. 은혜가 있으면 모든 어려움을 이깁니다. 그 어떤 상황에서도 하나님의 사랑을 깨닫고 감사해합니다. 감옥에 있어도 기뻐합니다. 그러나 은혜가 없으면 별장을 갖고 살아도 외롭고 우울합니다. 은혜가 없으면 서울대학 교수라도 술을 마시며 괴로워하지만 은혜가 있으면 머슴살이를 해도 기쁜 것입니다.

은혜가 제일입니다.

여러분과 제가 오늘까지 살아온 세월만큼 앞으로 다가올 세상을 더 많이 살지, 더 짧게 살지 모르지만, 그 미래는 확실히 더 어려워질 것입니다.

왜입니까? 사람들이 점점 더 악해지기 때문입니다. 성경의 예언대로 사람들은 악해지게 되어 있습니다. 사람들이 악해지는 이유 중 하나가 엄마들이 자기 아이를 자기 젖으로 기르지 않고 소젖으로 기르기 때문이랍니다. 미국의 한 대학에서 모유를 먹고 자란 아이와 우유를 먹고 자란 아이를 비교 조사했더니, IQ의 차이가 8.7이더랍니다. 엄마 젖으로 자란 아이가 소젖으로 자란 아이보다 머리가 더 좋다는 것입니다. 소는 미련하지 않습니까? 그러니 소젖을 먹고 자란 아이의 머리는 나빠지는 것입니다. 또 엄마의 가슴에 안겨 부드러운 젖을 먹고 자란 아이는 EQ가 발달한답니다. 그래서 슬픈 것을 보면 눈물을 흘리고, 기쁜 것을 보면 기뻐하고, 부모님과 친구들을 사랑하는 마음이 있고 성품이 좋은데, 딱딱한 플라스틱 젖꼭지를 물고 자란 아이는 그 가슴에 사랑이 없어 냉정한 사람이 되고, 부모를 멀리하는 사람이 되기 쉽다고 합니다.

아기는 태어나자마자 본능적으로 젖을 찾지 않습니까? 그런데 요즘에는 스타일이 구겨질까 봐 아기에게 젖을 주지 않는 엄마들도 있다고 합니다. 스타일이 구겨지면 어떻습니까? 다시 결혼할 것도 아닌데 말입니다. 어차피 썩을 우리 몸입니다. 제 어머니 젖을 보면 천안 삼거리 능수버들 같습니다. 어차피 다 그렇게 됩니다. 그런데 스타일이 좀 일찍 구겨진다고 아이에게 젖 주는 것을 거절하면, 아이의 스타일을 구기게 됩니다. 저는 성품이 비교적 좋다는 이야기를 많이 듣는데, 이것은 어머니 젖을, 그것도 4년간이나 먹고 자랐기 때문이라고 생각됩니다.

그리고 저희가 어릴 때는 담임 선생님들이 사랑과 눈물로 가르쳤습니다.

"얘들아, 공부해야 된다. 공부하지 않으면 나중에 힘하게 된다" 라며 안타까워하고 우시면서 우리에게 공부하라고 하셨습니다. 그런데 요즈음 선생님들은, 죄송한 말씀이지만, 옛날 선생님 같은 분이 많이 계시지 않는 것 같습니다. 그래서 세상이 점점 어려워지는 것이 아닌가 하는 생각도 해 봅니다.

정말, 세상이 디모데후서 3장 1-5절의 말씀처럼 되어 가고 있지 않습니까? 사람들이 자기를 사랑합니다. 부모님을 위해 희생하지 않고 부모님을 거역합니다. 남편을 위해 희생하는 아내들이 적습니다. 부모가 자식을 위해 희생하는 것도 적어지고 있습니다. 돈을 사랑합니다. 자긍합니다. 교만합니다. 모두 잘났습니다. 감사하지 아니합니다. 훼방합니다. 거룩하지 아니합니다. 무정합니다. 참소합니다. 원통함을 풀지 아니합니다. 선한 것을 좋아하지 않습니다. 사납습니다. 조급합니다. 배반하고 팝니다. 쾌락 사랑하기를 하나님을 사랑하는 것보다 더합니다. 모습은 경건하고 보기에는 점잖은데 속은 그렇지 않습니다. 경건의 모양은 있으나 능력이 없습니다. 이것이 바로 오늘과 내일의 모습입니다.

그러나 걱정하지 않아도 되는 것은 "더 큰 은혜를 주신다"라고 하나님께서 오늘 우리에게 말씀하시기 때문입니다(약 4:6).

우리 삶의 길이 어렵고 복잡할수록 하나님께서는 더 큰 은혜를 주셔서 감당케 하시는 것을 믿으시기 바랍니다.

"하나님! 제가 이때까지 받은 은혜도 감사한데, 지금까지 받은 은혜 수준만 주셔도 감사한데, 더 큰 은혜를 주시면 미안해서 어떻게 해요?"라고 할 필요가 없습니다.

샘에 가서 물을 긷는 사람이 "샘물 씨, 오늘 우리 집에 손님이 와서 물 한 통을 길어 갑니다. 미안해요"라고 할 필요가 없는 것입니다. 샘은 물을 퍼 가면 시원해합니다. 샘물이 자꾸 나오니 퍼 가지 않으면 오히려 답답해합니다.

하나님께서는 은혜를 아끼지 아니하십니다. 우리가 은혜를 받아갈 때 하나님께서 시원해하십니다. 우리가 은혜를 받아가지 않으면 답답해하십니다.

그래서 민수기 6장 24-26절에 말씀하십니다.

"여호와는 네게 복을 주시고 너를 지키시기를 원하며 여호와는 그 얼굴로 네게 비취사 은혜 베푸시기를 원하며 여호와는 그 얼굴을 네게로 향하여 드사 평강 주시기를 원하노라."

하나님께서는 은혜 주시기를 원하십니다.

하나님은 은혜의 샘이십니다. 그 샘물이 얼마나 콸콸 쏟아져 나오는지, 60억의 사람이 아니라 6천억의 사람이 퍼 마셔도 은혜는 늘 넘칩니다. 마음 놓고 퍼 마셔서 남은 생애에 승리하시기를 축원합니다.

그러면 하나님께서는 어떤 사람에게 은혜를 주십니까?

야고보서 4장 6절에 "하나님이 교만한 자를 물리치시고 겸손한 자에게 은혜를 주신다 하였느니라"고 말씀하십니다.

따라 합시다. "꿈에서도 교만하지 말자. 꿈에서도 겸손하자."

'교만한 자를 물리친다' 라는 말은 전쟁 용어입니다. 하나님께서 적을 치시듯이 교만한 자를 치신다는 뜻입니다.

왜입니까? 교만은 마귀의 일꾼이기 때문입니다. 누구든지 교만하면 마귀의 사람이기 때문에 치시는 것입니다. 절대로 교만해서는 안 됩니다.

제가 확실히 믿는 것이 있습니다. 대한민국의 목사님들이 전도사님과 신학생들보다 더 겸손하다면 한국교회의 강단은 은혜의 비로 젖을 것입니다. 대한민국의 장로님들이 새신자보다 더 겸손하다면, 교회 청소를 하고 부엌에서 설거지하는 겸손한 마음만 있다면 대한민국 교회는 풍성한 주님의 은혜로 넘칠 것입니다. 그러면 우리나라 장로님들 때문에 우리나라가 잘될 줄로 믿습니다.

잘난 체하는 사람은 모두가 싫어합니다. 제가 세계를 다니면서 귀한 분들, 높은 분들을 수없이 많이 만납니다. 잘난 사람, 귀재, 장관, 국회의원, 대통령, 훌륭한 목사님, 재벌, 장군들을 만났습니다. 그러나 지금도 기억나는 분들은 겸손한 분들입니다. 높은 자리에 있으면서, 잘났으면서 겸손하면 귀하게 느껴지고 그분을 위해 마구 축복이 나오는데, 잘난 체하면 아무리 잘난 사람이라도 싫습니다.

그저께 교회에 있다가 집으로 갔더니 조금 출출했습니다. 마침 테이블에 어머니께서 섬기시는 교회에서 가져온 떡이 있었습니다. 어머니께서 가져오셨을 때 먹어 보니 맛이 기가 막혔습니다.

그래서 그것을 먹으려고 하니 어머니께서 말씀하셨습니다.

"애야, 먹지 마라. 그것, 맛이 갔다."

"그런데 왜 버리지 않고 놓아 두셨어요?"

"잊었다"라고 하시며 어머니께서 그것을 쓰레기통에 버리셨습니다.

따라 합시다. "맛이 가면 쓰레기통에 들어간다."

사람도 맛이 가면 하나님께서 버리십니다. 사람은 겸손할 때 맛이 있습니다. 맛이 있는 사람에게 하나님께서 무엇을 못 주시겠습니까?

텍사스에 사는 폴 메이어는 27세에 억만장자가 되었습니다. 그러나 그는 대학도 다니지 못했고 보험회사의 세일즈맨으로 가난하게 살았습니다. 그런데 어느 날, 길을 가다가 엄청나게 아름다운 별장을 보았습니다. 그 별장 앞에는 환상적으로 멋진 스포츠카 한 대가 있었습니다. 그는 '야! 이 정도로 사는 사람이라면 성공했겠다, 성공의 비결이 있겠다'라고 생각했습니다.

우리 교회 성도들도 모두 훗날에 별장을 두고 사시기를 축원합니다. 모두 스포츠카 한 대씩 가질 수 있기를 바랍니다. 고물차를 타고 오두막집에 사는 것이 경건입니까? 그것이 겸손입니까? 아닙니다. 록펠러처럼 부유하게 살면서 겸손한 사람이 멋있는 겸손한 사람인 줄로 믿습니다.

여러분, 많이 발전하시고 성공하시기를 바랍니다. 각계의 승리자, 성공자가 되시기를 바랍니다. 팔다 남은 생선이나 사 먹지 말고 좋은 것을 드시기 바랍니다. 하나님께서 하나님의 자녀를 위해 맛있는 것을 지으셨습니다. 요즈음 우리나라의 귀한 것, 맛있는 것은 거의 다 일본으로 간답니다. 거제 앞바다에서 잡은 좋은 물고기는 일본으로 가고, 더러운 바다에서 잡은 물고기는 우리가 먹는답니다. 그러면 안 됩니다. 깨끗한 완도의 물고기, 거제의 물고기를 우리가 먹어야 합니다. 거지처럼 사는 것이 잘 사는 것이 아닙니다.

어쨌든 폴 메이어가 그 큰 별장과 차를 보고 '아! 이 사람은 분명히 성공한 사람이겠구나' 라고 생각하고 시청에 가서 주소와 전화번호를 알아내어 편지를 썼습니다.

"절대로 돈 부탁이나 취직 부탁은 하지 않습니다. 당신의 별장과 차를 보고 반드시 성공의 비결을 품고 사시는 분이라고 믿었습니다. 성공의 비결만 제게 알려 주세요. 15분만 시간을 허락하셔서 성공하신 비결만 알려 주세요."

편지를 보낸 다음에는 계속 전화를 했습니다. 그러나 계속 거절당했습니다.

따라 합시다. "끝장을 보자. 끝장을 보자."

끝장을 보는 사람이 성공합니다. 끝장을 보아야 합니다. 그래도 그는 계속해서 전화를 했습니다. 결국 오라는 허락을 받아내었습니다. 15분만 시간을 허락한다고 했습니다. 그는 노트를 가지고 별장 주인을 찾아가서 인사를 한 후, 말이 떨어지기만 하면 노트에 기록을 했습니다.

"아, 그래서 성공하셨네요."

너무나 진지하고 겸손하게 들으면서 기록까지 하니, 주인은 그의 모습이 너무 귀해 보여 계속 성공한 이야기를 해 주었습니다. 한 시간이 지나고 두 시간이 지났습니다.

"아이고, 죄송합니다. 15분만 양해를 구해 놓고 너무 많은 시간을 빼앗아서 죄송합니다. 이제 가 보겠습니다. 이제 저도 이것으로 성공하겠습니다."

그러나 주인이 "앉으시오. 뭐 그리 빨리 가려 하오?"라며 그를 붙잡았습니다.

"당신, 뭐 하는 사람이오?"

"예, 보험 회사에 다니고 있습니다."

"무슨 보험을 하오?"

주인은 그가 마음에 들어 큰 보험에 가입했습니다. 그것이 발판이 되어 그도 27세에 억만장자가 된 것입니다.

여러분, 부자도 자기의 말을 겸손하게 잘 들어 주니 도와주는데, 하물며 하나님이시겠습니까? 지금 우리 모두를 보고 계시는 하나님께서 "아멘, 아멘! 맞아요, 하나님" 하는 사람에게 무엇을 아끼시겠습니까? 하나님께서 모든 것을 채워 주실 줄로 믿으시기 바랍니다.

마태복음 5장 5절에 "온유한 자는 복이 있나니 저희가 땅을 기업으로 받을 것임이요"라고 말씀하십니다.

모두가 낮아져서 은혜와 땅을 기업으로 얻게 되시기를 축원합니다.

그리고 오늘 본문에 "마귀를 대적하라"(약 4:7)고 말씀하십니다. 따라 합시다. "마귀는 강도다."

얼마 전 저희 아파트의 어느 집에 한 강도가 가스 배관을 타고 올라가서 돈을 갖고 도망을 갔습니다. 여자 혼자 자고 있었지만, 사람을 해치지는 않아서 그래도 감사했습니다. 그저께 밤에는 수위실에서 이런 방송을 했습니다.

"문단속을 잘하세요. 베란다 문을 잘 닫으세요. 특별히 가스 배관 쪽에 있는 창문을 꼭 잠그세요."

여러분 중 '나는 8층에 사는데, 도둑이 8층까지 올라오겠나?' 라는 분이 계실지 모르지만, 그런 마음 편한 말은 하지 마십시오. 도둑들은 연습을 잘해 놓아서 12층, 15층도 가스 배관을 타고 두루루 올라가고 두루루 내려온답니다. 오늘부터 특별히 가스 배관 쪽에 있는 창문을 잘 잠그시기 바랍니다. 이 말 때문에 도둑맞지 않을 사람이 있을 것입니다. 우연한 일이 없습니다. 제가 설교할 때 준비하지 않은 말을 하는 경우가 있는데, 그 말 때문에 살게 되는 사람들이 있습니다. 도둑은 돈과 보석을 다 갖고 갑니다. 생명을 해치기도 합니다.

마귀는 50년간 받은 은혜를 빼앗아 갑니다. 30년간 받은 축복을 빼앗아 갑니다. 삼손에게 마귀가 오니 하나님의 축복을 다 빼앗겼습니다. 삼손의 눈을 뽑아 가고, 모든 것을 다 뽑아 갔습니다. 에덴 동산에 마귀가 오니 아담과 하와가 실낙원했습니다. 마귀는 도둑입니다.

마귀를 막는 길은 무엇입니까?

총검으로 마귀를 막을 수 없습니다. 미사일로도, 원자탄으로도 마귀를 죽일 수가 없습니다. 마귀가 제일 두려워하는 것은 예수 이름입니다. 마귀가 두려워하는 것은 예수 이름 하나뿐입니다. 할렐루야!

> 원수 마귀 모두 쫓겨 가기는
> 예수 이름 듣고 겁이 남이라 (찬송가 389장).

제가 시간시간마다 녹음기처럼 "원수, 악한 마귀, 더러운 귀신,

흑암의 권세는 내가 예수 이름으로 명하노니 다 물러갈지어다! 다 물러갈지어다!"라고 하는 것은 '우리 교회에 마귀가 들어와서 도둑질하지 말라'는 것입니다. 은혜가 출렁이고 축복이 넘치는 우리 교회에 마귀 도둑이 오지 말라는 것입니다. 그런데 그것이 제 힘으로, 여러분의 힘으로는 안 되니 예수 이름으로 물러가게 하는 것입니다. 그 길뿐입니다.

마귀가 욥의 집에 들어가니 일곱 아들과 세 딸이 한 날에 죽고, 한 날에 알거지가 됩니다. 여러분의 집에 그런 일이 없기를 바랍니다.

개인적으로, 가정적으로, 교회적으로 마귀를 묶읍시다. 예수 이름으로 묶읍시다.

"예수 이름으로 명하노니 더러운 귀신아, 물러갈지어다!"라고 할 때 마귀는 물러가는 것입니다.

다음으로 마귀를 막는 길은 하나님을 가까이하는 것입니다.

왜입니까? 나는 약해도 하나님과 함께 있으면 마귀가 하나님을 무서워하여 접근하지 못하기 때문입니다.

제가 자란 마을, 제 고향에서 시장으로 가는 길은 한 길뿐이었습니다. 그래서 시장에 가려면 한 동네를 거쳐야 하는데, 그 동네 아이들이 얼마나 불량스럽고 못되었는지 우리가 지나갈 때마다 물건을 빼앗아 갔습니다. 저희 마을에는 가게가 없어서 공책 한 권을 살 때도 시장에 가야 했는데, 그 아이들이 무서워서 꼭 어른들이 시장에 가실 때 떼를 지어 따라갔습니다.

그런데 하루는 여름방학 숙제를 하기 위해 곤충 채집통을 사러 가야 하는데 시장에 갈 아이들이 아무도 없어 저 혼자 어른들을 따라갔습니다. 그리고 채집통을 사고 나서 집에 가려고 시장 입구에서 저희 마을 어른들을 기다렸습니다. 그런데 그날따라 아무리 기다려도 저희 마을의 어른들이 보이지 않았습니다. 몇 시간인지는 모르지만, 아무튼 아주 오랜 시간을 기다려서 해가 다 져 가는데 아무도 오지 않았습니다. 혼자 갈 수도 없고 가지 않을 수도 없어서 '어떻게 하나?'라며 두려워하고 있는데 제 이름을 부르는 소리가 들렸습니다. 저의 아버지였습니다. 얼마나 반가웠는지 모릅니다. 아버지께서 소를 팔고 오시는 길이었는데, 소 값을 많이 받으셨는지 기분이 좋으셨습니다. 저를 보시더니 아주 반가워하시며 봉지에서 엿 하나를 꺼내 주셨습니다. 아버지의 손을 잡고, 더운 날씨 때문에 축 늘어진 엿을 빨며 걸어가는 저를 그 동네의 아이들이 쳐다보았습니다. 그때 제가 겁이 났겠습니까? 아닙니다. "뭘 봐! 뭘 봐!" 하며 신나게 걸어갔습니다. 저 혼자라면 그 아이들이 저를 때리고 제 물건을 빼앗아 갔겠지만, 아버지와 함께 가는 제게 누가 까불겠습니까?

우리가 혼자 있으면 마귀들이 우리를 해치고 까불고 별짓 다 하겠지만, 우리가 하나님 가까이에 있으면 마귀가 우리에게 손도 대지 못하는 것입니다.

그래서 "하나님을 가까이하라 그리하면 너희를 가까이하시리라"(약 4:8)고 말씀하시는 것입니다.

이 말씀은 "주여, 주여" 하며 살라는 뜻입니다.

제 여동생의 두 아이가 계속 아파서 두세 달 동안 병원에 출퇴근을 했습니다. 그런데도 아이들의 병이 낫지 않으니 여동생이 어머니께 전화를 했습니다.

"엄마, 아이들 때문에 미치겠어요. 병원에 출퇴근하다시피 해도 병이 낫지 않아요. 어떻게 해요?"

저희 어머니께서 동생에게 말씀하셨습니다.

"정신 차려라. 앉으나 서나 '주여, 주여' 해라. 왜 병원만 의지하냐? 왜 하나님을 의지하지 않냐? '주여, 주여' 해라."

그때부터 제 동생이 일어나면서도 "주여", 앉으면서도 "주여", 움직일 때마다 "주여, 우리 아이들을 낫게 해 주세요"라고 기도했는데, 어느 사이에 아이들의 병이 깨끗하게 나았습니다. 지금도 건강합니다.

요한복음 15장 5절에 말씀하십니다.

"나는 포도나무요 너희는 가지니 저가 내 안에, 내가 저 안에 있으면 이 사람은 과실을 많이 맺나니 나를 떠나서는 너희가 아무것도 할 수 없음이라."

오늘 여기에 계시는 의사 선생님들이여, 여러분이 수술할 때 조금만 실수해도 여러분이 망할 수 있습니다. 환자를 맞이하면서, 보내면서 "주여, 주여" 하시기 바랍니다.

잘난 분들이여, 잘나 보았자 하나만 삐딱해도 망합니다. "주여, 주여" 하면서 하나님과 함께 사시기를 바랍니다.

다음으로는 "죄인들아 손을 깨끗이 하라 두 마음을 품은 자들아 마음을 성결케 하라"(약 4:8)고 말씀하십니다.

손은 생활로 짓는 죄, 행동으로 짓는 죄, 몸으로 짓는 죄를 말합니다. 마음은 생각으로 짓는 죄를 말합니다.

죄가 있으면서 웃는 사람, 손이 더러우면서 즐겁게 사는 사람에게 뭐라고 말씀하십니까?

"슬퍼하며 애통하며 울지어다 너희 웃음을 애통으로, 너희 즐거움을 근심으로 바꿀지어다"(약 4:9).

암에 걸려 죽어 가는 사람은 수술을 해야지, 암이 퍼져 나가고 있는데도 "좋아, 좋아, 노세, 노세" 한다면 헛짓입니다.

죄가 있는데 좋아하면 어떻게 합니까?

따라 합시다. "죄는 죽은 파리 같다."

하나님의 은혜를 많이 받아 은혜의 잔이 넘치는데, 거기에 파리 몇 마리가 빠져 죽어 있으면 마시기가 어렵습니다.

"주께서 내 원수의 목전에서 내게 상을 베푸시고"(시 23:5).

여기에서 상은 잔칫상입니다. 하나님께서 축복의 상을 차려 주셨는데 거기에 재를 뿌리면 먹을 수 없습니다. 받은 축복이 많아도 죄를 지으면 먹지 못합니다. 축복이 아주 이상하게 됩니다. 죄는 우리를 망칩니다.

그러므로 마음으로 짓는 죄도 씻어야 합니다.

어느 책에 이런 글이 있었습니다.

"눈으로 보고 생각한 대로 잉태한다면, 만일 눈으로 보고 음욕을 품을 때마다 잉태한다면 잉태하지 않을 여자가 몇 명이나 되겠나?"

우리 주님께서 음욕을 품는 자마다 간음한 것과 같다고 말씀하셨습니다. 그러니 우리는 주님의 피로 늘 우리 마음을 씻어야 합니다.

그리고 우리 손이 깨끗해야 합니다.

디모데전서 2장 8절에 "그러므로 각처에서 남자들이 분노와 다툼이 없이 거룩한 손을 들어 기도하기를 원하노라"고 말씀하십니다.

저는 매일 손을 들고 기도합니다. 요즈음에는 너무 두꺼운 옷을 입어서 더러는 손을 들지 않고 기도하기도 합니다만, 새벽이나 밤에는 손을 들고 기도합니다. 한낮에도 설교 준비를 하다가 손을 들고 기도를 하는데, 손을 들 때마다 "주여, 이 손이 깨끗합니까?" 하고 하나님 앞에서 다시 한 번 살핍니다.

저의 아버님이 소천하신 지 얼마 되지 않아 우리 교회의 일을 마무리해 놓고 다시 미국으로 가려고 할 때였습니다. 그해 3월 7일인가 8일 밤에 제가 비몽사몽 간에 하나님을 만났습니다. 기독교는 신비주의가 되면 안 되지만 신비는 있습니다.

주님께서 흰옷을 입고 나타나셔서 제 우측에 서시더니 피를 뚝뚝뚝뚝뚝 다 쏟으셨습니다. 금방 피가 홍건히 고였습니다. 주님께서 제 오른손을 꼭 잡으시더니 그 피에 제 손을 적시셨습니다. 제가 피 묻은 손을 뽑아내면서 "주님, 왜 이러세요?"라고 했습니다. 주님께서 아무 말씀도 하지 않으시고 다시 제 손을 피에 적시셨습니다. 제가 예수님을 믿으면서 그날처럼 힘든 날은 없었습니다.

"하나님, 제 손이 그렇게 더러운가요? 이 손으로 무슨 죄를 그렇게 많이 지었다고 또 주님의 피에 씻기십니까?"

여러분, 여러분의 손을 들어보세요. 여러분의 손을 보세요.

따라 합시다. "주님, 이 손이 깨끗합니까?"

제가 무거운 마음으로 교회에 와서 일을 하고 있는데, 민 권사님이 인터폰으로 말했습니다.

"목사님, 설희라는 아이가 장님이 다 되어 간답니다. 지금 여섯 살인데 태어나면서 잘못되어 한 눈은 시력을 잃었고 한 눈만 시력이 조금 남았는데 병원에서 나을 길이 없다고 한답니다. 아이의 엄마가 일주일 간 금식기도를 하고 있답니다. 목사님께서 미국 가시기 전에 기도 받기를 원합니다."

일주일 동안 금식해서 야윈 엄마가 여섯 살 먹은 딸을 데리고 제 방에 왔습니다. 제가 아이를 소파에 앉혀 놓고 이사야 53장을 편 다음 설교를 짧게 했습니다. 주님께서 십자가를 지신 것은 우리의 죄 때문이지만, 채찍에 맞으신 것은 우리의 병 때문이라는 말씀을 드리고 아이의 눈에 손을 대었습니다. 그때 제 마음에 전기가 통하는 것 같은 느낌이 들고, 마음이 아주 좋았습니다.

'아하! 우리 주님께서 이 손을 주님의 피에 적시신 것은 이 손이 더러워서만이 아니라 이 아이의 눈에 기적을 주시려고 그러셨구나' 라는 마음이 들어서 얼마나 기뻤는지 모릅니다. 그래서 조용히 기도한 후 아이를 앉혀 놓고 제가 달력을 가져와 아이에게 읽어보라고 했습니다.

"5, 7, 15……."

다 읽었습니다.

그래서 지금은 삼성병원이지만 그 당시에는 고려병원이었는데, 그 병원에 가서 다시 검사를 하니 시력이 1.0, 0.8로 나왔습니다. 시력이 회복된 것입니다. 그 후 그 아이의 아버지가 예수님을 믿게 되었고, 어머니는 구역장이 되었습니다. 그러나 그 아이는 그 이후로 본 적이 없었습니다.

그런데 "손을 깨끗이 하라"는 말씀에 대해 준비를 하는데 그때 일이 생각났습니다. 그때 시간이 저녁 6시 30분이었습니다. 제가 그날 새벽기도 때 집에서 나온 후로 집에 가지 않고 죽 교회에 있었고 또 어머니께서 와 계셔서 집에 다녀오려고 교회 현관문을 나서는데, 백설 공주처럼 아주 예쁜 아이가 들어왔습니다. 그 뒤에 그 아이의 아빠 엄마가 들어오더니 제가 묻지도 않았는데 "목사님, 얘가 설희예요"라고 했습니다.

'아! 하나님께서 이렇게 만나게 하셨구나.'

아주 예쁘게 자란 설희의 모습을 보고 제가 얼마나 기뻤는지 모릅니다. 병원의 진단대로라면 지금 설희는 장님이 되었어야 합니다. 그런데 하나님의 은혜로 깨끗하게 되었습니다. 저는 그날의 그 사건을 잊지 못합니다.

저는 우리 설희를 위해 기도한 다음부터 기도할 때마다 제 손을 살핍니다.

"주님, 이 손이 깨끗합니까?"

여러분, 우리가 아무리 못된 행실을 다 고치고, 죄를 지을 생각이 없다 해도 하나님 앞에 자랑할 의는 없습니다.

하지만 요한일서 3장 21-22절에 말씀하십니다.

"만일 우리 마음이 우리를 책망할 것이 없으면 하나님 앞에서 담대함을 얻고 무엇이든지 구하는 바를 그에게 받나니……."

늘 마음이 청결하고 손이 깨끗하면 은혜가 넘치고 받은 축복을 즐기며 살게 됩니다.

오늘의 마지막 절인 야고보서 4장 10절 말씀을 잠깐 드리고 마치겠습니다.

10절을 같이 읽읍시다.

"주 앞에서 낮추라 그리하면 주께서 너희를 높이시리라."

사람은 두 가지 관계로 삽니다.

어떤 사람은 수평적으로 삽니다. 수평 관계로 사람만 보고 살면, 부장은 과장 앞에서는 거만하게 되고 사장 앞에서는 열등의식을 갖게 됩니다. 장관은 동장 앞에서는 거만하게 되고 대통령 앞에서는 열등의식을 갖게 됩니다. 수평적으로 사는 사람은 교만하다가 비굴하고, 교만의식을 갖다가 열등의식을 갖고, 그러다가 망하는 것입니다. 교만의식도 우리를 망하게 하고 열등의식도 우리를 망하게 합니다.

그러나 수직으로 사는 사람은 하나님 앞에서 사니 언제나 한결같습니다. 할렐루야!

서울대 학생과 전문대 학생이 마주 대하면 전문대 학생은 기가 죽고 서울대 학생은 자만하게 됩니다. 그러나 서울대 학생도 하버드대 학생을 만나면 "아, 하버드 대학!" 하게 됩니다. 하지만 인간은 잘나 보았자 열등과 교만으로 망하게 되어 있습니다. 그러나 전문대생도 하나님 앞에 서면 '나는 하나님의 아들이다', 서울대생도 '나는 하나님의 아들이다' 하니 똑같습니다.

사울 왕이 수평으로 사니, 사람 중에 왕은 혼자뿐이니 교만하다가 죽었습니다. 다윗 왕은 수직으로 사니, 왕이지만 '하나님 앞에 죄인입니다' 라는 자세로 하나님 앞에 늘 아기처럼 살았습니다. 그래서 법궤를 예루살렘으로 옮길 때 속살이 다 보여도 의식하지 못하고 춤을 추었습니다. 당시 이스라엘 사람들은 속옷을 입지 않았고, 이불 같은 것으로 몸을 두르는 것이 옷이었습니다. 그러니 춤을 추면 속살이 다 보이는 것입니다. 다윗이 춤을 추니 다리가 다 보였습니다. 만일 그가 사람을 의식했다면, 만조백관들을 의식했다면 그렇게 춤을 추지 못했을 것입니다. 그는 오로지 하나님만 바라보고 하나님 앞에서 아기처럼 기뻐하며 춤을 춘 것입니다. 할렐루야!

"하나님의 법궤를 이제 예루살렘으로 옮깁니다" 하며 좋아하는데, 수평으로 사는 다윗 왕의 부인 미갈은 다윗을 수평으로 보았습니다. 그리고 다윗을 비웃었습니다.

"왕이 체통머리 없이 여종들이 보는 앞에서 속살이 다 보이도록 춤을 추고……. 아이고! 저런 인간이 어떻게 왕이 되었나?"

하나님께서는 어떻게 하셨습니까?

수평 관계에서 교만을 떤 미갈은 저주를 하셨고, 속살이 보이도록 춤을 춘 체통머리 없는 다윗은 높이 세우셨습니다.

10절을 다시 봅시다.

"주 앞에서 낮추라 그리하면 주께서 너희를 높이시리라."

"높이시리라. 높이시리라."

여러분이 주 앞에서 높임을 받는 길은 주 앞에서 낮아지는 것입니다. 그러기 위해서는 수직 관계로 살아야 합니다.

2001년, 2010년, 2050년, 세월이 아무리 많이 흘러도 상관이 없습니다. 그저 겸손하게 살고, 마귀를 대적하고, 하나님 가까이에서 살고, 의롭게 살고, 죄를 지으면 빨리 회개하고, 하나님 앞에서 아기처럼 살면 하나님께서 살길을 열어 주십니다. 닫힌 문을 열어 주십니다. 일용할 양식을 주십니다. 입을 옷과 마실 것을 주십니다. 좋은 것을 주십니다. 온유한 자에게는 땅을 주십니다.

야고보서 4장 11-12절 / 야고보서 강해

비방과 축원

온 세계가 사랑하고 존경했던 미국의 세계적인 음악가 루빈스타인은 이런 유명한 말을 남겼습니다.

"내가 만일 피아노를 하루 연습하지 않으면 나 자신이 느끼고, 이틀 연습하지 않으면 음악가들이 알고, 3일 연습하지 않으면 음악을 사랑하는 모든 청중들이 내 연주에 녹이 슨 것을 안다."

그래서 그는 비행기를 타나, 기차를 타나, 언제나 소리가 나지 않는 건반을 갖고 다니면서 하루에 일곱 시간씩 연습을 했다고 합니다.

우리의 신앙생활도 마찬가지입니다. 성경 읽고 기도하고 예배 드리는 생활을 하루만 게을리 해도 내가 압니다. 내 영이 찬송하지 못하고, 내 영의 눈이 희미해지고, 어제와 달리 기쁨이 적은 것을, 우울한 것을 느끼게 됩니다. 이틀만 기도생활과 성경 읽기에 게을러도 아내가 알고 가족이 압니다. 3일만 기도생활을 게을리

해도 아마 친구들과 이웃집 사람들이 '저 사람의 얼굴이 달라졌 네' 할 것입니다.

학생들에게는 방학이 있고 군인들과 직장인들에게는 휴가가 있지만, 신앙생활에는 휴가가 없고 방학이 없는 것을 아시기 바랍 니다.

우리는 휴가 중에도 밥은 먹습니다. 휴가 중에도 숨은 쉽니다. 마찬가지로 휴가 중에도 말씀은 먹어야 되고 기도는 해야 됩니다. 이것은 굉장히 중요합니다.

우리가 아침에 밥을 먹고, 점심에도 밥을 먹고, 저녁에도 밥을 먹고, 그 다음 날에도 또 아침, 점심, 저녁에 밥을 먹는 것처럼 우리는 계속해서 하나님 말씀을 먹고, 먹고, 또 먹어야 합니다. 그리고 호흡을 계속하듯이 기도를 해야 합니다.

말씀을 받으면 사람이 변합니다. 한 끼라도 굶으면 힘이 없고 눈이 감기는데 밥 한 그릇을 먹으면 힘이 솟아나고 눈이 번쩍 뜨이듯이, 영적으로도 우리가 말씀을 제대로 먹지 못하면 아주 피곤해지지만 한 시간 말씀을 먹으면 영적으로 힘을 얻게 되는 것입니다.

제가 미국 모데스토 교회에서 집회를 인도한 마지막 날 아침, 한 집사님 댁에 초대를 받았는데 그 가정에서 귀한 사랑을 받았습니다. 세상에! 예수님을 맞이하듯이 집안을 준비해 놓고, 식탁을 준비해 놓고, 음식을 대접하면서 남편도 울고, 아내도 울었습니다. 연세가 예순 가까이 되는 분들이 계속 울었습니다.

이야기를 줄이면, 그 집사님의 아드님이 목사님으로 미국에서 목회를 하신답니다. 아들이 목회를 하는데도 아버지는 믿음이 확실하지 않아서 술도 마시고 담배도 피웠답니다. 교회를 다니긴 다니는데, '긴가 민가, 하나님이 계신가 안 계신가' 하면서 때로는 불평을 하고 헌금하는 것에도 잔소리를 했답니다. 그런데 집회 기간에 말씀을 받는 중에 은혜를 받고 성령을 체험하게 되었답니다. 천국과 하나님의 사랑을 확신하게 되니 너무 기뻐서 어쩔 줄 몰랐답니다. 그리고 담배 냄새가 맡기도 싫어져 담배를 다 태워 버리고 술도 끊게 되었답니다. 그러니 두 분이 너무 기뻐서 그렇게 계속 눈물을 흘렸던 것입니다.

말씀이 사람을 변화시킵니다. 오늘도 하나님 말씀이 떨어질 때 우리 마음에 큰 변화가 나타날 줄로 믿습니다.

어느 고등학교에서 축구 경기가 있었습니다. 휴식 시간에 한 학생이 트럼펫을 연주했는데 그 소리가 너무 멋있었습니다. 한 학부형이 옆에 있는 사람에게 말했습니다.

"여보시오, 여보시오. 트럼펫을 부는 저 아이가 내 아들이오."

"아, 그러세요? 아주 훌륭합니다."

조금 있으니 그 학생이 실수하기 시작하는데, 여기 틀리고 저기 틀리고, 아주 엉망이 되었습니다. 그러자 그 학부형이 "아! 내가 잘못 보았구나, 내 아들이 아니구나"라고 했습니다.

사람은 누구나 자기 아들이 자랑스럽기를 원합니다. 실수하지 않기를 원합니다.

우리 하나님 아버지께서도 우리가 실수하지 않기를 원하십니다. 예수 그리스도를 영접한 자는 잘났든지 못났든지 모두 하나님의 자녀가 되었습니다. 하나님께서는 우리 모두가 사람들에게 손가락질받는 자, 비웃음을 받는 자가 되기를 원하지 않으십니다. 당당하고 의롭게, 귀하게 승리하며 사는 자랑스러운 하나님의 자녀가 되기를 바라십니다. 그래서 주일 낮에도, 주일 밤에도, 삼일 밤에도 우리를 지도해 주십니다. 새벽 예배 때에도 지도해 주시고, 구역 예배 때에도 지도해 주십니다.

"사랑하는 아들아, 딸아. 이렇게 살아서 이렇게 귀하게 되라. 사람들에게 존경받는 성공자가 되라."

날마다 이렇게 가르쳐 주십니다.

오늘은 하나님께서 여러분과 제게 "피차에 비방하지 말라, 판단하지 말라"고 말씀하십니다(약 4:11).

따라 합시다. "피차에 비방하지 말자. 비판하지 말자."

하나님께서 오늘 이 말씀을 여러분과 제게 주시는 것은 지난주 우리 중에서 비판한 사람이 있었기 때문일 것입니다. 시어머니와 며느리가, 형과 동생이, 선배와 후배가, 혹은 동서끼리, 친구끼리 서로 비방하고 수군수군하고 험담한 사람이 있나 봅니다. 그리고 지금도 그런 마음을 가진 사람이 있고, 이번 주에 살아가면서 서로 간에 비방할 사람이 있을 것 같아서 하나님께서 이 말씀을 주신 줄로 믿습니다.

비방하면 안 됩니다.

왜입니까? 비방하면 하나님께서 우리에게 주신 귀한 입을 마귀에게 주는 것이기 때문입니다. 마귀는 비방의 아버지입니다.

요한계시록 12장 10절에 밤낮 참소하는 자가 마귀라고 말씀하십니다. 마귀는 비방하는 자의 원조입니다. 그러므로 우리가 누구를 비방하면, 그 순간은 내가 마귀의 종이 되고 내 몸을 마귀에게 쓰도록 주는 것입니다.

보십시오. 가룟 유다의 마음속에 마귀가 들어가니 그 마음이 예수님을 배신할 뿐만 아니라 그 입이 비방하는 말을 합니다. 마리아가 시집갈 때 가지고 가서 하루에 한 방울, 한 방울씩 떨어뜨려 향기롭게 부부생활할 옥합의 향유를 예수님께 다 부어 드렸습니다. 1년 연봉으로나 살 수 있는 값진 향유가 들어 있는 옥합을 깨어서 부어 드렸습니다. 왜입니까? 주님을 사랑하니 아까운 것이 없었기 때문입니다. 사랑하면 아깝지 않습니다. 그래서 마리아가 예수님께 향유를 부어 드렸습니다. 만일 마리아가 잘못했다면 예수님께서 마리아를 꾸중하시고 막으셨을 텐데, 예수님께서는 기뻐하시며 그것을 다 받으셨습니다. 그런데 가룟 유다가 비방했습니다.

"이 어리석은 여자야, 그것 몇 방울만 떨어뜨려도 방에 향기가 진동할 텐데, 왜 어리석게 옥합을 깨어 낭비하느냐? 그 값진 것을 팔아 가난한 자를 도와주면 많은 사람을 도와줄 수 있을 텐데, 양식을 아주 많이 살 수 있을 텐데 왜 그렇게 하느냐?"

논리에 맞는 말 같지만 이것은 비방입니다.

여러분, 아무리 논리에 맞게 조직적인 말을 해도 비방은 마귀가 쓰는 도구인 것을 믿으시기 바랍니다. 마귀는 어디에서든지 참소합니다. 왜 하나님께서 지으신 우리의 귀한 입을 마귀한테 빌려 줍니까?

그리고 우리가 비방을 하지만, 비방한 그 일을 내가 또 행하게 됩니다. 우리 중에 의인이 누가 있습니까?

로마서 3장 23절에 말씀하십니다.

"모든 사람이 죄를 범하였으매 하나님의 영광에 이르지 못하더니."

여러분, 어떤 사람이 실수했다고 비방하면 나도 실수를 하게 됩니다. 그 사람이 그 실수를 했다고 내가 비방하지만, 나는 또 다른 실수를 하게 되는 것입니다. 누구를 판단할 의인이 누가 있습니까? 우리 모두가 죄인입니다.

마태복음 7장 1-4절에 말씀하십니다.

"비판을 받지 아니하려거든 비판하지 말라 너희의 비판하는 그 비판으로 너희가 비판을 받을 것이요 너희의 헤아리는 그 헤아림으로 너희가 헤아림을 받을 것이니라 어찌하여 형제의 눈 속에 있는 티는 보고 네 눈 속에 있는 들보는 깨닫지 못하느냐 보라 네 눈 속에 들보가 있는데 어찌하여 형제에게 말하기를 나로 네 눈 속에 있는 티를 빼게 하라 하겠느냐."

남을 판단할 사람이 여기에 누가 있습니까?

요한복음 8장에 보면, 간음하다 현장에서 끌려온 여자를 돌로 치려는 사람들에게 예수님께서 "너희 중에 죄 없는 자가 먼저 돌로 치라"(요 8:7)고 말씀하십니다. 그러자 거기에 있던 모든 사람이 양심을 가책을 받고 다 돌아갑니다.

"저희가 이 말씀을 듣고 양심의 가책을 받아 어른으로 시작하여 젊은이까지 하나씩 하나씩 나가고 오직 예수와 그 가운데 섰는 여자만 남았더라"(요 8:9).

간음한 사람을 돌로 칠 수 있는 사람이 여기에 누가 있습니까?

심리학적으로 보면, "아무개가 성적인 죄를 지었대, 바람을 피웠대"라고 하는 사람은 대개 자기에게 숨은 죄가 있는 사람이랍니다. 자기가 바람을 피우고 성적인 죄를 지은 사람은 누가 성적인 죄를 지으면 그것을 알려서 '나는 그런 면에 깨끗하다'라고 연극을 하게 된답니다. 그래서 누구든지 "집사님, 아무개가 성적인 죄를 지었대요"라고 하면 그 사람도 그런 죄를 지었다고 보면 거의 맞는 판단이랍니다.

우리 중에 판단할 사람이 누가 있습니까?

그리고 우리가 이웃을 비방하고 판단하는 것은 하나님을 비방하고 판단하는 것이 되고, 하나님의 율법을 비방하고 판단하는 것이 됩니다.

그래서 오늘 야고보가 말씀합니다.

"네가 누구기에 입법자시요, 재판자시요, 살리기도 죽이기도 홀로 하시는 하나님께서 만드신 율법을 판단하고 율법 위에 있느냐? 율법의 준행자, 율법에 순종해야 될 자인 네가 어찌 율법을 그렇게 판단하느냐?"

이는 무슨 말씀입니까?

율법은 "비방하지 말라"(약 4:11)고 합니다.

레위기 19장 18절에 보면, 하나님께서 "원수를 갚지 말며 동포를 원망하지 말며 이웃 사랑하기를 네 몸과 같이 하라 나는 여호와니라"고 말씀하십니다. 할렐루야!

구약에도 원수를 갚지 말고, 동포를 원망하지 말고 원수를 사랑하라고, 이웃을 사랑하라고 말씀하셨습니다. 율법을 완성하러 오신 예수님께서도 "네 이웃을 네 몸과 같이 사랑하라"(마 22:39)고 말씀하셨습니다.

여러분, 남을 비방하는 그 동기는 미움이지 사랑이 아닙니다.

잠언 10장 12절에 "미움은 다툼을 일으켜도 사랑은 모든 허물을 가리우느니라"고 말씀하십니다.

내가 사랑하는 사람의 허물은 덮어 주게 됩니다. 허물을 비방하고 공개하는 것은 사랑이 아닙니다. 그래서 비방하는 것은 율법을 범하는 것이 되고, 율법을 범하는 것은 하나님께 도전하는 악이 되는 것입니다. 내가 형제를 비방하는 것은 바로 하나님께 도전하는 것이라는 말씀입니다.

그래서 오늘 야고보가 "네가 뭔데 감히 하나님의 법을 깨고 하나님께 대항하느냐?"라고 성령으로 말씀하시는 것입니다.

그리고 우리가 비방하면 상대가 죽습니다.

가난한 오누이가 있었습니다. 부모님은 돌아가시고, 오빠는 공부를 잘해서 대학에 들어갔는데 학비가 없으니 동생이 고등학교를 졸업하고 공장에 가서 일했습니다. 그러나 그 돈으로는 오빠의 학비를 다 마련할 수 없어 동생이 술집에 나갔습니다. 술집에 나가 웃음을 판 돈으로 학비를 다 대어 오빠가 대학을 졸업하고 취직을 했습니다. 나중에야 동생이 술집에 나간 것을 알고는 오빠가 피눈물을 흘렸습니다. 서로 상처가 컸습니다. 하지만 전도를 받고 예수님을 믿어 상처를 치유받고 믿음생활을 잘했습니다. 온 교우들에게도 착한 오누이라 인정과 사랑을 받으며 잘 살았는데 한 여집사님이 그 비밀을 알게 되었습니다.

"○○○ 집사님, ○○○ 선생이 저렇게 멀쩡해 보여도 술집 여자래. 술집에 나갔대."

그 말이 온 교회에 퍼졌습니다. 우리 교회는 그런 말이 퍼지지 않기를 바랍니다. 그 말이 번져 나가 오누이의 귀에까지 들어갔습니다. 아픈 상처가 다시 떠올라 그만 오누이가 그날 밤에 자살했습니다. 그 여집사님은 두 사람의 피 값을 책임져야 할 것입니다.

쉽게 한 말, 재미로 한 말이 사람을 죽이는 것입니다. 그리고 자기도 죽습니다.

시편 101편 5절에 "그 이웃을 그윽히 허는 자를 내가 멸할 것이요"라고 말씀하십니다.

전도서 10장 12절에도 "지혜자의 입의 말은 은혜로우나 우매

자의 입술은 자기를 삼키나니"라고 말씀하십니다.

결국 남을 비방하면 자기가 죽게 됩니다. 그래서 잠언 18장 21절에 "죽고 사는 것이 혀의 권세에 달렸나니"라고 말씀하십니다.

비방은 마귀의 방언입니다.

괴테는 단순한 문인이 아닙니다. 시인이면서도 정치인이요, 실업가요, 사상가입니다. 그리고 그는 대화하기를 좋아해서 때때로 친구들, 정치계의 사람들, 사상가들, 실업가들을 불러서 함께 식사를 하고 차를 마시며 대화하기를 좋아했습니다. 그러나 어떤 사람이 험담하고 수군수군하고 악담하고 비방을 하면 정색을 하고 화를 내었습니다.

"○○○씨, 우리 집에 오셔서 더러운 쓰레기를 놓고 가는 것은 이해합니다. 더러운 쓰레기를 버리고 가는 것은 괜찮지만, 더러운 말은 다 싸 들고 가세요. 그 악한 말은 다 가지고 가세요. 내 집에서는 험담하지 마세요."

괴테의 유명한 지론입니다.

때때로 비방한 분들, 형제와 아내를 아프게 한 분들은 오늘 이 말씀을 들을 때 하나님께서 성령으로 쐐기를 박으셔서 이후로는 비방하는 일이 없기를 바랍니다.

음식을 먹으면서 "여보, 음식 솜씨가 왜 이래?"라고 하면 아내의 가슴이 죽습니다. 음식을 만들 때마다 '내 손은 왜 이러냐?' 하다가 칼에 베이기도 하고, '아, 나는 이렇게 비싼 재료로도 왜 맛있게 못할까?' 하다가 아내의 가슴이 죽습니다.

"여보, 당신 얼굴이 왜 그 모양이야?"라고 하면, 아내가 화장대 앞에 설 때마다 '나는 왜 이렇게 못났는가?' 하며 죽습니다.

아내가 남편에게 "당신, 왜 그렇게 무능해?"라고 하면 남편이 회사에 가서도 '나는 무능해', 어디를 가도 '나는 무능해' 하며 남편의 가슴이 죽습니다.

비방은 상대를 죽이고, 자기를 죽이는 것입니다.

그래서 하나님께서 성령으로 말씀하십니다.

"비방하지 말아라. 축복하라. 축원하라."

따라 합시다. "비방하지 말고 축복하자. 축원하자."

이것이 오늘의 교훈입니다.

왜 우리가 축복하고, 축원해야 됩니까?

하나님의 뜻이기 때문입니다.

로마서 12장 14절에 "너희를 핍박하는 자를 축복하라 축복하고 저주하지 말라"고 말씀하십니다. 형제는 물론 원수도 축복해야 합니다.

따라 합시다. "축복하라. 저주하지 말라."

이것이 하나님의 뜻입니다.

마태복음 5장 44절에도 "너희 원수를 사랑하며 너희를 핍박하는 자를 위하여 기도하라"고 말씀하십니다. 저주하라고 말씀하신 곳은 한 곳도 없습니다.

우리는 하나님의 자녀입니다. 마귀의 자녀라면 남을 저주하고 핍박해야 하지만, 우리는 하나님의 자녀이기 때문에 무조건 내 형제, 내 가족은 물론 원수도 축복해야 하는 것입니다.

우리 교회 앞길에 조금 누(累)가 되는 분이 계셨습니다. 그분이 예수님을 믿지 않는 분이지만, 저는 그분을 위해 늘 기도합니다.

"하나님, 그분의 영혼을 구원해 주시고, 그 회사가 잘 되게 하시고, 그분에게 복을 내려 주시고, 새 사람 되게 해 주세요."

또한 우리가 왜 축복해야 됩니까? 내가 축복하는 대로 하나님께서 이루어 주시기 때문입니다.

미국 듀크 대학 솔버그 교수의 연구에 의하면 쥐들도 사랑과 축복을 받으면 달라진다는 결과가 나왔습니다. 새끼 쥐들의 온몸을 핥고 있는 어미 쥐를 새끼 쥐와 격리시켰더니 새끼 쥐들의 호르몬 분비가 정지되어 성장이 멈추고 새끼 쥐들이 병이 들었습니다. 그런데 어미 쥐가 핥는 것처럼 부드러운 붓으로 새끼 쥐들을 하루에 두 번씩 쓰다듬어 주었더니 호르몬 분비가 다시 정상이 되었습니다. 그리고 쥐의 수명은 보통 600일인데, 쥐가 다 자랐어도 하루에 두 번씩 계속 쓰다듬어 주었더니, 900일을 살았습니다.

사랑을 베풀면 동물뿐 아니라 식물도 달라진다고 합니다.

런던의 한 공원에 묘하게도 열두 그루의 나무를 심었습니다. 몇 년 동안 잘 자라고 있는 열두 그루의 나무를 보고 한 사람이 열두 사도가 생각나서 팻말에 그 이름을 적어 나무에 걸었습니다. "베드로 나무, 요한 나무, 야고보 나무, 안드레 나무……." 마지막 나무에는 "가룟 유다 나무"라고 써서 팻말을 걸었습니다.

사람들이 그것을 보고 열한 나무에는 축복을 하고, 가룟 유다 나무에는 침을 뱉으며 "망할 놈의 유다, 이 배신자!" 하며 악담을 했습니다. 얼마 후 가룟 유다 나무가 비실비실 시들었습니다.

사람의 말에 무엇이 있는 것입니다. 거기에 하나님께서 능력으로 축복하시면 굉장한 역사가 나타나는 것입니다.

잠언 11장 11절에 "성읍은 정직한 자의 축원을 인하여 진흥하고 악한 자의 입을 인하여 무너지느니라"고 말씀하십니다.

여러분, 이 말씀을 잘 들으셔야 됩니다.

민수기 6장 22절 이하에 보면 하나님께서 모세에게 말씀하셨습니다.

"모세야, 아론과 그 아들들에게 명해라. 그들이 내 이름으로 이스라엘 백성을 축복하게 하라. 그러면 내가 그들을 축복하리라."

따라 합시다. "우리가 축원하면 하나님께서 복을 주신다."

제가 지난번에 "간이 아픈 사람, 이 시간에 간이 재창조될지어다. 간이 새로워질지어다" 라고 기도할 때 한 분이 "아멘!" 하는데 '아, 내가 낫는다' 라는 감동이 오더니 깨끗하게 나았답니다. 제가 축복할 때 제 말에는 능력이 없어도 하나님께서 약속을 지켜 주신 것입니다.

그러므로 우리 모두는 축복을 막 뿜어내어야 합니다.

사무엘하 6장을 보십시오. 다윗은 제사장이 아닙니다. 목사님이 아닙니다. 그런데 예루살렘으로 하나님의 법궤를 옮길 때 흥분해서 막 춤을 추며 찬양을 합니다.

따라 합시다. "성령으로 흥분하자."

평생 예수님을 믿으면서 교회에서 아주 정숙하고 품위 있게 "아멘" 하고 돌아가는 사람은 불행한 사람입니다. 판사라도, 검사라도, 대학 총장이라도 은혜 받고, 성령의 불을 받으면 떨면서 기도합니다. 흥분해서 남을 의식하지 않고 막 부르짖게 됩니다. 그런 과정을 통과해야 됩니다. 매일같이 교회에서 떨며 흥분하면 안 되지만(그러면 이상한 교회가 됩니다), 그런 것을 통과해야 합니다. 세상 사람이야 뭐라 하든 흥분해서 어쩔 줄 몰라 하나님 앞에서 막 뛰노는 그런 열정이 있어야 합니다.

하나님 앞에서 막 뛰놀았던 다윗은 성령이 충만하니 축복이 마구 나옵니다. 그래서 백성들에게 고기와 건포도 떡을 아낌없이 나누어 주고 "백성들이여, 잘되시오, 건강하시오, 자자손손 잘되시오, 농사가 잘되시오, 가축이 잘되시오"라고 축복을 다 뿜어냅니다.

그리고는 사무엘하 6장 20절을 보면, 자기 가족을 축복하러 자기 집으로 갑니다. 입에서 축복이 막 나올 때는 능력이 나오는 것입니다. 할렐루야! 목사도 영적으로 약할 때는 겨우 축복을 하지만, 영적으로 힘이 있을 때는 막 뿜어내게 됩니다.

그래서 다윗이 자기 아내와 자기 가족을 축복하러 가는데, 세상에! 그 아내 미갈이 "아니! 계집종들 앞에서 한 나라 왕이 그게 뭐예요? 체통도 없이 속살을 다 보이고"라며 다윗을 멸시하고 다윗의 축복을 거절합니다. 그때 다윗이 무엇이라 말합니까?

"나는 하나님 앞에서 뛰놀았다. 내가 이보다 더 천하게 낮아져 하나님 앞에 뛰놀아도 네가 말하는 계집종들에게는 존경을 받으리라. 하나님께서 네 아비 집을 버리고 나를 택해서 왕을 세우셨으니 나는 하나님 앞에서 뛰놀리라."

그리고는 축복을 그칩니다. 그래서 그 여자는 저주를 받습니다.

이제 다윗은 다른 아내, 다른 여자를 찾습니다. 그러다가 밧세바를 찾게 되고, 밧세바가 낳은 아들 솔로몬이 왕이 됩니다.

따라 합시다. "남편이 바람을 피우는 것은 아내에게도 책임이 있다."

모든 외도하는 남자의 책임이 다 아내에게 있는 것은 아닙니다. 병적인 남자, 악한 남자, 짐승 같은 남자가 있습니다. 그런 사람들은 할 수 없지만, 다윗 같은 정상적인 사람도 아내가 멸시하니 애인을 찾아나갔습니다. 다윗은 성군인데도 아내가 멸시하니 "잘 먹고 잘 살아라"라며 다른 여자를 찾았습니다.

저는 이렇게 생각합니다. 만일 그때 미갈이 겸손하게 "폐하, 어서 드시옵소서"라고 했다면, 다윗이 "아내여, 잘되시오. 당신 태가 잘되시오"라고 축복했을 것입니다. 그때 미갈이 "아멘, 아멘" 했으면 그날 밤에 아기가 잉태되었을 것이고, 그 아이가 다윗의 후계자, 임금이 되었을 것입니다. 그리고 다윗이 미갈을 더 사랑했을 것입니다. 밧세바를 찾지 않았을 것입니다.

하나님의 축복을 멸시하고 축복을 업신여긴 미갈은 결국 망합니다.

여러분, 다윗이 목사님이 아닌 왕이지만 백성을 축복하니 백성이 축복을 받고, 미갈을 저주하니 미갈이 저주를 받습니다.

여러분, 집안의 가족을 축복하시기 바랍니다.

"남편이여, 잘되세요. 하나님의 축복으로 대성하세요. 직장에서 요셉이 되세요."

"아들아, 대성해라. 큰 인물이 되라."

"딸아, 좋은 데 시집가라. 신랑을 잘 만나라."

좌우간 좋은 축복을 해 주십시오. 그러면 아이들이 꿈을 갖게 됩니다.

"우리 엄마, 아빠가 나를 이렇게 축복하네. 나는 잘될 거야." 할렐루야!

야곱은 이삭의 축복을 받으니 머슴살이를 해도 '나는 잘될 거야'라는 꿈을 갖고 살았고 후에 거부가 됩니다.

우리 한국의 회장님, 사장님들이 근로자를 정말 축복하고 사랑하면 얼마나 좋겠습니까? 또 우리 근로자들이 사장님, 회장님, 경영자, 상사를 정말 축복하면 한국의 회사들이 얼마나 좋아지겠습니까?

룻기 2장 4절을 보면, 경영주인 보아스가 들에 나와 모든 근로

자들에게 "여호와께서 너희와 함께하시기를 원하노라"고 축복합니다. 그러니 근로자들도 "여호와께서 당신에게 복 주시기를 원하나이다"라고 축복합니다. 경영주는 근로자를 축복하고, 근로자는 경영주를 축복하니 안 될 수가 있겠습니까? 그러니 보아스가 예수님의 조상이 됩니다.

카네기는 근로자를 위해서 사업을 했습니다. 그래서 세계 강철 왕이 되었습니다.

우리 한국에는 경영주는 경영주대로 자기 이익만 챙기려 하고, 근로자는 근로자대로 자기 욕심만 챙기려 하는 회사가 많습니다. 그러면 회사도 망하고 다 망합니다. 경영주가 악하고 원수 같아도 성경은 저주하지 말고 축복하라고 말씀하십니다. 경영주가 잘되어야 직장이 있는 것입니다. 경영주가 망하면 근로자도 같이 망하게 됩니다. 서로 축복하시기를 바랍니다.

내가 축복하면 축복 받는 사람만 잘될 뿐 아니라 축복하는 나도 잘되게 되어 있습니다.

여기에 관한 말씀이 창세기 12장 3절에 나와 있습니다.

"너를 축복하는 자에게는 내가 복을 내리고 너를 저주하는 자에게는 내가 저주하리니……."

무서운 말씀입니다. 내가 상대를 축복하면 하나님께서 내게도 축복을 주시고, 내가 상대를 저주하면 하나님께서 내게도 저주를 주신다는 말씀입니다.

오늘 이후로 우리 입에서 비방은 사라지기를 축원합니다. 축복이 피어나기를 축원합니다.

정말 새해 한 해 동안 계속해서, 집에서든 직장에서든 어디에서든 만나는 사람 모두에게 잘되도록 축복하시기를 바랍니다.

비방 받고, 비판받고, 저주받기를 좋아하는 사람은 손을 들어 보세요. 한 사람도 없지 않습니까? 축복 받고, 인사 받고, 칭찬받기를 좋아하는 사람은 손을 들어 보세요. 모두 손을 들었습니다. 그렇습니다. 하나님께서 이것을 아시고, "비방하지 말아라, 축복하라"고 말씀하시는 것입니다.

이 시간에 능력이 우리에게 임해서 축원, 축복만 하는 우리 입이 되면 우리 때문에 우리 도시가, 부산이, 서울이, 광주가, 목포가, 여수가, 우리나라가 하나님의 복을 받을 줄로 믿습니다.

> 야고보서 4장 13-17절 　야고보서 강해

지혜로운 계획

　　　　　　지금도 장사를, 사업을, 무역을 가장 잘하는 사람은 유대인으로 알려져 있습니다. 예수님의 친동생 야고보가 교회를 섬기는 초대교회 당시에도 유대인들은 대무역상으로, 사업을 잘하는 사람으로 알려져 있었습니다. 그래서 유대인들이 들어가는 도시에는 돈이 따라오고 무역이 활성화되어 도시가 발전했습니다.

　지금도 때때로 신도시들이 개발 조성되지만 그 당시에도 여기저기 신도시를 건설했는데, 그 도시에서 유대인들이 오기를 기다렸습니다. 유대인들이 오면 발전하기 때문입니다. 그래서 유대인들이 오면 그 도시에서는 무조건 시민권을 주고 환영했습니다.

　제가 춘천 연합 집회를 인도하러 춘천에 갔을 때, 물과 공기가 너무 맑았습니다. 그래서 "야! 춘천은 공기와 물이 어쩌면 이렇게 맑고 좋습니까? 참 좋습니다"라고 하니 한 분이 "속으로 골병듭니다"라고 하셨습니다.

무슨 말인지 아십니까? 사업체가 들어오고, 회사가 들어오고, 공장이 들어와야 도시가 부유하게 되는데, 춘천시는 그렇지 않으니 가난하다는 것입니다. 그래서 제가 "회사도 좀 세우고, 공장도 좀 들어오게 하지요?"라고 하니, 서울 사람들이 춘천에 공장이 들어오지 못하게 한다고 했습니다. 춘천의 물이 다 서울로 가니, 춘천에 공장이 들어서면 서울 사람들이 폐수를 마시게 되기 때문에 절대로 안 된다고 결사반대를 한답니다. 춘천에 공장을 세우지 못하게 하려면 서울 사람들이 십일조를 떼어서 춘천에 보내 주든지 원조를 해 주어야지, 공장만 세우지 못하게 하니 춘천 사람들이 부유하지 못한 것입니다.

여러분, 창원이 한국에서 제일 잘 사는 도시입니다. 왜입니까? 산업체가 많기 때문입니다. 산업체가 들어와야 도시가 발전하고 경제적으로 성장하게 됩니다.

마찬가지로 초대교회 당시에도 유대인들이 들어가야 도시가 일어나고 경제가 발전하니 서로 유대인들을 오게 했습니다.

그런데 유대인들은 부른다고 해서 그냥 가지 않습니다. 시장조사를 철저히 해서 '여기에 무슨 사업을 하면 되겠구나, 여기에서는 1년간 사업을 하면 돈을 벌겠네, 3년간 하면 되겠네' 하고 면밀히 계획을 세운 후에 들어갑니다. 그리고 돈을 벌면 다시 돌아갑니다. 우리나라에도 지금 외국인 기업들이 들어오고 있는데 수입이 없으면 빠져나갑니다. 정확하게 계산을 해서 투자를 하기 때문입니다.

그런데 예수님을 믿는 사람은 사업하는 동기도 달라야 하고, 방법도 달라야 합니다. 예수님을 자기 왕, 자기 구주로 영접했으면 자기 마음대로 사업하면 안 됩니다. "하나님, 이렇게 하고 싶은데 해도 될까요?" 하고 하나님과 함께 계획을 세우고 하나님과 함께 사업을 펼쳐 나가야 합니다.

초대교회 당시에 사업을 하는 유대인들이 예수를 믿었습니다. 그런데 예수를 믿은 다음에도 일부 유대인들이 믿지 않을 때와 똑같은 방법으로 사업을 했습니다. 예수를 믿고 주일을 지키면서도 사업은 믿지 않을 때처럼 한 것입니다. 그것은 좋지 않습니다.

어느 마을에 대장간 두 개가 들어섰습니다. 대장간이 하나만 있어도 시끄러운데, 이쪽에서 망치 소리, 저쪽에서 해머(hammer) 소리로 '둥당둥당' 소음을 내니 마을 사람들이 견디지 못해 찾아가서 말했습니다.

"제발 좀 딴 데로, 딴 곳으로 이사를 가 주시오."

"우리의 살길은 여긴데 어디로 가겠소?"

마을 사람들이 많은 돈을 모아 가지고 갔습니다.

"자, 이것을 드릴 테니 제발 딴 곳으로 이사를 가 주시오."

두 대장간에 그 돈을 다 갖다 주었습니다. 돈을 받은 대장간의 사람들이 이사를 가겠다고 했습니다. 마을 사람들이 '아이고! 이제는 잠을 좀 편히 자겠네'라고 생각했는데, 그 다음 날 또 '둥당둥당' 하는 소리가 났습니다. 이상해서 마을 사람들이 대장간으로 가 보았습니다. 세상에! 기가 막혔습니다. 갑은 을의 집으로 이사를 가고, 을은 갑의 집으로 이사를 간 것이었습니다.

지난번 집회 때 강사로 오신 목사님이 주인이 바뀌면 인테리어가 바뀐다는 말씀을 하셨습니다. 예수님께서 우리에게 들어오셔서 우리의 주인이 바뀌었으면 우리의 생활도 달라지고, 사업하는 방법도 달라져야 합니다.

그런데 유대인들이 예수님을 믿기 전과 똑같은 생활을 하니, 야고보는 화가 났습니다. 유대인들이 하나님을 아버지로, 예수님을 구주로 영접했다고 하면서도 믿지 않는 사람들과 똑같이 '이번에는 어느 도시로 가서 거기서 1년을 유하며 사업하여 돈을 벌리라'는 계획만 세우고 하나님을 제외했습니다. 그래서 야고보가 성령으로 책망합니다.

"들으라. 너희 중에 '오늘이나 내일이나 우리가 아무 도시에 가서 거기서 1년을 유하며 장사하여 이를 보리라' 하는 자들아 내일 일을 너희가 알지 못하는도다. 너희 생명이 무엇이뇨? 너희는 잠깐 보이다가 없어지는 안개니라. 도대체 어떻게 하나님을 제외하고 그런 계획을 세우느냐? 그것은 안개보다 못한 것이니라. 헛된 꿈이니라. '하나님의 뜻이면 이것도 하고 저것도 하리라' 이렇게 해야 될 것인데, 하나님을 아버지로 섬기고 예수님을 왕으로 모신 너희들이 어떻게 하나님을 제쳐놓고 네 마음, 네 뜻대로 '내가 어느 도시에 가서 1년을 유하며 돈을 얼마나 벌어 오겠다' 라고 계획하느냐? 선을 행할 줄 알면서 행하지 않는 것이 죄니라" (약 4:13-17).

오늘 본문에서 우리가 깨닫게 되는 교훈이 무엇입니까?

비전을 갖고, 계획을 세우고, 시장조사를 하는 것이 나쁘다는 것이 아닙니다.

아리스토텔레스가 "희망이란 눈을 뜨고 꿈을 꾸는 것이다" 라고 말했습니다. 무슨 말입니까? 꿈이 없는 사람은 희망도 없다는 말입니다.

톨러라는 사람은 "꿈꿀 힘이 없는 사람은 살아갈 힘도 없다" 라고 했습니다.

잠언 11장 14절에도 "도략이 없으면 백성이 망하여도 모사가 많으면 평안을 누리느니라"고 말씀하십니다.

우리에게 꿈이 있고 계획이 있고 그 다음에 전략을 세워 사는 것은 매우 중요합니다. 그럴 때 성공이 있고, 약속이 있고, 미래가 있고, 힘이 나게 되는 것입니다.

교회학교도 마찬가지입니다.

제가 만일 고등부 부장이라면 고 3 아이들을 청년회와 접목해 줄 것입니다. 청년부 부장님과 고등부 부장님이 서로 의논해서 고등부 3학년 아이들을 청년부 한 사람 한 사람에게 입양시켜 주든지, 함께할 바나바를 붙여 주어야 합니다. 그 아이들을 데리고 다니면서 빵도 사 주고 자장면도 사 주면서 청년회와 잘 연결시켜 주어야 합니다. 그래야 고등학교를 졸업하고 청년이 되는 아이들이 떨어져 나가지 않는 것입니다. 이런 계획을 가지고 고등부를 이끌고 청년회를 이끌면 부흥되는 것입니다. 이렇게 계획을 가지고 일을 하는 것이 얼마나 중요한지 모릅니다. 중등부, 고등부, 대학부 담당 교역자들도 그냥 설교하고 그냥 이끌고 나가면 안 됩니다. 1년 계획을 세워야 합니다.

'이번 6월까지는 배로 성장한다. 12월까지는 네 배로 부흥시킨다. 이렇게 전도하겠다.'

그 다음 전략을 세워야 합니다. 도략이 있어야 되는 것입니다.

'기도를 좀 더 많이 시켜야 되겠구나.'

서울의 한 교회 고등부 담당 목사님의 이야기입니다.

교회에 와 보니 아이들이 아주 엉망이더랍니다. 고등부 아이들이 문화 행사를 한다며 공부는 하지 않고 교회를 휘젓고 다니더랍니다. 착실하고 공부를 잘하는 아이들은 뒤에 처져 있고 노는 아이들이 늘 모여서 자꾸 무슨 행사를 하고 연극을 하더랍니다. 그러니 어느 부모가 아이들을 그 고등부에 보내겠습니까? 목사님이 기도하는 중에 '안 되겠다, 사도행전으로 돌아가야겠다'라고 생각하게 되었답니다.

여러분, 초등부나 중등부나 고등부나 대학부나 마찬가지입니다. 말씀을 먹고 기도해야 합니다. 문화 행사를 앞세우고 동아리 모임을 앞세우며 말씀과 기도를 뒤로하면 될 수가 없는 것입니다. 우선순위가 있어야 합니다.

그래서 목사님이 고등부의 동아리 모임과 문화 행사를 다 없앴답니다. 그리고 아이들에게 말씀만 가르치고, 통성기도를 시켰답니다. 분반 공부도 시키지 않았답니다. 아이들과 같이 희희낙락하며 시간만 보내고 성령 충만하지 않은 교사들에게 분반 공부를 맡길 수 없어서 분반 공부 시간에도 목사님 설교를 다시 새김질하게 했답니다. 그랬더니 1년 만에 고등부 학생이 두 배로 불어나더랍니다. 착실하게 공부하며 실력 있는 아이들, 겸손한 아이들이 앞서서 교회에 충성하니 학생들이 모여든 것입니다.

흘러가는 대로 그냥 목회하면 안 됩니다. 물이 흘러가듯이 흘러가는 대로 그냥 아이들을 지도하면 안 됩니다. 하나님 앞에서 고민하고, 비전을 갖고, 도략을 세우며 나아가야 합니다. 전도 목표와 양육의 목표를 정해 놓고 나아가야 학생회가 살게 됩니다. 유년부, 초등부도 다 마찬가지입니다. 부장님이 깨어 있고 교역자가 깨어 있기를 바랍니다. 정말 그렇게 해야 됩니다.

지난주는 올 들어 가장 추운 날씨였는데도 서울의 한 중학교 학생들이 3일 간 특수 훈련을 받았습니다. 윗저고리와 속옷까지 다 벗고, 그 무거운 자동차의 타이어를 끌며 뛰었습니다. 그 추운 날, 왜 그랬습니까? 추위를 이기고 강인한 체력을 연마하기 위해서였습니다. 그런 훈련은 하지 않는 것보다 하는 것이 훨씬 귀합니다.

제 아들이 군에 있을 때 훈련기간이 되면 일주일 혹은 10일 동안 막사에 들어가지 못하고 눈 속에서 침낭 하나만 메고 그냥 잤답니다. 일주일 혹은 열흘 동안 세수도 못했답니다. 양말도 갈아 신지 못하고, 음식도 제대로 먹지 못하고 딱딱한 전투용 비상식량만 먹고 살았답니다. 그런데 그렇게 훈련을 받고 나서 얼마나 강해졌는지 모릅니다. 제 아들이 휴가 왔을 때 우리가 "어! 추워"라고 하니, 아들은 "가을이네"라며 추위를 몰랐습니다. 훈련하면 그렇게 달라지는 것입니다.

그래서 목표를 세우고 꿈을 갖고 전략을 세우며 나아가는 것이 얼마나 중요한지 모릅니다.

사업도 마찬가지이고, 공부도 마찬가지입니다. 그냥 '국어 할까? 수학 할까?' 하면 안 됩니다. '아, 시험이 이제 일주일 남았으니 국어 몇 시간, 수학 몇 시간······' 하면서 시간을 배정해 놓고, 마무리는 어떻게 할 것인지 계획을 세워서 공부해야 실력이 올라가게 됩니다. 기분 내키는 대로 '국어 할까? 수학 할까? 사회 할까?' 하는 학생은 우등생이 되지 못합니다.

우리 하나님의 사람은 지혜롭기 바랍니다. 도략을 세우시기 바랍니다.

남녀 교제도 마찬가지입니다.

'저 아가씨를 아내로 얻으려면 어떻게 해야 될까?'

기도하고 전략을 세워야 합니다.

'어떻게 만날까?'

편지를 쓰거나 전화를 할 때도 연구해야 합니다.

'편지를 매일 쓰는 것이 좋을까? 일주일에 한 번만 쓰는 것이

좋을까?'

'좀 튕기는 것이 좋을까, 계속 접근하는 것이 좋을까?' 하는 것도 연구해야 됩니다.

정말 모든 것에 도략이 있어야 하는 것입니다.

그러면 왜 이들이 야고보의 책망을 받았습니까?

하나님을 제외시켜 놓고 자기가 주인이 되어서 계획을 세우고 자기가 목표를 갖고 모든 것을 정했기 때문입니다. 그것은 악이기 때문입니다.

로마서 14장 23절에 "믿음으로 좇아 하지 아니하는 모든 것이 죄니라"고 말씀하십니다.

따라 합시다. "믿음으로 하지 않는 모든 것이 죄니라."

여러분, 부모님을 소외시키면 섭섭해하십니다. 저는 하나님 앞에서 설교 준비를 하지만 어머께 보고를 자주 드립니다.

"어머니, 이제 낮 설교 준비는 마쳤습니다. 이제 밤 설교 준비에 들어갑니다."

"그래, 알았다."

이것이 무슨 말입니까? 기도해 달라는 뜻입니다.

"어머니, 이제 밤 설교 준비를 마쳤어요."

때로는 이런 보고도 합니다.

"설교 준비가 반도 안 되었는데 예배 시간이 되어서 올라가야 해요. 어머니, 어떡해요?"

"알았다."

저는 설교 준비를 할 때 어머께 꼭 보고하다시피 합니다. 왜입니까? 어머니의 기도를 제가 바라기도 하지만, 어머께서 쓸쓸하지 않으시도록 하는 것입니다.

'아, 우리 아들이 목회를 이렇게 하는구나.'

그러니 우리 교회 당회장은 저의 어머니인 셈입니다.

"어머니, 성탄절 예배를 마쳤습니다. 오늘은 국밥을 나누어 먹지 못하고 빵만 나누어 먹었습니다."

"아이고, 우리는 돼지를 잡았는데……."

매사에 제가 이렇게 알려드리니 어머니께서 기뻐하십니다. 아들이 어머니를 뒷방 늙은이처럼 대하면 어머니의 마음이 얼마나 섭섭하시겠습니까? 제 아내도 어머니와 친구처럼 함께 자주 목욕도 가고 이야기도 잘합니다. 제 아내가 어머니께 일도 잘 맡기지만 그래도 어머니를 소외시키지 않으니 어머니께서 좋아하십니다. 어머니께서는 저희 집에 오시면 부엌일이나 집안 청소를 거의 다 하십니다. 아내가 일부러 어머니께 일거리를 드리는 것입니다. 그것이 좋은 것입니다.

하나님께서는 우리가 하나님을 소외시키는 것을 제일 싫어하십니다. 하나님께서는 우리와 함께 생각하고, 우리와 함께 꿈꾸고, 우리와 함께 계획을 세우고, 우리와 함께 일하기를 원하십니다. 하나님께서는 우리 마음에 소원을 두고 함께 일하기를 원하십니다.

공부하는 학생들이여, 여러분 혼자서만 계획하지 말고 "하나님, 이 시간에는 수학을 합니다. 도와주세요. 도와주세요", "이제 수학 공부는 마치고 영어를 하려고 합니다. 도와주세요. 도와주세요", "지금은 논술 준비를 합니다. 아시지요?"라고 하며 하나님과 함께하시기를 바랍니다. 이것이 성도의 길입니다. 그리고 아주 중요한 것입니다.

수 없고 얼마나 부끄럽고 창피했는지 모릅니다. 숙소에 돌아가서 "아이고, 하나님. 오늘은 골픈가 뭔가 하다가 미안한 일이 많았습니다"라고 하나님께 아뢰었습니다.

그리고 그날 밤에 제가 공을 찾으러 골프장에 갔습니다. 세상에! 나무 밑에 공이 30-40개가 있었습니다. '야! 이게 웬 떡이냐!'라며 좋아서 호주머니에 공을 막 집어넣는데, 잠에서 깨어났습니다. 꿈이었습니다. 꿈에서 깨어나니 공이 하나도 없었습니다.

여러분, 나폴레옹은 하나님 없이 유럽을 정복했습니다. 그러나 죽을 때 그에게는 아무것도 없었습니다. 그는 "죠세핀!" 하고 죽었습니다. 유럽을 다 정복해도 하나님이 없이 정복하니, 마지막에 꿈에서 깨어나니, 아무것도 없었습니다.

창세기 11장에 1-9절을 보면 바벨탑 사건이 나옵니다.

"성과 대를 쌓아 대 꼭대기를 하늘에 닿게 하여 우리 이름을 내고 온 지면에 흩어짐을 면하자 하였더니"(창 11:4).

그래서 그들은 흙으로 쌓지 않고 비가 아무리 내려도 무너지지 않도록 역청으로 바벨탑을 쌓았습니다. 하나님을 제쳐 놓고 탑을 쌓았습니다.

하나님께서 이 모습을 보시고 '애들이 까분다' 하시며 언어를 흩으시니, 사람들이 서로 말을 알아듣지 못해 벽돌을 갖고 오라고 하는데 역청을 갖고 오고, 역청을 갖고 오라고 하는데 벽돌을 갖고 왔습니다. 서로 말이 통하지 않으니 싸움이 벌어졌습니다. 그래서 바벨탑을 쌓는 일은 중단되고, 언어가 통하는 사람끼리만 모이고 서로 흩어졌습니다. 그것이 바로 언어의 시작, 여러 언어의 시작입니다.

하나님을 제쳐 놓고 자기 뜻대로 해도 한동안은 되는 것 같습니다. 그러나 나폴레옹이 한동안은 되는 것 같았지만 마지막에는 안 되었습니다. 바벨탑이 한동안은 되는 것 같았지만 마지막에는 안 되었습니다.

하나님 없이 하는 것은 아무것도 안 됩니다. 한동안은 되어도 아무것도 아닙니다. 하나님 없는 공산주의, 러시아가 70년은 되는 것 같더니 결국 거지가 되고 말았습니다. 하나님 없이 검사가 되고, 판사가 될 수 있고, 하나님 없이 돈도 벌 수 있지만 마지막에는 아무것도 없습니다.

그리고 참 이익이 무엇입니까?
돈이 아닙니다.
참 이익은 영생입니다. 천국입니다.
아무리 성공해도 영생이 없으면 꿈꾸는 것과 같습니다. 아무리 재벌이 되어도, 억만장자가 되어도 영생의 이익을 얻지 못한 사람은 불쌍합니다.

그러나 하나님과 함께 계획하고, 하나님과 함께 목표를 세우고, 하나님과 함께 사업하고 일하는 사람은 영원으로 이어집니다. 하나님과 함께하는 사람의 일생도 잠깐이면 지나갑니다. 시편 90편 10절의 "우리의 연수가 칠십이요 강건하면 팔십이라도 그 연수의 자랑은 수고와 슬픔뿐이요 신속히 가니 우리가 날아가나이다" 라는 말씀대로 우리의 일생은 금방 지나갑니다.

그러나 우리 하나님과 함께 걸어가는 사람은 이 세상의 삶이 끝나도 끝이 아닙니다. 영원으로 이어집니다. 이것이 다릅니다. 할렐루야!

세상에서 아무리 성공하고 아무리 깃발을 날린다 해도 하나님을 제외한 사람은 물거품이 되고 맙니다. 그러나 하나님과 함께 계획을 세우고 나간 사람은 이 땅에서도 보람차고 기쁨이 넘치고 이익이 있지만, 하늘나라의 이익이 이어지는 것입니다.

알베츠라는 성직자가 "맷돌은 콩이든 곡식이든 넣고 돌릴 때 콩이나 곡식을 부수어 요리 재료를 만들지만, 아무것도 넣지 않고 돌리면 오히려 맷돌이 상하고 부서져 쓰지 못하게 된다"라고 말했습니다.

우리가 무슨 일을 하든지 하나님과 함께 믿음으로 맷돌을 돌리면 우리에게 복이 됩니다. 그러나 믿음 없이, 하나님을 제쳐 놓고 살면 열심히 살수록 에너지도 닳고, 육신도 늙고 쇠하고, 마지막에는 망하는 것입니다. 오늘 이 말씀은 굉장히 중요한 말씀입니다.

그리고 "선을 행할 줄 알고도 행치 아니하면 죄니라"(약 4:17)고 말씀하십니다.

여러분, 악을 행하는 것도 죄입니다만, 선을 행할 줄 알면서 행하지 않는 것도 죄입니다. 믿음으로 하지 않는 모든 것이 죄이기 때문에 믿음으로 해야 하고, 또 믿음으로 선을 적극적으로 행해야 합니다.

그런데 특별히 선한 일이 무엇이겠습니까? 내 월급의 반으로 남을 도와주는 것도 선한 일이고, 내 옷 두 벌 중 한 벌을 없는 사람에게 주는 것도 선한 일입니다. 그러나 그보다 더 선한 일, 가장 선한 일은 영혼을 구원하는 복음 전도임을 믿으시기 바랍니다.

한 예쁜 아가씨가 삶의 허무를 느껴, 살아갈 의미를 찾지 못해 자살하려고 강물에 뛰어들었습니다. 그것을 본 한 청년이 수영도 전혀 못하면서 그 아가씨를 구하려고 물에 뛰어들었다가 빠져 죽어 갑니다. 자살을 하려고 뛰어든 아가씨는 수영을 잘했습니다. 죽으면서 보니, 자기를 구하려던 사람이 죽어 가고 있습니다. '죽는 사람을 살려 놓고 보자' 하고 아가씨가 오히려 청년을 살렸습니다. 아가씨는 청년을 살리고 나니 기뻤습니다. 보람이 있었습니다. 귀한 청년이 자기 때문에 죽을 뻔했는데 살려 놓으니 얼마나 좋은지, '아! 인생은 살 의미가 있구나' 라고 깨닫게 되었습니다. 그래서 그 아가씨는 계속 살았습니다.

    육신의 생명을 구하는 것도 귀한 일입니다. 그러나 우리가 누군가에게 예수님을 전해서 믿게 하면, 그 사람을 그저 몇 십 년 더 살게 하는 것이 아니라 영원히 살게 하는 것입니다. 얼마나 귀한 일입니까?

    이번 태신자 전도 운동에 우리 모두 열심히 적극적으로 동참해서 많은 영혼을 구원할 수 있기 바랍니다.

    지난해에 전도를 많이 하신 분들에게 오늘 전도 상을 드렸습니다. 대상을 받은 박 장로님을 비롯해 여러 분이 상을 받으셨는데, 내년에는 우리 모두가 상을 받게 되시기를 축원합니다.

    또 땅에서의 상보다 하늘나라의 상이 더 큰 것을 믿으시기 바랍니다. 생명을 구원한 사람은 10억 원을 헌금한 사람보다, 100억 원을 헌금한 사람보다 하나님께서 더 기뻐하실지 모릅니다.

    우리 주님께서 말씀하셨습니다.

    "한 사람의 생명이 천하보다 귀하니라."

    아무쪼록 새해에는 많은 영혼을 주님께 인도하는 여러분과 제가 될 수 있기를 축원합니다.

야고보서 5장 1-6절 　야고보서 강해

복된 부자

　　　한 선교단이 선교지에 가서 선교를 하는데, 그 마을의 토속신을 섬기는 제사장이 말했습니다.

"우리는 지금 여러 신을 섬기고 있는데, 왜 또 다른 신을 전하느냐? 당신의 신을 전하려면 당신의 신이 우리 신보다 더 센 증거를 보여라. 그러면 당신 신을 섬기겠다."

"동네 사람들을 다 모아라. 그러면 그 앞에서 우리 신이신 하나님께서, 예수님께서 더 세신 분이심을 보여 주겠다."

그래서 마을 사람 천 명이 모였습니다. 선교팀장이 마을 사람들과 토속신의 제사장 앞에서 말했습니다.

"우리를 위하여 보배 피를 흘리신 나사렛 예수의 이름으로 명하노니 악한 귀신들은 물러갈지어다! 악한 귀신들은 다 물러갈지어다!"

그러니 그 토속신의 제사장이 바들바들 떨면서 "알았습니다,

우리가 다 예수님을 믿겠습니다, 하나님을 믿겠습니다"라고 고백했습니다.

제사장의 말을 듣고 마을 사람들이 놀라서 따졌습니다.

"아니! 제사장. 어찌하여서 예수를 믿겠다는 거요? 우리가 믿는 신은 어떡하고?"

그때 토속신의 제사장이 말했습니다.

"우리가 섬기던 큰 신, 작은 신, 센 신, 약한 신들이 방금 다 도망갔습니다. '아이고! 예수가 이제 여기를 점령했으니 우리는 떠나가자' 하고 다 도망갔으니 예수가 가장 센 신입니다. 그러니 예수를 믿읍시다." 할렐루야!

그래서 그 마을 사람 모두가 예수님을 믿게 되었다고 합니다.

주님께는 권세가 흐릅니다. 할렐루야!

오늘도 여러분이 그 권세로 새 힘을 얻고 변화받을 것으로 믿습니다.

며칠 전 저희 어머니께서 제게 해 주신 이야기입니다.

해방 직후에는 우리나라가 참 어려웠습니다. 그때 농민들이 농사를 지어도 소출이 쌀 몇 가마니 정도밖에 되지 않아 산에 가서 나무뿌리와 칡뿌리를 캐먹거나 쑥을 뜯어 먹으며 살았는데도 정부에서 과하게 세금을 받아갔답니다. 그래서 가난한 사람들은 어떻게든 세금을 내지 않으려고 애를 썼답니다. 그러면 담당 공무원이 순경을 데리고 와서 동장 입회하에 나락을 내지 않으려는 주인을 마당에 엎드려 놓고 그 부인과 아이들, 동네 사람들이 보는 데서 몽둥이로 때렸답니다. 항복할 때까지 때려서 벼를 빼앗아 가곤 했답니다. 어느 집에서는 나락을 주면 먹고 살 것이 없는데 집에 있다가는 매를 맞으니 가장이 이른 새벽에 산에 가 숨어 있다가 공무원이 모두 돌아간 밤에 집으로 돌아오곤 했답니다. 그랬더니 아기를 업은 새댁을 얼음판에 무릎을 꿇려 놓고 항복할 때까지 그대로 있게 했답니다. 그래서 결국 나락을 다 빼앗아 갔답니다.

가난하면 아픈 일이 얼마나 많은지 모릅니다. 가난은 축복이 아닙니다. 교만한 사람을 겸손하게 하시고, 망할 사람을 살리시려고 하나님께서 가난의 도구를 쓰실 때가 있지만 가난은 축복이 아닙니다.

하나님께서 복을 주시면 가난한 자가 부자가 되는 것입니다. 하나님께서 복을 주시면 쌀밥을 먹던 사람이 보리죽을 먹는 것이 아닙니다. 하나님께서 복을 주시면 보리죽을 먹던 사람, 굶던 사람들이 좋은 것을 배불리 먹게 되어 있습니다. 성경에서는 배불리 먹는 것이 복이지, 굶는 것이 복이 아니라고 교훈하십니다.

따라서 예수님께서 가르치신 기도는 기도의 대표로 가장 중요한 것을 아뢰는 것인데, 그중에 이런 기도가 있습니다.

"오늘날 우리에게 일용할 양식을 주옵시고(Give us this day our daily bread)."

"오늘 먹을 일용할 양식을 주세요."

이것이 중요한 기도입니다.

여러분, 배가 고픈데 먹을 것이 없으면 얼마나 서러운지 모릅니다. 양식이 있는데 금식하는 것은 괜찮지만, 먹고 싶은데 음식이 없는 것은 비극입니다. 여러분이 천국 가시는 날까지 여러분의 창고가 넘치기를 축원합니다. 배고픈 일이 없기를 바랍니다.

우리 주님께서도 요한복음 6장을 보면 5천 명이 굶주렸을 때, 먹을 것이라고는 떡 다섯 개와 물고기 두 마리뿐인데 축사하시고 나누어 주서서 그들을 다 배불리 먹이셨습니다.

　마태복음 15장도 보십시오. 여자와 아이 외에 4천 명이니 여자와 아이를 합하면 만 명이 넘을 텐데, 먹을 것은 떡 일곱 개와 작은 물고기 몇 마리뿐이었습니다. 그때 우리 주님께서 부흥회를 하고 계셨습니다. 말씀이 너무 좋아 사람들이 집에 가지 않고 굶으며 산에서 말씀을 받았으니 집으로 돌아가다가 기진해서 쓰러질 수도 있지 않습니까? 우리 주님께서 그 떡 일곱 개와 물고기 두 마리를 가지고 축복하시어 기적의 양식으로 그들을 배불리 먹이셨습니다.

　하나님은 양식을 주시는 분이십니다.

　예레미야애가 3장 33절에 "주께서 인생으로 고생하며 근심하게 하심이 본심이 아니시로다"라고 말씀하십니다. 고린도후서 8장 9절에도 "부요하신 자로서 너희를 위하여 가난하게 되심은 그의 가난함을 인하여 너희로 부요케 하려 하심이니라"고 말씀하십니다. 할렐루야!

　부요하게 되는 것은 복입니다. 가난하게 되는 것이 복이 아닙니다. 가난하면 자신도 어렵고 남도 도와줄 수가 없습니다. 부요해야 하나님을 위해 크게 일하고, 이웃도 도울 수 있는 것입니다. 할렐루야!

　광에서 인심이 나는 것입니다. 아무리 선을 행하고 싶어도 내게 광이 없으면 선을 행할 수 없습니다. 우리 교회가 천 개, 2천 개의 농촌 교회를 도와주고 싶어도 도와줄 만한 힘이 없으면 할 수가 없는 것입니다. 우리가 부요하게 되기를 원하는 것은 나 혼자 잘 먹고 잘 살려는 것이 아닙니다. 하나님의 영광을 위해, 선한 일을 하기 위해 잘 살아야 하는 것입니다. 할렐루야! 제 지갑에 돈이 있으니 어려운 목사님의 아이들을 만날 때 5만 원, 10만 원을 줄 수 있는 것입니다. 제 지갑에 돈이 없으면 어떻게 줄 수 있겠습니까?

가난은 하나님께서 채찍으로 쓰시는 도구일지언정 절대로 축복이 아닙니다. 부가 축복입니다.

그런데 부자에도 두 종류의 부자가 있습니다.

하나님께서 복을 주지 않으신 부자, 제멋대로 된 부자가 있습니다. 아니할 말로 은행을 털었는데 들키지 않으면 부자가 되지 않습니까? 부잣집에 들어가서 사람들을 죽이고 재산을 다 빼앗았는데 들키지 않으면 부자가 되지 않습니까? 그렇게 부자가 되어도 부자는 부자입니다. 그러나 그런 부자에게는 복이 없습니다. 자기 계산, 자기 지혜, 자기 노력으로 부자 된 사람들은 그 돈을 절대로 빛나게 쓰지 못합니다. 그런 사람들 앞에는 재앙과 심판과 불행이 있을 뿐입니다.

오늘 본문에 나타나는 부자는 저주받은 부자입니다. 이 세상에는 저주받은 부자가 많습니다. 그래서 성령님께서 야고보를 통해 무슨 말씀을 하십니까?

"들으라, 부한 자들아. 너희에게 임할 고생, 고통, 심판을 인하여 울고 통곡하라. 너희 재물은 썩었고 너희 옷은 좀먹었고 너희 금과 은은 녹슬었으니 그 녹이 증거가 되며 불같이 너희 살을 삼키리라. 너희가 마지막 때에, 말세에 재물을 쌓았도다. 너희가 사치하면서, 연락하면서 도살의 날에 돼지가 살찌면 잡아먹히는 것처럼 너희가 이제 살이 쪄서 잡아먹힐 일을 하는구나. 들의 추수한 품꾼에게 주지 않은 품삯이 소리를 지르며 추수한 품꾼의 울부

짖음이 만군의 주님의 귀에 들렸도다. 그들은 너희에게 대항도 하지 않았는데 그 옳은 자들을 정죄하고 죽였도다."

야고보가 성령의 감동으로 부한 자들을 향하여 저주를 퍼부었습니다.

여러분과 저는 하나님의 저주를 받을 부자가 되지 않기를 바랍니다.

자동차 일곱 대를 굴리며 자가용 비행기를 타고 다녀도 하나님께서 심판하실 부자는 꿈에서라도 부러워하지 마시기 바랍니다. 하나님 없는 부자보다는 오히려 가난한 성도가 좋습니다. 하나님 없는 부자는 전혀 부러워할 대상이 아닙니다. 우리는 정말 복 있는 부자가 되어야 합니다.

복 있는 부자는 어떤 부자입니까?

바로 하나님의 복으로 부자가 된 사람입니다. 오늘보다 내일이, 이달보다 다음 달이, 금년보다 다음 해가, 이 세상보다 다음 세계가 더 복 있는 자가 참으로 복된 부자인 것입니다.

우리 모두는 미래가 더 좋기를 바랍니다.

하나님께서 복을 주시면 부하게 되지, 가난하게 되지 않습니다.

잠언 22장 4절에 "겸손과 여호와를 경외함의 보응은 재물과 영광과 생명이니라" 고 말씀하십니다.

잠언 10장 22절에서도 "여호와께서 복을 주시므로 사람으로 부하게 하시고 근심을 겸하여 주지 아니하시느니라" 고 말씀하십니다.

하나님께서 재산을 주시면 근심을 겸하지 않고, 그 재산 때문에 감옥에 갈 일이 없습니다. 부끄러움을 당할 일이 없습니다. 금은 빛이 나지 녹슬지 않는 것과 같습니다.

그러나 하나님 없이 취한 재산은 그 재산 때문에 감옥에 가게 되고, 그 재산 때문에 교만하게 되고, 그 재산 때문에 죄짓게 되고 방탕하게 되고, 마지막에는 망하게 됩니다.

1923년 미국 시카고의 에드워드 비치 호텔에 세계 억만장자, 미국의 재벌 일곱 명이 모였습니다. 그런데 25년 후 그들을 추적해 보았더니 그중 두 사람은 알거지가 되어 죽었고, 한 사람은 감옥에 갇혀 죽을 때를 기다리고 있고, 또 한 사람은 종신형으로 감옥에 들어갔다가 병으로 죽게 되자 보석으로 나와 죽을 날만 기다리고 있고, 두 사람은 자살해 죽었고, 나머지 한 사람도 자살을 시도했다가 실패해서 병원에 입원하여 치료를 받았지만 죽기만을 기다리고 있는 상태에 있었답니다. 그 일곱 사람 중 한 사람도 25년 동안, 25년까지도 낙을 누린 사람이 없었습니다. 그들은 불행한 부자입니다.

그러나 아브라함을 보십시오. 점점 더 좋아졌습니다. 할렐루야! 점점 더 형통했습니다. 그리고 하늘나라에서도 부자가 되어 천국을 자기 것처럼 다스리고 있습니다.

우리 양곡의 가족과 이 땅의 크리스천들은 모두 아브라함 같은 부자가 되시기를 바랍니다. 점점 더 좋아져야 됩니다. 오늘은 부자이고 내일은 망하는 것은 좋지 않습니다.

성경을 보면, 아브라함과 롯은 대조적임을 알 수 있습니다. 삼촌과 조카로 같은 부자였지만, 롯은 복 없는 부자이고 아브라함은 복 있는 부자였습니다. 아브라함에게도 양이 많았고 롯에게도 양이 많아서 그들의 양을 치는 목자들이 풀밭 때문에 서로 싸웠습니다.

여러분, 형제 간에 싸우는 일이 없기를 바랍니다. 친척끼리 싸우는 일이 없기를 바랍니다. 만일 제 사촌이 어떤 땅 때문에 욕심을 부리면 저는 잘 살라고 하며 그것을 줄 것입니다. 이 설교를 듣고 제 사촌이 욕심을 내면 저는 줄 것입니다.

땅이 내 생명줄이 아닙니다. 하나님만이 내 생명줄입니다. 절대 욕심을 내면 안 됩니다.

그런데 롯은 욕심을 냈습니다.

여러분, 야고보서 4장 1-2절을 보십시오.

"너희 중에 싸움이 어디로, 다툼이 어디로 좇아 나느뇨 너희 지체 중에서 싸우는 정욕으로 좇아 난 것이 아니냐 너희가 욕심을 내어도 얻지 못하고……."

따라 합시다. "욕심을 내면 얻지 못한다."

하나님께서는 욕심을 축복하지 않으십니다. 땅에 욕심을 부리고 돈에 욕심을 부리면 축복 받지 못합니다. 돈을 사랑함이 일만 악의 뿌리가 된다고 말씀하십니다.

그런데 우리는 예수님을 믿으면서도 욕심을 버리지 못하는 경우가 있습니다.

기차 안에서 옆에 앉은 두 사람이 이야기를 하다 보니 두 사람 다 교인이라는 것을 알게 되었습니다. 그들은 한 형제인 교인끼리 옆자리에 앉게 된 것을 기뻐하며 인사를 나누고 은혜로운 이야기를 했습니다. 점심시간이 되었습니다. 한 사람이 준비해 온 도시락을 꺼냈습니다. 맛있어 보이는 샌드위치 두 개가 들어 있었습니다. 아무것도 준비해 오지 않은 다른 한 사람은 옆 사람이 예수님을 믿는 사람이니 당연히 한 개는 자기에게 줄 줄 알았습니다. 그런데 옆 사람이 기도를 하고 혼자 먹더니, 한 개를 다 먹고 나머지 한 개도 먹기 시작했습니다. 얼마나 섭섭했겠습니까? 그 사람이 말했습니다.

"아, 형제님. 저는 최근에 우리 주님의 '네 이웃을 네 몸같이 사랑하라'는 귀한 말씀을 묵상하고 있는데 형제님은 그 말씀을 아십니까?"

그러자 샌드위치를 혼자 맛있게 먹던 사람이 말했습니다.

"아, 참 좋은 말씀입니다. 하지만 저는 또 다른 말씀인 '네 이웃의 것을 탐내지 말라'는 말씀도 알지요."

남의 것을 기대하는 사람도 좋은 교인이 아니지만, 두 개를 혼자 먹는 사람도 좋은 교인이 아닙니다.

욕심은 사람을 초라하게 만듭니다.

이웃 도시의 한 교회에서 큰 병원을 세웠습니다. 그러자 병원 원장 자리를 놓고 교회 장로님 세 분이 서로 싸웠습니다. 세 분의 장로님이 다 의사이고 병원 원장입니다. 자기 병원의 수입만 해도 2천만 원, 3천만 원, 5천만 원이 되니 얼마든지 잘 사는 사람들인데 종합병원의 원장을 하려고 얼마나 서로 싸우며 추태를 부렸는지 모릅니다. 하나님의 영광을 가리고, 욕심을 부리면 복을 받을 수 없습니다.

야고보서 1장 15절에 "욕심이 잉태한즉 죄를 낳고 죄가 장성한즉 사망을 낳느니라"고 말씀하십니다. 이어 16-17절에는 "내 사랑하는 형제들아 속지 말라 각양 좋은 은사와 온전한 선물이 다 위로부터 빛들의 아버지께로서 내려오나니"라고 말씀하십니다. 할렐루야!

병원 원장 자리에 복이 오고 가는 것이 아니라, 하나님께서 복을 주셔야 복이 있는 것입니다.

아브라함은 이것을 알았습니다. 그래서 '아, 이거 싸우면 안 되겠네' 라고 생각하고 "조카, 삼촌과 조카 사이에 이렇게 싸우면 되겠나? 그러니 네가 우측을 택하면 내가 좌측으로 가겠고 네가 좌측으로 가면 내가 우측으로 갈 테니 네가 먼저 택해 봐"라고 말했습니다.

롯은 계산에 빨랐습니다. 즉 정보에 빨랐습니다. 척 보니, 물이 흐르는 옥토는 우측이고 좌측은 황야입니다.

"삼촌, 제가 우측을 택하겠어요."

롯은 못된 놈입니다. 삼촌도 같이 보고 있으니 '이쪽이 좋구나' 싶어도 예의를 지켜서 "숙부님, 제가 이쪽을 택하겠어요. 숙부님이 좋은 땅을 하세요"라고 하는 것이 조카의 도리입니다. 욕심에 어두우면 삼촌도 보이지 않고, 이촌도 보이지 않습니다. 일촌도 보이지 않아 아버지를 죽이고, 무촌도 보이지 않아 아내를 죽이는 사람도 있습니다.

한 사람은 아내 명의로 생명보험을 넣고는 보험금을 타기 위해 아내를 차에 태우고 가다가 아무도 없는 곳에서 차문을 열고 밀어냈습니다. 아내가 매달려 떨어지지 않으니 더 세게 밀어내 떨어뜨렸습니다. 욕심에 눈이 어두우면 무촌도 죽이는 것입니다.

롯도 욕심에 어두워지니 자기 삼촌이 눈에 보이지 않았습니다.

"삼촌, 저는 이 땅을 차지하겠습니다."

"그래, 그래라."

아브라함의 마음에 '롯, 잘 먹고 잘 살아라' 하는 마음이 없었겠습니까? 그러나 아브라함은 하나님을 믿었습니다. 좋지 않은 땅을 차지했지만 '뭐 이 땅이 나를 살리고 죽이나? 내가 살고 죽고 흥하고 망하는 것은 하나님께 있다' 라고 믿었습니다.

하나님께서 롯과 함께 가지 않으셨습니다. 롯은 혼자 가게 두시고, 아브라함에게 나타나셔서 말씀하셨습니다.

"아브라함아, 동서남북을 바라보라. 보이는 땅을 다 네게 주리라. 내가 네게 복을 주리라." 할렐루야!

그래서 아브라함은 점점 더 잘되었습니다. 하지만 롯은 그 지역의 유지가 되고, 성문에 앉고, 전설에 의하면 그 성의 시장이 되었다고도 하는데 그렇게 잘되다가 망했습니다. 하늘에서 유황 비가 내려 그 성의 사람들이 다 타 죽을 때 그의 사위 둘도 함께 타 죽었습니다. 아내는 그곳에서 나오다 소금 기둥이 되었고, 그는 딸 둘과 함께 알거지가 되어서 나왔습니다. 그러다 나중에는 술꾼이 되어 술을 퍼 마시고 딸과 동침해서 아이를 낳았습니다. 부끄러운 자식을 낳은 것입니다. 그 자손은 부끄러운 자손입니다.

그러나 아브라함의 자손에서는 대대로 왕이 나왔고, 예수님께서도 그 가문에서 나셨습니다. 할렐루야!

여러분은 아브라함이 되시기를 바랍니다. 욕심을 따라가지 마시고 하나님만 따라가시기를 바랍니다. 하나님을 바로 섬길 때 하나님께서 복을 주셔서 부자가 되어야 참 복입니다.

아브라함은 자기 사업을 뒤로하고 예배를 드렸습니다. 사업장에서 제일 좋은 것을 하나님께 바쳤습니다. 그리고 아브라함은 십일조의 조상입니다. 창세기 14장 20절을 보면, 하나님께서 십일조를 원하지도 않으셨는데, 십일조를 내라는 말씀도 하지 않으셨는데 십일조를 바쳤습니다. 그러나 롯은 예배를 드리지 않았습니다. 십일조도 드리지 않고 계속해서 재산을 모았습니다. 하지만 그 모든 것은 하루 만에 불타고 말았습니다.

이것은 오늘 우리에게도 똑같이 나타납니다.

록펠러는 예배당 제일 앞자리에 앉아 예배를 드리고, 회사에 십일조 과를 만들어 십일조를 계산하여 바쳤습니다. 그런 록펠러 가(家)는 4대가 지난 지금도 변함없이 그 부의 복을 누리고 있습니다. 참 놀라운 일입니다.

그러면 하나님께서는 어떤 자에게 계속해서 점점 더 부유하게 되는 복을 주십니까?

금과 은이 녹슬지 않게 하는 사람, 금을 금처럼 은을 은처럼 빛나게 쓰는 사람, 재물을 썩지 않고 빛나게 쓰는 사람에게 복을 주십니다.

자동차 왕 헨리 포드에게 '돈이 무엇인가?' 라는 정의를 내리라고 하니 이렇게 말했습니다.

"돈은 우리의 팔다리와 같은 것이오. 팔은 써야 되고 다리는 걸어가야 되듯이 돈은 써야 되는 것이오."

돈은 써야 되는 것입니다.

그런데 돈을 잘 써야 됩니다.

"들으라 부한 자들아 너희에게 임할 고생을 인하여 울고 통곡하라"(약 5:1).

이것은 추수한 일꾼에게, 품꾼에게 품삯을 주지 않은 부자들에게 하시는 말씀입니다.

품꾼에게 주어야 할 품삯이 남아서 하나님께 소리쳤습니다.

"하나님, 이 부자를 보세요. 품꾼의 집에 갈 돈이 아직 부잣집에 있습니다."

품꾼들은 배고픔에 울고, 굶는 자식들을 보며 울었습니다.

"일은 했는데 품삯을 못 받았어요."

이 통곡이 하나님의 귀에 들리는 것입니다.

여러분, 구제하기 전에, 선을 행하기 전에 주어야 할 돈부터 주어야 합니다.

특별히 내가 경영주라면 종업원이 열 명이든, 천 명이든, 만 명이든 종업원의 수입을 먼저 생각해야 합니다. 기업의 수입이 올라갈수록 종업원들에게 많이 나누어 주어야 합니다. 경영주는 부자가 되는데 종업원들은 가난하게 살면 하나님께서 그 집에 복을 주시겠습니까?

경영주는 종업원을 생각해야 합니다. 마땅히 줄 품삯을 주어야 합니다. 그리고 정직하게 살아야 합니다. 특별히 예수님을 믿는 사람은 정직해야 합니다.

욥기 8장 5-7절에 "네가 만일 하나님을 부지런히 구하며 전능하신 이에게 빌고 또 청결하고 정직하면 정녕 너를 돌아보시고 네 의로운 집으로 형통하게 하실 것이라 네 시작은 미약하였으나 네 나중은 심히 창대하리라"고 말씀하십니다. 할렐루야!

하나님께서는 정직한 자를 창대케 하시지, 부정직한 자를 창대케 하지 않으십니다. 만일 내가 종업원이 천 명인 회사의 경영주라면 한 사람에게 5만 원만 주지 않아도 5천만 원의 수입이 생기는 것입니다. 종업원이 만 명이라면 월급을 한 달만 늦게 주어도 그 이자로 인한 이익이 얼마나 많겠습니까? 그러나 그런 이익을 챙기는 사람에게는 하나님께서 절대로 복을 주지 않으십니다.

물질에 정직하시기를 바랍니다.

그리고 선을 행해야 합니다.

본문에 나타나는 부자들은 쾌락을 위해, 자기 몸의 연락을 위해서는 사치하며 돈을 마구 썼습니다. 그러면서 구제도 하지 않고 선도 행하지 않으니 "너희는 돼지들이다. 돼지처럼 네가 살쪘으니 이제 너는 잡아먹힌다. 도살할 날에 네가 살만 쪘구나"라고 하시는 것입니다. 하나님께서 복 주시는 부자, 계속해서 잘되는 부자가 되려면 구제의 은사가 있어야 합니다.

잠언 11장 24-25절에 "흩어 구제하여도 더욱 부하게 되는 일이 있나니 과도히 아껴도 가난하게 될 뿐이니라 구제를 좋아하는 자는 풍족하여질 것이요 남을 윤택하게 하는 자는 윤택하여지리라"고 말씀하십니다. 할렐루야!

잠언 19장 17절에도 "가난한 자를 불쌍히 여기는 것은 여호와께 꾸이는 것이니 그 선행을 갚아 주시리라"고 말씀하십니다.

갈릴리 바다는 물이 들어오는 대로 다 내보내니 물고기가 우글거리는 살아 있는 바다입니다. 그러나 사해는 물을 받기만 하고 내보내지 않으니 멸치 새끼 한 마리도 살지 못하는 죽음의 바다가 된 것입니다.

교회도 하나님께서 은혜를 주시는 대로 많이 나눌 때 하나님의 은혜를 계속해서 받게 됩니다. 욕심을 부리는 교회에는 하나님께서 은혜를 주지 않으십니다. 움켜잡으면 하나님께서 '잘 먹고 잘 살아라' 하시며 도와주지 않으십니다. 나눌 때 채워 주시는 하나님이십니다.

우리가 아무리 재산을 많이 쌓아 보아도 이 세상을 떠날 때 가지고 가지 못합니다.

디모데전서 6장 7-8절에 말씀하십니다.

"우리가 세상에 아무것도 가지고 온 것이 없으매 또한 아무것도 가지고 가지 못하리니 우리가 먹을 것과 입을 것이 있은즉 족한 줄로 알 것이니라." 할렐루야!

물론 저축을 해야 하지만 구두쇠가 되면 안 됩니다. 하나님의 영광을 위해 귀히 쓸 수 있기를 축원합니다.

그리고 돈을 예수님 이름으로, 교회 이름으로 빛나게 써야 합니다.

어느 식당에 가서 "목사님, 장로님, 권사님" 하며 식사를 했으면 떠나올 때 종업원들에게 인사를 해야 합니다. 그래야 그들이 '아, 교인들은 멋있구나' 하게 되고, 교회가 빛날 줄로 믿습니다.

어쨌든 여러분, 돈을 빛나게 쓸 수 있기를 바랍니다. 이것이 얼마나 중요한지 모릅니다.

그런데 이보다 더 중요한 것이 있습니다.

가장 좋은 부자, 최고의 부자는 물질의 부자가 아니라 은혜의 부자, 믿음의 부자입니다.

이 세상에서 제일 행복한 사람은 은혜의 부자입니다. 물질의 부에 만족의 척도를 두는 사람은 100억을 갖고 있어도 만족하지 못합니다. 100억을 가진 부자라도 1,000억 부자를 만나면 부자가 아닌 것입니다. 1,000억을 갖고 있는 사람이라도 200조를 갖고 있는 사람 앞에 가면 명함을 내놓지 못하게 됩니다. 한 달 수입이 1억인 부자라도 2억을 버는 사람을 만나면 열등의식을 갖게 됩니다. 우리나라에서 제일 부자라도 세계에 나가면 명함도 내놓을 수 없습니다. 이처럼 세상의 부자는 만족함이 없습니다.

그런데 은혜의 부자는 한 달 수입이 얼마가 되든지 행복합니다. 할렐루야!

디모데전서 6장 6절에 말씀하십니다.

"지족하는 마음이 있으면 경건이 큰 이익이 되느니라."

지족(知足)하는 자, 현재에 만족하는 자가 참 복이 있는 자입니다.

은혜의 부자는 궁궐에 살아도 감사하고 셋방에 살아도 감사하지만, 은혜가 없는 사람은 아무리 좋은 별장에 살아도 싸우게 되고 아무리 큰 집에서 살아도 감사가 없습니다.

최고로 복된 부자는 물질의 부자가 아니라 은혜의 부자임을 기억하시기 바랍니다.

사도 바울은 집 한 채 없는 사람이었습니다. 그러나 은혜의 부자이니 늘 기쁘고 만족한 삶을 살았습니다. 세상에서 최고 부자로 살았습니다.

우리 양곡의 가족들은 물질에도 부자가 되시되, 그 위의 부자인 은혜의 부자가 되시기를 바랍니다. 그래서 하나님의 영광을 위해 큰 일을 하시기 바랍니다.

늘 우리의 금과 은이 빛이 나고, 우리의 옷이 좀먹지 않고, 우리가 지나가는 자리에 은혜가 남고 하나님께 영광이 돌려지는 복된 부자들이 되시기를 축원합니다.

◀ 야고보서 5장 7-11절

인내와 축복

우리 격언에 "한시를 참으면 백날이 편하다"라는 말이 있습니다. 그리스에도 "한 시간을 참으면 10년의 행복이 된다"라는 격언이 있고, 터키에도 "인내는 낙원의 문을 열고 행복의 문을 연다"라는 격언이 있습니다. 영국에는 "인내는 모든 것을 가능하게 한다"라는 격언이 있습니다.

동서고금을 막론하고 사람이 사는 곳에서는 모두 인내를 보석처럼 귀히 여깁니다. 성급한 것은 좋은 것이 아닙니다. 급하게 서두르는 것은 좋은 것이 아닙니다.

어느 동네에 예쁜 딸을 둔, 성질 급한 어른이 있었습니다. 사윗감을 구하는데, 찾아오는 청년마다 한결같이 얼마나 느릿느릿한지 다 거절을 했습니다. 그 소식을 들은 한 지혜로운 청년이 노인이 냇가에 있을 때 물이 무릎 정도밖에 오지 않았지만, 바지도 걷어 올리지 않고 신발과 양말을 신은 채로 냇물을 다다다다닥 건넜습니다.

"아, 이 사람아. 어찌 양말도 신발도 벗지 않고, 옷도 걸어 올리지 않고 그냥 건너나?"

"아, 저는 성질이 급해서, 아, 저는 성질이 급해서 신발을 벗고, 양말을 벗고……못합니다. 못합니다."

그러니 노인이 "아이구, 자네, 내 마음에 드네" 하고는 그 청년을 사위로 삼았습니다. 그런데 결혼한 첫날밤에, 아직 닭도 울지 않았는데 사위가 자기 딸을 큰 소리로 구박하는 것이었습니다.

"이 불임 여자……."

노인이 사위에게 가서 물었습니다.

"여보게, 왜 그러나?"

"아니, 장인어른. 결혼을 했으면 아들을 낳아야 될 것 아닙니까? 결혼을 했는데 아들도 낳지 않고 딸도 낳지 않으니 제가 급해서 견디지 못하겠습니다."

그래서 그 사위가 장인어른의 급한 성격을 고쳤다고 합니다.

성격이 급하면 많은 것을 잃어버리게 됩니다. 인내가 얼마나 귀한지 모릅니다.

그래서 오늘 성경 본문 야고보서 5장 11절에 "보라 인내하는 자를 우리가 복되다 하나니"라고 말씀하시는 것입니다. 할렐루야! 하나님께서도 인내가 귀한 것을 인정하시는 것입니다.

여러분 중에서 내일 인내하지 않으면 손해 볼 사람이 많고, 모레 인내하지 않으면 부부 싸움하고 치고받을 사람이 있고, 또 수요일에 인내하지 않다가 회사에서 싸움판이 벌어져 손해 볼 사람이 있고, 목요일에 인내하지 않다가 잘된 일을 헛일로 만드는 사람이 있을지 몰라서 오늘 밤에 인내하라는 말씀을 주시는 줄로 믿습니다.

"그러므로 형제들아, 인내하라"고 야고보가 성령으로 말씀하시는 것입니다.

"믿지 않는 자, 악하게 살고 쾌락을 위해 돈을 쓰는 부한 자, 선한 일도 하지 않는 자는 잘되어도 결국 고생하게 되고, 녹이 슨 금과 은이 불같이 그들을 다 삼키니 그러므로 너희는 인내하라"고 말씀하셨는데, 이 말씀이 무슨 말씀입니까?

'행악하는 자, 믿지 않는 자들이 아무리 잘되고, 자기 꾀대로 이루어져도 그것 때문에 투기하지도 말고 원망하지도 말고 그냥 두라'는 말씀입니다.

'믿지 않는 자, 악하게 사는 자는 잘되고, 정직하고 의롭게 사는 자는 안 되는 그때에도 인내하라'는 것입니다.

시편 37편 1-2절에도 말씀하십니다.

"행악자를 인하여 불평하여 하지 말며 불의를 행하는 자를 투기하지 말지어다 저희는 풀과 같이 속히 베임을 볼 것이며 푸른 채소같이 쇠잔할 것임이로다."

여름과 가을에 밭의 채소들이 푸르러도 겨울의 추위가 오면 다 쇠잔해 망하듯이, 악한 부자들은 반짝해도 결국 그것이 다 쇠잔해진다는 것입니다.

시편 37편 10절에도 "잠시 후에 악인이 없어지리니 네가 그곳을 자세히 살필지라도 없으리로다"라고 말씀하십니다.

악인은 감옥에 가 있든지, 죽었든지, 망했든지 해서 결국 등불이 꺼져 있다는 것입니다. 그 등불이 오래가지 않는다는 것입니다. 그러니 악한 자가 한때 잘되는 것 때문에 투기도 하지 말고 불평도 하지 말고 원망도 하지 말고 인내하라는 것입니다.

악인은 그렇게 망하지만 오직 여호와를 기대하는 자는 땅을 차지하는 것입니다.

"대저 행악하는 자는 끊어질 것이나 여호와를 기대하는 자는 땅을 차지하리로다"(시 37:9).

결국 의인이 땅을 차지할 것이니 인내하라는 것입니다.

여러분, 여러분 주위에 의롭지도 않고 함부로 죄를 짓고 악하게 사는데도 잘되는 사람이 있지 않습니까?

'나는 이렇게 바로 살고 귀하게 살려고 애쓰는데도 안 되고 이상하다'라고 할 때도 있지만, 그래도 '그때도 인내하라'고 말씀하십니다.

왜입니까?

"네가 인내하지 못하고, 그 사람이 잘된다고 함께 행악하다가 잘못되면 어떻게 하겠느냐? 결국 그 사람이 망할 때 함께 망하니 막 사는 사람이 아무리 잘되어도 부러워하지 말고, 바로 사는 것이 힘들어도 낙심하지 말아라. 때가 되면 반드시 이루게 하리라."

이 말씀을 붙잡으시기 바랍니다.

그리고 내가 어떤 목표를 두고 열심히 사는데, 아무리 노력해도 발전되지 않고 성장하지 않고 되는 일이 없어도 낙심하면 안 됩니다. 인내해야 합니다.

한 고등학교 담임 선생님이 열심히 공부를 시키고 아이들도 열심히 했습니다. 그런데도 성적이 오르지 않으니 아이들이 용기를 잃고 고민했습니다.

'이렇게 공부해도 왜 안 되나?'

그래도 공부를 계속해야 합니다. 아무리 노력해도 성적이 올라가지 않는다고 노력하지 않으면 처지게 됩니다.

제 아들 성이도 고등학교에 다닐 때 아무리 공부해도 더 이상 성적이 올라가지 않으니 점심시간에 학교 옥상에 올라가서 얼마나 기도했는지 모른답니다.

"하나님! 아무리 공부해도 성적이 안 올라가요. 하나님! 어떻게 해야 하지요?"

그렇게 기도해도 성적이 올라가지 않았는데 막판에 올라갔습니다. 할렐루야!

그 학교의 선생님이 고민을 하는 아이들에게 이런 이야기를 해 주었습니다.

어느 청년이 "구하라 그러면 너희에게 주실 것이요 찾으라 그러면 찾을 것이요 문을 두드리라 그러면 너희에게 열릴 것이니"라는 말씀이 정말 말씀대로 되는지 실험해 보기 위해 왕궁에 가서 임금님께 아뢰었습니다.

"임금님이시여! 공주마마를 제 아내로 주세요."

다짜고짜로 구했습니다.

그러면 임금님이 "무엄하다!" 하며 왕궁 모독죄로 감옥에 집어넣을 수도 있는데, 그 임금님이 저처럼 선하고 인자한 사람이었나 봅니다. 임금님은 그 청년의 말에 하도 기가 막혀서 "그런가? 내 딸이 작년에 강에서 반지를 잃어버렸는데 그 반지를 찾아 주면 내 딸을 자네 아내로 주지"라고 말했습니다. 그래서 청년이 바로 강으로 가서 바가지로 물을 퍼내기 시작했습니다. 바가지로 강물을 푼들 물이 줄어들겠습니까마는 10일, 20일, 30일, 40일, 50일, 60일, 70일이 지나도록 계속 물을 퍼내었습니다. 물은 줄어들지 않았지만 물고기들이 불안해져서 회의를 열었습니다. 물고기들의 최고 연장자가 물었습니다.

"얘들아, 저 청년이 지난 겨울부터 봄이 다 되어 오는 지금까지 계속 물을 푸고 있는데 왜 저러는가?"

"예, 작년 이맘때 공주마마가 강에서 반지를 잃어버렸는데 그 반지 때문인 줄로 압니다."

"그래? 저 청년의 기세를 보면 필경 이 강물을 바닥내고 말 것 같다. 그러면 우리가 살 수 없으니 어서 반지를 찾아 주어라."

그래서 물고기들이 흙을 파헤쳐 공주가 잃어버린 반지를 청년에게 갖다 주었습니다. 청년이 물고기의 입에서 반지를 꺼내어 물고기에게 감사하고, 궁궐로 갔습니다. 임금님은 청년의 끈기에 감동하여 공주를 그에게 아내로 주었습니다.

이것은 누가 만든 이야기이지만, 불가능한 일 같아도 하면 된다는 교훈을 주는 이야기입니다.

선생님이 아이들에게 이 이야기를 들려준 다음 말했습니다.

"그러니 너희들, 성적이 아무리 올라가지 않아도 계속해서 공부해라. 그러면 된다."

정말입니다.

"안 되는 일 없단다 노력하면은 쨍 하고 해 뜰 날"이라는 노래도 있지 않습니까?

정말 계속해서, 계속해서 해 나가야 합니다. 이것은 중요한 것입니다.

기도도 마찬가지입니다. 기도 응답이 없어도 응답될 때까지 계속 기도해야 합니다.

떡을 달라고 기도했는데 돌멩이가 날아올 수 있습니다. 건강을 달라고 기도했는데 합병증이 올 수도 있습니다. 좋은 것을 구했는데 더 어렵게 되는 수도 있습니다. 기도 제목을 걸고 새벽기도를 하다가 교통사고를 당할 수도 있습니다. 그렇다고 기도하지 않으면 그 사람은 실패자가 되는 것입니다. 교통사고를 당하든, 돌멩이가 날아오든, 생선을 달라고 기도했는데 뱀이 오든 간에, 끝까지 나아가면 반드시 이기게 되고 응답을 받게 되는 것입니다.

야곱이 밤새껏 기도했습니다. 그러나 응답이 없었습니다. 오히려 하나님께서 그의 환도뼈를 치셔서 그가 다리를 절게 되었습니다. 그래도 그는 끝까지 포기하지 않았습니다. 기운이 빠지고 지쳤지만 끝까지 기도하니 하나님께서 응답해 주셨습니다.

그런데 하나님께서 응답해 주시려면 그냥 해 주시지, 왜 멀쩡한 사람의 다리를 치시고 환도뼈를 부러뜨려 절게 만드셨을까요? 우리가 '좋으신 하나님, 좋으신 하나님' 하는데 사실은 그렇지 않으신 분이 아닌가 하고 의심할 수도 있습니다. 기도하는 사람의 다리를 부러뜨린다면 누가 기도하겠습니까? 그런데 다리뼈도 아니고 환도뼈를 부러뜨리셔서 허리도 제대로 쓰지 못하게 만드셨으니 참 이상한 하나님이시라고 생각할 수도 있습니다.

그러나 여러분, 하나님의 은혜가 얼마나 고마운지 모릅니다. 만일 야곱이 형 에서를 만났을 때 건강한 몸이었다고 생각해 보십시오. 에서는 동생 야곱에게 20년 동안 칼을 갈았습니다.

'내 축복을 빼앗아 가서 잘된 놈! 내 축복을 빼앗아 간 놈! 내가 그를 죽이고 그 복을 뺏으리라.'

그래서 에서가 400명을 데리고 갔는데, 만일 야곱이 건강한 몸으로 "형님! 얼마나 오랜만입니까? 20년 만에 만나네요! 아, 제가 이렇게 잘되어 있습니다" 라고 했다면 화가 나서 야곱을 쳤을 것입니다. 그런데 야곱이 밤새도록 몸부림치며 기도했으니 기진맥진해서 초췌한 몰골에 옷은 이슬에 다 젖어 있었을 것입니다. 더구나 다리까지 절었으니 그의 모습을 본 에서의 마음이 어떠했겠습니까?

'야곱이 내 축복을 뺏어 가서 잘된 줄 알았더니 저렇게 불쌍하게 되었구나. 집을 떠나가서 고생을 많이 한 모양이구나.'

자기보다 더 잘되면 시기하게 되지만 자기보다 못하면 불쌍한 마음이 드는 것이 사람입니다. 에서가 야곱을 보니 얼굴에 고생한 흔적이 역력하고, 다리까지 저니 "내 동생아, 어쩌다가 이렇게 되었니?"라며 살려 준 것입니다. 만일 야곱이 건강한 모습으로 걸어갔다면 에서에게 죽었을지도 모릅니다. 하나님께서 야곱을 살리시려고 그의 환도뼈를 치신 줄로 믿습니다.

우리가 기도하는데 불행한 일이 오고, 기도하는데 일이 잘못되어도, 그것도 하나님께서 허락하신 일임을 믿으시기 바랍니다. 그것이 우리에게 필요하기 때문에 하나님께서 주신 것입니다. 그것 때문에 더 좋은 일이 있게 될 것을 믿으시기 바랍니다.

"하나님! 배고파요, 떡을 주세요"라고 기도하는데 떡이 오지 않고 돌이 날아와 나를 쳐도 불평하지 않고 계속 기도하면, 어느 땐가 그 돌이 황금이 되어 있을 것이라고 믿으시기 바랍니다. 생선을 달라고 했는데 뱀이 와도 계속 기도하면, 모세가 뱀을 집으니 지팡이가 되어 홍해를 가른 것처럼 그 뱀이 하나님의 지팡이가 될 줄로 믿으시기 바랍니다.

낙심하지 않아야 합니다.

"낙심 말며 실망치 말라. 낙심 말며 실망치 말라. 실망치 말라"
(복음성가).

누가복음 18장에도, 항상 기도하고 낙망치 말 것을 예수님께서 말씀하셨습니다.

우리 중에 아무리 기도해도 응답이 없어서 '기도를 그만 할까?' 하는 사람 있을지도 모르는데, 기도를 그만두면 마귀의 밥이 되는 것입니다. 기도의 쟁기를 잡았으면 뒤를 돌아보지 않아야 합니다. 끝까지, 응답 받을 때까지 나아가야 합니다.

엘리야가 하나님의 축복의 빗소리를 들었지만, 하늘에는 구름 한 점 없었습니다. 그러나 기도했습니다. 구름이 한 점도 없는데 한 번, 두 번, 세 번, 네 번, 다섯 번, 여섯 번 기도했습니다. 그래도 구름이 한 점 떠오르지 않았지만, 일곱 번째, 끝까지 기도하니 구름이 떠오르고 축복의 비가 내렸습니다.

나아만 장군이 요단 강물에 한 번, 두 번, 세 번, 네 번, 다섯 번, 여섯 번 목욕해도 나병이 낫지 않았지만 마지막 일곱 번째에 낫게 되었습니다.

모든 것이 마찬가지입니다. 마지막까지 나아가는 자가 이기게 됩니다.

순종도 마찬가지입니다. 우리가 주일을 지키고 십일조를 드리고 정직하게 살아도 형편이 나아지지 않을 수 있습니다. 그래도 계속하면 되는 것입니다.

아이젠하워 대통령의 부모는 너무나 가난해서 머슴같이 살았습니다. 교회 청소를 하며 교회를 위해 충성했지만 여전히 가난했습니다. 그러나 그 아들 대에서 대통령이 나오고, 대학 총장이 나와 집안이 형통하게 된 것처럼 하나님께서는 반드시 심은 대로 거두게 하십니다.

서울 근처 광명시의 한 장로님이 목욕탕을 개업했습니다.

목욕탕을 개업하면 주일에도 문을 열어야 합니다. 목욕탕에는 주일에 손님이 제일 많이 오기 때문입니다. 손님들이 주일에는 평소의 세 배로 온답니다.

그 목사님께서 '장로님이 목욕탕을 경영하는데 주일에 문을 열면 주일에 장사를 한다고 사람들이 욕을 할 것 아닌가? 어떻게 하지?' 하고 고민하다가 장로님에게 신신당부를 했습니다.

"장로님은 교회의 기둥이십니다. 목욕탕은 주일에 손님이 제일 많이 오는 것을 알지만 주일을 잘 지키세요."

장로님이 결단하고 주일날 문을 닫았습니다. 그래서 목욕탕이 잘되었을까요, 안 되었을까요? 안 되었습니다. 주일에 문을 닫으니 결국 손님이 자꾸 떨어져 수도세도 내지 못하게 되었습니다. 그래서 장로님이 하나님께 이렇게 기도했습니다.

"하나님! 말씀대로 주일을 지켰는데 이렇게 장사가 안 되어서 망하게 되었습니다. 수도세도 내지 못하게 되었습니다. 어떻게 해요? 하나님! 주일을 지키면 복을 주신다고 하셨는데, 이게 무슨 복이에요? 망하는 복이에요?"

따라 합시다. "따질 것은 따져야 한다."

하나님께도 따질 것은 따져야 됩니다.

그때 하나님께서 이런 감동을 주셨습니다.

"애야, 수돗물을 쓰니 수도세가 나오지, 지하수를 파 봐라. 그러면 전기세만 내면 되지 않니? 뭐 하려고 비싼 수돗물을 쓰느냐? 지하수를 파 봐라."

그래서 지하수를 파기 시작했는데 150미터를 파내려 가니 이상한 냄새가 나는 물이 확 솟아났습니다. 유황 온천이었습니다. 그래서 주일에 문을 닫아도 장로님이 떼부자가 되었답니다.

뜨끈뜨끈한 물이 그냥 올라오니 전기세도 들지 않지요, 연료도

들지 않지요, 물세도 내지 않지요, 노다지가 아닙니까? 온천에 가려면 멀리 가야 되는데, 시내의 한복판에 온천이 있으니 사람들도 좋고 장로님도 좋습니다. 누이 좋고 매부 좋고, 도랑 치고 가재 잡고, 서로 좋은 것입니다.

그리고 사람들이 '아, 저 목욕탕은 장로님이 하는 것이라 주일에는 문을 닫는다' 라고 하니 얼마나 좋습니까?

낙심하지 않고 순종하며 나아가면 하나님께서 이루어 주십니다.

특별히 오늘 본문에는 "서로 원망하지 말라"(약 5:9)고 말씀하십니다.

서로 간에 원망하지 말아야 합니다.

저는 미국에 있는 제 동생인 지용덕 목사님을 참 사랑합니다. 지용덕 목사님은 제가 이 세상에서 가장 사랑하는 사람들 중 한 사람입니다. 그런데 오래전에 어떤 일로 마구 책망하고 꾸중한 적이 있습니다. 그리고 미국에 가서도 한 번 책망한 적이 있습니다. 제가 귀한 목사님들을 모시고 미국의 우리 교회에 갔는데 교회 앞에 휴지가 얼마나 많은지, 손님들이 계신 데서 "이게 뭐냐? 이게 뭐냐?" 하고 동생을 나무랐더니 동생의 얼굴이 좋지 않았습니다. 곧 제가 후회했습니다. 미국 교회에 사무직원이 한 명 있습니까, 비서가 있습니까? 혼자서 교회 일을 다 하니 청소할 시간이 있겠습니까? 형님이 되어서 직원 한 사람, 비서 한 사람도 지원해 주지 못하는 주제에 나무라기만 했으니 말입니다. 또 청소를 해 놓아도 바람이 불면 곧 종이가 날아오는데 말입니다.

지금도 그때 일을 생각하면 마음이 아픕니다. 그래서 그 후부터는 동생이 보지 않을 때는 제가 청소를 하고, 어쨌든 "잘한다, 잘한다"라고 합니다. 그러니 동생 목사님이 얼마나 신바람 나게 목회를 하는지 모릅니다.

원망할 일이 있어도 원망하면 상처가 되니 인내해야 합니다.

아내가 잘못해도 원망하지 말고 축복해 주고 인내해야 합니다. 아내가 잘못하면 인내하고, 잘하면 칭찬해 주시기를 바랍니다.

오늘 여러분이 나가실 때 제 아내의 얼굴을 한번 보십시오. 저는 아내를 볼 때마다 신비롭습니다. 제가 아내에게 "목사 아내가 그러면 되느냐?"라고 할 때는 아내가 할머니 같았습니다. 그래서 어디 가면 "누님이세요? 누님이세요?"라는 말을 들었습니다. 심지어 미국의 한 가방 가게 주인은 아내를 보더니 저에게 "큰아드님이세요?"라고 했습니다. 그러나 지금은 어디를 가 보세요. 얼마나 제 아내가 젊은지 제가 아내에게 열등감을 느낄 정도입니다. 저는 나이가 많아 보이고 아내는 젊어 보여서 제가 나이 많은 오빠 같습니다.

제가 아내를 타박할 때는 아내가 겉늙더니, 아내에게 잘하고 칭찬하니 아내가 얼마나 피어나는지 모릅니다. 물론 아내가 다 잘하겠습니까? 잘못할 때도 있지만 그럴 때는 제가 참습니다. 그러니 저렇게 피어나는 것입니다.

영국의 유명한 세계적인 사전 학자 토마스 쿠퍼 이야기를 아시지요? 그는 집념이 대단한 사람이었습니다. 그는 세계 최고의 사전을 만들기 위해 8년간 서재에 틀어박혀 원고를 거의 다 완성했습니다. 그런데 그 아내는 불만이 많았습니다. 왜냐하면 그 사전을 만든다고 남편이 자기를 돌아보지 않았기 때문입니다.

여러분, 남자들은 일에 살지만 여자들은 사랑에 삽니다. 그러니 남편들은 아내를 가끔 쳐다보고 관심을 베풀어 주어야 합니다. 남자들이여, 조심하시기 바랍니다. 여자가 한을 품으면 오뉴월에 서리가 내린다고 하지 않습니까?

쿠퍼가 8년 동안 사전 만드는 일만 하니 그의 아내가 무척 화가 났습니다.

'그러면 결혼을 하지 말지. 혼자 살면서 사전을 만들지 왜 결혼해서 나를 이렇게 집에 처박아 놓아! 내가 사전보다 못한가?'

여러분, 아내가 회사보다 더 귀해야 합니다. '여보, 우리 회사보다 내게는 당신이 더 귀해' 라는 마음만 가지면 안 됩니다. 그 마음을 아내에게 말로 표현해야 합니다. 제가 옛날에는 바보처럼 교회만 위해서 일하고 아내하고는 싸움만 했는데, 아내와 싸움하고 교회에 와서 웃으며 설교할 수 있습니까? 지금은 제가 태도를 바꾸었습니다.

그런데 토마스 쿠퍼는 그만 한쪽에 너무 치우쳐 계속 사전 만드는 일에만 빠져 아내도 돌보지 않았습니다. 거기에 화가 난 아내는 토마스 쿠퍼가 잠깐 외출한 사이에 8년간 쌓아 놓은, 8년간 만들어 놓은 자료를 난롯불에 다 태워 버렸습니다.

'이놈 때문에 내 남편이 내게 관심이 없다. 이놈 때문에 내 남편이 나를 돌아보지 않는다.'

오후에 쿠퍼가 집에 돌아와서 보니 책상에 쌓아 놓은, 거의 완성된 사전 자료가 없어졌습니다.

"여보! 자료를 어디에 치웠소?"

아내가 난로를 가리켰습니다. 난로 뚜껑을 여니 잿더미가 다 되어 있었습니다.

"어찌 이랬소? 어찌 이랬소?"

"당신이 사전을 만들다가 한평생을 다 보낼 것 같아서 내가 당신을 위해 사전 자료를 다 태웠어요."

쿠퍼는 한숨을 푹 쉬며 말했습니다.

"다이아나! 정말 내가 사전만 만들다가 인생을 다 보냈으면 하오? 내가 이 사전 자료를 만든다고 8년이 걸렸는데 다 태워 버리면 어떻게 하오?"

그러나 그는 더 이상 아내를 원망하지 않고 서재에 올라가 다시 일을 시작했습니다. 또 8년 걸려 16년 만에 33,000개의 단어가 수록된 최고의 사전을 만들어 냈습니다.

얼마나 위대한 사람입니까? 8년 걸려 만든 자료를 잿더미로 만들어도 그 아내만 원망하고 있지 않았습니다. 인내하고 자기를 지켰습니다. 그러니 그 큰 일을 해낸 것입니다.

서로 원망하지 않고 인내해야 합니다.

형제 간에, 부부 간에도 원망하면 안 됩니다. 원망할 일이 있어도 인내해야 합니다. 부모 자녀 간에, 고부 간에도 인내해야 합니다. 고어와 부시가 서로 맞서 있을 때 '고부 간의 갈등'이라는 말이 있었습니다. 고부 간의 갈등은 영원한 갈등이라고도 하는데, 그래도 시어머니와 며느리가 서로 원망하지 않고 인내하고 나아가면 거기에 천국이 있는 것입니다.

그리고 오늘 본문에 "하나님의 이름으로 예언한 자들이 얼마나 많은 고난을 받았느냐? 그래도 인내했지 않느냐?"라고 말씀하십니다.

예레미야 같은 선지자는 토굴에 갇히기도 하고 굶기도 하고, 얼마나 많은 고생을 했습니까? 그래도 인내했습니다.

특별히 "욥을 보아라. 욥이 얼마나 인내해서 복을 받았느냐?" 라고 말씀하시며 제일 좋은 예로 우리에게 욥을 보여 주십니다.

욥은 악을 떠난 사람으로 동방의 의인입니다. 하나님께서 선하고 의로운 욥에게 복을 주셨습니다. 그의 집에는 양이 7천 마리, 약대가 3천 마리, 소가 500마리, 암나귀가 500마리나 있었고, 많은 종들을 있었습니다. 그리고 아들 일곱과 딸 셋이 그 지역 최고의 성공자로 존경을 받으며 다 귀하게 왕처럼 살았습니다.

그런데 마귀가 시샘해서 – 물론 하나님의 허락은 받았지만 – 하루아침에 그 재산을 다 없애고 10남매를 다 죽게 했습니다.

그의 10남매는 생일을 맞을 때마다 서로 사랑을 나누고 즐거워했습니다. 그날은 큰아들의 생일이라 10남매가 모여 포도주를 마시며 즐거워하는데 마귀가 바람을 일으키니 집이 무너져 열 명이 다 죽은 것입니다.

가족 중 한 사람만 죽어도 몇 달 동안 휘청거리게 되는데, 아들 일곱과 딸 셋이 하루아침에 다 죽고 재산을 다 잃었습니다. 그래도 욥은 참았습니다. 아내가 자기를 저주하고 집을 떠났습니다. 그래도 욥은 참았습니다. 죄를 지어서 그렇게 되었다면 차라리 마음이 편할 텐데, 그는 악을 떠났습니다. 그런데 자식도 망하고, 재산도 망하고, 아내도 떠나갔으니 어땠겠습니까? 더구나 자기 몸에 병이 와 기왓장으로 몸을 긁어서 피 고름이 흐르니 얼마나 비참합니까? 친구들은 와서 "너, 죄가 있어서 그렇지? 숨은 죄가 있어서 그렇지? 하나님께서는 의인은 그렇게 망하게 하지 않으신다"라며 비난했습니다. 정말 미칠 환경이지만 그래도 욥은 하나님을 원망하지 않았습니다.

"주신 자도 여호와시요 취하신 자도 여호와시오니 여호와의 이름이 찬송을 받으실지니이다" (욥 1:21)라고 고백했습니다. 그리고 욥기 13장 15절을 영어 성경으로 보면, "하나님께서 설혹 저를 죽이셔서 제 소망이 다 끝날지라도 저는 하나님 앞으로 엎어지고 제 희망은 하나님 가슴에 둡니다"라고 되어 있습니다. 이것은 '이제 남은 것은 내 생명뿐인데 내 생명을 끊어 보세요. 그래도 나는 하나님을 떠나지 않아요'라는 뜻입니다.

하나님께서 그런 욥을 어떻게 하셨습니까?

새장가를 들게 하셨습니다. 그리고 아들 일곱과 딸 셋을 낳게 하셨는데, 그 딸들은 그 당시 세계의 어느 딸들보다 아름답다고 했습니다. 그리고 양을 만 4천 마리, 약대를 6천 마리, 소를 천 마리, 암나귀를 천 마리 주셨습니다. 재산을 갑절로 주신 것입니다. 그리고는 그 후 140년간 건강하게 살면서 복을 누리게 하셨습니다.

만일 욥이 그 어려움을 당할 때 "하나님을 믿는데 이렇게 망할 수 있나? 하나님은 무엇 하시는 거야?"라고 했다면 모든 것을 다 잃어버렸을 텐데, 인내하니 다 얻은 것입니다.

러시아 격언에 "병사여! 참으라, 곧 장군이 된다"라는 말이 있습니다.

언제 어디에서나, 교회 안에서도 참아야 됩니다.

미국 로스앤젤레스에 교인이 2천 명 되는 한 교회가 있습니다. 그 교회의 한 권사님이 새신자가 까부는 것을 보았습니다. 같은 성가대원인 새신자가 까부니 권사님이 "당신, 하는 일이 마음에 안 들어"라고 했는데 그 젊은 새신자가 너무 심하게 대들었습니다. 그 바람에 화가 난 권사님이 그만 새신자의 뺨을 때렸습니다. 그러니 그 새신자도 맞받아 권사님의 뺨을 때렸습니다. 누가 손해를 보았겠습니까? 권사님이 손해를 보았습니다.

아무리 상대가 심해도 참아야 합니다. 참는 자에게 복이 오는 것입니다. 그리고 우리가 인내하는 것과 세상 사람이 인내하는 것은 차원이 다릅니다.

세상 사람은 그냥 참습니다. 남편에게 참고, 시어머니에게 참고, 자식에게 참습니다. 속이 끓어 올라도 그냥 참는 것입니다. 그러다가는 화병으로 죽을 수도 있습니다.

하지만 우리는 그렇지 않습니다. 우리가 참는 것에는 상이 있습니다. 우리가 참는 것을 주님께서 보십니다. 남편에게 참는 것, 아내에게 참는 것, 어머니에게 참는 것, 교우에게 참는 것, 기도하며 인내하는 것, 순종하며 인내하는 것, 모든 일에 인내하는 것을 우리 주님께서 다 보시고 갚아 주십니다.

우리가 인내하는 대로 우리에게 상이 따라옵니다. 그러니 얼마나 좋습니까?

우리 주님께서 말씀하십니다.

"인내하라, 원망하지 말라. 주의 강림이 가깝다."

그때 주님께서 "야, 잘 참았다. 그래, 양곡교회에서 화나는 일이 있을 때도 네가 잘 참았구나. 그래, 네 시어머니를 내가 아는데 그 시어머니를 네가 잘 모셨구나"라고 하시며 상을 내려 주시는 것입니다.

우리는 혼자 걸어가는 외로운 나그네가 아닙니다.

우리가 흘리는 눈물은 아무도 알아주는 사람이 없는 헛된 눈물이 아닙니다.

우리의 인내, 우리의 수고, 우리의 충성, 우리의 봉사는 헛된 것이 하나도 없습니다. 주님께서 다 계산하고 계십니다.

지용수가 아무리 애써도 여러분은 저를 다 모릅니다. 그러나 하나님께서는 아십니다.
 여러분이 아무리 충성해도 저는 여러분을 다 모릅니다. 그러나 하나님께서는 아십니다.
 주님 앞에서 인내하는 자가 땅에서도 복 있고 하늘에서도 복 있는 줄로 믿습니다.

야고보서 5장 12절 <small>야고보서 강해</small>

맹세하지 말라

　　우리는 주일 낮에도 예배드리러 오고, 밤에도 예배드리러 오고, 삼일에도 예배드리러 옵니다. 열심 있는 성도들은 매일 새벽에도 오고, 릴레이 기도하러 또 오고, 금요일 밤에는 심야 기도하러 또 옵니다. 그리고 구역 예배도 드립니다. 그러다 보면 때때로 '교회에 너무 자주 오는 것이 아닌가? 이렇게 시간을 써도 되나?' 라는 생각이 들 수도 있습니다.

　　그런데 우리 주님께서는 이것으로 부족하다고 하십니다. 우리 주님께서는 우리가 사랑스러워 이따금 만나는 것이 아니라 언제나, 우리가 잠잘 때도 우리 옆에 계시기를 원하십니다.

　　"예수께서 우리를 위하여 죽으사 우리로 하여금 깨든지 자든지 자기와 함께 살게 하려 하셨느니라"(살전 5:10). 할렐루야!

　　요한복음 14장 18절에도 "내가 너희를 고아와 같이 버려두지 아니하고" 라고 말씀하십니다.

예수님께서는 승천하셔서 하나님 우편에 앉아 계시지만, 성령으로 오실 것을 일찍이 말씀하셨습니다. 요한복음 14장 20절에 "그날에는 내가 아버지 안에, 너희가 내 안에, 내가 너희 안에 있는 것을 너희가 알리라"고 말씀하셨습니다.

여러분과 저는 우리 안에 주님께서 계신 것을 압니다. 우리 안에 계시는 주님께서, 우리의 과거를 다 아시는 주님께서 우리의 허물은 덮어 주시고 죄는 다 씻어 주시며, 현재도 우리 속에 계셔서 "두려워 말라, 내가 너와 함께한다"라고 말씀하십니다. 또 우리는 앞으로 어떤 일을 당할지 모르지만 모든 것을 아시는 우리 주님께서는 말씀을 주셔서 우리의 미래를 인도해 주시는 것입니다. 할렐루야!

한 왕이 술에 조금 취한데다 피곤하고 잠이 와서 잠자리에 들었는데 충성된 신하가 헐레벌떡 달려와서 말했습니다.

"급한 전갈이니 이 글을 읽으시옵소서."

그리고 신하가 물러갔습니다.

왕이 술도 취했고 잠도 오니 '뭐 그리 숨넘어갈 만한 급한 일이 있겠나? 내일 아침에 뜯어 보자'라고 생각하고 편지를 뜯어 보지 않고 잤습니다.

그날 밤에 왕은 자객의 칼에 암살을 당했습니다. 왕의 곁에 있는 한 신하가 그 편지를 읽어 보니 "폐하! 폐하께 감정이 좋지 않은 자들이 음모를 꾸며서 오늘 자객을 보내어 폐하를 해치려 하니 조심하시고 각별히 주의하세요"라는 편지였습니다.

그날 밤에 읽었으면 화를 당하지 않았을 텐데, 읽지 않아서 죽었습니다.

하나님께서는 그 충성스러운 신하보다 우리의 앞길을 더 잘 아시기 때문에, 주일 낮에는 그때 필요한 말씀을, 또 밤에는 그때 필요한 말씀을 주시는 것입니다. 할렐루야!

오늘은 우리에게 본문 말씀이 필요한 것을 아시고 성령께서 야고보를 통해 말씀을 전해 주십니다.

"내 형제들아 무엇보다도 맹세하지 말지니 하늘로나 땅으로나 아무 다른 것으로도 맹세하지 말고 오직 너희의 그렇다 하는 것은 그렇다 하고 아니라 하는 것은 아니라 하여 죄 정함을 면하라"(약 5:12)고 말씀하십니다.

그러면 맹세하지 말라는 말씀은 결혼식할 때도 맹세하지 말고, 안수식할 때도 맹세하지 말고, 세례식할 때도 맹세하지 말라는 것입니까? 아닙니다.

성경은 한 구절만 붙잡고 해석하면 잘못될 수 있습니다. 한 절 말씀의 뜻이 아무리 분명해도 성경 전체의 눈으로 보아야 건전한 해석이 되는 것을 기억하시기 바랍니다. 이단자들, 사이비 종교자들은 창세기부터 요한계시록까지 성경 전체를 보지 않습니다. 어느 한 부분만 붙드니 이단이 되는 것입니다. 성경 전체를 통해서 한 절 한 절을 보아야 건전한 해석이 나오고, 진리가 진리 되는 것입니다.

그러면 성경 전체에서 보는 오늘 본문의 뜻은 무엇입니까?

맹세를 하면 안 되는 것입니까? 아닙니다.

맹세는 하라고 하나님께서 가르쳐 주셨습니다. 중요한 일을 앞두었을 때, 맹세가 필요할 때는 맹세하라고 가르쳐 주셨습니다.

그 예가 출애굽기 22장 10-11절에 나와 있습니다.

여행을 가게 되어 소나 양을 먹일 사람이 없으면 며칠간 이웃

집에 소나 양들을 맡깁니다. 여러분도 그렇지 않습니까?

개 한 마리를 기르다 미국에 갈 일이 생겼는데 데리고 갈 수 없어서 아는 집에 맡기고 갔습니다. 그런데 여행을 갔다 와 보니, 그 집에서 개를 잡아먹었습니다. 그리고는 "개가 미쳐서 집을 나갔어요"라고 하면 어떻게 하겠습니까? 여러분, 개를 사랑하는 사람은 개가 개로 보이지만 개를 좋아하는 사람은 보신탕으로 보이는 법입니다.

소나 나귀나 양이나 염소, 다른 짐승들을 맡기고 여행을 갔다 오니, 소가 두 마리 없어지고 양이 몇 마리 없어졌으면 황당하지 않겠습니까? 나는 그 사람을 믿고 그 사람은 나를 믿는 친한 사이라서 맡겼는데 없어졌으면 황당하지 않겠습니까? 그러나 정말로 그 소가 병들어서 죽었거나 자기 발로 집을 나갔거나 혹은 도둑이 와서 몰고 갔을 수도 있습니다. 그런 어려운 때는 하나님 이름으로 맹세하라고 하나님께서 말씀하십니다.

"형제여, 대단히 미안하오. 그러나 내가 그 소를 잡아먹은 것도 아니고 내가 그 소를 팔아먹은 것도 아닙니다. 도둑이 훔쳐갔습니다. 절대로 내가 잡아먹지 않았습니다. 하나님 앞에 맹세합니다."

"나귀 두 마리가 없어진 것이 도둑이 훔쳐 갔는지 자기 발로 나갔는지는 모르지만 절대로 내가 그러지 않았습니다. 하나님 앞에 맹세합니다."

이렇게 맹세하면 배상을 하지 않습니다. 그리고 그 짐승의 주인도 마음이 아프지만 '하나님 앞에 맹세하는데……' 하고 위로받고 가는 것입니다.

다음 예는 민수기 5장 11-28절까지에서 볼 수 있습니다.

부부생활을 하는데 낌새가 좋지 않을 수 있습니다.

남편이 아내를 볼 때 전과 다르고 아내가 남편을 볼 때 전과 다릅니다.

여러분, 그럴 때가 있을 수 있습니다. 평소에 선물 하나 사 오지 않던 남편이 어느 날 "여보, 선물" 하면, 그것은 수상합니다. 무언가 미안한 일이 있어서 가지고 온 것일 수도 있습니다. 물론 설교를 듣고 은혜를 받아서 사 가지고 온 것이라면 좋은데, 그렇지 않다면 무언가 아내에게 미안한 것이 있어 보상 심리로 가지고 온 것일 수 있습니다. 이 설교를 듣고 선물을 사온 남편에게 "뒷조사해 봅시다"라고 하면 안 됩니다.

어쨌든 느낌이 있지 않습니까? 아내가 의심스러우면 무언가 있는 것입니다. 물론 의처증이 있는 남자, 병적인 남자는 가을밤에 바람이 불고 낙엽이 우수수 떨어지는 소리만 들려도 "여보, 일어나, 당신 애인이 온다"라고 한답니다. 그런 특별한 사람도 있지만, 정상적인 남편이 아내를 의심할 때는 무언가 이상한 것입니다. 화장을 하지 않던 여자가 화장을 진하게 하고, 향수를 사용하지 않던 여자가 향수를 뿌리고, 거울 앞에서 야단을 하고, 평소에 하지 않던 행동을 하면 이상한 것입니다.

'저 여자가 아무래도 좀 다른데……. 애인이 있는가 봐. 어떤 남자랑 지내는 것 같은데…….'

그런 경우에는 그 아내를 제사장에게 데리고 가라고 하나님께서 명령하셨습니다.

"제사장님, 제 아내가 필연 다른 남자와 동침했습니다. 자기는 그렇지 않다고 잡아떼지만, 분명히 동침했습니다."

그때 아내가 "억울합니다. 제사장님. 억울합니다. 제사장님" 하고 하소연하면 제사장이 의심의 소제를 하나님께 드립니다. 자기를 돌아보는 제사를 드리게 하고 토기, 흙으로 만든 그릇에 거룩한 물을 붓고 거기에 성전의 티끌을 쓸어 담아서 넣습니다. 그리고는 여자의 머리를 다 풀게 한 다음 하나님 앞에서 맹세하게 합니다.

"내가 하나님 앞에서 맹세합니다. 결코 나는 내 남편 외에 다른 남자와 동침한 적이 없습니다. 만일 내가 다른 남자와 동침했다면 저주를 받겠습니다."

이렇게 맹세한 것을 제사장이 두루마리에 붓으로 글을 쓴 후 그 글을 토기에 담긴 물에 빱니다. 그리고 그 먹물과 티끌이 뒤범벅된 물을 여자에게 마시게 합니다.

하나님의 딸들이여, 잘 들으시기 바랍니다. 의심만 받아도 먹물, 먼지 물을 마셔야 되는 것입니다. 그러니 우리는 의심받을 짓을 하면 안 됩니다.

호텔의 10층에서 혼자 엘리베이터를 타고 내려오는데 4층에서 예쁜 여자가 타면 어떻게 해야 됩니까? 그 엘리베이터가 로비에 도착해서 한 남자가 내리고 다음에 예쁜 여자가 내리면 의심받을 일입니까, 아닙니까? 의심받을 일입니다. 그래서 저는 목사님들에게 강의할 때, 혼자 엘리베이터를 타고 내려오는데(두 사람 이상 같이 있을 때는 괜찮지만), 여자가 혼자 타거든 내렸다가 다음에 타라고 합니다. 조심해야 합니다.

얼마 전 이른 아침에 인터내셔널 호텔에서 도지사님과 예배를 드렸습니다. 만일 그때 제가 혼자 엘리베이터를 타고 내려오는데 예쁜 아가씨가 타서 로비에서 함께 내렸다고 합시다. 마침 그때 저를 원수처럼 생각하는 사람이 있어서 그 모습을 사진 찍어 가지고 양곡교회 앞과 조선일보에 크게 '지용수 목사 스캔들' 하고 내

놓았다고 합시다. 그러면 사람들이 아마 그 사진을 보고 그 내용을 믿을 것입니다.

어쨌든 조심해야 됩니다. 의심을 받아도 안 되는 것입니다.

그래서 우리 교회 직원들은 세 사람 이상이 아니면 이성 간의 모임은 절대로 갖지 않습니다. 만일 두 사람이 따로 만났다면 그 날로 사표를 쓰게 되어 있습니다. 의심받을 일이 있으면 안 되기 때문입니다.

그런데 남편에게 의심받은 여자가 그 물을 마실 때 제사장이 이렇게 말합니다.

"네가 깨끗하면 괜찮겠지만 다른 남자와 동침했는데 거짓 맹세했으면 이 물이 네 창자에 들어가는 순간 배가 부어오르고 네 넓적다리가 떨어져 죽을 것이다. 그러나 네가 깨끗했다면 위로로 아기를 잉태하리라."

그 먹물을 마시면 거짓말로 맹세한 여자는 정말로 배가 부어올라 죽습니다. 그러나 깨끗한 여자, 억울하게 의심받은 여자는 하나님께서 위로하셔서 아기를 잉태케 하십니다.

이렇게 죽고 사는 것이 달렸을 때는 맹세하라고 하십니다.

우리 예수님께서도 맹세에 응하셨습니다. 마태복음 26장 63-64절에 보면 대제사장이 예수님께 맹세하게 합니다.

"당신이 하나님 앞에서 맹세하라. 정말 당신이 하나님의 아들 그리스도냐?"

그때 예수님께서 "그렇다, 네가 말한 대로 나는 그리스도다, 하나님의 아들이다"라고 맹세에 응하셨습니다.

맹세하는 것은 그 말에 무게를 있게 하는 것입니다.

장로로, 안수집사로 안수 받아도 교회가 항상 좋은 것만은 아닙니다. 부부 간에도 싫어서 다툴 때가 있는데, 한 사람도 마음에 맞지 않아 다툴 때가 있는데, 이렇게 많은 사람들이 모인 교회가 어떻게 내 마음에 항상 들 수 있겠습니까? 우리가 예수님을 잠시 믿고 마는 것이 아니고 죽을 때까지 믿는데, 그러다 보면 왠지 교회가 싫어지고 미울 때도 있지 않겠습니까? 교회가 하는 일이 마음에 들지 않을 때도 있지 않겠습니까? 그럴 때 '내가 우리 교회에서 안수 받을 때 충성하기로 서약했는데……' 하는 이것이 마음을 붙잡아 줍니다. 또 꾸준히 충성하다 보면 '아하! 그래서 그랬구나, 그때 내가 오해했네' 라고 깨닫게 됩니다. 그래서 갈등이 없어지고 승리하게 되는 것입니다.

그러나 약속을 잊어버린 사람은 기분이 나쁘면 기분대로 떠다니다가 부평초가 되고, 불쌍한 사람이 되고 맙니다.

그래서 우리는 결혼 서약, 안수식 서약, 이런 서약을 항상 기억하고 그 맹세를 지켜야 되는 것입니다.

그러면 "맹세하지 말라"는 말씀은 무슨 뜻입니까?

맹세하지 않아도, 하늘을 두고 맹세하지 않아도 자기가 한 말은 지키라는 것입니다. 평소에 진실하게 말하라는 것입니다.

이스라엘 백성은 하나님의 이름을 두고는 맹세하지 않았지만, 하늘을 두고, 땅을 두고, 자기 머리를 두고, 예루살렘을 두고 맹세를 많이 했습니다. 그리고는 지키지 않았습니다.

하지만 하나님의 이름을 걸면 그 약속을 지켰습니다. 왜입니까? 벌 받을까 봐서입니다. 그러나 하늘을 걸고, 땅을 걸고, 자기 머리를 걸고, 또 예루살렘을 걸고 한 약속은 지키지 않았습니다. 그래서 당시 유대인들은 맹세하고서도 그 맹세를 지키지 않기로 유명했습니다. 약속을 지키지 않기로 악명이 높았습니다.

우리 한국 사람들은 무엇으로 맹세합니까?

"내가 약속하지. 그렇지 않으면 내 손에 장을 지질게."

이런 말을 많이 합니다. 그런데 이렇게 말해 놓고 약속을 어겨도 손에 장을 지지는 사람을 보지 못했습니다. 누구든지 그런 맹세를 하거든 믿지 마시기 바랍니다. 사람들은 지키지도 않을 말을 이렇게 하는 것입니다.

오늘 본문의 내용은 맹세를 지키지 않는 값싼 사람이 되지 말고, 또 맹세나 약속을 하지 않았어도 말한 대로 지키는 진실한 사람이 되라는 말씀입니다. 이것이 오늘 본문의 굵은(main) 교훈, 중요한 교훈입니다.

저는 다윗을 많이 연구하고 생각하는데, 다윗은 연구하고 공부할수록 매력 있는 사람입니다.

사무엘하 19장에 보면, 다윗이 바르실래에게 은혜를 갚습니다. 바르실래가 누구입니까? 길르앗의 거부로 다윗이 피난 갔을 때 다윗의 일행과 군사를 다 먹인 부자입니다. 만일 바르실래가 양식을 대주지 않았으면 다윗의 일행과 군사들이 굶어 죽었을 것입니다. 그러니 다윗은 바르실래 덕분에 전쟁에 이긴 것이나 다름없습니다. 전쟁이 끝나고 다윗이 다시 궁궐로 돌아갈 때 바르실래가 작별 인사를 하러 옵니다. 그때 다윗이 말합니다.

"바르실래, 나와 함께 궁궐로 가자. 내가 자네를 공궤하겠네."

그때 바르실래가 뭐라고 합니까?

"왕이여, 말씀은 고맙지만 제 나이 팔십인데 무슨 음식의 맛을 알겠으며, 여자 남자의 노랫소리를 어떻게 알아듣겠습니까? 그저 제 조상들이 묻힌 산소 옆에나 묻히기를 원합니다. 이 고향에서 살다가 죽게 해 주세요. 다만 제 아들 김함이 있으니 그를 데려가서서 왕의 처분대로 행하소서."

"그래, 그러면 그렇게 하겠네. 김함, 나와 함께 가세."

그래서 다윗은 일생 동안 김함을 왕자처럼 사랑합니다. 그리고 열왕기상 2장 7절에 보면 세상을 떠날 때 아들 솔로몬에게 "솔로몬아, 기억해라. 바르실래의 아들들을 귀히 여겨서 네 상에서 먹게 해라. 그 아버지가 내게 잘해 주었느니라"고 유언을 합니다.

다윗 왕이 바르실래에게 "내가 하늘을 두고 맹세하네"라고 말하지 않았습니다. 땅을 두고도 맹세하지 않았습니다. 그냥 보통 말을 했는데 그것을 지켰습니다.

오늘 여러분의 말이 얼마나 신실합니까?

남편들이여, 아내가 여러분의 말을 100퍼센트 다 신뢰하겠습니까?

한 아내가 자기 남편에 대해 쓴 글을 보았습니다.

남편에게서 전화가 왔습니다.

"여보, 미안해. 오늘 부장님 모친이 돌아가셔서 거기 가야 되거든. 상가에서 밤새고 아침에 바로 회사로 갈 거니까 기다리지 말고 문단속 잘하고 자요."

며칠 뒤에 또 남편의 전화가 왔습니다.

"아이고, 과장님 모친이 돌아가셨는데, 어떡하냐?"

며칠 후에는 차장님 부친이 돌아가셨다고 전화가 왔습니다. 남편의 회사는 모친과 부친이 얼마나 잘 돌아가시는지……. 그런데 조금 세월이 지나 아내가 가만히 생각해 보니, 부장님의 모친이 세 번이나 돌아가셨습니다. 남편이 기억력은 자꾸 없어지는데 딴 짓을 하고 다니면서 거짓말로 아내를 속이다 보니, 부장님 모친이 세 번이나 돌아가신 것입니다. 얼마나 안타까운 부부입니까?

입에서 나오는 말이 신실하고 복 있는 말이 되기를 바랍니다.

남편이 한 말을 아내가 그대로 믿을 수 있어야 합니다. 아내가 한 말을 남편이 그대로 믿을 수 있어야 합니다.

또 아이들은 부모를 믿고, 부모는 아이들을 믿어 줄 수 있어야 합니다.

2부 예배 때 우리 아이들이 얼마나 많습니까? 제가 아이들에게 "너희들의 말을 부모님들이 그대로 믿어 줄까?"라고 하니 모두 생긋이 웃었습니다. 마음에 찔리는 것이 있나 봅니다. 아이들이 책값을 얼마나 속이는지, 영어 사전을 사면서 세 번 속인다고 하지 않습니까?

"영어 사전 사야 해요. 돈 주세요."

"콘사이스 사야 해요. 돈 주세요."

"dictionary(사전) 사야 해요. 돈 주세요."

그러니 부모가 자식을 믿겠습니까? 이래서는 안 됩니다.

믿음이 있는 곳에 기쁨이 있습니다. 할렐루야!

우리 입의 말에 신뢰가 있어야 합니다.

저도 회개한 일이 있습니다. 부흥회에 가서도 가끔 "저는 팔굽혀펴기를 매일 150개씩 합니다"라고 말했습니다. 그러면 사람들이 놀랐습니다. 또 우리 교회에서도 150개씩 한다고 말하지 않았습니까? 그리고 무심코 그냥 살았습니다. 그런데 얼마 전에 기도하는데 "야, 너 왜 그렇게 진실하지 못하니?"라는 성령의 음성을 들었습니다.

"예?"

"너, 팔굽혀펴기를 150개씩 한다고?"

그래서 가만히 생각해 보니 컨디션이 좋은 날은 150개를 하지만, 그렇지 않은 날에는 100개도 하고, 80개도 하고, 때로는 몸이 피곤하면 한 개도 하지 않고 그냥 잘 때도 있었습니다. 그런데 무심코 "나는 150개를 합니다, 150개" 하면서 동네방네 다니며, 전국을 다니며 떠들었습니다. 얼마나 죄송했는지 모릅니다. 작은 일에 진실하지 못하면 다 진실하지 못합니다. 그래서 회개했습니다.

"주님, 주님 오실 때까지, 제가 늙으면 몰라도 좌우간 최선을 다해 팔굽혀펴기를 150개씩 하겠습니다."

그리고 그때부터 최선을 다했습니다. 어제도 155개 했고, 그제도 200개인가 220개를 했습니다. 보통 180개를 합니다. 오늘도 벌써 120개를 했습니다. 아침에도 하고 2부 예배 마치고 또 해서 120개를 해 놓았습니다. 오늘은 30개만 하면 끝납니다. 그러니 몸이 얼마나 건강하고 좋은지, 누가 저랑 팔씨름 한번 해 보시겠습니까? 제가 진실하려고 노력하니 제게 복이 되었습니다. 할렐루야!

내 입의 말뿐 아니라 내 실력도 다른 사람이 믿을 수 있어야 합니다. 박사학위는 받았는데 실력이 없다면 그는 부끄러운 박사입니다. 학위에 걸맞은 실력이 있어야 합니다.

감명적인 이야기 하나가 기억납니다.

세계 역사상 최고의 곡예사는 브론딘이라고 합니다. 우리 장로님들도 지난번에 다녀오셨습니다만, 캐나다와 미국의 국경이 되는 나이아가라 폭포의 길이가 얼마나 되는지 아십니까? 그는 그 나이아가라 폭포에 밧줄을 매어 놓고 미국 쪽에서 캐나다 쪽으로, 캐나다 쪽에서 미국 쪽으로 건너갔습니다. 떨어지면 죽는데 외줄을 타고 그 폭포를 건너니 세계인이 열광하며 열렬히 박수를 쳐 주었습니다. 그런 곡예사가 또 어디 있겠습니까?

한 번은 컨디션이 아주 좋은 날, 그가 열광하는 사람들에게 물었습니다.

"여러분, 저 혼자 이렇게 쉽게 다니는데, 한 사람을 업고도 건널 줄을 믿습니까?"

"믿습니다"라고 사람들이 대답했습니다. 제일 큰 소리로 믿는다고 대답한 청년에게 말했습니다.

"내 등에 업히시오."

그러자 그 청년은 도망을 갔습니다.

"여러분, 누가 내 등에 업히겠습니까?"

아무도 나오지 않았습니다. 그러자 그의 딸이 "아빠, 제가 업힐게요"라고 했습니다. 딸을 업은 브론딘이 밧줄을 타고 캐나다 쪽에서 미국 쪽으로 건넜습니다. 아마 1킬로미터가 넘을 것입니다. 얼마나 아슬아슬했겠습니까? 그 밧줄타기도 성공해서 그것이 역사에 남는 곡예가 되었는데, 기자들을 비롯해 많은 사람들이 몰려와 그의 딸에게 물었답니다.

"얘야, 무섭지 않았니?"

"나는 아빠를 믿어요. 아빠 실력도 믿고요."

얼마나 멋집니까?

우리도 남이 신뢰할 만한 실력을 쌓아야 하고, 남이 믿을 만한 말을 해야 합니다. 특별히 우리 모두 신실한 말을 하기 바랍니다. 신실하지 않은 말은 다 드러나게 됩니다.

우리나라에 들통 타령이라는 노래가 있습니다.

"숨바꼭질할 때는 머리카락으로 들통 나고

꿀 먹은 벙어리는 말더듬이로 들통 나고
숨어 먹은 밥은 강아지 꼬리로 들통 나고
며느리 앙심은 바가지 소리에 들통 난다
들통 들통 들통."

우리 주님께서도 말씀하셨습니다.
"감추인 것이 드러나지 않을 것이 없고 숨은 것이 알려지지 않을 것이 없느니라"(마 10:26).
우리가 가식으로 하는 말, 거짓으로 하는 말은 아무리 꾸미고 머리를 써도 드러나게 되어 있습니다.
또 우리 말에 심판이 있다고 했습니다.
우리 말이 영원히 진실할 수 있기를 축원합니다.
과거는 묻지 맙시다. 과거는 주님께 용서받고 앞으로 진실할 수 있기를 축원합니다.

그리고 "맹세하지 말지니 하늘로나 땅으로나 아무 다른 것으로도 맹세하지 말고"(약 5:12)라는 말씀은 '네 말로 제발 하나님의 영광을 가리지 말라'는 뜻입니다.
우리가 말로 다른 사람만 해치는 것이 아닙니다. 하나님의 영광도 해칠 수 있습니다.
셰익스피어가 말했습니다.
"내 지갑을 훔쳐 가는 사람은 작은 도둑이고, 내 명예를 뜯어 가는 도둑은 큰 도둑이다. 내 지갑, 내 돈은 뺏어 갈지라도 내 명예는 그냥 두라."
사람들이 자꾸 자기를 깎아내리니 괴로워서 그렇게 말한 것입니다.

우리 입의 말로 사람을 깎아내리는 일이 없기를 바랍니다. 특별히 남편은 아내를 깎아내리지 말고 아내는 남편을 깎아내리지 마시기 바랍니다. 그리고 아내들은 남편에게 잔소리하지 마시기 바랍니다.

어느 가정 연구소의 보고서를 보니 남편들이 제일 싫어하는 것이 아내의 잔소리라고 나와 있었습니다.

남편들이여, 맞습니까? 집에 가서 잔소리를 들을까 봐 대답도 하지 못하는 것을 보십시오. 아내들이여, 자기 일도 제대로 하지 못하면서 왜 잔소리를 합니까? 아내의 잔소리가 남편에게 얼마나 스트레스가 되는지 아시기 바랍니다. 결혼하고 싶은데 잔소리 듣기 싫어서 결혼하지 않는 사람도 있답니다.

그리고 아내들이 제일 싫어하는 것은 남편이 곤드레만드레가 되도록 술에 취해서 들어오는 것이랍니다. 술에 취해 늦은 밤에 들어오는 것을 아내들이 제일 싫어한답니다. 술집 여자들과 술을 마시고 와이셔츠에 립스틱을 묻혀 가지고 오는 것이 죽도록 싫답니다. 그런 일은 하지 맙시다.

아내는 보석입니다. 귀금속과 보석은 다릅니다. 귀금속은 그것을 끼고 운동을 해도 괜찮고 일을 해도 괜찮습니다. 금반지를 끼고 일해도 문제가 없지 않습니까? 그러나 보석은 잘 깨지고 잘 변해서 그것을 끼고 일을 해도 안 되고, 운동을 해도 안 됩니다. 보석은 화장품에도 영향을 받기 때문에 화장을 다 하고 옷을 입은 후에 장식을 해야 된답니다. 그리고 외출하고 돌아오면 바로 보석함에 넣어 두어야 합니다.

어느 목사님이 영화 "타이타닉"을 보았답니다. 여주인공이 사파이어 목걸이를 했는데, 너무 예뻐서 '야! 내 아내에게도 저것을 사 주자' 라고 생각했답니다. 사파이어 목걸이 맞습니까? 어쨌든 그 목걸이가 아주 예뻐서 결혼기념일에 사파이어 보석을 사 주었더니 사모님이 너무나 좋아하더랍니다. 그래서 목사님이 하나님께 "하나님, 여자들은 왜 저렇게 보석을 좋아합니까?" 라고 여쭈어 보았더니 성령님께서 "여자는 보석이라서 그러니라, 네 아내를 보석처럼 귀히 여겨라" 하는 깨달음을 주시더랍니다.

여자들은 보석을 보면 정말 좋아하는데, 여자가 보석을 좋아하는 것은 자기가 보석 같기를 바라기 때문이랍니다.

잠언 31장 10절에도 "누가 현숙한 여인을 찾아 얻겠느냐 그 값은 진주보다 더하니라"고 말씀하십니다.

진주는 술에 넣으면 녹아 버립니다. 함부로 대하면 변하니 고이 간직해야 합니다. 이처럼 아내는 고이 간직해야 합니다.

저도 어제 회개했습니다. 어제 아내에게 말을 함부로 했다가, 말을 무심코 했다가 얼마나 회개했는지 모릅니다. 무심코 던진 돌에 개구리가 맞아 죽는다고, 제가 함부로 한 말에 아내가 얼마나 상처를 입었겠습니까? 여자는 연약한 그릇입니다. 연약한 그릇인 아내에게 왜 그런 말을 했는지 저도 모르겠습니다.

아이들에게도 격려가 되는 말, 좋은 말을 해야 합니다.

그런데 우리는 말로 사람도 해치지만, 하나님 영광을 가릴 때도 많습니다.

그래서 주님께서 마태복음 5장 34-36절에 가르치셨습니다.

"나는 너희에게 이르노니 도무지 맹세하지 말지니 하늘로도 말라 이는 하나님의 보좌임이요 땅으로도 말라 이는 하나님의 발등상임이요 예루살렘으로도 말라 이는 큰 임금의 성임이요 네 머리로도 말라 이는 네가 한 터럭도 희고 검게 할 수 없음이라."

우리 주님께서도 '네가 머리카락 하나도 검게 못하면서 왜 네 머리를 두고 맹세하느냐? 하나님의 이름으로 맹세하지 않는다고 될 줄 아느냐? 아니다, 하늘도 하나님 것이요, 땅도 하나님 것이요, 네 머리도 하나님이 지으신 것이니 네가 그렇게 맹세해 놓고 지키지 않으면 하나님 영광을 가리게 된다. 그러니 맹세하지 말아라' 고 가르치셨습니다.

우리가 말을 해 놓고 지키지 않으면 하나님 영광을 가리게 됩니다. 또한 우리가 하나님의 자녀인 것을 사람들이 다 아니 우리가 말을 잘못하면 하나님 영광을 가리게 됩니다.

교회 지도자들이 모인 곳에 갔는데, 중요한 자리에 있는 지도자 한 분이 음담패설을 해서 제가 깜짝 놀랐습니다. 사람들이 귀히 여기는 직분을 갖고 있으면 그 직분에 맞게 입의 말이 귀해야 합니다. 귀한 직분을 갖고 있으면 강단에서나 집에서나 친구들의 모임에서나 말이 귀해야 합니다. 말을 함부로 하면 하나님께서 영광을 받으시겠습니까?

에베소서 4장 29절 말씀이 떠올랐습니다.

"무릇 더러운 말은 너희 입 밖에도 내지 말고 오직 덕을 세우는 데 소용되는 대로 선한 말을 하여 듣는 자들에게 은혜를 끼치게 하라." 할렐루야!

여러분, 하나님께서는 철저하게 심은 대로 거두게 하십니다.

사무엘상 2장 30절에 "나를 존중히 여기는 자를 내가 존중히 여기고 나를 멸시하는 자를 내가 경멸히 여기리라"고 말씀하십니다.

잠언 4장 8-9절에도 "그를 높이라 그리하면 그가 너를 높이 들리라 만일 그를 품으면 그가 너를 영화롭게 하리라 그가 아름다운

관을 네 머리에 두겠고 영화로운 면류관을 네게 주리라 하였느니라"고 말씀하십니다. 할렐루야!

우리가 생활과 말로 하나님을 높이면 하나님께서도 우리를 높여 주십니다. 우리가 함부로 해서 하나님의 영광을 가리면 하나님께서도 우리를 내동댕이치십니다. 하나님께서는 우리가 심은 대로 거두게 해 주십니다.

한 노인이 매일 12시만 되면 교회에 와서 2-3분 있다가 가곤 했습니다. 관리 집사님이 궁금해서 물었습니다.

"어르신네, 정오 때마다 왜 이렇게 교회에 오십니까?"

"어허, 기도하러 오지요."

"기도하러 오셨으면 좀 오래 하시지 왜 2분도 안 되어서 나오십니까?"

"허허, 나는 기도를 오래 못하오. 기도할 줄도 모르고. 난 다만 와서 '예수님! 저예요. 저란 말이에요' 하고는 가지요."

그런데 그분의 몸에 병이 와서 병원에 입원을 했는데, 병실에 기적이 일어났습니다. 어둡고 암울하고 투덜거리는 소리로 가득했던 병실이 기쁨과 웃음으로 희희낙락했습니다. 환자들이 기뻐하는 것이었습니다. 간호사가 보니 병실이 완전히 변했습니다.

"아니, 병실이 왜 이렇게 변했지요?"

"저 어른 때문이에요. 저 어른이 오시고 나서 우리 병실이 이렇게 좋아졌어요."

그래서 그분에게 물었습니다.

"어르신네, 무슨 비결이 있습니까? 이 병실 분위기가 어떻게 해서 이렇게 바뀌었습니까?"

"비결이 있지."

"무슨 비결입니까?"

"12시만 되면 내게 찾아오시는 분이 있지."

"그분이 누구신데요? 그분이 오셔서 무엇을 하시는데요?"

"매일 12시만 되면 어김없이 그분이 내 앞에 오셔서 나를 보시고 빙긋이 웃으시며 말씀하시지. '여보게, 날세. 나 예수일세'라고 말씀하시고 가시지."

예수님께서 매일 오시니 그 병실이 얼마나 은혜롭겠습니까?

훈훈한 이야기입니다.

우리 주님께서는 정확하십니다. 심은 대로 거두게 하십니다.

우리가 맹세한 것을 지키고, 진실한 말을 하고, 우리 입의 말로 하나님께 영광 돌리며 산다는 마음으로 살면 하나님께서도 우리를 높여 주십니다.

그렇게 살려면 어떻게 해야 합니까?

간단합니다. 아주 쉽습니다. 그러나 내 노력이나 내 인격으로는 안 됩니다. 자녀를 가장 사랑하는 아버지가 말로 그 아들이나 딸을 죽이기도 합니다. 사람은 그렇습니다.

갈라디아서 5장 16절에 말씀하십니다.

"내가 이르노니 너희는 성령을 좇아 행하라 그리하면 육체의 욕심을 이루지 아니하리라." 할렐루야!

사람의 힘이나 노력으로는 안 됩니다. 목사님도 안 되고 장로님도 안 됩니다. 성가대 지휘자도, 권사님도 안 됩니다. 사람의 소리로는 되지 않습니다.

성령님께서 내 입을 쓰셔야 합니다. 성령님께서 나를 쓰시면 내가 주님과 같게 되는 것입니다. 베드로, 요한, 야고보, 바울, 이분들은 예수님과 비슷했습니다. 생활도 예수님과 비슷하고 입의 말도 예수님과 비슷했습니다.

한국교회의 목사님들과 장로님들이 예수님과 비슷하면 한국교회가 복음으로 뒤집힐 것입니다. 우리 양곡교회 성도님들이 예수님과 비슷하면 우리 교회가 굉장한 역사를 이룰 것입니다.

바울이 말한 설교가 왜 성경이 되고, 바울이 쓴 편지가 왜 성경이 되고, 야고보가 쓴 편지가 왜 성경이 되었습니까? 하나님의 말씀이 성경인데 왜 야고보의 말이 성경이 되었습니까? 성령으로 말했기 때문입니다.

제가 좋은 비결을 하나 알려드립니다.

저를 만나는 사람들이 감동을 받는다고 합니다. 5분, 10분을 만나도 감동을 받는다고 합니다. 왜입니까? 저는 어떤 분을 만나기 전에 기도 방석에 앉습니다. 그리고 그분의 이름을 쓰고 메모를 합니다.

"하나님, 오늘 누가 오신다고 해서 10분 동안 만날 계획입니다. 그런데 그분이 왜 오시지요? 그분에게 무슨 이야기를 해야 할까요?"

그러면 신비롭게도 예상 대화가 떠오릅니다. 성령님께서 '이것에 대해서 말할 것이다, 이렇게 대답하면 좋다'라고 알려 주십니다. 그때 떠오르는 성경 말씀에 줄을 딱 그어 놓았다가 그분이 오시면 기도하고 그대로 대답을 해 줍니다.

여러분, 참 재미있습니다.

여러분도 이번 명절에 고향 가시기 전에 백지에 시아버님, 시어머님, 숙모님, 숙부님, 시누이, 시동생의 이름을 적어 놓고, "하나님, 이번에 시아버님을 만나면 무슨 말씀을 드릴까요? 시어머님께는요? 숙모님께는요? 시누이에게는요?" 하고 기도해 보십시오. 하나님께서 할 말을 떠오르게 하실 것입니다.

이런 말이 떠오를지 모르겠습니다.

"어머님, 아버님, 제가 이 댁의 며느리가 된 게 너무 기뻐요." 그러면 시어머니가 얼마나 기뻐하시겠습니까?

"숙모님, 숙모님은 어찌 그렇게 말씀이 귀하세요? 저는 숙모님 말씀을 들을 때마다 얼마나 많이 배우는지요, 숙모님은 제게 선생님이세요"라고 해 보십시오. 숙모님이 감추어 놓았던 좋은 것을 다 싸 줄 것입니다.

내가 내 지혜로 말하니 사람들에게 상처를 주는 것입니다. 성령님의 도움을 받으면 예수님처럼 감동을 주는 말을 하게 됩니다.

싸우기만 하면 이기는 유명한 부족이 있었습니다. 그 부족이 왜 그렇게 승리했는지 아십니까? 그 부족의 움직임을 누구도 알아채지 못했기 때문입니다. 그 부족 사람들은 몇 천 명이 가도 모두 추장의 걸음만 따라가서 발자국이 하나밖에 나타나지 않았습니다. 천 명이 가든, 2천 명이 가든 언제나 추장의 걸음을 따라가 발자국이 하나이니 다른 부족들이 그 유명한 부족의 움직임을 몰랐던 것입니다. 그래서 전쟁을 하기만 하면 쉽게 이겼던 것입니다.

여러분과 제가 그저 주님의 발자국을 따라 한 걸음 한 걸음 나아가면, 또 주님께서 말씀하시는 것처럼 말하면 쉽습니다. 나를 비우고 성령님을 따라가면 됩니다. 할렐루야!

우리 모두 성령의 입술이 되어서 맹세한 것도 지키고, 맹세하지 않은 보통 말도 지키고, 또 그 말이 이웃에게는 은혜가 되고, 하나님께는 영광이 되는 보석 같은 입의 말이 될 수 있기를 축원합니다.

› 야고보서 5장 13절 | 야고보서 강해

상황과 말씀

　　　　　자동차로 가파른 언덕길을 올라갈 때는 기어를 3단에서 2단, 때로는 1단으로 바꿉니다. 가파른 언덕길을 내려갈 때도 조심해야 합니다. 그래서 1단으로 올라갔으면 1단으로 내려가야 되고, 2단으로 올라갔으면 2단으로 내려가야 합니다. 3단으로 올라갔으면 3단으로 내려가야지, 2단으로 올라갔는데 4단으로 내려가면 사고를 당할 수 있습니다. 자동차를 운전할 때는 길에 따라 속도도 줄이고 기어도 조정해야 됩니다. 눈길에서는 늘 조심해야 하고 브레이크를 밟으면 안 됩니다. 앞 차가 서면 기어를 4단에서 3단, 2단, 1단으로 조정해야지, 브레이크를 밟으면 차가 회전해서 큰 사고를 당하게 됩니다. 또 비가 와도 아스팔트 위는 수막이 형성되어 미끄러지기 쉽고, 특별히 중앙선을 표시한 페인트는 빙판과 똑같아서 미끄러지니 조심해야 합니다. 운전은 날씨에 따라, 길 노면에 따라 상황에 맞게 해야 합니다.

축구나 배구나 농구를 할 때도 코치들은 상황에 맞게 선수들을 지도합니다. 그래서 상황을 보고 작전 타임을 요청하여 이렇게 하라, 저렇게 하라고 지시를 합니다.

우리 하나님께서도 마찬가지이십니다. 항상 같은 말씀을 주시는 것이 아니라 상황에 따라 말씀을 주십니다. 그 상황에 맞는 말씀을 주셔서 하나님의 자녀들이 이 세상에서 승리하게 하십니다.

오늘 밤에는 고난당할 때는 어떻게 해야 되는가, 또 즐겁고 행복하고 모든 것이 잘될 때는 어떻게 해야 되는가에 대한 말씀을 주십니다.

고난은 하나님께서 지으신 것입니다.

물론 예레미야애가 3장 33절 말씀대로 하나님의 본심은 인생으로 고생케 하심이 아닙니다. 어느 부모가 자식이 고생하기를 원하겠습니까? 어느 부모가 자식이 괴로워하는 것을 원하겠습니까? 하나님께서도 마찬가지이십니다. 하나님께서는 우리가 편하고 기쁘게 살기를 원하십니다.

그러나 자식이 편하기를 바라는 부모라도 시험 공부할 때 "잠자지 말고 공부해라"고 하며, 비가 오고 날씨가 궂어서 학교에 보내고 싶지 않아도 "일어나 학교에 가라"고 하는 것처럼, 하나님께서도 우리가 편안하고 복되기를 원하시지만, 우리의 유익을 위해 때로는 고난도 주시는 것을 기억하시기 바랍니다.

고난은 달콤한 것이 아닙니다. 그러나 고난의 의도, 고난을 주신 하나님의 마음을 알면 고난을 당해도 우리는 감사하게 되는 것입니다.

이사야 45장 7절에 하나님께서 말씀하십니다.

"나는 빛도 짓고 어두움도 창조하며 나는 평안도 짓고 환난도 창조하나니 나는 여호와라 이 모든 일을 행하는 자니라 하였노라."

다시 말씀드리면, 고난도 하나님께서 지배하시고 평안도 하나님께서 지배하시고, 빛도 어두움도 하나님께서 지배하신다는 것입니다. 낮은 하나님께서 창조하시고 밤은 마귀가 창조한 것이 아닙니다. 밤도 낮도 하나님께서 창조하셨습니다. 봄, 여름, 가을, 겨울도 하나님께서 지배하시는 것처럼 고난도 하나님께서 잡고 지배하시는 것입니다.

그래서 우리가 고난을 만났을 때는 고난보다 먼저 하나님을 바라보아야 됩니다.

"하나님, 왜 이런 일이 있나요?"

물론 하나님을 제쳐 두어도 버티는 사람은 고난을 어느 정도 이기고, 어느 정도 길이 열립니다.

"호랑이에게 물려가도 정신만 차리면 산다"는 우리말이 있습니다. 하나님을 믿지 않고 신앙이 없는 사람이라도 어떤 역경을 만났을 때 버티면 어느 정도 이기고 길이 열린다는 것입니다.

버티는 것이 중합니다.

따라 합시다. "버티자. 버티자."

한 달의 수입은 70만 원인데 이자가 400만 원이 되어 길이 없어도 버티면 산 입에 거미줄 치지 않습니다. 밥이 들어가게 되어 있는 것입니다. 천만 사람이 나를 에워싸고 죽이려 해도 스스로 죽을 필요는 없습니다. 버티면 살 수도 있는 것입니다.

그런데 우리는, 특별히 하나님을 믿는 우리는 고난도 하나님께서 허락하신 것이기 때문에 하나님께서 이런 고난을 주신 그 뜻을 알고 고난을 극복해 나가야 됩니다.

실패에는 외면적인 실패와 내면적인 실패가 있습니다.

외면적으로 실패했을 때 내면적으로도 실패하면 그 사람은 무너져 죽게 됩니다. 그러나 사람들이 "저 사람은 실패했네"라고 했는데 다시 일어나는 사람이 있습니다. 그 사람은 내면적으로 실패를 용납하지 않은 사람입니다. 회사가 망하고 부부가 이혼을 하고 자식이 죽어서 "아, 저 집은 망했네" 해도 다시 일어나는 사람이 있습니다. 외면적으로는 실패했지만 내면적으로 실패를 받아들이지 않고 자기와 싸워 자기를 이기는 사람은 버티어 나가는 것입니다.

유대인을 보십시오. 유대 나라는 역사 안에서 고난을 가장 많이 받은 나라입니다. 세계인이 "유대 나라는 끝났다, 끝났다"라고 했습니다. 수많은 사람이 포로로 끌려가고, 600만 명이 학살을 당하고, 2천 년 가까이 나라조차 없었습니다. 그래도 그들이 이렇게 군림하고 사는 것은 외면적으로 실패했어도 내면적으로 실패하지 않았기 때문입니다.

예루살렘이 로마 군인들에게 포위당해 마지막이 되었을 때의 이야기입니다.

유대인 자신들이 이제 끝난다는 것을 알았습니다. 이제는 아무리 버텨 보아도 양식이 없어서 굶어 죽게 되고, 아이들은 바위에 내동댕이쳐지게 된다는 것을 알았습니다.

그런데 그 당시 최고의 랍비이며 존경받는 학자인 요한 벤자카이가 말했습니다.

"우리 유대인이 외면적으로는 실패해도 내면적으로는 살아야 한다. 역사 안에서 살아야 한다. 저 로마를 이겨야 한다."

그리고 버티게 했습니다. 성 밖에는 로마 군인들이 횃불을 켜 놓고 밤낮으로 지키고 있고, 또 안에서는 과격파 유대인들이 한 사람도 항복하지 못하도록 성문을 지키고 있어서 아무도 성 밖으로 나갈 수 없었습니다. 그때 벤자카이가 중병에 걸렸다는 소문을 냈습니다. 중병에 걸렸다는 소문을 퍼뜨린 다음 죽었다고 거짓말을 했습니다. 그리고 관 속에 들어가서는 사환에게 벤자카이 선생님이 성 밖에 묻으라는 유언을 해서 장사 지내러 간다고 말하라고 했습니다. 사막에서는 사람이 죽으면 성 밖에 묻습니다. 그래서 벤자카이가 들어 있는 관이 성 밖으로 나갈 수 있었습니다. 과격파도 벤자카이가 아프다는 소식과 죽었다는 소식을 들었기 때문에 그냥 통과시켜 주었습니다.

예루살렘 성에서 멀리 떨어진 곳에 이르자 벤자카이 선생님이 나와서 로마 사령관을 만났습니다. 그때 로마 사령관은 베스파시아누스였습니다. 베스파시아누스를 만나자마자 벤자카이가 예언을 했습니다.

"황제 폐하시여, 이렇게 만나 주서서 감사합니다."

자기는 아직 사령관, 장군인데 '황제 폐하'라고 하니 사령관이 어쩔 줄 몰라 "어! 어!" 하는데, 한 전령이 달려와서 말했습니다.

"로마 황제께서 세상을 떠나셨습니다. 그리고 로마 원로원에서 베스파시아누스 장군 각하를 황제 폐하로 선출했습니다."

벤자카이가 그에게 "폐하"라고 할 그 때와 시간이 바로 맞은 것입니다.

유명한 랍비요, 존경받는 학자인 벤자카이가 예언한 대로 되니 사령관이 꼼짝 못하게 되었습니다. 그래서 "예루살렘을 치지 마라"고 해도 그 청을 들어주려는 마음을 먹고 물었습니다.

"벤자카이 선생, 소원이 뭐요?"

벤자카이는 지혜가 있었습니다. 그가 만일 "예루살렘을 제발 고스란히 남겨 주세요"라고 했다면 베스파시아누스가 황제 폐하이니 들어줄 수도 있었겠지만, 로마 황제가 설 자리가 없어지는 것입니다.

왜입니까? 로마 군인은 어느 나라를 정복하면 반드시 사람을 학살하고 건물을 불태우는데, 예루살렘을 그냥 두고 로마에 가면 베스파시아누스의 자리가 흔들리지 않겠습니까?

그것을 아는 벤자카이는 어려운 청을 하지 않았습니다.

"황제 폐하, 예루살렘은 정복하시더라도 야브네 거리(야브네 거리는 대학가로, 선생님들이 있고 학생들이 있고 대학이 있고, 토라, 성경을 가르치는 골목이 있는 거리입니다)만은 보호해 주십시오."

"좋소! 내가 야브네 거리는 손대지 않겠소!"

그래서 예루살렘을 다 정복하고 불태웠지만, 야브네 대학가는 그냥 두었습니다. 유대인들이 거기에서 계속 말씀을 가르치고 민족정신을 가르치니, 나라는 빼앗겼지만 결국 내면적으로 국민들이 살아서 다시 이스라엘을 세우고 세계에 군림하게 된 것입니다. 유대 나라가 외면적으로는 실패했지만, 내면으로는 실패를 받아들이지 않으니 결국 저렇게 버틸 수 있는 것입니다.

개인의 인생살이도 마찬가지입니다.

아무리 사방팔방으로 패배했어도, 내 인생이 벼랑 끝에 서 있어도 버티면 되는 것입니다. 하나님을 믿지 않아도 버티면 천국까지는 열리지 않아도 이 세상에서 사는 길은 어느 정도 열리는데, 하물며 하나님을 믿는 우리이겠습니까? 우리에게는 천국까지 길이 열리게 되어 있습니다.

특별히 하나님께서 주시는 말씀은 그냥 희망을 이야기하시는 것이 아닙니다.

영국 런던에서 외과 병원을 경영하는 의사 선생님의 감동 깊은 이야기가 있습니다.

그분은 탄광 광부의 아들로 가난했습니다. 그런데 죽을병에 걸린 자기 친구가 외과 의사 선생님의 수술을 받고 살게 되었을 때 그 외과 의사 선생님이 너무 존경스러워 '나도 의사가 되어야겠다. 나도 외과 의사가 되어야겠다' 라고 결심했습니다.

예나 지금이나 의학 공부는 제일 힘들고 돈도 제일 많이 듭니다. 이번에 우리 교회의 몇 학생이 의대에 합격했는데, 그 부모님들이 학비를 대느라 이제 힘들게 되었습니다. 그러나 돈이 모자라면 교회에 요청을 하십시오. 우리 교회 학생은 모두 우리 자녀입니다. 우리 자녀들이 돈이 없어서 공부를 못하는 일이 있어서는 안 됩니다. 똑똑한 아이가 돈이 없어서 공부를 못하는 일은 없어야 됩니다.

의사가 되기로 결심한 아이가 아버지에게 말했습니다.

"아버지, 의학 공부를 하고 싶어요."

"얘야, 의학 공부를 하면 돈이 많이 드는 것을 알지?"

"알아요."

"그래, 해라. 사실은 이 아버지도 네가 의사가 되기를 원해서 네가 어릴 때부터 지금까지 20년 간 저축을 해 왔다. 그 돈이면 얼마든지 의과대학 공부를 할 수 있지만, 의사만 되면 어떻게 하냐? 의사가 된 후에 병원이 있어야 하지 않니? 아빠는 계속해서 더 저축하여 네가 의사가 되었을 때 병원을 지어 줄 테니 좀 힘들더라도 아르바이트해서 공부는 네가 해라."

그 말을 들은 아들이 얼마나 힘이 났겠습니까?

"하, 아빠! 멋쟁이 아빠! 그러지요."

그리고는 험한 일, 궂은일을 다 하면서 공부했습니다. 그래도 절대 주눅 들지 않았습니다. 돈이 없는데 배고프면 서럽지만, 돈은 많은데 시간이 없어서 먹지 못할 때는 서럽지 않습니다. 가난해서 아르바이트를 하면 창피할 수도 있고 자존심이 상할 수도 있지만, 돈이 많은데 하는 것은 괜찮은 것입니다.

우리 교회의 한 사장님 아들이 초등학교 때부터 신문 배달을 했습니다. 자기 아버지가 사장이니 신문 배달을 하면서도 사장처럼 배를 내밀고 신문 배달을 했습니다. 아니! 신문을 배달하는 소년이라고 누가 깔보겠습니까?

'깔보려면 깔봐라. 내가 돈이 없어서 하나? 우리 아빠가 사장인데. 내가 지금 인생을 배우기 위해서 한다.'

여러분, 이것은 무서운 것입니다.

이 아이도 그래서 기가 죽지 않았습니다.

'나는 병원 원장이 된다. 나는 병원 세울 돈도 있다. 우리 아버지가 준비하고 계신다. 우리 아버지는 병원 세울 돈을 준비하고 나는 의사가 되려고 아르바이트한다.'

그래서 열심히 공부하여 의과대학을 졸업하고 의사가 되었습니다.

"아버지, 이제 의사가 되었습니다. 병원은 언제 짓습니까?"

"아들아, 미안하다. 내가 네게 희망을 주기 위해서 거짓말을 했다. 사실은 돈이 한 푼도 없다."

그때 아들이 말했습니다.

"아버지는 지혜로웠습니다. 아버지께서 재산이 없고 준비한 것이 없어도 저는 그동안 기죽지 않고 지낼 수 있었습니다. 아버지의 말씀이 제게 희망이 되었습니다. 그래서 제가 오늘 의사가 된 것입니다."

그리고 그 의사는 또 열심히 해서 자기가 병원을 세워 원장님이 되었다고 합니다.

그 아버지는 참 지혜롭습니다.

그러나 하나님께서는 그 아버지와 다릅니다. 없으면서 있다고 하시는 하나님이 아니십니다. 하나님 말씀은 그대로 다 준비된 것입니다. 천국도 준비된 것입니다. 그래서 하나님의 지시를 따르면 희망만 있는 것이 아니라 실제도 있습니다.

가나안에 가니 가나안 땅이 있습니다. 젖과 꿀이 흐릅니다. 포도송이 하나를 두 사람이 메고 오게 되어 있습니다. 반석에서 꿀이 나오는 것입니다. 하나님 말씀대로 천국은 있는 것입니다.

그러므로 하나님께서 오늘의 상황에 무슨 말씀을 주시든지 "아멘, 아멘!" 하고 나아가면 되는 것입니다.

그러면 고난을 당했을 때 우리는 어떻게 해야 합니까?

하나님께서는 먼저, 고난은 하나님께서 주신 것임을 기억하라고 말씀하십니다.

여러분, 우리가 아무리 힘든 상황에 있어도 하나님께서 허락하신 상황임을 기억하시기 바랍니다.

그러면 하나님께서 우리에게 왜 고난을 주십니까?

고난을 주시는 제일 많은 이유는 잘못된 길을 가는 사람, 죄를 계속 짓는 사람이 죄를 끊고 회개하고 바로 서게 하시기 위해서입니다.

시편 119편 67절에 "고난당하기 전에는 내가 그릇 행하였더니 이제는 주의 말씀을 지키나이다"라고 말씀하십니다. 할렐루야!

고난을 당하기 전에, 편안할 때 죄를 짓는다는 말입니다. 다윗 왕도 편안할 때 죄를 지었습니다. 전쟁에 쫓겨 다닐 때는 죄를 짓지 않았습니다.

죄를 지을 때 하나님께서 벌을 내리십니다. 사람들이 편안하면 죄를 짓게 되는데, 죄를 지어도 그냥 두면 망하게 됩니다. 망하게 될 때 하나님께서 고난의 채찍을 주시는 것입니다.

히브리서 12장 5-8절에 말씀하십니다.

"……내 아들아 주의 징계하심을 경히 여기지 말며 그에게 꾸지람을 받을 때에 낙심하지 말라 주께서 그 사랑하시는 자를 징계하시고 그의 받으시는 아들마다 채찍질하심이니라……징계는 다 받는 것이거늘 너희에게 없으면 사생자요 참 아들이 아니니라."

여러분, 내 아들이 마약이나 도박을 하면 그냥 두겠습니까? 채찍질할 것입니다. 만일 내 아들이 화투를 친다면 그냥 두지 않을 것입니다. 아들이 마약을 하고 막 살아도 꾸중할 사람이 없다면 그 아들은 사생아이고, 고아입니다.

우리가 계속 잘못 가는데도 잘되고 아무 일이 없으면 그것은 아버지가 없는 아들과 같습니다. 하나님께서는 우리가 그릇 행할 때 막아서 바른 길로 가게 하십니다.

요나가 니느웨로 가라는 하나님 말씀을 어기고 다시스로 잘못 갔습니다. 그러면 거기에서 시험 들고 망하게 됩니다. 요나서 1장 4절을 보면, 하나님께서 대풍을 일으키시어 요나를 못 살게 만드십니다. 그 고난 앞에서 요나는 '아하! 내가 죄가 있어서, 가서 안 될 길을 가서 하나님께서 풍랑을 일으키시는구나'라고 깨닫고 회개합니다. 그리고 사람들에게 이렇게 말합니다.

"나를 들어 바다에 던지시오. 그러면 이 바다가 여러분을 위해 조용해질 거요."

사람들이 요나를 바다에 던지니 바다가 조용해졌습니다. 할렐루야!

그런데 2차 고난이 왔습니다. 요나가 고기 뱃속에 들어갔습니다. 이번에 아르헨티나의 한 박물관에서 본 고기의 입은 일곱 평쯤 되어 사람이 20명이나 들어갈 수 있었습니다. 그런 고기 입이 네 개나 있었습니다. 고기 뼈의 길이가 무려 47미터나 되었습니다. 20명의 요나를 한꺼번에 던져도 삼킬 수 있을 것 같았습니다. 우리 장로님들을 모시고 한 번 더 갈 생각입니다. 그 고기의 입이 너무 엄청나서 여러분에게 보여드리려고 사진을 찍었는데 사진이 어디에 있는지 모르겠습니다.

어쨌든 우리는 사탕 하나도 목에 걸리면 삼키지 못하는데, 물고기가 요나를 꿀꺽 삼키니 요나가 뱃속으로, 위장 속으로 쏙 직행한 것입니다. 이제 요나의 목숨은 끝났지 않습니까?

여러분, 고기 뱃속보다 더 어려운 고난이 어디에 있겠습니까? 그런데 요나는 거기에서도 하나님 앞에 회개하고 기도했습니다.

"고난당하는 자가 있느냐 저는 기도할 것이요"(약 5:13).

할렐루야!

회개하고 기도하니 하나님께서 뱃속에 든 요나를 살려 주십니다. 고기 뱃속에서도 요나가 숨을 쉴 수 있게 하셨습니다. 하나님께서는 못하실 일이 없습니다. 할렐루야!

요나가 뱃속에서 막 기도하니 물고기의 속이 역겹고 근질근질하고 이상해졌습니다. 견디지 못한 물고기가 바닷가에 와서 요나를 토해 내어 요나가 살았습니다. 만일 바위에 토했으면 요나는 피가 터져 죽었을 것입니다. 또 바다 한가운데 토했어도 죽었을 것입니다. 어떻게 물고기가 바닷가 모래밭에 나와서 살포시 토해 내 요나를 살게 합니까?

이것은 이야기가 아닙니다. 역사적인 사건입니다.

여러분이 아무리 어려워도 고기 뱃속만큼 어렵습니까? 우리가 고기 뱃속에 있는 것 같은 고난을 당해도 회개하고 기도하면 하나님께서 길을 열어 주십니다. 하나님은 전능하십니다.

하나님께서 고난을 주시는 목적은 '망하라' 는 것이 아닙니다. '회개하고 새롭게 되라!' 는 것입니다.

여러분, 누가복음 15장의 탕자가 계속 잘되었으면 아버지께 돌아오지 않았을 것입니다. 망해서 돼지 우리에 들어가 고난의 떡을 먹고, 고난의 물을 마시게 되니 아버지께로 돌아온 것입니다.

예수님을 믿으면서 죄를 지어도 계속 잘되면, 그 사람은 죄의 챔피언이 됩니다. 그가 망해야 "하나님!" 하고 돌아오게 되는 것입니다.

대구 한 안수집사님의 고3 딸이 6개월 동안 실명했습니다. 목사님이 그 딸을 위해 기도해 주는데, 그 아버지의 죄가 다 보였습니다. 집사님인 아버지가 2년 반 동안이나 무서운 죄를 저지르고 있었던 것입니다. 하나님께서 그 집사님을 치시면 그 집이 망하니 집사님이 가장 사랑하는 딸을 치신 것입니다. 나중에 부인이 그 죄를 알고 졸도했습니다. 집사님이 울며 회개하고 딸이 기도를 받는 순간 딸의 눈이 회복되었습니다. 할렐루야!

우리 몸에 병이 오면 병원에도 가야 하지만 그보다 먼저 회개해야 될 줄로 믿습니다. 사업이 잘 안 되고 직장이 어렵고 뭔가 이상하면 다른 길을 찾기 전에 우리가 회개해야 될 줄 믿습니다.

다음으로 하나님께서는 교회 가까이, 하나님 가까이, 하나님 말씀 가까이, 믿음 가까이 붙으라고 고난을 주십니다.

시편 119편 71절에 "고난당한 것이 내게 유익이라 이로 인하여 내가 주의 율례를 배우게 되었나이다"라고 말씀하십니다.

일이 잘되면 성경은 읽지 않고 신문만 읽고, 교회보다 다른 곳에 쏘다닐 사람도 어려움을 당하면 교회와 말씀을 찾게 됩니다. 모 장군이 정치적인 오해로 감옥에 들어가서는 비로소 성경을 몇 번 읽고 성령으로 거듭나 새사람이 되었습니다.

어려움이 없으면 "주여!" 하지 않습니다. 그래서 하나님께서는 하나님 가까이에 붙으라고 고난을 주시는 것입니다.

사흘 전에 제 아내가 꿈을 꾸면서 소리를 내는 바람에 제가 잠을 자지 못했습니다. 꿈에서 기도를 하는데 조금 하고 마는 것이 아니라 계속 했습니다. 제 아내의 믿음이 좋아서 꿈에서도 기도했겠습니까? 아닙니다. 꿈에서 마귀를 만나 어려우니 "주여! 주여! 주여! 주여! 예수 이름으로 명한다! 물러가라! 물러가라!"고 한 것입니다. 만일 좋은 꿈을 꾸었으면, 꽃밭에서 어떤 사람과 손을 잡고 같이 걷는 꿈을 꾸었으면 "주여!"라고 하지 않았을 것입니다.

여러분도 생각 없이 운전하다가 어려움을 당하면 "주여!" 하지 않습니까? 하나님께 가까이함이 우리에게 복인데, 우리가 편안하기만 하면 하나님께 가까이하지 않습니다.

시편 73편 28절에 "하나님께 가까이함이 내게 복이라"고 말씀하십니다.

그런데 우리는 자꾸 멀리 갑니다. 자꾸 멀어지려고 합니다. 그러니 하나님께서 일부러 고난을 주셔서 "주여! 주여!" 하게 하시는 것입니다.

우리 집사님 중에 한 분은 말쑥한 신사로 아주 좋은 분인데, 안수 받는 것도 좋아하지 않고, 믿음이 그렇게 적극적이지도 않고 소극적이지도 않고 그저 중간쯤 되는 분이었습니다. 그런데 그분의 아기가 설사를 해서 6개월이나 병원에 다녀도 낫지를 않으니 제게 와서 기도해 달라고 했습니다. 아기가 6개월간 설사를 했으니 살도 없고 뼈도 약하고 어떻게 표현해야 좋겠습니까? 정말 비실비실했습니다.

그런 아기를 위해 같이 기도했습니다. 그런데 아기를 위해 기도하는데 아빠 엄마가 성령의 세례를 받았습니다. 그리고 아이도 깨끗하게 나았습니다. 어려움을 당하니 간절히 매달리게 되고 아빠 엄마가 성령의 세례를 받게 된 것입니다.

또 한 집사님은 어려운 일이 생기자 제게 기도를 받으러 왔습니다. 기도하는데 성령의 불이 떨어져 그 자리에서 방언이 터졌습니다. 어려우니 간절하게 매달리게 되고 방언이 터진 것입니다. 그분의 아들이 이번에 의과대학에 들어갔습니다.

또 한 분은 생후 10개월 된 아기가 1개월간 고열이 계속되고, 약을 먹어도 열이 내리지 않으니 기도해 달라고 왔습니다. 그래서 같이 기도했는데 열이 내렸습니다. 할렐루야!

어려울 때 하나님께 가까이하는 것입니다.

어려워야 제게 와서 기도해 달라고 하지, 편하면 제게 오지 않습니다. 그저 말씀만 먹고 맙니다. 그러나 어려움을 당하면 목사님이 바쁜 것은 생각도 하지 않고 "목사님, 목사님……" 하며 찾게 되는 것입니다.

어려움을 당해야 하나님 가까이, 교회 가까이, 말씀 가까이 오게 되는 것입니다. 할렐루야!

다음으로 우리를 정금처럼 빛나게 하시기 위해 주시는 고난이 있습니다.

하나님을 열심히 믿고 하나님을 사랑하고, 죄짓는 것도 없는데 자꾸 어려움이 옵니다. 1차, 2차, 3차로 계속 옵니다. 그것은 무엇입니까? 하나님께서 그 사람을 보석처럼, 정금처럼 빛나게 하시기 위함입니다. 할렐루야!

욥기 23장 10절에 "나의 가는 길을 오직 그가(하나님만) 아시나니 그가 나를 단련하신 후에는 내가 정금같이 나오리라"고 말씀하십니다.

욥은 여러분이 잘 아시는 대로 죄가 없었습니다. 처녀를 주목하지 않았습니다. 마음에 죄를 품을까 봐 '나는 처녀를 주목하지 않으리라'고 눈과 언약했습니다. 왜입니까? 할머니인 자기 부인을 보다가 처녀를 보니 '예쁘다, 예쁘다, 예쁘다' 하는 생각이 들었기 때문입니다. 그래서 '아이고! 시험 드네. 하나님, 내 눈으로 처녀는 주목하지 않겠습니다' 하고 예쁜 처녀가 지나가면 돌아간 사람이었습니다. 그리고 고아를 돌보고, 어려운 사람을 도와주었습니다. 악에서 떠난 사람인데 계속해서 겹겹이 고난이 다가왔습니다.

하나님께서 그런 욥에게 왜 고난을 주셨습니까? 하나님께서는 욥을 정금같이 빛나게 하셔서 욥 때문에 수많은 사람들이 어려움에서 구원을 받게 하셨습니다. 욥기가 아니었으면 자살했을 사람이 얼마나 많았습니까? 욥 때문에 수많은 사람이 인내하고 승리하게 되었습니다.

또 자신도 갑절의 은혜를 받게 되었습니다.

'나는 충성하는데, 십일조도 하는데, 주일도 바로 지키는데, 한다고 하는데 내 집은 왜 이렇나?'라고 생각하십니까?

아닙니다. 하나님께서 반드시 빛나게 하실 것을 믿으시기 바랍니다.

누에고치에서 나방이 나올 때 얼마나 고생을 합니까? 그 구멍이 조금씩 찢어지면서 틈새로 나오는 나방의 모습이 안쓰러워 나방의 고생을 덜어 준다고 누에고치를 가위로 딱 끊어 주면 나방이 쉽게 나오긴 하지만 나온 후에 바로 쓰러져 죽습니다. 하나님께서 나방을 만드실 때 고난의 구멍을 통과해야 기름이 날개에 쫙 퍼져 날 수도 있고 살 수도 있게 만드셨는데 고난을 받지 않으니 죽는 것입니다.

우리도 너무 편안하면 신앙이 강할 수 없습니다. 고난 때문에 믿음도 강해지고, 적도 이기게 되고, 어떤 상황에 던져져도 이기는 사람이 되는 것입니다.

여러분, 군대를 제대한 사람과 제대하지 않은 사람은 다릅니다. 군인들은 "하면 된다! 안 되면 되게 하리라" 하며 훈련을 받아서 겁나는 것이 없습니다. 군대에서 유격하는 마음으로 하면 못할 일이 없습니다. 그러나 군대에 가 보지 않은 사람들은 군대의 맛을 모릅니다. 그래서 조금만 어려운 일을 당해도 약해질 수 있습니다. 그래서 저는 부목사님을 뽑을 때 제대한 사람을 뽑습니다. 제 아들도 방위병 출신이 있지만, 방위병은 곤란합니다. "귀히 키운 내 딸, 방위 사위 웬 말이오?"라는 말도 있지 않습니까?

어쨌든 고난은 필요한 것입니다. 훈련은 필요한 것입니다.

그러므로 고난당할 때 '아! 나는 왜 이런 어려움을 당하나?'라고 생각하지 마시기 바랍니다. 하나님께서 사랑하셔서 고난을 주시는 것입니다.

상황과 말씀

고난은 회개해야 할 때 회개하면 해결됩니다.

하나님께 가까이하면 해결됩니다.

또 정금이 되면 해결됩니다. 욥도 시간이 걸린 것처럼 금이 되려면 시간이 좀 걸립니다. 그러나 하나님께서 반드시 빛나게 해 주십니다.

고난당할 때 회개도 결국은 기도입니다. 가까이 가는 것이 기도입니다. 요나도, 욥도 기도로 승리했습니다.

그래서 "너희 중에 고난당하는 자가 있느냐 저는 기도할 것이요"(약 5:13)라고 말씀하시는 것입니다.

기도는 반드시 고난을 이기게 합니다. 고난을 극복하는 키(key)는 기도입니다. 할렐루야!

"즐거워하는 자가 있느냐 저는 찬송할지니라"(약 5:13)는 말씀은 시간이 없어서 못하겠습니다. 다음 기회에 하도록 하고 한 말씀만 하겠습니다.

고난당했으면 기도하고, 즐겁고 기쁘고 좋은 일이 있으면 찬송해야 합니다.

사무엘상 2장 1-10절을 보면, 한나가 기도해서 응답으로 사무엘을 얻었을 때 하나님을 찬양하는 시를 올립니다.

출애굽기 14장을 보면, 뒤에서는 애굽 군대가 따라오고 앞에는 홍해가 있어 이스라엘 백성이 샌드위치 되었는데 모세가 홍해를 가리키니 하나님께서 홍해를 갈라 주십니다. 이스라엘 백성이 다 통과하니 하나님께서 물을 엎으셔서 애굽 군대를 다 수장시키십니다. 출애굽기 15장을 보면, 그때 이스라엘 백성이 하나님께 뜨거운 찬양을 올려드립니다.

시골 목동인 다윗을 하나님께서 임금으로 만들어 주시니 그가 계속해서 뜨거운 찬양을 하여 시편의 절반이 그의 찬양 시입니다. 할렐루야!

우리는 은혜 받았을 때 찬양해야 합니다. 응답 받았을 때 찬양해야 합니다. 문제가 해결되었을 때 찬양해야 합니다. 하나님께서 그것을 기대하십니다. 우리가 속죄함을 받았을 때도 찬양해야 합니다. 할렐루야! 성령을 받아도 찬양해야 합니다. 말씀에 은혜를 받아도 찬양해야 합니다.

그래서 시편 119편 164절에 "주의 의로운 규례를 인하여 내가 하루 일곱 번씩 주를 찬양하나이다"라고 찬양하고 있는 것입니다.

'성경이 은혜가 되니 일곱 번 찬양하나이다.'

기도도 중요하지만 찬양도 중요합니다. 어떤 의미에서 기도는 고난당하는 자들이 하는 것이고, 찬양은 행복한 자들이 하는 것입니다. 그래서 기도도 꾸준히 해야 하지만, 찬양이 뜨거워야 합니다. 그냥 하는 찬양이 아니라 높은 찬양, 내 모든 것을 다 쏟아서 하는 찬양을 드려야 합니다.

비가 오는 어느 추운 날, 어린 소녀가 보석 가게 앞에서 망설이다가 들어왔습니다.

"주인 아저씨, 이것이 참 예쁜데 주세요."

"이 보석을 왜?"

"저는 엄마가 없어요. 언니가 절 키워요. 내일이 언니 생일인데 저것이 언니한테 예쁠 것 같아서 언니에게 사 주게요."

"돈 있니?"

"예, 제 돈을 다 갖고 왔어요. 저금통이에요."

그 주인은 마음이 너무 착하고 여린 사람이었습니다.

"알았다. 알았다. 이것, 네가 가지고 가라. 잃어버리면 안 된다. 아주 비싼 것이니 잘 갖고 가서 언니한테 주어라."

"감사합니다."

아이는 보석 값이 얼마인지도 모르고 돼지 저금통만 주고 갔습니다.

다음 날 그 언니가 가게에 왔습니다.

"아니, 이 보석……."

언니는 싸구려 액세서리, 가짜 보석을 팔면서 돼지 저금통에 있는 돈을 다 받은 줄 알고 화가 나서 가게로 온 것입니다.

"이 보석, 여기에서 판 거지요?"

"그런데요?"

"이것, 아이가 샀지요?"

"그런데요?"

"이것, 가짜지요?"

"아니, 그것은 진짜 보석입니다."

"그 아이에게 돈이 그리 없었을 텐데……."

"걔는 큰돈을 치렀지요. 자기의 전부를 다 주고 사 간 겁니다."

그때 언니는 부끄러움을 느끼고 그 가게를 나왔습니다.

보석 값은 비쌌지만 아이가 언니를 사랑하는 마음으로 전체를 다 쏟으니 주인이 감동을 받고 보석을 준 것입니다. 아이의 마음을 본 것입니다.

우리가 하나님 앞에 기도도 하고 찬송도 합니다. 그때 하나님께서는 우리의 마음을 보십니다. 찬송 한 곡을 해도 우리의 모든 것을 다 쏟아서 할 때 하나님께서 기뻐하십니다.

에베소서 1장 3-7절을 보면, 하나님께서 만세 전에 그리스도 안에서 우리를 택하신 목적이 그의 은혜를 찬양케 하기 위함이라고 말씀하십니다. 할렐루야!

고난당하면 기도하고, 즐겁고 잘되면 찬양하십시오. 이 두 가지로 나아갈 때 우리의 인생길이 하나님의 축복으로 넘칠 줄 믿습니다.

> 야고보서 5장 14-16절 *야고보서 강해*

위대한 의사의 처방

건강하게 사는 것이 얼마나 큰 복인지 모릅니다.
슐라이어마허가 말했습니다.
"사람이 살아가면서 하는 어리석은 일 중 가장 어리석은 일은 자기의 건강을 해치면서 일을 하는 것이다."
아무리 공부가 중요하고 일류 대학에 들어가는 것이 중요하지만 건강을 해치면서 공부하는 것은 어리석은 일입니다. 제 선배님 한 분이 미국에서 열심히 공부해서 짧은 시간에 박사학위를 받고 한국에 돌아왔는데, 3개월 만에 세상을 떠났습니다. 일류 대학에 들어가지 못해도 건강한 것이 복이지, 일류 대학에 들어가고 병들어 죽는 것은 복이 아닙니다. 진급하지 못해도 건강한 것이 복이지, 진급하고 죽는 것은 복이 아닙니다.
신명기 34장에, 모세는 120세가 될 때까지 눈이 흐리지 않고 기력이 쇠하지 아니했다고 말씀하십니다. 여러분과 저도 모세처럼 모두 건강하시기를 축원합니다.

　신명기 28장은 축복과 심판의 장입니다. 신명기 28장 1-14절에는 하나님의 말씀에 겸손히 순종하는 자가 받을 축복이 기록되어 있습니다. 하나님 말씀에 순종하는 자에게 하나님께서 하늘의 복과 땅의 복을 다 주시는데, 아무리 눈을 닦고 찾아보아도 거기에는 병이 없습니다. 하나님의 축복의 목록에는 병이 없습니다. 결핵이나 암이나 어떤 병도 축복의 목록이 아닙니다. 그러나 15-68절에는 하나님 말씀을 듣지 않는 자에게 내려지는 벌이 기록되어 있는데, 그 벌들 중에는 병들이 가득합니다.

　물론 모든 병이 다 저주나 심판 때문은 아닙니다.

　욥에게 병을 주신 것은 정금처럼 빛나게 하시기 위함이었고, 사도 바울을 아프게 하신 것도 겸손하게 하시기 위함이었습니다. 고린도후서 12장 7-9절을 보면, 사도 바울이 얼마나 몸이 아팠던지 육체의 가시라고 명명할 정도로 아파서 하나님 앞에 세 번이나 간구했습니다.

　"하나님, 너무 아프니 고쳐 주세요."

　그런데 하나님께서는 그에게 "내 은혜가 네게 족하다. 너는 너무 많은 은사를 받았어. 네 손수건만 갖다 놓아도 병자가 낫는데 네가 건강하기까지 하면 너는 잘못된다. 너는 병이 있어야 겸손하다"라고 말씀하셨습니다. 그래서 사도 바울에게 일평생 병을 주신 것입니다.

　한경직 목사님이 3년 가까이 폐결핵으로 꼼짝 못하고 방에서 지냈는데, 그것도 하나님께서 3년간 목사님을 훈련시키신 것이었습니다. 큰 목회를 하시도록 3년간 방에서 책만 읽게 훈련시키신 것입니다.

그러니 남들이 아플 때 "저주를 받았어"라고 하면 안 됩니다. 거기에 하나님의 다른 뜻이 계십니다.

하지만 그럼에도 불구하고 병의 대부분은 축복이 아닙니다. 그래서 우리가 병을 원해도 안 되고 병이 내게 왔을 때 받아들여도 안 됩니다. 그것을 극복하고 이겨야 합니다. 병과 싸워 이기기를 바랍니다.

그리고 건강하기 위해서 노력도 해야 합니다.

물론 잠언 10장 27절, 잠언 22장 4절, 에베소서 6장 1-3절 말씀대로 우리가 하나님을 겸손히 섬기고 부모님을 공경하면 건강하게 되어 있습니다. 하지만 우리가 아무리 하나님을 잘 섬기고 부모님을 공경해도 우리 스스로도 조심해서 살아야 합니다.

세계 역사에서 가장 위대한 의사라고 불리는 베르하이트는 네덜란드 의사입니다. 그가 세상을 떠날 때 그의 가족에게 최고의 건강 비결이 기록된 700페이지의 책을 남겨 주었습니다. 장례식을 치른 후 가족들이 그 책을 폈습니다. 건강의 비결이 무엇인지 알기 위해 1페이지, 2페이지, 3페이지……자꾸 넘겨도 모두 백지였습니다. 600페이지, 699페이지까지도 백지였습니다. 아무것도 없었습니다. 그런데 700페이지에 딱 세 마디가 있었습니다.

"머리는 차게, 발은 따뜻하게, 배는 8부만 채워라."

항상 머리는 차게, 발은 이불을 잘 덮어서 따뜻하게, 그리고 음식은 적게 먹어 배가 8부 이상 차지 않게 하라는 것이었습니다.

많이 먹으면 일찍 돌아가신다는 사실을 아시기 바랍니다. 물론 많이 먹고 일찍 돌아가신 분은 한은 없을 것입니다. 다른 사람들이 오래 살면서 적게 먹은 만큼 많이 먹었으니 말입니다. 그러나 그것이 지혜로운 일은 아닙니다.

어쨌든 우리 모두 건강하게 길이길이 사시기를 축원합니다.

그런데 우리가 아무리 조심하고 음식을 아무리 알맞게 먹어도, 병은 눈썹 위에 있다는 말이 있듯이 어느 날 병이 뚝 떨어져 내가 병으로 고생하거나 내 가족이 병으로 고생할 때가 있는 것입니다. 지금 병원마다 환자들이 가득한데, 그들 중에서 병을 원해서 얻은 사람은 아무도 없을 것입니다. 모두 원치 않았는데 어느 날 병이 온 것입니다.

그러면 이 병을 치료하고 극복하기 위해서 어떻게 해야 될까요?

1977년, 영국의 레이 크리스프 씨의 어린 딸 롤리가 뇌종양에 걸렸습니다. 두 번이나 수술을 받았는데도 치유할 수 없다는 판정이 났습니다. 이제 더 이상 치료할 수 없어서 죽게 되었으나 아버지는 사랑하는 딸이 뇌종양으로 죽는 것을 받아들이지 못하여 회사의 주간 근무를 야간 근무로 바꾸고는 매일 낮에 대학 도서관에 가서 딸의 뇌종양을 치료할 길이 있는지 살폈습니다. 또 어느 곳에 유명한 의사, 위대한 의사가 있어 딸의 뇌종양을 치료할 수 있는 길이 있는지 찾고 또 찾았습니다. 결국 그는 미국의 캘리 박사가 자기 딸과 똑같은 뇌종양 환자 5천 명을 수술해서 깨끗이 완치시켰다는 보고서를 찾게 되었습니다. 그는 캘리 박사에게 편지를 보냈습니다.

"나의 사랑하는 딸이 뇌종양으로 죽어 가고 있는데 살려 주세요."

캘리 박사가 걱정하지 말고 데리고 오라는 답을 보냈습니다. 롤리를 캘리 박사에게 데리고 갔습니다. 세상에! 캘리 박사는 그 큰 병, 뇌종양, 암을 치료하여 롤리를 사흘 만에 퇴원시켰습니다. 롤리가 완전히 완쾌되었습니다. 영국 BBC방송국에서 그 사실을 그대로 방영했는데, 그것을 보고 영국민들이 얼마나 감동을 받았는지 모른다고 합니다.

보통 의사가 치료하지 못할 것도 위대한 의사는 치료하는 처방을 알고 있습니다.

그러면 이 세상에서 가장 뛰어나신 의사, 가장 위대한 의사는 누구겠습니까?

아마도 몇 분은 허준, 어떤 분은 베르하이트, 혹 어떤 분은 캘리 박사를 생각할지 모르겠습니다. 그러나 모두 아닙니다.

최고로 위대한 의사, The Great Doctor, Healer, 가장 큰 의사는 하나님이십니다. 할렐루야!

출애굽기 15장 26절에 하나님께서 친히 말씀하셨습니다.

"나는 너희를 치료하는 여호와임이니라(I am the Lord, who heals you)." 할렐루야!

하나님께서 '내가 너희를 치료하는 의사라'고 말씀하셨습니다. 하나님을 따라잡을 의사가 없고, 하나님께서는 못 고치실 병이 없습니다. 하나님께서는 전능하십니다. 할렐루야!

그런데 이런 하나님께서 야고보를 성령으로 감동하시사 병든 자에게 처방을 내리셨습니다. 이것이 오늘 본문의 내용입니다.

그렇다면 하나님께서 내리신 첫 번째 처방은 무엇입니까?

"너희 중에 병든 자가 있느냐 저는 교회의 장로들을 청할 것이요 그들은 주의 이름으로 기름을 바르며 위하여 기도할지니라 믿음의 기도는 병든 자를 구원하리니"(약 5:14-15).

장로는 교회에서 인정받는 지도자들을 말합니다. 병이 들었다 하면 교회에서 인정받는 지도자들의 기도를 받으라는 것입니다.

이것이 위대하신 의사이신 하나님께서 내리신 첫째 처방입니다.

왜 교회 지도자들에게 기도를 받으라고 하셨습니까?

하나님께서는 치료하는 능력이 있으시고 예수님께서 십자가에 달리시기 전에 채찍에 맞으신 것은 여러분과 저의 병을 치료하기 위해서이기 때문에 공로가 있지만, 기도할 때 그 능력과 그 공로가 내게 오는데 특별히 교회 지도자들이 기도할 때 그 능력이 더 강하게 흐르기 때문입니다. 할렐루야!

그러면 왜 '병든 네가 먼저 기도하라'고 하지 않으시고, 교회 지도자들을 부르라고 하셨을까요? 교회 지도자들은 거의 대부분, 97퍼센트는 의인이기 때문입니다. 목사님들과 장로님들도 가끔 실수를 합니다. 하지만 거의 대부분의 목사님들과 장로님들은 의인입니다. 한국이나 미국이나 일본이나 어디를 가도 대부분의 목사님들과 장로님들은 의롭습니다.

서양 격언에 "아무리 사회 도덕이 높다 해도 교회 도덕을 따를 수 없고, 아무리 교회 도덕이 높다 해도 성직자의 도덕을 따를 수 없다"라는 말이 있습니다. 사회의 어떤 사람이 아무리 귀하게 산다 해도 교회 지도자의 삶을 따를 수가 없습니다. 교회 지도자들은 마음에 품는 생각이 다릅니다. 비전이 다릅니다. 입의 말이 다릅니다. 생활이 다릅니다.

그런데 야고보서 5장 16절에 "의인의 간구는 역사하는 힘이 많으니라"고 말씀하십니다. 할렐루야! 잠언 15장 29절에도 하나님께서 의인의 기도를 들어주신다고 말씀하셨습니다. 하나님께서는 죄인의 기도도 불쌍히 여겨 주시지만, 의인의 기도에 능력을 베풀어 주십니다.

그리고 교회 지도자들은 믿음이 크기 때문입니다.

오늘 본문 15절에 '믿음의 기도는 병든 자를 일으킨다, 구원한다' 라고 말씀하시는데, 대개 목사님들과 장로님들, 권사님들은 믿음이 온전하고 큽니다.

마태복음 21장 22절에도 "너희가 기도할 때에 무엇이든지 믿고 구하는 것은 다 받으리라(If you believe, you will receive whatever you ask for in prayer)"고 말씀하셨습니다. 할렐루야!

그래서 믿음이 강한 주의 종들이 기도할 때 응답이 오는 것입니다.

더군다나 하나님께서는 교회 지도자들의 손에 권세를 주셨습니다. 정부에서 경찰관의 손에 권세를 맡겼습니다. 그러니 푸른 신호등이라도 경찰관이 손을 들어 딱 세우면 수십 대, 수백 대의 차가 가지 못하고 섭니다. 경찰관의 손에서 무슨 차력이나 초능력이 나와서 차가 서는 것이 아닙니다. 정부에서 그 손에 권세를 주었기 때문에 푸른 신호등이지만 경찰관이 수신호로 막으면 다 서야 하는 것입니다. 그리고 적색 신호등이라도 경찰관이 가라고 하면 가야 합니다. 신호등을 초월하는 권세를 정부에서 경찰관에게 주었기 때문입니다.

마찬가지로 하나님께서는 주의 종들의 손에 권세를 주신 것을 믿으시기 바랍니다. 우리 주님께서 친히 주셨습니다.

"병든 사람에게 손을 얹은즉 나으리라"(막 16:18).

그래서 여러분의 손보다 교회 지도자의 손을 얹으면 병이 낫는 일이 많은 것입니다.

다음 주 우리 교회에 오실 목사님 교회의 한 장로님의 간증입니다. 경북대학교의 유명한 교수님으로 대구시에서 큰 일을 하고 계시는 장로님이 서울의 모 대학 교수로 계실 때 간경화로 배가 산처럼 붓고 황달로 피부색이 노랗다 못해 새까맣게 되었답니다. 아무도 손을 쓰지 못해 죽기만을 기다리고 있는데, 장로님을 알지도 못하는 한 목사님이 장로님의 소식을 듣고 오셔서는 장로님의 배에 손을 얹고 간절히 기도를 하셨답니다. 그때 장로님의 마음에 '아, 나는 낫는구나. 이제는 치료되는구나' 라는 믿음이 왔답니다. 그런데 그때 정말 낫게 되었고 지금도 아주 건강하십니다. 새벽기도도 거르지 않으시며 교수님으로 승리하시고, 장로님으로 충성하시는 모습이 얼마나 아름다웠는지 모릅니다.

하나님께서는 주의 종들의 손에 권세를 주셔서 병든 사람은 주의 종들을 통하여 기도 받기를 원하십니다.

오늘 1부 예배를 마친 후에도 한 집사님이 "목사님, 감사합니다, 감사합니다"라고 하셨습니다. "왜 그러세요?"하고 물으니, 인대가 늘어져 한 달간 치료를 받아도 낫지 않았는데 제게 기도를 받은 후 깨끗이 나았다고 했습니다. 그래서 그렇게 감사하다고 했던 것입니다.

하나님께서 내리신 두 번째 처방은 무엇입니까?

"주의 이름으로 기름을 바르며"(약 5:14).

이 기름은 참기름도 아니요, 들기름도 아니요, 식용유도 아닙니다. 이 기름은 올리브유, 감람유입니다. 감람유에는 두 종류가 있습니다. 하나는 '크리오' 이고, 다른 하나는 '엘라이오' 입니다. '크리오' 라는 감람유는 식용유이고, '엘라이오' 라는 감람유는 병을 고칠 때 사용하는 치료약입니다.

누가복음 10장 30-37절에 보면, 어떤 사람이 길을 가다가 강도를 만나서 가지고 있던 것을 다 빼앗기고 너무 많이 맞아 피를 흘리며 죽어 가고 있습니다. 그것을 보고 선한 사마리아 사람이 포도주와 기름(엘라이오)을 발라 치료해 주었습니다.

이사야 1장 6절에도 기름을 발라 치료한다는 내용이 있고, 마가복음 6장 13절에도 예수님의 제자들이 병자들을 고칠 때 기름을 발라서 고쳤다고 말씀하십니다.

이것이 무슨 말씀입니까?

우리가 병들었을 때 기도만 하는 것이 아니라는 것입니다. 의사의 도움도 받아야 되고, 약도 먹어야 된다는 것을 가르치시는 것입니다. 이것이 하나님의 처방입니다.

이사야 38장을 보면, 히스기야 왕이 악성 피부병으로 죽어 갑니다. 그런데 죽기 싫어서 살려 달라고 울면서 기도합니다. 벽을 향하고 하나님 앞에서 통곡합니다. 여자의 눈물에 약한 자는 남자라고 하지만, 하나님께서도 눈물에 엄청 약하십니다. 하나님께서 히스기야 왕에게 사형 선고를 내리시고, "이제 너는 네 집을 정리하라"고 말씀하셨는데, 히스기야가 그렇게 울며 기도하니 감동하신 하나님께서 이사야에게 다시 말씀하셨습니다.

"이사야, 히스기야에게 가서 15년을 더 살게 하라."

여러분, 죽을병에 걸려도 눈물을 흘리며 기도하면 하나님께서 살게 해 주십니다. 할렐루야!

그런데 하나님께서 히스기야를 성령의 능력으로 치료하지 않으셨습니다.

"이사야, 무화과 뭉치를 가지고 가서 그것을 발라 치료해라" 하고 말씀하셨습니다.

그리하여 이사야가 무화과의 즙을 짜서 히스기야 왕의 피부에 바르니 깨끗하게 나았습니다. 지금도 무화과 즙을 짜서 바르면 무좀도 낫고 피부병이 거의 낫는답니다.

하나님께서는 성령의 능력으로만 치료하시는 것이 아니고, 약을 통하여, 의사를 통하여도 치료하시는 것을 믿으시기 바랍니다.

우리 교회의 의사 선생님들, 또 약사님들의 손길이 하나님의 손길이 되기를 바랍니다. 복 있는 치료의 손길이 되기를 바랍니다. 이것은 중요한 것입니다.

LA에 있는 한 교회의 집회 때, 큰 마켓을 경영하는 안수 집사님이 점심을 대접했습니다. 그분이 제게 이런 이야기를 했습니다.

"목사님, 저는 8년 전에 죽을 사람이었습니다. 간경화로 끝난 사람이었습니다. 그런데 한 한의사가 레몬즙을 마시라고 해서 매일 세 번씩 레몬을 꾹꾹 짜서 그 신 것을 약으로 마셨더니 깨끗하게 나았습니다."

대구 제일교회의 한 집사님은 간경화로 돌아가시게 되어 기도하는데, 하나님께서 양파와 양배추를 보여 주셨습니다. 그것을 약이라 믿어 열심히 양배추에 밥을 싸서 먹고, 양파도 먹었답니다. 그랬더니 정말 깨끗하게 나았답니다.

기도할 때 하나님께서는 좋은 의사도 만나게 해 주시고, 좋은 약도 주시는 것을 믿으시기 바랍니다.

고집을 부리면 안 됩니다. 지금 맹장이 터져 가고 있으면 빨리 병원에 가서 수술해야 되는데, "주여, 저는 절대로 의사가 필요없어요! 하나님께서 직접 치료해 주세요" 하고 고집을 부리면 하나님께서 뭐라 하시겠습니까?

"야, 너도 고집이 대단하구나. 야, 아예 일찍 여기에 와서 살아라" 하시며 데리고 가실지도 모릅니다.

하나님께서는 '기도하되, 병원에 가라! 약도 먹어라'고 말씀하신다는 것을 기억하시기 바랍니다.

하나님께서 내리신 세 번째 처방은 무엇입니까?
"너희 죄를 서로 고하며"(약 5:16).
'네 죄를 고백하라(Confess your sins), 고백하라(confess).'
모든 병이 죗값은 아니지만 거의 대부분의 병은 죄 때문에 옵니다.

요한복음 9장을 보면, 나면서부터 소경 된 사람이 걸어갈 때 제자들이 예수님께 묻습니다.

"예수님, 저 사람은 나면서부터 소경이 된 사람인데요. 그것이 자기 죄 때문입니까, 부모 죄 때문입니까?"

우리 주님께서는 "자기 죄 때문도 아니고 부모 죄 때문도 아니다. 하나님께서 그에게 하실 일을 나타내시기 위함이다"라고 하시고는 그를 불러 눈에 진흙을 바르시고 실로암 못에 가서 씻게 하시니 그의 눈이 깨끗하게 나았습니다. 그래서 하나님께 영광을 돌렸습니다.

모든 병이 죗값은 아닙니다. 하지만 대부분의 병은 죗값입니다. 죄 때문에 병이 옵니다. 부모를 미워했거나, 간음을 했거나, 잘못을 했기 때문에 병이 오는 것입니다. 그런 병은 회개하기 전에는 고쳐 주지 않으십니다.

누가복음 5장을 보면, 네 명의 친구가 지붕을 뜯고 침상 채로 중풍병자를 달아 내렸을 때, 그 사람의 병은 죄 값인 것을 아시는 우리 주님께서 병을 고쳐 주지 않으시고 "네 죄 사함을 받았느니라"고 말씀하셨습니다. 그리고 "네 침상을 가지고 집으로 가라"고 말씀하셨습니다. 중풍병자가 죄 사함을 받고 일어나 집으로 갔습니다.

그런데 내 죄 때문에 꼭 내가 아픈 것은 아닙니다. 아비가 죄를 지으면 자손 3-4대까지 병을 앓을 수도 있습니다. 성경대로 하나님을 미워하는 자의 죄를 아들, 손자, 증손자 때까지 내리십니다. 그리고 아버지가 죄를 지었어도 그 아버지를 치시면 집이 망해 살 길이 없으니 그 아버지는 살려 놓고 딸이나 아들을 치실 때도 많습니다.

그러므로 여러분 가족이나 본인이 병들었으면 자기를 살피고 회개할 수 있기를 바랍니다. 회개가 치료하는 약입니다. 죄를 회개하는 것이 하나님의 처방입니다. 아무리 큰 병이라도 죄 때문에 얻은 병은 회개하면 하나님께서 반드시 치료해 주시는 것을 믿으시기 바랍니다. 이것이 중요합니다.

그리고 마지막, 네 번째 처방은 무엇입니까?
"위하여 서로 기도하라"(약 5:16).

교회 목사님, 교회 장로님, 교회 지도자들의 기도만 받으라는 것이 아닙니다. 그분들의 기도를 받고 스스로 회개하되, 그 다음에는 동료끼리 서로 기도 제목을 나누며 합심해서 기도하라는 것입니다.

마태복음 18장 19절에 "너희 중에 두 사람이 땅에서 합심하여 무엇이든지 구하면 하늘에 계신 내 아버지께서 저희를 위하여 이루게 하시리라"고 말씀하십니다. 할렐루야!

저하고 노 장로님이 줄 당기기를 하면 아마도 노 장로님이 이기실 것입니다. 노 장로님이 저보다 키도 더 크고, 힘과 뼈도 더 강해 보이지 않습니까? 그러나 제 뒤에서 초등학교 5학년 아이가 달라붙어 당겨 주면 제가 이기게 됩니다. 한 사람과 한 사람이 붙으면 밀고 밀리지만, 한쪽에만 한 사람이 더 붙으면 그쪽이 이기게 되는 것입니다.

영적인 세계도 마찬가지입니다.

여러분, 제가 잘나서 우리 교회가 되는 줄 아십니까? 제가 유능해서 제가 강단에 설 때마다 세계가 은혜 받는 줄 아십니까? 아닙니다.

영적인 세계의 길이 있습니다. 여러분이 하루 세 번씩 저를 위해 기도해 주시고, 여전도회, 남선교회 모임 때마다 저를 위해 기도하고, 심지어 우리 부목사님들이 심방 가서서도 먼저 저를 위해 기도하고, 교사들이 아이들을 가르치기 전에도 저를 위해 기도하니 그 모인 기도의 힘이 그대로 하나님의 능력이 되어 제가 이렇게 목회를 하는 줄로 믿습니다. 이것은 굉장한 것입니다.

영적인 길이 있습니다. 그러므로 나 혼자만 기도하지 말고 다른 사람의 기도의 힘을 이용해야 되는 것입니다.

익산에 있는 큰 교회를 섬기시는, 교계의 존경을 받는 목사님 따님의 간증입니다. 그 따님이 이화여자대학에 다닐 때 거의 실명했습니다. 장님이 다 되어 더듬더듬 걸었습니다. 하루는 교회에서 예배를 드리고 더듬더듬 나오는데, 그 따님의 친구 언니가 그 모습을 보았습니다.

"아니, ○○야, 너 왜 그래?"

"언니, 안 보여. 눈이 점점 나빠져서 이제 장님이 다 되어 가."

"왜 그래?"

"몰라. 이유도 없어. 나을 길도 없고 약도 없대."

"이리 오너라."

아이를 벽에 세운 뒤 서울대학교 4학년인 그 여학생이 눈에 손을 대고 기도했습니다.

"하나님, ○○가 왜 이래요? 눈이 이러면 안 되잖아요? 무슨 잘못이 있나요? 용서하세요. 주님 이름으로 기도하니 낫게 해 주세요……."

기도하는데 눈이 치료되었습니다. 깨끗하게 나았습니다.

그 아버지이신 목사님이 딸을 위해 얼마나 기도를 많이 했겠습니까? 그런데 낫지 않았습니다. 그러나 하나님께서는 친구 언니의 기도로 낫게 하셨습니다.

하나님께서 주의 종을 통해서 역사하시지만, 때로는 구역원이나 구역장을 통해서 역사하십니다. 할렐루야!

우리 주님께서 마가복음 16장 17-18절에 주신 약속이 무엇입니까?

"믿는 자들에게는 이런 표적이 따르리니 곧 저희가 내 이름으로 귀신을 쫓아내며 새 방언을 말하며 뱀을 집으며 무슨 독을 마실지라도 해를 받지 아니하며 병든 사람에게 손을 얹은즉 나으리라."

이 약속을 목사님, 장로님에게만 주신 것이 아니고 여러분에게도 다 주신 것을 믿으시기 바랍니다. 그러므로 여러분의 아이가 아플 때 손 얹고 기도하시기 바랍니다. 여러분이 아파도 손 얹고 기도하시기를 바랍니다. 이것이 하나님의 처방입니다.

그리고 합심해서 기도하면 능력이 나타납니다.

'나는 만성 간염이니 조심해서 살아야지' 하는 것은 여러분의 처방입니다. 하나님의 처방은 '내가 치료하리라' 는 것입니다.

그래서 주의 종들에게 기도도 받고 의사의 약도 먹어야 하지만,

회개하고 스스로 기도해야 하지만, 친구들과 동료들에게도 기도 부탁을 해야 하는 것입니다.

오늘 여기에 계신 분들 가운데 몸에 병이 있는 분은 지금 이 자리에서 우리 주님의 치료를 받기 바랍니다. 우리에게 감기는 간단하고 암은 크지만, 하나님께는 무슨 병이든 다 똑같습니다. 죽은 자를 살리신 하나님을 믿으시기 바랍니다.

그 권세를 믿고, 오늘 앞뒤 좌우에 계신 분들을 위하여 기도해서 오늘 여기에 기적이, 사도행전의 역사가 나타나기를 바라고 믿습니다.

야고보서 5장 17-18절 　야고보서 강해

기도의 대가, 엘리야

자기가 옳다고 생각하면 절대로 물러서지 않고 굽히지 않는 한 고집쟁이 선비가 있었습니다. 하루는 그 선비가 재상과 마주 앉아 대화를 했습니다. 한 나라 재상과 선비는 견줄 수 없는 신분의 차이가 있는데 선비가 너무 당돌하게 말을 하니 재상이 화가 나서 말했습니다.

"감히 일개 선비 주제에 재상의 말을 어찌 그렇게 앉아서 듣는가?"

"재상의 말씀을 엎드려 들어야 한다면 임금님의 말씀은 땅을 파고 들어가서 들어야 하지 않겠습니까?"

그 말에 재상이 할 말을 잃었다고 합니다.

임금님의 말은 땅을 파고 들어가서 들어야 한다면 만왕의 왕이신 하나님의 말씀을 들을 때는 어떻게 해야 하겠습니까?

하지만 왕이라도 아들딸인 왕자나 공주하고는 마주 앉아 음식을 나누고 사랑의 대화를 나눕니다.

그 말씀을 들으려면 왕이라도 땅을 파고 들어가 엎드려야 할 하나님이십니다. 그런데 우리는 예수 그리스도를 영접함으로 하나님의 자녀가 되어 하나님의 상에서 하나님의 떡을 함께 먹으며 사랑의 음성을 듣습니다. 할렐루야!

감사한 마음으로 하나님의 말씀을 받아야 될 줄 믿습니다.

은혜가 무엇입니까? 깨닫는 것이 은혜입니다.

순교자 빌리는 어느 날 설교를 듣다가 속죄함의 은혜를 깨닫고는 "마치 캄캄한 세상에 환한 빛이 비쳐오듯이 내 심령이 그러했다"라고 간증했습니다.

오늘 우리 가운데 캄캄한 상태에 있는 분이 계시면 말씀을 듣다가 깨달아 환하게 밝아지는 경험을 할 수 있기 바랍니다.

오늘 성경은 엘리야를 가리켜 큰 기도의 사람이라고 합니다.

"엘리야는 우리와 성정이 같은 사람이로되 저가 비 오지 않기를 간절히 기도한즉 삼 년 육 개월 동안 땅에 비가 아니 오고 다시 기도한즉 하늘이 비를 주고 땅이 열매를 내었느니라"(약 5:17-18).

그런데 큰 기도의 사람이라고 말씀하시기 전에 "엘리야는 우리와 성정이 같은 사람이로되"라고 말씀하셨습니다. 이것은 '엘리야는 우리와 똑같은 사람이다'라는 말씀입니다. 우리와 똑같은 사람인 엘리야가 얼마나 큰 기도의 사람인지, 비가 오지 않도록 기도하니 3년 6개월 동안 하나님께서 하늘 문을 닫으셔서 비가 한 방울도 내리지 않았습니다. 또 그가 "하나님, 이제는 비를 주세요"라고 기도하니 3년 6개월 동안 하늘을 닫으셨던 하나님께서 그 기도를 들으시고 하늘 문을 열어 축복의 비를 내려 주셨습니다. 엘리야는 하늘 문을 닫고 여는 사람이었습니다. 굉장합니다.

남의 집 문은 내가 함부로 열고 닫지 못합니다. 집 주인이 열어 주어야 들어갈 수 있습니다. 그러나 내 집의 문은 내가 마음대로 열고 들어갑니다.

그런데 엘리야는 기도로 하늘 문을 자기 문처럼 열고 닫았습니다. 우리 모두 이런 기도의 대가가 될 수 있기를 바랍니다.

대가와 아마추어의 차이는 하늘과 땅입니다.

우리 한국 야구 선수 중 가장 유명한 선수가 누구입니까? 박찬호입니다. 미국에서 박찬호 선수는 대단합니다. 천만 불의 연봉을 받는다고 들었습니다. 한 달 월급이 10억 원입니다. 우리 중에서 10억 원의 월급을 받는 사람이 있습니까? 야구 선수라도 아마추어는 먹고 살기도 바쁜데 프로 선수가 되면 한 달에 10억 원도 버는 것입니다.

태권도를 해도 초단은 그것으로 살기가 어렵습니다. 그러나 8단이 되면 다릅니다. 제가 미국에서 태권도 8단인 한 분을 만났는데, 미국 국회의원과 시장도 그분에게 태권도를 배우러 와서 그분과 친구가 되었습니다. 태권도로 터전을 잡아 사업을 하고 있는 그분이 지금은 그 지역의 유지가 되어 있습니다. 태권도를 해도 8단이 되면 그것으로 살고, 그 지역 유지도 될 수 있는 것입니다.

그림을 그리는 화가도 아마추어로는 밥 먹고 살기도 힘듭니다. 하지만 미켈란젤로나 반 고흐 같은 사람이 그린 그림은 한 장에 350만 불, 400만 불의 값이 나갑니다. 그림 한 장에 50억 원씩 되는 것입니다.

대가가 되어야 합니다. 바둑을 해도 대가가 되어야 합니다. 무엇을 해도 대가가 되어야 합니다.

따라 합시다. "대가가 되고 볼 일이다."

여러분, 대가는 아마추어와 다른 것이 또 있습니다.

권투 선수들을 보십시오. 아마추어 선수는 3회전만 뛰면 헉헉 헉 하며 기진맥진합니다. 그러나 프로 선수는 15회전을 뜁니다.

어차피 학생들은 모두 공부해야 하는데 아마추어 학생이 되지 말고 대가 학생이 되기를 바랍니다. 그래서 우리 교회에서 앞으로 사법고시, 행정고시, C.P.A. 등 모든 시험에서 합격자가 벌 떼처럼 일어나기를 바랍니다. 내년부터 사법고시에서 천 명씩 뽑는다고 하는데 500명이 우리 교회에서 나오면 좋지 않겠습니까?

무슨 일에서든지 대가가 되면 되는 것입니다. 식당의 주방장도 대가가 되면 월급을 천만 원 이상 받으면서 대접받고 삽니다. 그 주방장이 옮겨갈까 봐 주인이 벌벌 떱니다.

그러나 뭐니뭐니 해도 가장 멋진 대가는 기도의 대가임을 믿습니다.

야구의 대가, 골프의 대가, 학문의 대가는 세상에서는 빛이 있어도 요단 강 건너 천국 갈 때는 아무 소용이 없습니다. 그러나 기도의 대가는 이 세상에서도 멋지게 승리하며 살다가 하늘에서도 귀하게 됩니다. 할렐루야!

엘리야를 보십시오. 세상에서 살 때도 엄청난 일을 했습니다. 흉년이 들어 다른 사람들이 죽을 때에도 기도의 대가는 하나님께서 죽지 않게 하십니다.

"엘리야, 요단 강 앞 그릿 시냇가에 있어라. 그러면 까마귀들이 양식을 물어다 줄 것이다."

엘리야가 고기와 떡을 좋아했나 봅니다. 아침과 저녁으로 까마귀들을 시켜 고기와 떡을 물어다 주게 하시니 엘리야가 그것을 먹으며 삽니다. 또 그릿 시냇물이 마르니 엘리야를 큰 우물이 있는 사르밧 과부의 집으로 보내시고 밀가루 통과 기름병에 기적을 주시어 밀가루와 기름이 마르지 않고 계속 나와 살게 하셨습니다. 할렐루야!

그리고 열왕기상 18장을 보면, 엘리야가 기도하니 하나님께서 불덩어리, 성령의 불을 내리셔서 제물과 제단의 흙과 돌을 태우시고 물까지 핥게 하셨습니다. 엘리야의 기도가 응답 받는 것을 보고, 온 백성이 "여호와! 그는 과연 하나님이시로다! 여호와! 그는 하나님이시로다!"라고 찬양했습니다. 온 백성의 신앙을 하나님 앞으로 인도한 것입니다.

엘리야는 기도의 대가입니다.

또 열왕기하 2장을 보면, 자기 옷을 벗어 물이 흐르는 요단 강에서 "하나님!" 하고 물을 치니 요단 강 물이 쫙 갈라졌습니다.

저는 오늘 오후에 이 말씀을 읽다가 '내일 낙동강에 가서 나도 한번 옷을 벗어서 이렇게 쳐 볼까?'라는 생각을 했습니다. 제가 칠 때도 물이 갈라지면 얼마나 좋겠습니까?

그리고 그는 어떻게 죽었습니까? 죽지 않았습니다. 하나님께서는 기도의 대가를 무덤에 들어가게 하지 않으셨습니다. 엘리사가 보는 앞에서 하늘로부터 불타는 말과 불 병거가 내려와 그를 태웠습니다. 엘리야는 회리바람을 타고 빙글빙글 돌면서 승천했습니다. 엘리야를 죽지 않게 하시고 바로 데리고 가셨습니다. 기도의 대가는 하나님께서 그 죽음도 귀히 여기십니다. 할렐루야!

그의 제자 엘리사도 기도의 대가입니다.

하나님께서 엘리야를 데리고 가시는 것을 보고 엘리사가 놀랐습니다. 그리고 그의 선생님 엘리야가 올라갈 때 그가 "내게 갑절의 영감을 주세요"라고 했기 때문에 엘리야에게서 떨어진 옷을 주워 가지고 요단 강에 서서 물을 치며 "엘리야의 하나님, 내 선생님의 하나님, 어디 계세요?"라고 하니 요단 강이 쫙 갈라졌습니다. 그 요단을 건넜습니다. 그것을 보고 선지자 생도들이 "아! 엘리야에게 계셨던 하나님의 영이 엘리사에게 갔구나" 하고는 같은 신학생 동료인 엘리사 앞에 엎드려 절을 했습니다.

이것은 참 놀라운 일입니다.

제가 목회하다가 마지막 날, 낙동강에서 옷을 벗어 이리저리 물을 가르고 후임 목사님과 함께 강을 건널 때 하늘에서 불 병거와 불 말이 착 내려와 저와 제 아내를 태우고 올라가고, 후임 목사님이 떨어져 있는 제 옷으로 낙동강을 치니 또 낙동강물이 갈라지면 우리 교회가 얼마나 복이 있겠습니까?

하나님께서는 그런 일도 하실 수 있으십니다.

그리고 엘리사가 갑절의 은혜를 받고 얼마나 큰 일을 했는지 모릅니다.

그 땅에 흉년이 들어 먹을 것이 없을 때 이 열매 저 열매를 따서 끓여 먹었는데 그것을 먹은 엘리사의 생도들이 말했습니다.

"하나님의 사람이여, 독이 들었어요."

엘리사가 "독이 들었어? 가루를 좀 갖고 오너라"고 하더니 그 가루를 뿌리고 "먹어라"고 했습니다. 그래서 먹으니 독이 없어졌습니다.

또 그 성읍은 아름답지만 물이 좋지 않아 과일이 기한 전에 다 떨어졌는데 엘리사가 그 물을 위해 기도하니 물이 변하여 좋은 생수가 되어 과일이 기한 전에 떨어지는 일이 없이 잘 익었습니다.

한 번은 어떤 사람이 보리떡 스무 개와 채소를 자루에 조금 담아 가지고 왔습니다. 그때 그곳에는 선지자 생도 100명이 있었습니다. 100명의 장정이 보리떡 스무 개로 어떻게 나누어 먹겠습니까? 그러니 사환이 "하나님의 사람이여, 이것을 가지고 어떻게 100명이 나누어 먹습니까?"라고 물었습니다. 그러나 엘리사가 기도하고 먹으니 100명이 먹고도 남았습니다. 예수님께서 행하시는 기적을 엘리사가 먼저 행했습니다.

이런 일도 있었습니다. 엘리사는 대머리였습니다. 대머리 선지자 엘리사가 벧엘로 올라갈 때 마을의 부랑아들이 나와서 "대머리여, 올라가라! 대머리여, 올라가라" 하고 놀렸습니다. 화가 난 엘리사가 하나님 이름으로 저주하자 수풀에서 암곰 두 마리가 나와 그 아이들 40명을 다 덮쳐 찢어 버렸습니다.

그러니 그 누구도 엘리사를 건드리지 못했습니다.

저에게도 암곰이 따라다녀서 제게 좋지 않은 말을 하는 사람을 덮치면 얼마나 좋겠습니까? 그러나 암곰이 따라다니지 않아도 하나님께서 천사를 파송하셔서 도와주시는 것을 믿습니다. 제가 오늘 여기까지 오게 된 것은 하나님 천사의 도움이시라는 것을 느끼고 믿습니다.

어쨌든 엘리사는 참 놀라운 선지자입니다.

선지자 생도의 아내 중 한 여인이 빚 때문에 두 아이를 채주에게 빼앗기게 되었습니다. 그 여인이 엘리사를 찾아와 도움을 청할 때 엘리사가 말했습니다.

"걱정하지 말고 마을에 가서 그릇을 적게 빌리지 말고 많이 빌리라. 그리고 문을 닫고 두 아들과 함께 거기에 기름을 부어라."

세상에! 한 병의 기름이 그 많은 그릇을 가득 채웠습니다. 채울 그릇이 더 이상 없을 때까지 기름이 따르는 대로 계속 나왔습니다. 그래서 그 여인의 문제가 해결되었습니다.

수넴에는 하나님의 사람인 엘리사에게 때때로 음식을 대접하는 한 귀한 여인이 있었습니다. 그 여인이 자기 남편에게 "저분은 하나님의 거룩한 사람이니 우리 마을 지나갈 때 우리가 대접합시다"라며 의논했습니다. 그래서 방 하나를 깨끗하게 지어 침상과 책상과 촛대와 의자를 다 준비해 놓고 엘리사를 쉬게 했습니다. 그런 대접을 받으니 엘리사 선지자가 미안하지 않았겠습니까? 그래서 사환 게하시에게 그 여인을 불러오게 했습니다.

"부인, 부인이 베풀어 주는 이 큰 사랑에 보답을 하고 싶소. 소원이 무엇이오? 왕께나 군대장관에게 부탁할 것이 있으면 말해 보시오."

엘리사가 왕에게 얼마나 귀히 여김 받는지 엘리사가 부탁하면 왕도 군대장관도 거절하지 못했기 때문에 엘리사가 이런 말을 한 것입니다. 지용수 목사가 부탁하면 대통령도, 참모총장도, 그 누구도 거절하지 못하게 되기를 바랍니다. 하나님의 종은 그렇게 귀히 여김 받아야 될 줄로 믿습니다. 그런데 부인이 "나는 내 백성 중에 거합니다. 하나님의 사람이여, 만족합니다"라고 했습니다.

그때 게하시가 말했습니다.

"선생님, 저 부인은 아이가 없습니다. 귀한 여자지만 아이가 없고 남편은 늙었습니다."

엘리사는 그 여인을 다시 불러서 말했습니다.

"부인, 돌이 되면 아기를 안을 것이오."

엘리사의 말대로 여인이 잉태하여 다음 해에 아들을 얻었습니다. 할렐루야!

그런데 그 아들이 죽었습니다.

열왕기하 4장에 보면, 엘리사가 게하시에게 말합니다.

"게하시야, 네 허리를 동여 매고 내 지팡이를 가지고 가라. 사람을 만나도 인사하지 말고 누가 네게 인사해도 받지 말고 가서 지팡이를 그 아이의 머리에 놓아라."

게하시가 그대로 했는데 아이가 살아나지 않았습니다. 그러니 엘리사가 친히 가서 그 아이의 몸에 엎드려 기도하여 아이를 살렸습니다.

그런데 그 당시 아람 왕이 이스라엘 왕을 암살하려고 간첩을 통해 이스라엘 왕의 움직임을 알아냈습니다. 그래서 왕이 사냥하러 가면 사냥하는 곳에, 낚시하러 가면 낚시하는 곳에 군사를 파송했지만 그때마다 이스라엘 왕이 오지 않아 번번이 헛수고를 했습니다. 그러니 아람 왕이 근심했습니다.

"우리 가운데 이스라엘의 첩자가 있구나. 어찌 이스라엘 왕이 계획대로 움직이지 않고 피하느냐? 이스라엘 왕과 연락하는 첩자가 내 부하 중에 있는 것이 틀림없다."

그때 한 부하가 말했습니다.

"아닙니다, 폐하. 우리 중에 첩자가 있는 것이 아니고 이스라엘의 엘리사라는 사람 때문입니다. 그는 하나님의 사람이라 우리 왕궁의 일뿐 아니라 왕이 마음에 생각하는 것까지 다 아는 놀라운 사람입니다. 그 사람 때문에 이스라엘 왕이 피하는 것입니다."

아람 왕의 계획을 아는 엘리사가 "왕이여, 거기에는 가지 마소서. 왕이여, 그리로 가소서"라고 해서 피하게 했던 것입니다.

그 말을 듣고 아람 왕이 진노하여 엘리사를 잡으려고 군대를 파송해서 도단을 에워쌌습니다. 엘리사를 잡아야 이스라엘 왕을 칠 수 있었기 때문입니다. 아람 군대가 성을 에워싸 치러 오는 것을 보고 게하시가 달려와서 말했습니다.

"하나님의 사람이여, 어찌하오리까? 아람 군대가 우리를 포위했습니다. 어찌하오리까?"

엘리사가 게하시에게 "두려워 말라, 저들과 함께한 군사보다 우리와 함께한 군사가 더 많으니라"고 말한 후 "하나님, 게하시의 눈을 열어 주세요"라고 기도하니 하나님께서 게하시의 눈을 열어 주셨습니다. 그러자 게하시의 눈에 하나님의 군대가 가득한 것이 보였습니다. 할렐루야!

아람 군대가 오는 것을 보고 엘리사가 "하나님, 아람 군대의 눈을 다 멀게 하소서"라고 기도하니 그 군인들이 모두 장님이 되었습니다. 엘리사가 그들을 사마리아 성에 데리고 가서 눈을 뜨게 했습니다. 그때서야 자신들이 포위된 것을 알고 아람 군인들이 바들바들 떨었습니다. 그때 이스라엘 왕이 엘리사에게 물었습니다.

"하나님의 사람이여, 쳐서 죽이리이까?"

"아닙니다. 칼로 잡은 자인들 어떻게 죽이겠습니까? 그저 떡과 물을 실컷 먹여서 보내소서."

눈을 뜬 아람 군인들이 떡과 물을 대접받고 돌아가서 다시는 이스라엘을 칠 생각도 하지 않았습니다. 왜입니까? 엘리사 때문이었습니다. 엘리사 한 사람이 백만, 천만 군대보다 더 강했습니다. 할렐루야!

이런 일을 하는 사람이 기도의 대가입니다.

정말 이 땅에 기도의 대가가 있으면 흉년이 들어도 하나님께서 비를 주실 줄로 믿습니다. 전쟁이 없게 하실 줄로 믿습니다. 우리 주변 국가가 우리를 두려워할 줄로 믿습니다.

그러면 어떻게 해야 엘리야, 엘리사 같은 기도의 대가가 될 수 있습니까?

엘리야와 엘리사는 특별한 사람이 아닙니다. 우리와 똑같은 사람입니다. 그런데 어떻게 그런 기도의 대가가 되었습니까? 꾸준히, 쉬임 없이 영성을 계발하면서 기도생활을 계속하였기 때문입니다.

여러분, 고시에 합격한 학생들은 하나같이 꾸준합니다. 고시에 합격한 학생들은 시험을 칠 때나 치지 않을 때나 똑같이 꾸준히 공부합니다. 그런 사람들이 대가가 되는 것입니다.

기도의 대가도 마찬가지입니다.

운동도 꾸준히 하는 사람이 대가가 됩니다. 꾸준히 하는 사람이 크게 되는 것입니다. 오늘 우리 학생이 바이올린 연주를 참 잘했는데, 얼마나 꾸준히 연습을 했겠습니까? 기분이 내키면 하고 내키지 않으면 하지 않고, 기분이 좋으면 하고 좋지 않으면 하지 않는 사람은 절대로 대가가 될 수 없습니다. 꾸준하게 해야 대가가 되는 것입니다.

기도도 꾸준히 해야 합니다. 기도의 용장인 다니엘도 하루 세 번씩 시간을 정해 놓고 꾸준히 기도했습니다. 베드로와 요한도 앉은뱅이를 일으킨 기도의 용장인데 제구시, 기도 시간에 기도했습니다. 시간을 정해 놓고 기도했습니다. 꾸준히 했습니다.

꾸준히 기도할 때 기도의 대가가 됩니다. 몇 달 하다가 안 하다가, 몇 년 하다가 안 하면 절대로 대가가 되지 못합니다. 그저 기도의 아마추어일 뿐입니다. 꾸준히 계속 기도하면 결국 하늘 문을 열고 닫게 되는 것입니다.

그리고 기도의 대가가 되려면 기도하는 일을 최고 우선순위에 두어야 합니다.

엘리야, 엘리사, 다니엘은 죽을지언정 기도했습니다.

다니엘서 6장에 보면, 다니엘은 120명의 도지사 위에 있는 세 총리 중의 한 사람으로, 그중에서 제일 뛰어나 왕의 사랑을 가장 많이 받았습니다. 그러니 모든 신하들이 시샘하여 다니엘을 꺾어 없애려 합니다. 그러나 아무리 살펴보아도 다니엘에게 흠과 티가 없습니다. 공적인 일에는 물론 사적인 일에도 흠과 티가 없고 허물이 없습니다. 그러니 할 수 없이 다니엘의 신앙을 갖고 모함합니다. 모든 방백들과 총리들이 왕에게 가서 말합니다.

"왕이시여, 우리가 왕을 높이기 위해 지금부터 30일 동안은 신이든 사람이든 막론하고 그에게 무엇을 구하는 자는 사자 굴에 집어넣기로 했습니다. 오직 왕께만 구하고 왕만 높이기로 했으니 도장을 찍어 주시옵소서."

다리오 왕은 기분이 좋아 어인을 찍었습니다. 그리고 그것을 광고로 다 알렸습니다. 다니엘은 그것이 자기를 잡으려 한 것임을 알면서도 창을 열고 하나님 앞에 기도했습니다.

'총리 자리를 뺏긴다 해도, 차라리 죽을지언정 기도는 한다.' 할렐루야!

다니엘은 기도하는 일을 제일 우선순위에 두었습니다. 결국 그는 사자 굴에 들어갔습니다. 사자 굴에 들어가도 기도했습니다. 그런데 사자 굴에 들어가니, 사자들이 "어서 오세요! 기도의 대가시여"라고 하는 것처럼 그 어느 사자도 다니엘을 잡아먹지 않았습니다.

그러나 다니엘의 적들을 사자 굴에 집어넣으니 사자들이 뛰어올라 그들의 뼈까지 부수어 버렸습니다.

여러분, 최 교수님이 갖고 계신 바이올린이 시가 3억 원인가 4억 원이 된답니다. 바이올린의 대가는 바이올린에 돈을 아끼지 않습니다. 바이올린 연주에 시간과 돈을 다 투자합니다. 자기 생애에 가장 중요한 시간과 중요한 돈을 거기에 다 투자합니다. 그러니 대가가 되는 것입니다.

피아니스트는 적어도 1-2억 원짜리 피아노를 갖고 있습니다. 제가 아는 한 교수님도 1억 원짜리를 세 대나 갖고 있습니다. 피아노의 대가는 피아노를 사는 데 돈을 아끼지 않고, 피아노 연주에 자기의 모든 것을 쏟습니다.

우리가 기도의 대가가 되기를 원한다면 기도하는 일에 시간을, 자기의 중요한 모든 것을 다 쏟아야 됩니다. 그러면 기도의 대가가 되는 것입니다. 할렐루야!

바울과 실라는 어디를 가더라도 먼저 기도할 곳을 찾아 기도했습니다.

우리 양곡교회는 그 어느 교회보다 기도에 정성을 다 쏟는 '기도의 대가' 교회가 되기를 바랍니다. 그러면 하나님께서 특별히 복을 내려 주실 줄로 믿습니다. 능력을 주실 줄로 믿습니다.

기도의 대가의 또 한 가지 큰 특징은 무엇입니까?

기도의 대가는 모두 거시적인 사람들이라는 것입니다. 기도의 대가 중에는 꾀죄죄한 사람이 없습니다. 내 아들, 내 딸, 내 식구만 위해 기도하는 사람이 하나도 없습니다. 그런 사람은 모두 기도의 아마추어들입니다. 내 교회, 내 가족, 내 자식만 위하는 사람들은 작은 사람들입니다.

다니엘은 조국을 위해서 기도했습니다. 자신은 총리로 잘 먹고 잘 살았습니다. 아쉬운 것 없이 총리로 잘 살았지만, 자기 조국을 생각하니 마음이 아파 "하나님이여! 내 조국을, 내 겨레를……" 하면서 하루 세 번씩 손 들고 기도했던 것입니다.

엘리야와 엘리사도 마찬가지입니다. 엘리야도 "하나님, 우리 백성이 언제까지 왔다갔다해야 하나이까? 확실한 믿음 위에 세워 주시옵소서" 하고 자기 겨레를 위해 기도했습니다. 엘리사도 나라를 걱정하고 왕이 다칠까 봐 피하게 해 주고, 그 전체를 위해 기도했습니다.

여러분, 기도의 대가는 내 아내, 내 자식, 내 교회는 물론 한국을 위해서, 한국의 교회를 위해서 기도합니다. 그리고 정치인들을 욕하지 않고 오히려 그들을 위해 기도하고, 경제인들을 위해 기도하고, 온 국민을 위해 기도하고, 또 해외 교민들을 위해 기도하고, 더 나아가 세계를 품고 기도합니다. 그것이 기도의 대가입니다.

한 마을에서 유명한 화가는 대가가 아닙니다. 마을의 화가일 뿐입니다. 한 도시에서 제일 그림을 잘 그리는 사람은 대가가 아닙니다. 그 도시의 화가일 뿐입니다.

대가는 세계가 아는 사람입니다. 세계가 아는 사람이 되려면 세계를 품어야 합니다.

기도의 대가가 되려면 적어도 한국과 세계를 품에 안고 기도하는 사람이 되어야 합니다.

야고보서 4장 2-3절에 "너희가 얻지 못함은 구하지 아니함이요 구하여도 받지 못함은 정욕으로 쓰려고 잘못 구함이니라"고 말씀하십니다.

내 욕심으로 '내 아들, 내 딸' 하는 것을 하나님께서 별로 좋아하지 않으십니다. 크게 기도할 때 하나님께서 크게 해 주시는 것을 믿으시기 바랍니다.

마지막으로, 기도의 대가의 특징은 거룩하다는 것입니다.

엘리야, 엘리사, 다니엘, 모두 거룩했습니다.

기도의 대가는 한 사람도 음란한 사람이 없습니다. 정직하지 않은 사람이 없습니다. 생활이 지저분한 사람이 한 사람도 없습니다. 모두 거룩합니다.

엘리야는 사르밧 과부의 집에서 한동안 같이 살았어도 그 과부와 스캔들이 없었습니다. 수넴 여인의 남편은 할아버지이고 수넴 여인은 아름다운 여자였습니다. 엘리사가 때때로 그 집에 가서 묵었지만 그 여인과 스캔들이 없었습니다. 초대교회의 바울과 베드로도 여자 성도들과 안고, 포옹했지만 아무런 스캔들이 없었습니다. 다니엘도 흠과 티가 없었습니다. 사적으로 공적으로 흠이 없었습니다.

기도의 대가는 모두 의인이었습니다.

물론 의인은 두 가지입니다. 죄가 있어도 예수님을 믿으면 의인이 됩니다. 할렐루야!

갈라디아서 2장 16절에 의인은 율법의 행위로써가 아니라 예수님을 믿음으로 의인이 되었다고 말씀하십니다. 할렐루야! 그러나 거기에 더해서 생활에서도 의인이 될 때 귀하게 되는 것입니다.

엘리야, 엘리사, 다니엘, 베드로, 바울, 기도의 대가들은 모두 믿음으로 의인이 되었지만, 생활도 의로웠습니다.

잠언 15장 29절에 "여호와는 악인을 멀리하시고 의인의 기도를 들으시느니라"고 말씀하십니다.

야고보서 5장 16절에도 "의인의 간구는 역사하는 힘이 많으니라"고 말씀하십니다.

저도 여러분도 꾸준히 기도하고, 기도하는 일을 제일 우선순위에 두고, 민족과 세계를 품고 기도하며, 그저 의롭게, 흠 없이 살려고 애쓰고 나아가기 원합니다. 그러할 때 우리 모두가 오늘의 엘리야, 오늘의 엘리사, 오늘의 베드로, 오늘의 다니엘이 될 줄로 믿습니다.

◀ 야고보서 5장 19-20절 야고보서 강해

내 형제들아

　　　　　야고보는 얼마나 엄하고 위엄이 넘치는 주님의 사람인지 모릅니다. 설교도 사랑으로 부드럽게 하지 않고, 꾸중하고 책망하고 '하라! 하지 말라! 정신 차려라! 깨어라'고 하면서 얼마나 무섭게 하시는지 모릅니다.

　그래서 우리가 야고보서를 공부하며 은혜를 받고 있지만, 야고보에게서는 사도 요한과 같은 사랑을 느끼기가 어려웠습니다. 그저 아주 무섭게 호령하신다고 생각했는데 계속 이 말씀을 묵상하니 그것이 아니라는 것을 알게 되었습니다. 표면적으로는 책망하고 명령하고 꾸중하는 무서운 말씀으로 보였지만 그 속에는 오히려 더욱 깊은 사랑이 흐르는 것을 깨닫고 제 마음이 찡했습니다.

　"내 형제들아!" 라는 말씀을 읽는데, 더 읽어 나갈 수가 없었습니다.

　오늘 본문 야고보서 5장 19절의 "내 형제들아!" 라는 말씀을 대하는 순간 더 이상 앞으로 나갈 수가 없었습니다.

"내 형제들아."

그 무서운 야고보가, 그 엄한 하나님의 사람이, 바울도 그 앞에 서는 조심하고 베드로에게서도 사역을 보고받는 최고의 지도자 야고보가 성도를 부를 때 "내 형제들아"라고 합니다. 그 말씀에 제 가슴이 찡해서 다음 말씀으로 나아가지를 못했습니다.

그래서 야고보서를 다시 읽어 보니, "내 형제들아"가 1장에 다섯 번이나 나왔습니다. 특별히 1장 19절에서는 "내 사랑하는 형제들아, my dear brothers"라고 부릅니다. 2장에도 세 번 나오는데, 5절에서도 "내 사랑하는 형제들아(my dear brothers)"라고 부릅니다. 3장에도 두 번, 4장에도 한 번, 5장에도 다섯 번 나옵니다. 이 짤막한 편지에 "내 형제들아, 내 형제들아, 내 사랑하는 형제들아"가 가득합니다. 마치 한강에 물이 출렁이는 것같이, 낙동강에 물이 출렁이는 것같이, 야고보서에 야고보의 마음에 흐르는 사랑이 출렁이는 것을 제가 느꼈습니다.

그리고 "내 형제들아, 내 형제들아" 하는 이 말 속에도 사랑이 듬뿍 들어 있습니다. The Living Bible 영어 성경에 보면, 모든 부름에 끝까지 "dear brothers" 혹은 "my dear brothers"라고 되어 있습니다. 모든 부름이 "사랑하는 내 형제들아, 사랑하는 형제들아"로 사랑이 흘러넘치고 있습니다.

저는 이 말씀을 읽을 때 야고보의 그 사랑이 제 가슴에 막 들어오는 것 같아서 행복했습니다. 야고보의 가슴에 흐르는 사랑이 여러분에게도 흘러 들어가기를 바랍니다.

이 사랑은 야고보의 사랑이 아니고 하나님의 사랑입니다. 할렐루야! 정말 이렇게 서로 사랑하면 얼마나 진한 감동과 행복이 있는지 모릅니다.

우리가 육신의 피, 혈육으로 맺어진 형제끼리도 사랑할 때 살맛이 납니다.

동생이 '형님은 조카도 많은데 추수한 저 곡식으로는 부족하겠다' 하는 생각으로 한밤중에 나가서 자기 논의 볏단을 형님 논으로 옮겨 놓고 기뻐하며 집으로 돌아왔습니다. 그런데 아침에 일어나 형님 논을 보니 표가 나지 않았습니다. 형님 논에 볏단이 많을 줄 알았는데 똑같았습니다.

그래서 그날 밤에 또 자기 논의 볏단을 형님 논으로 옮겨 놓았습니다. 그러나 이튿날도 표가 나지 않았습니다. 3일째에도 표가 나지 않았습니다.

'내가 꿈을 꾸나? 반드시 밤에 내가 볏단을 옮겨 놓았는데, 왜 형님 논의 볏단이 불어나지 않고 내 논의 볏단이 줄어들지 않았나?'

이상했습니다. 또 깊은 밤에 볏단을 가지고 형님 논으로 가는데 발자국 소리가 들렸습니다. 겁이 덜컥 났습니다.

'이 캄캄한 밤에 누굴까?'

그때 구름 사이에서 달이 나타나 빛을 비추니 마주 오는 사람이 보였습니다.

"아니, 형님!"

"아우!"

형제 둘다 볏단을 들고 있었습니다. 형님은 '동생이 새 살림을 차렸으니 쓸 데가 얼마나 많을까?' 해서 볏단을 들고 동생 논으로 가고, 동생은 자녀가 많은 형님을 생각하고 볏단을 들고 형님 논으로 가다가 만난 것이었습니다. 그러니 그동안 볏단을 옮겨 놓아도 옮긴 표가 나지 않았던 것입니다.

이 얼마나 귀한 행복입니까?

형제끼리 돈 몇 푼 때문에 아옹다옹하는 것, 형제끼리 어떤 일로 다투는 것, 그것이 지옥 아닙니까?

사랑하는 여러분, 조금 더 가져 보아도 밥 먹고 살고, 조금 못 가져도 밥 먹고 삽니다. 남에게도 양보하는데 형제끼리 다투면 되겠습니까?

길을 가다가 남에게 양보해도 백 보를 양보하지 못하고, 이웃과 논두렁 때문에 분쟁이 있을 때 "아이고, 원하는 대로 하세요" 하고 평생 양보해도 한 마지기를 잃지 않는답니다. 한 마지기가 더 있다고 부자가 되고, 한 마지기가 없다고 가난해지는 것이 아닙니다. 남에게도 양보하는데 형제끼리 양보하지 않으면 어떻게 되겠습니까?

여러분, 야곱과 에서는 쌍둥이입니다. 엄마 뱃속에 함께 있다 나왔지 않습니까? 그러나 에서가 야곱을 죽이기 위해 400명 사병을 거느리고 칼을 뽑아 들었습니다. 한 뱃속에서 난 형제인데 동생이 잘못했다고 죽이면 어떻게 합니까? 그런데 하나님께서 에서의 마음을 바꾸어 주시니 야곱이 자기 복을 빼앗아 간 대상으로 보이지 않고 하나뿐인 '내 동생'으로 생각되었습니다. 그래서 칼을 집어넣고 "야곱! 내 동생아" 하며 20년 만에 만난 동생을 안고 웁니다. 야곱은 형 에서에게 죽을 줄로만 알았는데 형이 용서해 주니 "형님! 형님 얼굴을 뵈온즉 하나님 얼굴을 뵌 것 같아요"라고 하면서 좋아합니다.

이것이 바로 하나님께서 복을 주시는 것입니다.

형제 간에 좀 섭섭한 것이 있어도 덮으십시오. 하나 되시기를 바랍니다. 이제는 모르나 이후에는 알게 됩니다. 여러분이 지금 "형님이 그러면 돼?", "동생이 그러면 돼?" 하는 일이 있어도, 그 입장에 들어서면 그럴 수 있는 것입니다. 우리 모두 이해하면서 하나 되시기를 바랍니다. 형제 간에 잘 지내시기를 축원합니다.

그런데 오늘 야고보가 "내 형제들아, my dear brothers, my dear brothers"라고 할 때 형제는 육신의 피를 초월한 예수님의 피로 맺어진 하나님 자녀로서의 형제를 의미합니다. 할렐루야!

요한복음 1장 12절 말씀대로 예수님을 영접한 사람은 누구나 하나님의 자녀가 되었습니다. 하나님은 한 분이시니 하나님의 자녀가 되었으면 모두 한 아버지의 자녀입니다.

그리고 육신의 아버지의 피보다 예수님의 피가 더 귀하니 아버지의 피로 맺어진 우리 육신의 형제보다 예수님의 피로 하나 된 우리가 더 귀한 형제임을 믿으시기 바랍니다.

이 세상의 형제, 육신의 피로 맺어진 형제와는 이별할 때가 옵니다. 죽으면 이별하게 됩니다. 그런데 형제가 모두 예수님을 믿었으면 천국에서 다시 만나게 됩니다. 그러나 만일 나는 예수님을 믿는데 내 동생은 예수님을 믿지 않는다면 영원히 이별하게 됩니다. 나는 영원히 천국에서 살고 내 동생은 영원히 지옥에서 살기 때문입니다. 여러분, 육신의 형제가 천국에서도 형제가 되도록, 구원받도록 전도하시기를 바랍니다.

군위의 박 모 장로님이 기억납니다. 연세가 일흔여덟 되신, 간증거리가 많은 장로님의 얼굴에 언제나 기쁨이 있었습니다. 아들 다섯, 딸 다섯, 10남매를 기르면서 다섯 자녀를 한꺼번에 대학에 보내어도 등록금 걱정하지 않고 다 공부를 시켰답니다. 그 10남매 중 박사가 다섯 명, 대학교수가 세 명이나 된답니다. 그 10남매가 모두 결혼을 하여 다 잘 살고 있는데, 그 잘된 것 때문에 기뻐하는 것이 아니라 모두가 예수 안에 있기 때문에 기쁘답니다. 아들딸 10명, 사위 며느리 10명, 손자손녀 18명, 그래서 모두 38명, 거기에 장로님 부부를 합하면 마흔 명인데, 그 40명 중 예수 밖에 있는 사람이 한 사람도 없답니다. 그 40명이 모두 교회를 섬기고 사랑한답니다. 그러니 '예수만 섬기는 우리 집'이라고 할 수 있는 것입니다. 할렐루야!

이번 태신자 전도 운동 때 다른 사람도 전도해야 하지만, 먼저 내 가족, 내 친척, 내 형제부터 꼭 전도할 수 있기를 바랍니다. 그래서 우리 모두 함께 지상의 가족이 천국의 가족이 될 수 있기를 축원합니다.

그리고 우리 모두 얼굴은 다르고 생각은 달라도 우리 가슴에 받은 성령은 똑같습니다.

노 장로님이 받으신 성령님이나 팽 장로님이 받으신 성령님이나 제가 받은 성령님이나 똑같습니다. 팽 장로님의 아버지, 노 장로님의 아버지, 제 아버지가 똑같은 하나님이십니다. 할렐루야! 그래서 우리는 하나가 되었습니다.

고린도전서 12장 13절에 말씀하십니다.

"우리가 유대인이나 헬라인이나 종이나 자유자나 다 한 성령으로 세례를 받아 한 몸이 되었고……."

예수님을 구세주로 믿으면 '아멘' 합시다. 우리 모두 한 가족이 되었습니다.

우리, 앞뒤 좌우로 인사합시다. "우리는 한가족입니다."

우리는 어쩔 수 없는 한가족입니다. 왜입니까? 이 장로님이 보기 싫어서 다른 교회로 옮겨 가도 천국에 가면 어차피 이 장로님을 만나게 됩니다. 어쩔 수 없습니다. 지용수 목사가 보기 싫어서 여러분이 양곡교회에 다니지 않고 음곡교회로 가도 천국에 가면 황금마차를 타고 다니는 지 목사를 만나게 됩니다. 그때 어떻게 하시겠습니까? 천국에서 지옥으로 이사를 가겠습니까?

따라 합시다. "갈 곳이 없다."

우리는 모두 한가족이고 한형제입니다. 우리 중에서 지옥으로 갈 사람은 거의 없을 것입니다. 저는 우리 양곡교회 교인 중에서는 지옥 갈 사람이 한 사람도 없고 모두 천국에 갈 것이라고 확신합니다.

누구든지 예수님만 믿으면 천국에 갑니다. 예수님을 믿는다는 것은 성령을 받았다는 것입니다. 성령을 받지 않으면 예수님을 믿을 수 없습니다. 그러므로 성령을 받아 예수님을 구세주로 믿으면 잘못 믿어도 천국은 가는 것입니다.

오늘날 많은 사람들이 믿는 이들의 생활에 대해 이런저런 말을 많이 하는데, 저는 그런 말을 들을 때마다 답답합니다. 그렇게 말하는 사람부터 잘 살면 좋겠습니다. 자신부터 잘 살면 같이 잘 살게 되는 줄로 믿습니다.

여러분, 아무리 잘 살아도 생활로 구원받지 못합니다. 바울도, 베드로도 자신의 생활로는 구원받지 못합니다. 한경직 목사님도 자신의 생활로는 구원받지 못합니다.

오직 믿음으로 구원받는 것입니다. 예수님의 피로 구원받는 것입니다. 성령으로 구원받는 것입니다. 성령을 받고 예수님을 믿은 사람은 비행기 사고로 죽든, 교통사고로 죽든, 치매로 죽든, 깡패에게 얻어맞아 죽든, 어떻게 죽든 천국에 갑니다. 그 구원을 방해할 자가 없습니다. 누구든지 구원받는 것입니다. 오늘 예수님을 믿은 사람도 구원받은 사람입니다. 10년 전에 예수님을 믿은 사람도 구원받은 사람입니다.

예수님께서 요한복음 10장 28절에 분명히 말씀하셨습니다.

"내가 저희에게 영생을 주노니 영원히 멸망치 아니할 터이요 또 저희를 내 손에서 빼앗을 자가 없느니라."

따라 합시다. "나는 예수님 손안에 있다. 흥해도, 망해도, 죄지어도, 의로워도 예수님 손안에 있다."

내가 잘못 살면 하나님께 꾸중은 듣고 채찍은 맞아도 버림은 받지 않습니다. 하나님께서는 버리지 않으십니다.

요한복음 10장 29절에도 "저희를 주신 내 아버지는 만유보다 크시매 아무도 아버지 손에서 빼앗을 수 없느니라"고 말씀하고 계십니다.

따라 합시다. "나는 하나님의 손에 있다."

우리를 빼앗을 자가 없습니다. 우리 구원을 방해할 자가 없습니다. 그래서 하나님의 사랑을 'unfailing love'라고 합니다. unfailing은 확실하다, 튼튼하다, 틀림없다는 뜻이지만, 거기에는 실패하지 않는다는 뿌리가 있습니다. 하나님의 사랑은 실패하지 않습니다. 사람의 사랑은 실패해서 부부가 이혼하기도 하고 연인이 헤어지기도 하지만, 하나님과 우리의 사랑은 실패하지 않습니다.

왜입니까? 나는 실패하여도 하나님께서 실패하지 않으시기 때문입니다.

로마서 8장 31절에 "만일 하나님이 우리를 위하시면 누가 우리를 대적하리요"라고 말씀하십니다.

로마서 8장 33-34절에도 "누가 능히 하나님의 택하신 자들을 송사하리요 의롭다 하신 이는 하나님이시니 누가 정죄하리요"라고 말씀하십니다.

로마서 8장 35-39절에서도 말씀하십니다.

"누가 우리를 그리스도의 사랑에서 끊으리요 환난이나 곤고나 핍박이나 기근이나 적신이나 위험이나 칼이랴 기록된 바 우리가 종일 주를 위하여 죽임을 당케 되며 도살할 양같이 여김을 받았나이다 함과 같으니라 그러나 이 모든 일에 우리를 사랑하시는 이로 말미암아 우리가 넉넉히 이기느니라 내가 확신하노니 사망이나 생명이나 천사들이나 권세자들이나 현재 일이나 장래 일이나 능력이나 높음이나 깊음이나 다른 아무 피조물이라도 우리를 우리 주 그리스도 예수 안에 있는 하나님의 사랑에서 끊을 수 없으리라."

여러분과 저의 구원을 방해할 자가 없습니다. 마귀도, 심지어 천사도 방해하지 못합니다. 우리는 다 구원을 받았습니다. 하나님의 사람이 되었습니다. 그래서 우리는 천국까지 함께 가는 형제가 되었습니다. 할렐루야!

천성까지 가서 함께 살 우리가 서로 미워해서야 되겠습니까? 우리 모두 "내 형제들아, 내 사랑하는 형제들아"라고 하는 야고보의 사랑으로 서로를 사랑할 수 있기를 바랍니다.

그런데 "내 형제들아, 내 사랑하는 형제들아" 하는 야고보의 사랑은 인간적인 사랑이 아닙니다. 인간적인 사랑은 아침에 다르고 저녁에 다릅니다. 봄에 다르고 여름에 다릅니다.

그러나 성령님의 사랑은 영원합니다.

The Holy Spirit is the same yesterday and today and forever. 성령님께서는 예수님과 똑같이 어제나 오늘이나 영원토록 동일하심을 믿으시기 바랍니다.

로마서 5장 5절에 "우리에게 주신 성령으로 말미암아 하나님의 사랑이 우리 마음에 부은 바 됨이니"라고 말씀하십니다.

갈라디아서 5장 22절에도 말씀하십니다.

"오직 성령의 열매는 사랑과……."

모래가 다 달라도 시멘트가 들어가면 하나가 되듯이, 우리 얼굴과 생각과 이름과 교육 수준이 달라도 성령님의 사랑으로 사랑하면 하나가 되는 것입니다.

그래서 형제 사랑의 특징은 하나가 되는 것입니다. 성령 역사의 특징은 하나가 되는 것입니다. 부부가 하나 되고, 형제가 하나 되고, 성도가 하나 되는 것입니다.

마귀의 특징은 갈라 놓는 것입니다. 부부 간에 싸우게 하고, 별거하게 하고, 다투게 하고, 이혼하게 합니다. 그러므로 이혼할 생각이 들거든 성령님의 감동이 아니라 마귀의 감동인 줄 알고 마귀를 물리치시기 바랍니다. 아내가 미워지고 남편이 원망스러워지거든 마귀가 주는 영향인 줄 알고 "사단아, 물러가라!" 하고 물리치시기를 바랍니다.

성령은 하나 되게 하십니다. 그리고 하나가 될 때 힘이 납니다.

한 장군이 일곱 아들을 앉혀 놓고 막대기를 한 개씩 주며 말했습니다.

"이것을 부러뜨려라."

일곱 아들이 각각 막대기를 다 부러뜨렸습니다.

그 다음에는 일곱 개를 한 단으로 묶어 놓고 말했습니다.

"이것을 부러뜨려라."

아무도 부러뜨리지 못했습니다.

"너희들이 흩어지면 망해도 일곱 명이 하나 되면 너희들을 당할 자가 없으리라."

교회도 마찬가지입니다. 사랑으로 하나가 되면 당할 자가 없습니다.

서울의 한 교회는 장로님이 천 명인데 열네 명의 장로님들이 따로 놀아 조롱거리가 되었습니다. 천 명의 장로님 중에 열네 장로님이 따로 노니 마귀에게 조롱거리가 되는 것입니다.

우리 양곡교회는 앞으로 장로님이 몇 백 명이 되든, 제직원이 몇만 명이 되든 모두가 하나 되기를 축원합니다. 한 사람도 따로 노는 자가 없기를 바랍니다.

성령님은 하나 되게 하지만, 마귀는 갈라놓습니다. 마귀는 형과 동생이 갈라서게, 남편과 아내가 갈라서게, 부모와 자녀가 갈라서게, 장로님과 장로님이 갈라서게 합니다. 섭섭한 마음, 미워하는 마음은 모두 마귀가 주는 것입니다.

성령님께서는 우리를 위해 손해를 보십니다. 내가 손해를 보고 상대방을 이해하고, 내가 낮아지고 상대방을 높이며 세워 주는 것은 성령님의 마음입니다. 성령님께서는 내가 손해를 보게 하시고, 내가 낮아지게 하셔서 하나가 되게 하십니다. 할렐루야!

그리고 성령님께서는 천국의 맛을 보게 하십니다.

그저께 한 권사님의 간증을 들었습니다. 남편이 목욕탕에만 들어갔다 나오면 그곳이 마치 태풍이 지나간 것 같답니다. 수건은 미친 것처럼 걸려 있고, 치약은 뚜껑을 닫지 않아 뚜껑은 뚜껑대로 몸통은 몸통대로 따로 있고, 양말 한 짝은 동쪽에 한 짝은 서쪽에 있고, 거울에는 온통 물이 뿌려져 있답니다. 그래서 5년 동안 스트레스를 받았답니다.

"여보, 제발 뒷정리 좀 하세요."

"여기가 군대 내무반이야?"

군에 갔다오지 않은 사람은 '군대 내무반'이 무슨 말인지 모를 것입니다.

어쨌든 남편이 목욕탕을 계속 어질러 놓아서 5년 동안 스트레스를 받았는데, 어느 날 권사님이 새 은혜, 성령 충만함을 받고 깨달았답니다.

'아하! 하나님께서 내 남편을 만드실 때는 태풍을 일으키고 다니게 만드셨구나. 그래, 아내는 돕는 배필이니 남편을 돕자. 나는 태풍 뒷정리나 하자.'

그래서 그때부터 남편이 목욕탕에 들어갔다 나오면, 아이들이 그것을 보고 "에이구, 아빠는 지저분해"라고 할까 봐, 바로 들어가서 뒷정리를 했답니다. 돕는 배필의 마음으로 거울의 물을 닦고, 수건을 제자리에 걸고, 치약 뚜껑을 닫으며 정리를 했더니 그렇게 마음이 기쁘고 좋더랍니다. 그랬더니 남편이 대학 총장이 되었다고 간증했습니다.

여러분, 열심히 사는 사람은 잠잘 시간도 부족하고, 또 너무 피곤하다 보면 손톱도 깎기 싫을 때가 있습니다. 그럴 때 아내가 손톱을 깎아 주면 얼마나 좋겠습니까?

어느 분이 말하기를, 남편이 아침에 출근해서 퇴근할 때까지 회사의 모든 생활을 비디오로 찍어서 아내에게 보여 주면, 통곡하지 않을 아내가 하나도 없다고 했습니다. 회사에서 얼마나 스트레스를 받으며 힘겹게 일하는지, 그것을 아침부터 저녁까지 비디오로 찍어서 보여 주면 통곡하지 않을 아내가 없다는 것입니다. 그런 불쌍한 남편을 세워 줄 사람은 지구를 일곱 바퀴 반 돌며 찾아보아도 아내뿐입니다. 아내가 세워 주지 않으면 누가 세워 주겠습니까? 이웃집 아주머니가 세워 주겠습니까, 다방의 미스 김이 세워 주겠습니까? 부부 사이에 자존심이 필요합니까? 부부는 한몸인데 말입니다.

그 권사님이 남편을 위해 그렇게 일하고 세워 주니 남편이 유명한 대학의 총장이 된 것입니다. 남편이 대학 총장이 되니 권사님도 총장 부인이 되지 않습니까? 거기에 행복이 있는 것입니다.

여러분, 내가 욕심을 버리고 상대방을 높여 주면 하나가 되고 행복합니다. 할렐루야! 그리고 때가 되면 반드시 그도 나를 높여 줍니다.

상대방을 높여 주는 것은 널뛰기입니다. 사람이 무슨 재주로 공중에 떠 있을 수 있습니까? 내가 상대방을 높여 주면 그도 내려와서 나를 굴려 주게 되어 있습니다. 우리 노 장로님이 팽 장로님을 굴려 주시면 팽 장로님도 노 장로님을 굴려 주시는 것입니다. 노 장로님은 팽 장로님을 높이시고 팽 장로님은 노 장로님을 높이시는 그 모습이 얼마나 아름답습니까?

그러나 서로 물고 다투어 보십시오. 그것이 바로 지옥이고, 마귀가 "좋다, 붙어라, 붙어" 하며 좋아합니다. 저와 어떤 분이 붙어 보십시오. 마귀가 얼마나 좋아하겠습니까? 하지만 성령님께서는 탄식하십니다.

서로 앞뒤 좌우로 인사합시다.

"제가 손해 보겠습니다."

"밥값은 제가 내겠습니다."

이렇게 사는 것이 사람답게 사는 것입니다. 조금만 손해 보면 행복합니다. 우리가 성령님의 사랑으로 행할 때, 서로 상대방을 위할 때 거기에 참 행복이 있는 것입니다.

그리고 성령님의 사랑으로 서로 형제애를 나누면 반드시 성공합니다.

따라 합시다. "반드시 성공한다."

그저께 정말 귀하고 아름다운 집사님의 간증을 들었습니다.

그 집사님은 새벽에 혼자 나오기가 힘들어 새벽기도회에는 나오지 않는답니다.

여러분, 자신이 미인이라 생각되는 사람은 혼자 새벽기도에 나오지 마시고 집에서 기도하시기 바랍니다. 미인이 새벽에 혼자 다니면 위험합니다. 교회에 오셔서 새벽기도를 하는 것이 더 좋지만, 교회에 나올 형편이 안 되면 집에서 해도 좋습니다.

그 집사님은 혼자 새벽기도에 나오기가 어려운 형편인데 남편이 새벽기도에 나오지 않으니 집에서 새벽기도를 한답니다. 새벽에 일어나 Quiet Time을 갖고 기도를 한 다음 곧바로 남편 차를 깨끗하게 세차한답니다. 그리고 샤워를 하고 화장을 한 후 정성을 다해 요리를 한답니다. 아이들을 깨워서 밥을 먹여 학교를 보낸 뒤 남편을 깨운답니다. 피곤한 남편이 조금이라도 더 자도록 늦게 깨우고, 남편의 시중을 들고, 식사를 하게 한답니다. 그리고 남편이 양치질을 할 때는 구두를 닦는데 하도 많이 닦아서 파리가 낙상할 정도로 잘 닦는답니다. 비가 오는 날에는 큰 우산(비치파라솔)을 들고 남편을 임금님처럼 모시고 가서 차 문을 열어 준답니다. 남편이 차에 타면 "여보, 오늘도 승리하세요" 하고 문을 닫아 준답니다.

그 남편이 실패할 수 있겠습니까? 실패할 수 없습니다. 아내에게 그런 사랑, 그런 존경을 받는데 어떻게 실패하겠습니까?

그리고 남편이 퇴근하기 전에 저녁 준비를 다 해 놓고 반드시 창문을 열고 환기를 시킨답니다. 매일 그렇게 한답니다. 된장국은 맛있어도 된장 냄새는 좋지 않으니 그렇게 하는 것입니다. 그리고 옷을 갈아입고 자기를 단장한 후 남편을 맞이한답니다. 남편이 돌아오면 또 남편의 시중을 들고 다리를 주물러 주고……

그러니 남편이 퇴근하고 어디로 가겠습니까? 집이 천국인데 어디로 가겠습니까? 도덕적으로 잘못 살라고 해도 그럴 이유가 없습니다. 애인을 가지라고 해도 애인을 가질 필요가 없는 것입니다.

그러나 출근하는 남편에게 아침밥도 잘 안 해 주고, 남편이 "여보, 다녀올게"라고 하면 잠옷 바람으로 있다가 "다녀오세요"라고 한다면 어떻게 되겠습니까? 눈곱 낀 아내, 머리가 헝클어진 아내를 보고 회사에 갔는데, 여직원이나 여비서가 살랑거리며 와서 "사장님, 안녕하세요? 녹차 드실래요? 커피 드실래요?"라고 하면 어떻게 되겠습니까? 요즘 아가씨들이 얼마나 예쁩니까?

남자는 시각이 발달해 있습니다. 하나님께서 그렇게 만드셨습니다. 여자는 청각이 발달해서 한 마디 말, 무심코 한 말에 상처를 받습니다. 남편은 다 잊어버린 말을 아내는 꽁하게 묻어 두고 눈이 퉁퉁 붓도록 울기도 합니다. 그러나 남자는 시각이 발달해서 말보다 눈으로 본 것을 잊지 못하는 것입니다. 그런데 눈곱 낀 아내를 보고 회사에 갔는데 깨끗하고 말끔하고 매력 있는 아가씨, 청순한 아가씨들이 "과장님, 과장님" 하면 마음이 어디로 가겠습니까? 그래도 눈곱 낀 여자에게 가겠습니까? 웃을 일이 아닙니다.

그러니 애인도 정하고, 술집에도 가고, 이발관에도 가는 것입니다. 이발관에 가면 다리도 만져 주고 발도 씻어 주고, 발톱 손톱도 깎아 준답니다.

물론 요즈음에는 맞벌이를 하는 가정이 많으니 부인들도 피곤합니다. 그러나 조금만, 10분만 마음을 쓰면 되지 않습니까?

남편도 아내를 이해해야 합니다. 그러면 아내도 성공하고 남편도 성공하게 되는 것입니다. 아이들도 되고 다 잘되는 줄로 믿습니다. 가화만사성이라고 했습니다.

교회도 교회만사성입니다. 교회가 화목하면 모든 것이 다 잘되는 것입니다. 할렐루야!

그러나 싸워 보십시오. 목사님과 장로님, 장로님과 장로님, 집사님끼리 싸워 보십시오. '잘 논다' 하고 모두 떠나가게 됩니다.

화목하고 형제애가 있으면 안 될 수가 없습니다. 할렐루야!

대통령께서는 큰 어른, 나라의 원수가 되셨으니 물론 여당을 챙기셔야 되겠지만, 야당도 챙기고 모두를 끌어안으시면 얼마나 좋겠습니까? 야당 총재도 비판해야 될 것은 비판해야 되지만, 여당이 잘하는 것은 잘한다며 밀어 주어 나라가 형제애로 하나가 되기를 바랍니다. 그럴 때 하늘의 복이 임할 줄로 믿습니다.

야고보서 5장 19-20절

전도자의 축복

많은 제자들을 가르치는 한 현자가 길을 가다가 어떤 사람이 그물을 쳐 놓고 새를 잡고 있는 것을 보았습니다. 현자는 가던 길을 멈추고 그것을 구경했습니다. 그런데 그 사람이 계속해서 작은 참새만 잡는 것이었습니다.

"아니, 왜 큰 새는 잡지 않고 작은 참새만 잡지요?"

"큰 새라도 참새 떼를 따라오면 잡을 수 있지요. 그러나 참새라도 큰 새를 따라 높이 날면 못 잡습니다."

이 말에 큰 이치를 깨달은 현자가 제자들에게 일생 동안 이렇게 강조했답니다.

"인생은 누구를 따라가느냐에 따라 운명이 달라진다."

시편 1편 1절에도 말씀하십니다.

"복 있는 사람은 악인의 꾀를 좇지 아니하며 죄인의 길에 서지 아니하며 오만한 자의 자리에 앉지 아니하고."

우리 주위를 살펴보면 두 종류의 사람이 있습니다. 늘 복을 받는 사람이 있습니다. 왠지 잘되고 화목하고 하는 일마다 하나님께 복을 받는 것 같은 사람이 있습니다. 그런 사람들과 사귀면 그 사람도 함께 복을 받습니다. 그런데 왠지 하는 일마다 안 되고 하나님의 복이 떠난 것 같은 사람도 있습니다. 그런 사람들과 사귀고 더불어 지내면 그 사람도 그렇게 됩니다. 오늘 여러분이 더불어 지내는 사람은 어떤 사람입니까? 여러분이 자주 만나는 사람은 어떤 사람입니까?

누구를 따르느냐, 그것이 사람의 운명을 바꿉니다. 복 있는 사람만 만나고, 복 있는 사람만 따라가시기를 바랍니다.

그런데 사실 우리는 모두 복 있는 사람입니다.

왜입니까? 이 세상에 훌륭하고 복 있는 사람들이 많지만, 그 사람들을 다 모아 놓아도 견줄 수 없는 복의 근원, 선한 목자, 위대한 왕이신 예수님을 우리가 따르고 있기 때문입니다. 예수님을 따르면 이 세상에 사는 동안에도 어두움에 거하지 않습니다.

예수님께서 친히 말씀하시기를 "나는 세상의 빛이니 나를 따르는 자는 어두움에 다니지 아니하고 생명의 빛을 얻으리라"(요 8:12)고 하셨습니다. 우리는 이 캄캄한 세상에서도 빛을 보며 삽니다.

또 용서를 받습니다. 예수님을 믿지 않는 사람은 죄를 지으면 용서받을 길이 없지만, 우리는 죄를 지어도 용서받으면서 삽니다. 때로는 우리가 넘어지지만 하나님께서 일으켜 주십니다.

그리고 우리 주님을 따라가면 결국 천국에 이르게 됩니다. 예수님께서 "내가 곧 그 길이요(I am the way)"(요 14:6)라고 말씀하신 것은 오직 그 길만이 하나뿐인 천국 가는 길임을 말씀하시는 것입니다. 예수님을 따라가면 천국에 그냥 가게 되어 있습니다. 얼마나 감사합니까?

그런데도 미혹을 받는 사람들이 가끔 있습니다. 창조 이후 가장 이상적인 환경, 낙원인 그 에덴 동산에서 살던 아담과 하와가 아쉬운 것, 부족한 것 하나 없으면서도 욕심을 부려 선악과의 유혹을 받아 낙원을 잃어버리게 되었듯이, 진리의 교회에서 예수님을 따라 살아가는 복 받은 사람들 중에서도 미혹을 받아 가끔 세상으로 나가떨어지는 사람들이 있습니다. 복된 생명나무가 있는 교회생활을 하면서도 세상으로 나가떨어지는 사람들이 있는 것입니다. 예수님의 열두 제자 중에서도 한 사람 가룟 유다가 세상으로 나가떨어져 망했습니다. 롯의 처는 뒤를 돌아보다가 망했습니다. 세상으로 나가떨어지고 뒤를 돌아보면 망하는 것입니다. 베드로, 야고보 사도 시대에도 그런 사람들이 있었습니다. 그래서 야고보가 편지 마지막에 결론을 내리면서 "너희 중에 미혹하여 진리를 떠난 자를 누가 돌아서게 하면 너희가 알 것은 죄인을 미혹한 길에서 돌아서게 하는 자가 그 영혼을 사망에서 구원하며 허다한 죄를 덮을 것이니라"(약 5:19-20)는 부탁을 했습니다.

저는 오늘의 이 말씀을 묵상하다가 하나님 앞에서 큰 음성을 들었습니다.

"너는 낙심한 자, 교회를 떠난 자를 돌아오게 하기 전에 너와 너의 교우들 중에서 떨어져 나가는 자들이 없게 주의하라." 할렐루야!

지금 병원에 입원해 있는 환자들은 우리와 다른 사람들이 아닙니다. 우리도 잠깐 병들면 내일이라도 병원에 입원해야 합니다. 교통사고를 당하여 신체가 부자유하게 된 사람들도 우리와 다른 사람들이 아닙니다. 우리도 1, 2, 3초만 실수하면 그렇게 될 수 있습니다.

마찬가지입니다. 우리도 신앙생활에 잠시 방심하면 미혹되어 교회를 떠나 방황하는 자가 될 수 있습니다. 잘 믿는 집사님이라도 세상으로 돌아설 수 있습니다.

"복의 근원 강림하사 찬송하게 하소서" (찬송가 28장).

이 찬송은 저희 아버지 18번이었습니다. 지금도 저희는 명절 때마다 무조건 이 찬송을 부릅니다. 왜냐하면 어머니께서 제일 좋아하시는 찬송이기 때문입니다. 저희 어머니는 이상하십니다. 아버지께 그렇게 불평을 하시면서도 아버지께서 좋아하시는 것은 어머니께서도 다 좋아하십니다.

그런데 이 찬송을 지은 작가가 한때 타락했습니다. 주정뱅이가 되어 세상을 휩쓸던 그가 하루는 자기 옆에 앉아 있는 사람이 이 찬송을 은혜롭게 부르는 것을 보았습니다. 찬송을 지은 자기는 타락해서 술꾼이 되어 있는데, 다른 사람은 그 찬송으로 은혜를 받고 감격하여 찬양을 하는 것이었습니다. 그때 그가 회개하고 돌아왔다고 합니다.

우리 중에서는 세상으로 떨어져 나가는 자가 없기를 축원합니다. 진리를 떠나는 자가 없기를 바랍니다.

진리가 무엇입니까? 예수님께서 진리이시고, 하나님께서 진리이십니다.

디모데전서 3장 15절에 "이 집은 살아 계신 하나님의 교회요 진리의 기둥과 터이니라"고 말씀하십니다.

따라 합시다. "교회가 진리이다."

우리가 세상을 살다보면 교회가 조금 갑갑하고, '아, 내가 교회에 안 나왔으면 좋았을 텐데……' 라는 생각이 들 때도 있을 것입니다. 저도 그럴 때가 가끔 있었습니다.

한 선장이 새 한 마리를 무척이나 예뻐했습니다. 몇 달간 바다에 나가 있다 돌아오면 그 새를 귀여워하곤 하다가, 한 번은 아예 그 새를 배에 태워 함께 항해를 했습니다. 넓은 바다가 보이니 새가 밖으로 나가고 싶어 부리로 새장 문을 그냥 쪼아댔습니다. 갑갑해서 견디지 못해 야단이었습니다.

그것을 본 선장이 새장 문을 열어 주었습니다.

'나 자유 얻었네 나 자유 얻었네' 하며 새가 창공을 허허로이 날아갔습니다.

주인은 새가 날아간 텅 빈 하늘을 보며 섭섭해하는데, 새는 좋아하며 사라졌습니다.

그런데 얼마 후 그 새가 기진맥진해서 날아왔습니다. 바다에 앉을 곳이 없었기 때문입니다. 앉으면 물에 빠져 죽든지 물고기의 밥이 되니, 자기가 쉴 곳은 그곳뿐이니 다시 그 배의 새장 안으로 돌아온 것입니다.

우리는 예수님을 잠깐 믿다 말 사람들이 아닙니다. 죽을 때까지 믿습니다. 그렇게 믿음생활을 하다 보면, '내가 교회 집사만 아니면 좀 화끈하게 살아보겠는데, 내가 세례만 받지 않았으면 한 번 멋지게 살아 볼 텐데……' 하는 유혹이 없지 않을 것입니다.

하지만 천국의 시민권을 가진 여러분과 제가 쉴 만한 곳은 세상이 바다처럼 넓다 해도 다른 곳이 없습니다. 진리의 기둥과 터인 이곳밖에 없습니다. 여기에 양식이 있고, 주님의 사랑이 있고, 안전이 있습니다. 세상 파도에 빠지지 않는 길은 교회 안에 있는 것뿐입니다.

그래서 시편 73편 27-28절에 "음녀같이 주를 떠난 자를 주께서 다 멸하셨나이다 하나님께 가까이함이 내게 복이라"고 말씀하십니다.

때로는 갑갑한 생각이 들어도 우리 모두는 안전한 새장 같은 교회 안에서 복되게 살 수 있기를 축원합니다.

그리고 성경 말씀이 진리입니다.

요한복음 16장 13절 말씀에 "진리의 성령이 오시면 그가 너희를 모든 진리 가운데로 인도하시리니" 라고 말씀하십니다. 진리가 바로 성경입니다. 그래서 성령의 사람은 시간만 나면 성경을 읽습니다.

고린도전서 13장 6절에는 사랑은 진리와 함께 기뻐한다고 말씀하십니다.

부부도 매일 좋아할 수 없습니다. 결혼해 보세요. 신혼여행의 감정이 계속될 수 없습니다. 아무리 예쁜 얼굴도 자꾸 보면 별것 아닙니다. 나중에는 그 얼굴이 지겨울 수도 있습니다. 그러므로 부부는 서로 얼굴을 보고 좋아할 것이 아니라 진리를 갖고 기뻐해야 합니다. 성경 때문에 기뻐해야 합니다. 우리가 골프도 즐기고, 테니스도 즐기고, 등산도 즐겨야 합니다. 낚시도 즐겨야 합니다. 잠깐 사는 세상이지만 삶의 양념도 있어야 합니다. 죽도록 일만 하다가 죽는 것은 어리석다고 성경에 말씀하십니다. 사람의 삶에는 양념도 있어야 합니다.

그러나 최고의 즐거움은 진리 가운데 있어야 하는 것입니다. 설교 듣기와 성경 읽기를 즐기고, 그리고 교회에서나 집에서나 어디에서나 말씀대로 살고 말씀에 취해서 살아야 하는 것입니다.

술꾼들도 술에 취하면 행복해합니다. 술에서 깨어나면 머리가 아프고 속이 쓰려 야단이지만, 술에 취해 있을 때는 누가 자기를 욕해도 그냥 넘어가고, 누가 때려도 아픈 것도 느끼지 못합니다. 자녀들이 용돈을 달라고 하면 평소에는 천 원을 주는 아버지가 술에 취하면 만 원도 줍니다. 술에 취해도 살맛이 나는데, 은혜에 취하면 얼마나 살맛이 나겠습니까?

진리에 취하여, 은혜에 취하여 살 수 있기를 바랍니다. 그러면 세상일은 별것 아닙니다.

신앙 깊은 한 집안이 있었습니다. 조금 가난했는데, 남편이 아주 검소해서 옷을 사 입는 일이 없었습니다. 남편의 옷이 허름하니 아내가 남편과 의논도 하지 않고 좋은 바지를 사왔습니다. 그런데 그 바지를 남편의 몸에 맞추어 보니, 두 치가 길었습니다.

"아하, 두 치를 잘라야 되겠네."

아내가 말하는 것을 시어머니와 시누이가 들었습니다.

아내가 설거지와 다른 일에 바빠서 바지를 잘라야 된다는 사실을 깜빡 잊어버리고 말았습니다. 일을 마친 후 그냥 방에 들어가 잠을 잤습니다. 시어머니가 보니, 내일 입고 나가야 될 자기 아들의 바지를 자르지 않고 며느리가 잠이 들어 있었습니다. 그래서 두 치를 잘랐습니다. 조금 있다가 시누이가 나와 보니 오빠의 바지를 마루에 둔 채 어머니도, 언니도 잠들어 있었습니다.

'아이고, 내일 오빠가 입고 가야 되는데……' 하며 두 치를 잘랐습니다.

아침에 일어난 아내는 깜짝 놀랐습니다.

"어머! 내가 바지를 자르지 않았구나."

아내가 또 두 치를 잘랐습니다. 남편이 출근하려고 바지를 입었는데, 반바지도 아니고 긴 바지도 아니었습니다. 여러분 같으면 화를 내지 않았겠습니까? 비싼 바지를 그렇게 만들어 놓았으니 말입니다. 그러나 그 남편은 "어허, 여름이 다가오는데 시원하게 잘 잘랐네"라고 하더니 그 옷을 입고 나가더랍니다. 정말 멋지지 않습니까?

한 유치원생이 다리가 열 개나 되는 개를 그렸습니다. 그의 어머니가 그것을 보며 말했습니다.

"야! 굉장히 창의적이네. 개는 다리가 네 개인데 열 개나 그렸네? 왜 그랬지?"

"엄마, 개의 다리가 네 개인 줄은 나도 알아. 그러나 열 개를 그리면 더 빨리 달려가겠지."

얼마나 똑똑한 아이입니까? 아이가 이상한 짓을 해도 나름대로 이유가 있는 것입니다.

우리가 하나님의 진리로만 살면 이 세상의 모든 일을 초월해서 잘 엮어 나가게 될 줄 믿습니다.

아이들, 특별히 사춘기 아이들이 가장 많이 화날 때가 언제인지 아십니까? 자기 어머니가 아버지를 멸시하며 무시하는 말을 할 때랍니다. 그리고 제일 불안할 때는 부모님이 부부 싸움할 때랍니다. 부모님이 부부 싸움을 하면 '내가 공부를 못해서 저러시는 것은 아닐까? 내가 이 집에서 나가면 싸움을 하지 않을지도 몰라' 하는 자책감을 갖게 된답니다. 진리를 떠나 싸우고 미워하면 마귀가 일하기 좋은 여건이 되는 것입니다. 하지만 진리를 따라 아내가 남편을 존경하고 남편이 아내를 사랑하며 부모가 자식을 귀히 여기고 상처를 주지 않으려고 노력하면서 사는 집에는 마귀가 틈도 타지 못할 것입니다.

마음의 즐거움은 양약입니다. 즐거워하면 병이 왔다가도 '아이구, 재미 없네. 내가 번지수를 잘못 찾았네' 하고 떠나가게 되는 것입니다. 우울한 사람이 암에도 걸리고, 가는 감기 오는 감기에도 다 걸리는 것입니다. 정말입니다. 마찬가지로 기뻐하는 가정에는 사단이 들어오지 못합니다. 기뻐하는 교회에는 사단이 들어오지 못합니다. 싸우는 교회를 보세요. 마귀가 역사합니다. 은혜와 진리에 취한 교회에는 웃음이 가득합니다. 할렐루야!

주님께서 오실 때까지, 우리 양곡교회에 기쁨과 웃음이 넘치기를 바랍니다. 그렇게 되어야 합니다. 진리를 떠나서는 웃을 수가 없습니다.

우리가 견고하게 선 다음에는 낙심한 자를 돌아오게 해야 됩니다.

오늘, 지금 이 말씀을 듣는데 딱 떠오르는 사람이 있습니까? '아! 그 사람을 구원해야 되겠네' 하는 사람을 오늘 밤에 모시고 오시기 바랍니다. 모시고 오면 하나님께서 구원해 주십니다. 그 사람의 삶이 아무리 지저분해도 주님께서는 반드시 용서해 주십니다. 하나님께 수없이 사기 친 사람이라도 하나님께서는 용서해 주십니다. 일흔 번씩 일흔 번이라도 하나님께서는 용서해 주십니다.

"여호와께서 말씀하시되 오라 우리가 서로 변론하자 너희 죄가 주홍 같을지라도 눈과 같이 희어질 것이요 진홍같이 붉을지라도 양털같이 되리라"(사 1:18).

예수님을 믿어서 집사님이 되고, 장로님이 되었다가도 낙심하는 사람도 있습니다. 그러나 돌아오면 하나님께서는 용서해 주십니다. 하나님께서는 모두가 돌아오기를 원하십니다.

누가복음 15장 3-7절에 예수님께서 비유로 말씀하셨습니다.

양 100마리를 기르는 목자가 산에서 양을 치고 오다가 한 마리가 없어진 것을 발견하고는, 99마리를 들에 두고 달려가 소리치며 한 마리 양을 찾고 찾았습니다. 그래서 그 양 한 마리를 이리 밥이 되기 전에 구하고 기뻐했습니다. 그리고 돌아와서 친구들을 불러 그 기쁨을 함께 나누었습니다.

교회를 떠나, 진리를 떠나 방황하는 사람은 결국 마귀의 밥이 되는데, 마귀의 밥이 되기 전에 우리가 그를 불러와야 됩니다. 그럴 때 하나님께서 기뻐하십니다. 할렐루야!

그리고 야고보서 5장 20절에 "죄인을 미혹한 길에서 돌아서게 하는 자"라는 말씀이 있는데, 죄인을 돌아서게 하는 것은 예수님을 믿다가 낙심한 자뿐 아니라 생판 예수님을 모르는 사람, 생판 교회를 모르는 사람들도 데리고 와야 된다는 것입니다.

디모데전서 2장 4절에도 "하나님은 모든 사람이 구원을 받으며 진리를 아는 데 이르기를 원하시느니라"고 말씀하십니다. 할렐루야!

하나님께서는 우리끼리만 진리 속에 사는 것을 원치 않으십니다. 우리도 행복하게 살고, 세상에서 이 맛을 모르고 사는 사람들에게도 이 맛을 보게 해야 하는 것입니다. 진리의 기쁜 맛을 알면 세상을 기웃거릴 필요가 없습니다. 극히 값진 진주, 세계 최고의 진주를 가진 사람은 다른 진주를 찾으러 다니지 않습니다. 이 세상 사람들은 여기저기를 다니면서 목마른 사슴처럼 여기서 핥아 먹고 저기서 핥아 먹으며 살지만, 예수님의 맛을 알면 다른 곳에 가지 않게 됩니다. 그러므로 우리가 전도해야 합니다. 생판 예수님을 믿지 않는 사람도 전하면 믿게 되는 것입니다.

하나님 말씀에는 능력이 흐릅니다. 할렐루야!

선다싱이 전도하기 위해 기차에서 '생명의 양식'이라는 쪽복음을 나누어 주니, 한 무신론자가 기분 나쁘다며 그것을 창밖으로 던졌습니다. 선다싱은 마음이 아팠지만 "주님!" 하고 말았는데, 기차에 뛰어들어 자살하려던 한 청년이 그 작은 책자를 주워들었습니다.

'이상하다. '생명의 양식'이 뭐고?'
그때 마침 한 사람이 지나가기에 물었습니다.
"아저씨, '생명의 양식'이라는 책을 주웠는데 이게 뭐예요?"
그 사람은 교회를 싫어하는 무신론자였습니다.
"아이구, 이거 나쁜 거예요. 이것을 읽으면 안 돼요. 읽으면 죽어요, 죽어. 읽지 마세요."
'아하! 잘됐다. 기차에 뛰어들어 죽는 것보다 이것을 읽고 죽는 것이 낫겠다.'

그래서 그 책을 읽다가 예수님을 믿고 구원을 받았습니다. 이 실화는 우리의 가슴을 참 뜨겁게 합니다.

우리가 나누어 준 전도지를 어떤 사람이 휴지통에 넣어도, 그 휴지통을 청소하는 분이 읽고 구원받을 수가 있습니다.

한 잠수부가 바다 깊숙이 잠수하여 귀한 조개 같은 것을 따고 있었습니다. 그런데 저 한쪽에서 빛이 환하게 비치기에 다이아몬드나 무슨 귀한 보석인 줄 알고 가 보았더니, 큰 조개가 입을 벌리고 빛을 발하는데, 바로 밑에 종이가 나부끼고 있었습니다. 전도지였습니다.

"하나님은 당신을 사랑하십니다."
그때 거기서 그는 '하나님께서 이 못난 죄인을 구원하시려고 바다 깊이 여기까지 찾아오셨구나' 하고 울며 회개했습니다. 그리고 예수님을 믿었습니다.

하나님의 말씀에 능력이 있습니다.

전도하는 것은 우리이고, 사람을 구원하는 것은 하나님의 능력입니다.

그런데 전도하면 하나님께서 복을 주십니다.

첫째는 전도 받아 돌아온 자, 낙심했다가 돌아온 자가 사망에서 구원을 받고, 그가 지은 허다한 죄가 덮임을 받아 용서를 받습니다. 할렐루야!

두 번째는 조심스러운 해석입니다. 아주 조심스러운 해석인데, 전도하면 전도자인 내 죄가 덮임을 받습니다. 마틴 루터를 비롯해서 오리겐, 에라스무스 같은 신학자들이 다 그렇게 가르쳤습니다. 저도 그렇게 믿습니다.

여러분, 잘 들으세요.

구원은 우리의 업적으로 받는 것이 아닙니다. 내가 아무리 충성하고 헌금을 많이 해도 그 헌금 때문에 구원받는 것이 절대 아닙니다.

과거 천주교에서 가르칠 때, 죽은 영혼이라도 그 사람의 이름으로 헌금하면 돈이 헌금함에 떨어지는 순간 연옥에서 천당으로 올라간다고 했습니다. 그러나 절대로 아닙니다.

천국에 가는 우리의 구원은 우리 행위에서 나는 것이 아닙니다. 오직 하나님의 은혜로 구원을 받습니다. 믿음으로 구원을 받았습니다. 할렐루야!

그러나 내가 벌 받을 죄를 지었을 때 용서를 받는 것, 내가 축복을 받고 받지 않는 것은 나의 공적에 달려 있습니다. 하나님께서는 일한 대로 갚아 주십니다.

오늘 깊은 말씀을 드리겠습니다.

우리가 회개하면 하나님께서는 우리의 죄를 용서해 주십니다.

그런데 어떤 죄는 조건 없이 무조건 용서해 주시고, 어떤 죄는 반드시 조건부로 용서해 주십니다. 예를 들어 내가 하나님의 교회를 많이 손해 보이고 하나님의 영광을 많이 해쳤으면, 하나님께서 내게서 성신과 구원은 빼앗아 가지 않으시지만 내 자녀와 내 몸을 치십니다.

왜입니까? 세상이 다 알았기 때문입니다. '하나님께 죄를 지으면 하나님께서 저렇게 갚으시는구나' 라는 것을 보여 주심으로 하나님의 영광을 지키셔야 하기 때문입니다.

좋은 예가 다윗 왕의 예입니다.

지금 부시 미국 대통령이 예수님을 잘 믿는 것을, 클린턴 대통령이 예수님을 잘 믿는 것을 세상이 다 압니다. 아무리 태풍이 몰아치고 눈보라가 쳐도 그분들이 반드시 주일을 지키는 것을 사람들이 압니다.

마찬가지로 다윗이 하나님을 잘 섬기는 것을 세상이 다 알았습니다. 그런데 다윗 왕은 자기 부하 장군의 아내가 너무 아름다우니 욕심을 내어 부하 장군의 아내를 끌어다가 동침하고 아이가 생기니 그것을 감추려 했습니다. 그런데 그것이 잘 안 되니 장군을 죽였습니다.

늦게서야 다윗이 깨닫고 하나님 앞에서 회개했습니다. 하나님께서 용서는 해 주셨지만, 다윗이 하나님 섬기는 것을 온 세상이 다 아는데 간음하고 살인했기 때문에 하나님 영광에 너무나 큰 손해를 보인 그를 그냥 용서해 주지 않으셨습니다. 하나님께서 그 아들을 죽이셨습니다. 다윗이 금식하고 기도해도 하나님께서 그의 기도를 들어주지 않으시고 아들을 죽이셨습니다.

죄를 지으면 어떤 때는 그냥 용서받지만, 어떤 때는 반드시 자식을 치시든 재산을 치시든 직장을 치시든 하나님께서 치시는 경우가 있습니다.

그런데 오늘 여기에 하나님께서 한 가지 길을 열어 주셨습니다. 아들이 죽든 재산이 망하든 반드시 어떤 일을 당해야 하는 사람이라도 죄인을 돌아서게 하고 구원받도록 전도를 하면 허물을 덮임 받는다고 말씀하십니다. 할렐루야!

매우 조심스러운 해석입니다만, 성경이 그렇게 가르치고 있습니다.

비유를 하나 더 들어보겠습니다.

복잡한 버스 안에서 소매치기가 지갑 하나를 훔쳤는데 열어 보니 주민등록증이 다섯 개나 들어 있습니다. 의심스러워서 신고했더니 간첩의 지갑이었습니다.

그러면 국가에서 간첩을 잡은 소매치기에게 "왜 남의 호주머니에서 지갑을 훔쳤냐?" 하며 벌을 주겠습니까? 아닙니다. 그 잘못을 묻지 않습니다. 소매치기한 죄를 묻지 않고 간첩을 잡았으니 포상금을 줍니다.

내가 죄를 지었을 때 용서는 받았지만, 그 죄의 보응으로 내 집이 벌을 받아야 할 일이 있어도 한 영혼을 하나님께 인도하면 하나님께서 기뻐하시사 벌 받을 죄를 덮어 주신다는 말씀입니다. 할렐루야!

이것은 굉장히 귀한 것입니다.

바클레이가 말했습니다.

"우리 크리스천이 하나님께 행하는 최고의 업적, 최고의 공적이 무엇이냐? 영혼 구원이다."

서울의 한 목사님으로부터 그 교회의 한 성도님이 이름도 밝히지 않고 100억을 헌금했다는 이야기를 들었습니다. 우리 교회에도 그렇게 헌금할 수 있는 분이 나오기를 축원합니다. 그런 멋쟁이 교우들이 나오면 좋겠습니다. 하나님의 영광을 위하여 크게 바치는 분, 록펠러와 같은 교우들이 나오기를 축원합니다. 혼자서도 교회를 세우고 큰 일을 할 수 있는 교우들이 나오기를 축원합니다.

그런데 100억, 200억을 헌금하는 것도 귀하지만, 그보다 더 귀한 것은 한 영혼을 하나님께로 인도하는 것입니다. 영혼을 하나님께 인도하면 하나님께서 '그의 벌 받을 것을 덮어 주겠다' 라고 하십니다.

이것은 정말 귀한 말씀입니다.

그뿐 아닙니다.

다니엘서 12장 3절 "많은 사람을 옳은 데로 돌아오게 한 자는 별과 같이 영원토록 비춰리라" 는 말씀대로 전도자는 하나님께서 영원토록 별과 같이 빛나게 해 주십니다. 할렐루야!

전도하면 나 자신만 잘되는 것이 아니라 우리 후손도 잘되는 것을 믿으시기 바랍니다.

그리고 요한복음 15장 16절에 보면, 전도자는 구하는 대로 다 받게 됩니다. 열매가 많은 자에게 구하는 대로 다 주시겠다고 우리 주님께서 말씀하셨습니다. 할렐루야!

류머티즘 관절염으로 이틀에 한 번씩 주사를 맞으며 겨우 생활해 오시는 한 집사님이 계셨는데, 두 주 전 주일 밤 달란트 기도 시간에 "치료하는 광선을 발하소서" 하고 기도할 때 깨끗하게 나았답니다. 집에서 기도하면 응답이 잘 안 되는데, 왜 교회에서 주의 종이 손을 얹고 기도하면 응답이 잘됩니까?

손이라고 다 같은 손이 아닙니다. 어떤 손은 굉장히 더럽습니다. 하나님께서 역겨워하시는 손도 있습니다. 그러나 어떤 손은 거룩합니다. 특별히 전도를 많이 한 사람의 손은 하나님께서 괄시하지 않으십니다. 그래서 베드로가 앉은뱅이에게 "일어나라!" 하니 앉은뱅이가 일어났습니다. 하루에 3천 명을 전도한 베드로의 기도를 하나님께서 들어주셨습니다. 사도 바울이 쓰던 손수건을 병자에게 얹으니 병자가 낫고 귀신이 떠나갔습니다. 전도자의 손수건에서도 능력이 나갔습니다.

하나님의 능력은 전도하는 자에게 흐릅니다.
하나님의 능력은 전도하는 교회에 흐릅니다.
그러므로 참으로 성공하는 비결, 복 받는 비결은 전도인 것입니다.

믿다가 낙심한 자도 돌아오게 하고, 믿지 않는 자도 인도하여 구원받게 해서 하나님께 영광 돌리는 주의 축복을 받는 복 있는 전도자들이 되시기를 축원합니다.

⬜ 판 권
    소 유

야고보서 강해
지혜를 얻는 열쇠

2008년 5월 20일 인쇄
2008년 5월 30일 발행

지은이 | 지용수
발행인 | 이형규
발행처 | 쿰란출판사

주소 | 서울 종로구 이화동 184-3
TEL | 02-745-1007, 745-1301, 747-1212, 743-1300
영업부 | 02-747-1004, FAX / 02-745-8490
본사평생전화번호 | 0502-756-1004
홈페이지 | http://www.qumran.co.kr
E-mail | qumran@hitel.net
         qumran@paran.com
한글인터넷주소 | 쿰란, 쿰란출판사

등록 | 제1-670호(1988.2.27)

책임교열 | 최진희

값 15,000원

ISBN 978-89-5922-551-4 93230

* 이 출판물은 저작권법에 의해 보호를 받는 저작물이므로 무단 복제할 수 없습니다.
  잘못된 책은 교환해 드립니다.